근대 부산의 민족운동

강 대 민

景仁文化社

이 저작은 2006년도 경성대학교 학술연구지원비에 의해서 연구되었음

서 문

21세기의 거친 심장소리가 더욱 거세지는 요즘 민족주의 혹은 민족운동이란 말만 나오면 고리타분한 옛것 혹은 21세기에 어울리지 않는 과거 들추기 등이라는 이야기를 심심찮게 듣게 된다. 첨단 IT 기술과 눈부신 경제적 성취의 시대에 살면서 역사란 그저 자유로운 삶을 옥죄는 과거의 사슬로만 여겨지는 세상이 다가오는 듯하다. 하물며 탈민족주의를 들고 나서는 이들은 마치 18세기 혹은 구석기 시대의 고리타분한 민족주의로 무장한 국사학자들의 왕고집과 생계형 민족주의 주창에 21세기에 어울리지 않는 관념의 국사만 재탕하고 만다는 비판이 점점 강해지고 있다.

특히 이명박 정부 이후 그동안 미래를 지향하기 위해서는 과거와의 단절이 필요하며, 우리 근대화는 박정희와 이승만의 나라세우기에 따른 작품이라는 식민지 미화론자들의 집단인 뉴라이트 역사학이 창궐하고 있다. 이제 그들은 신자유주의적 경향의 권력에 기생하기 시작하면서 항일과 전통을 강조하는 국사학에 대한 전면적인 헤게모니 획득을 위한 다양한 노력을 경주하는데 특히 건국절 논쟁처럼 反역사적인 것을 정권이라는 권력을 통해 실현하려는 반동적 노력도 계속되는 상황이다. 역사학자로서 좌시할 수 없고 용서할 수 없는 비통함을 안고서 다시금 찬찬히 우리 근대사의 고민들 특히 부산지역의 민족운동이 21세기를 사는 우리에게 말하고자 하는 진정한 메시지를 경청하고자 했다. 그래서 『근대 부산의 민족운동』이라는 제목으로 책을 출간하게 된 것이다.

사실 우리 국사학이 오랫동안 항일전통에 기대어 새로운 국사학의 발전을 위한 이론적 실천적 모색을 등한시한 점은 두고두고 우리가 반성해야 할 문제이다. 그렇지만 초기 국사학자들의 관념적 민족주의론은 오늘날 21세기 새로운 과학적 이해를 동반한 열린 민족주의로 전환하고 있음을 보게 된다. 그러니 탈민족주의자들의 反역사적 항변이 없다고 하더라도 우리 젊은 국사학자들이 필두가 된 새로운 변화에 대한 겸손한 탐구의 열정은 충분히 신뢰

할 만하다. 그런데 몇 십년 부산지역 민족운동을 공부한 필자로서 민족주의에 대한 나름의 단상을 말하지 않을 수 없다. 이는 이 책에서 왜 항일과 전통을 강조하는지에 대한 근본적인 철학적 고민의 결과이다.

전통적인 우리 민족주의에 대한 항간의 비판에도 불구하고 적어도 필자는 한국적 내셔널리즘이 자유주의적 개인주의적 세계관을 크게 저지하는 것이 아니라 오히려 보호 촉진하는 기능을 가지고 있다고 본다. 마치 넉넉하고 든든한 부모가 있을 때 아이들이 다른 아이들보다 훨씬 자유분방하게 노는 것처럼 넉넉한 아버지 어머니 품과 같은 민족주의는 마음껏 자라나고 싶은 자유주의와 개인주의의 진정한 놀이터라고 생각한다.

반대로 민족주의가 넉넉한 고향으로 혹은 부모의 품으로 여겨지지 않는다면 아무리 거기서 노는 자식의 모습이 자유분방할지라도 그 그늘에 깃든 불안과 정체성의 단절에서 오는 고통에서 쉽사리 벗어나지 못할 것이 자명하다. 홉스 봄이 21세기는 20세기의 극단의 시대를 넘어 폭력의 시대가 도래할 것이라고 예감한 적이 있다. 바로 무차별적인 이념과 공동체적 이상이 배제된 자유주의의 마지막 귀결에 대한 역사학자로서의 양심적 전망이 아닐까 한다.

따라서 열린 민족주의 입장에서 본다면, 뉴라이트나 포스트모던 계통에서 강조하는 탈민족주의와 개인주의적 역사인식은 현실을 배반한 허구적 논리일 뿐으로 여긴다. 역사가가 오랫동안 역사를 공부하면서 생긴 민족주의에 대한 이해는 단순한 몇 가지 이론에 경도되고 서구의 저명한 몇 개의 저술에 기대어 자신의 영혼을 파는 그런 부류의 얕은 공부와는 다르다. 30~40년 묵묵히 우리 역사를 고민하면서 툴툴 털어내는 종이먼지 사이로 마치 장인이 도자기를 구울 때 느끼는 靈感이 생기는 단계가 오는데 바로 그것이 진정한 역사의 진실인 것이다. 몇몇 서구의 이론을 재탕하여 우리 국사학계의 업적을 송두리째 업신여기는 뉴라이트와 그 분자들의 반동적 역사관에 대한 우리 젊은 국사학도의 분전을 기대한다.

그러한 역사적 전망 아래 부산에 살면서 우리 고장의 항일전통을 어떻게 21세기에 계승할 것인가를 고민하였고, 그 결과를 이렇게 책으로 엮게 되었다. 본 저작은 '부산지역 항일운동사의 지평'을 위시하여 '유림과 민족운동', '항일의 전통', '더 넓은 수평선에 서다' 등 전체 4장으로 구성되었다. 이렇게 배열한 것은 근대 부산의 민족운동을 단순히 지역사 혹은 독립운동가의 위인전기에 그치지 않고 부산지역을 연고로 한 민족운동의 다양한 흐름을 종합적으로 살피려는 의도 때문이었다.

그렇다면 다양한 부산지역 민족운동의 모습을 어떻게 구현하자는 것일까? 먼저 제1장 '부산지역 항일운동사의 지평'에서는 부산사의 회고와 전망을 통하여 우리 부산의 근대 항일 전통을 어떻게 21세기 시점에서 재해석할 것인가에 대한 고민을 담았다. 또한 그동안 우리 부산사 연구 경향을 통계적으로 고찰하고, 부산사 연구를 위한 몇 가지 제언을 담았다. 이어서 부산 지역 항일독립운동의 전통을 살폈고, 그 전통을 21세기에 바람직하게 계승하는 방법을 고민했다.

제2장에는 '유림과 민족운동'이라는 제하에 허전 문도의 구한말 의병운동과 항일운동의 모습 그리고 일제하에서 애국운동 및 근대화운동을 전개하는 생생한 모습을 담고자 했다. 그동안 일제 침략하의 유림들에 대한 일반적인 논의는 그저 일본에 수동적으로 저항하는 이상의 적극적인 저항의 모습을 보여주지 못했다는 것이 일반적인 인식이었다. 그러나 이번 기회에 우리 유림들도 근대화와 항일이라는 두 가지 역사적 과제를 적극적으로 수행했다는 점을 확인할 수 있을 것이다.

제3장 '항일의 전통'에서는 백산 안희재의 대동청년단운동, 장건상의 생애와 독립운동, 김대지, 박차정의 의열단 및 민족혁명당 운동, 양정욱의 革朝會 활동 및 부산 복천사와 관련한 운동 등을 밝혔다. 부산 및 인근 지역에서 배출한 걸출한 민족해방운동가들이 그저 일제에 폭탄이나 던지고 저항한 것이 아니라 조선의 재건을 위해서 어떠한 민족적 계급적 고민을 다하려 했는지 그리고 그들이 단순한 좌익 우익이 아니라 민족해방의 대의에 한길에 하나가 되었던 항일투사로서의 생생한 모습을 밝히고자 했다.

마지막으로 제4장 '더 넓은 수평선에 서다'에서는 한말 일본 유학생의 계몽사상을 정치사상 사회사상 경제사상 교육사상 등의 측면에서 살폈고, 이어서 8·15 해방의 역사적 의의를 생각함으로써 이런 지역사 중심의 부산사 연구가 앞으로 전체 한국사에서 어떠한 위상으로 재정립되어야 하는지 고민하고자 하였다. 그리고 기존의 항일민족운동에 대한 인식을 어떻게 21세기적인 상황에서 재구성할 수 있는지 탐구하고자 했다.

이제 출간을 앞두니 부산에 연고를 둔 부산의 역사학자로서 내 자신이 과연 객관적인 성찰의 소임을 다했는지 두렵기만 하다. 두려운 만큼 겸손하게 다시 이 저작의 출간을 기점으로 부산사 연구의 새로운 획이 그어질 수 있기를 기대해본다. 세상은 변해야 새로워지는 법이니 내 저작은 이제 또다른 내 삶의 변화를 알리는 결과보고서일 것이다.

무릇 내가 가진 모든 것을 이 저작에 담고자 했고 일단 담았으나 이제 책이 막상 나오려 하니 마음에 큰 부담이 생긴다. 혹시 기왕의 연구와 배치되거나 논쟁적인 저작으로 전환되지 않을까. 혹은 부산에 사니까 부산사 알리기와 같은 관제적인 글쓰기 어용글쓰기는 아닐까 오해를 받을지도 모른다는 생각이 든다. 그러나 분명히 이 저작은 학술적 고민과 과학적 분석을 통해서 있는 그대로의 역사적 사실을 밝힌 것이다.

이에 혹여 저작에서 부족한 부분이 있다면 한결같이 모두 내 자신의 책임임을 여러 독자들은 알아주었으면 한다. 그동안 이 책을 만드느라 참으로 많은 사람의 도움이 있었다. 먼저 이 책이 나오기까지 물심양면으로 도움을 준 한양사이버대학교 김인호 교수와 동아대 김승 연구교수, 그리고 진실화해위원회 박철규 박사, 그리고 경성대에 출강하고 있는 배진영 선생에게 무엇보다도 깊은 감사의 마음을 전한다. 아울러 어려운 편집 때문에 고생한 제자 심현호와 김혜진에게도 고마움을 전한다. 마지막으로 이 책이 무사히 서재에 안착하도록 모든 정성을 다한 도서출판 경인문화사 임직원 여러분들께도 깊은 감사의 말씀을 드린다.

2008년 9월 1일
황령산 기슭에서 저자

목 차

제1장

부산지역 항일운동사의 지평

제1절 부산사의 회고와 전망

1. 들어가며

'부산사'라고 함은, 우리 부산 사회의 현주소와 사회적 갈등구조를 구체화하고 그 대안을 추적하는 사회과학인 동시에 부산사람을 위한 부산의 역사가 아니라 부산이라고 하는 특정한 대상을 통하여 국민 모두가 공감할 보편적 가치를 규명하고 시대가 우리 지역에게 주는 여러 가지 과제를 해결하려는 보편적 관점의 지역적 연구체계[1]라고 인식되어 왔다. 그러나 이러한 정의는 부산사라는 원래적 의미의 개념을 지칭하고 그 추구해야 할 바를 밝히는 하나의 패러다임으로서의 의미를 지정할 수는 있으나, 그 개념을 바탕으로 실제의 연구 공간에 있어서 구체적인 실천 방향을 제시하는 데 있어 일정의 한계를 노정하였던 것 역시 사실이다.

그 구체적 예를 얘기해 보자면 아직도 지역 연구자들 사이에서 부산사에 대하여 지방사로 인식할 것인지, 지역사로 인식할 것인지에 대한 뚜렷한 입장 정리가 부족하다는 측면에서부터 시작하여, 부산이라는 역사적 개념에 대한 시공간적 합의가 완전치가 않다는 점, 그리고 부산 지역 사학자 사이에서 얼마만큼 부산지역의 특수성 또는 역사성을 염두에 둔 연구가 이루어져 왔는가에 대한 자기비판을 거친다면 명확해질 것이다. 물론 이 외에도 현재 부산의 각 區別 차원 내지 향토연구소 차원에서 이루어지고 있는 향토사의 연구 성과를 지역사학계에서 얼마나 수용하고 있는가의 문제나 그들과의 교류를 활성화시키고 있는가의 문제까지 염두에 둔다면 그 복잡성은 더욱 심각해진다.

---

1) 강대민, 「부산사연구의 평가와 대안」 『부산학의 연구현황과 대안』, 부산발전 연구원, 2003.

이러한 문제점은 부산사에 대한 연구가 부산지역의 대표적 연구 단체
인 부산경남 사학회 내에서도 제대로 이루어지지 않고 있다는 바에서 출
발한다. 실제, "지역사회 정체성 형성 문제와 관련하여 지역쟁점에 대한
종합적인 논의 구조를 지역의 독자적인 역사적 시각에서 만들어 나가는
역할2)"을 내세웠던 『역사와 경계』에서조차 2002년 3월 이후 2006년 5
월에 이르기까지 부산지역사에 대한 논문이 10여 편에 불과하다는 것은
그 문제의 심각성을 반증하는 것이라 할 수 있다. 특히 이러한 현상이
부산경남사학회의 창립기에 있어 문제의식으로 내세웠던 바인 지방사연
구 논문의 극소함을 재현하고 있다는 점을 보면 더욱 그러하다.3)

이러한 현실은 이제 부산사 연구에 대한 논의가 형식적으로 이루어지
는 것이 아니라 근원적인 부분부터 심각하게 재고찰하여야 한다는 점을
보여주는 것이다. 즉, 부산에 거주하는 역사학자들에게 있어 스스로의
위치 및 정체성에 대하여 어떻게 결정지을 것인가에 대한 문제 제기를
하는 것이라 하겠다.

이를 위하여 본고에서는 우선 '부산지역의 역사학계가 가지고 있는
부산사의 인식은 어떠한 것인가'라는 것이다. 이를 위해 부산 역사학계
에서 지니는 부산사의 인식이 중앙에 종속되는 지방 혹은 지역사로서의
일단에 그치지는 않는지, 더불어 현 부산 역사학계 내에서 부산사의 본
질이라 할 수 있는 지방 혹은 지역사에 대한 올바른 논의가 이루어지고
있는지에 대한 논의를 해 보고자 한다.

두 번째 '부산지역의 역사학자들이 지향해야 할 부산사의 방향은 어

---

2) 장동표, 「지역사학회의 발전방향과 지방사 연구」『역사와 경계』42, 부산경남사
   학회, 2002. 3.

3) 장동표, 앞의 책. 이에 따르면 부산경남사학회가 통합되기 이전에도 부산지역사에
   대한 연구 논문의 수가 극히 적었음을 알 수 있다. 즉, 『부산사학』의 경우 부산사
   의 연구가 11편에 지나지 않았으며 그 중 본격적인 의미의 지방사 연구라는 관점
   에서 서술된 것은 이 가운데에서도 몇 편 되지 않으며, 『경남사학』의 경우는 1편
   에 불과했다고 술회하고 있다.

떠한 것인가'에 대한 부분이다. 이는 지방 혹은 지역사에 대한 논의의
바탕 위에서 재부역사학계가 만들어가야 할 부산사의 위상은 어떠한 것
인가에 대한 문제제기가 될 것이다. 즉, 이를 통해 한국사에서의 부산사
와 중앙사 간 관계 규정이라든지, 동양사와 서양사 학계에서의 부산사
연구는 어떻게 구체화시켜 낼 수 있을 것인지 등의 문제를 논의를 거쳐
이를 포용하여 한 단계 더 고양된 형태의 부산사를 성립할 수 있는 방법
을 모색해 보고자 한다.

　마지막으로 '지역적 독자성을 지니는 부산사는 어떠한 것인가'라는
질문을 통하여 부산사 연구가 나아가야 할 바를 고민하는 초석을 놓고자
한다. 부산사 연구가 진정으로 그 본질을 구현하기 위해서는 부산의 지
역적 특성을 반영하고 그 속에서 부산이 지니는 독자적 위치를 역사적으
로 규명해야 함은 지극히 당연하다. 그러나 그 기본적인 원칙에 이제까
지의 부산사 연구가 얼마나 충실해왔는가를 돌이켜 본다면 근본적 회의
를 던질 수밖에 없다. 더군다나 향토사학계와 기존의 학계 사이의 간극
은 여전하여 서로 간의 학문적 성과가 공유되지 못하고 있음도 사실이
다. 이러한 현실에서 양자 간의 학문적 교류를 통하여 향토사학계는 학
문적 체계성을 마련하고, 학계에서는 향토사학계에서 발굴한 자료를 재
구성하여 부산만의 독특한 역사를 구성하고 이를 바탕으로 한국사 및 제
반 사학계를 좀 더 풍부히 할 수 있는 방안을 고민해야 할 것이다.

2. 부산사의 성격 규정에 대한 고찰

1) '경계선 짓기'로서의 지역 개념 비판

　부산사에 대한 본격적 논의를 하기 위해 우선적으로 규정을 내려야
할 것은 그 경계선을 어디까지 한정지을 것인가라는 부분이다. 본디 지

역의 경계선을 긋는다는 것은 자아와 타자의 차이를 분명히 함으로써 자신의 고유한 정체성을 성립한다는 의미이다. 따라서 근대 국민국가의 성립기에 있어 역사학의 제일 목표로서 자국사와 타국사의 확연한 결별과 이를 바탕으로 한 독자적 국가사의 성립을 내세웠던 것이었다. 그런데 이러한 경계선 짓기의 추구는 일정한 문제점을 지니고 있었다.

그 첫 번째는 목적론적 역사관의 강제였다. 즉, 근대 국민국가의 형성이라는 대명제 하에 기왕의 역사를 구조화하는 가운데, 진보적이고 발전적 역사로서의 국민사, 국가사를 강조하다보니 그 명제에 부합하지 않는 역사적 사실들은 의도적으로 배제되고 삭제되었다. 이로 인해 역사는 민족국가를 형성하고 유지하고자 하는 정권 담지자들의 목적에 따라 형해화됨으로써, 원래 지니고 있는 풍부하고도 다양한 양상을 드러내지 못하게 되었다. 특히 한국사의 경우, 개항기 이후 한국 현대사의 흐름에 있어 지속적으로 규정력을 행사해왔던 미·중·일 등의 외세와의 차별성을 강조하고 이를 통해 그 잔재의 탈피와 민족해방을 이루어내는 것이 지상 과제로 인식되었었기에 목적론적 역사관의 영향은 더욱 클 수밖에 없었다.

여기에 한국 정치의 발전 과정에서 나타났던 여러 문제에 대한 대응과 수용 속에서 국사가 정권의 필요성에 따라 이리저리 재단되는 가운데, 끝내 한국사의 이데올로기화라는 문제점마저 드러내게 되었다. 이러한 와중에 한국사는 타국 혹은 타민족사와의 경계선 짓기 이외에 우리 안에서도 좌와 우, 진보와 보수, 지배계급과 피지배계급의 문제 등 다양한 무리 짓기와 경계선 짓기가 그 주창자 내지는 수용자에 의해 강제로 이루어지는 부작용을 보이게 된 것이다.

두 번째, 역사 인식 및 서술에 있어서의 중심성의 문제를 들 수 있다. 국민국가를 중심으로 한 역사의 성립이란 대외적인 자아와 타자의 구분을 의미하는 것인 동시에 대내적으로는 내부적 통합과 단일화를 의미하

는 것이기도 하다. 즉 당대의 역사가들에게 국가 대 국가, 국민 대 국민
이라는 일정한 대립항의 형성을 통해 통일적 국가사 또는 국민사를 만들
어내기 위해서는 내부적인 여러 모순과 차이성을 국가, 국민이라는 상위
의 개념 하에 융합할 필요성이 생겼던 것이다.

　이 가운데에서 어떤 이와 어떤 지역을 중심으로 융합할 것인가라는
부분이 쟁점이 되었고 국민국가의 성립기에는 자연스레 계급 및 사회적
측면에서는 지배자 중심의 역사가, 지역적으로는 그들의 영향력이 극명
하게 드러나는 중앙을 중심으로 국가사가 정리가 되었다. 이로써 지역
또는 지방사나 여타 민중의 역사는 국가의 공식적 역사에서 제외되고 주
류사가 아닌 부수적 역사로서 의미가 한정되는 결과를 낳았다.

　더불어 지배층에 대한 피지배층의 역사는 전자에 대한 후자의 수동적
대응으로, 지방의 경우에는 중앙에 종속되는 형태로서 역사 서술이 이루
어졌던 것이다. 결국 이는 피지배층이나 지방의 역사가 지배층이나 중앙
의 그것에 비해 저열하거나 중요도가 떨어지는 것으로 인식되게 만들었
고 나아가 국민국가의 역사 내에서 이루어지는 내부 식민화의 논의마저
촉발하게 된 것이다. 그렇다면 이러한 문제점을 해결할 수 있는 방안은
무엇인가?

　본고에서는 그 대안의 첫 출발점으로서 지역 또는 지방사 연구의 활
성화를 선정하며 그 구체적 사례로서 부산사의 위치 재정립을 논의하고
자 한다. 우선적으로 지역 또는 지방사의 연구 활성화는 형해화되어 있
는 한국사의 질적, 양적 면모를 더욱 풍부히 해줄 수 있을 것이다. 지역
또는 지방은 그 인문 지리적 측면에서 논하더라도 그 고유한 특색을 유
지할 수 있을 뿐만 아니라 타국과의 접경지대에 위치한 경우에는 문화적
교류의 동태를 보여줄 수 있는 이중적 위치를 점하고 있다. 이러한 측면
을 고려했을 때 지역 또는 지방사 연구는 민족 독자성의 실질적 측면과
동시에 교류사의 풍부한 예증을 찾을 수 있는 훌륭한 연구 대상이 될

수 있을 것이다.

또한 지역 또는 지방사 연구는 한국사의 형성과 유지에 있어서 그 근저를 이루어 왔던 내부적 역동성을 보여주는 길을 열어줄 것이다. 부산사의 예를 들었을 때에도 일본의 제국주의적 식민 침략사와 그에 저항하는 조선 민중의 동태를 선언적으로 논하는 것이 아니라 부산지역에 거주했던 일본인의 집단촌 연구에 대한 사례 연구 및 일본의 경제적 침략에 맞섰던 윤상은의 사례를 통해 구체적으로 역사화시킬 수 있을 것이며 현대사의 경우에도 유신정권에 대한 민중의 저항 등을 부마항쟁 등에 참여했던 인물들의 증언 등을 통하여 중앙 중심의 전체사에서 놓치기 쉬웠던 민중의 생생한 당대 인식 및 역사 의식 등을 논할 수 있게 할 것이다. 이를 통해 우리는 당대인의 삶과 생각에 한 발자국 더 가까이 다가감으로써 한국사 내부의 역동성을 구체적으로 보여줄 수 있을 것이다.

2) 지방사와 지역사의 연구 방법론 논쟁

그 출발점으로서 우선 부산사 연구에 있어 지역사로서의 부산사를 볼 것인가, 지방사로서의 부산사를 인식할 것인가에 대한 합의를 해야 할 것이다. 이는 중앙 중심의 전체사와 부산을 중심으로 하는 지역 또는 지방사의 관계 설정에 있어 출발점이 되는 부분이기에 더욱 그러하다.

하세봉 교수가 이미 고백한 바와 같이 부산에서 '지방 혹은 지역으로서의 부산'을 강하게 재인식하기 시작한 것은 김대중 정권의 탄생과 관련이 깊다. 이미 정치적 안배에 의해 전국 제2의 도시이자 제1의 항구도시라는 허명을 누려 오다가 김영삼 대통령 시기, 짧은 기간이기는 하나 대통령을 배출한 도시라는 특권의식 아닌 특권의식을 누려오던 부산은 김대중 정부의 탄생 이후 그 자존심에 큰 상처를 입었다고 생각했다. 이 결과, "우리가 남이가?"라는 구호에서 단적으로 드러나듯이 부산사람끼리의 동질성을 강하게 나타나고자 했으며 동시에 중앙으로의 진출과 선망을 강하게 추구하게 되었다.

이는 학계에서 고질적으로 나타났던 중앙사 연구로의 집착을 더욱 부추겼고 그 결과가 부산 학계 내에서도 부산에 대한 심도 깊은 연구는 찾기 힘든 기현상을 낳게 된 것이다. 이러한 가운데에서 자신의 독자성을 강조하고자 하는 욕구는 각 구를 중심으로 한 향토사 연구의 활성화로 나타났는데 이 가운데 부산지역 내의 역사 연구는 일종의 역할 분담이 이루어지게 되었다고 볼 수 있다. 즉, 부산지역의 기성학계는 중앙으로의 경향성을 더욱 강화하는 가운데 향토사학계는 생활영역 중심의 단위사를 강조하고 이를 중앙에 대한 대항이론이자 부산사람의 정치적 독자성을 부각시키는 수단으로서 이용하게 된 것이다.

이 가운데 지방사와 지역사, 향토사라는 단어는 단순한 학술적 용어가 아닌 미묘한 정치적 함의를 지닌 단어로 바뀌게 되었고 그 사이에는 엄연한 차별성을 지닌 것으로 인식되게 되었다. 본디 향토사, 지역사, 지방사의 단어는 영미계통에서는 provincial history, regional history, local history 등으로 사용하기는 하지만 그 의미는 큰 차이가 없다고 한다. 그들에게 지방사란 한 촌락(village)이나 몇 개의 촌락들, 좀 작거나 중간 크기의 읍(town, 큰 항구나 중심도시는 지방의 범위를 벗어난 것임) 또는 지방 단위(예컨대 영국의 county, 이탈리아의 contado, 독일의 Land, 프랑스의 bailiwick나 pays 같은 것)보다 크지 않은 지리적 범위에 관한 것의 지칭이라 하겠다.[4]

물론 그들의 연구 역시 19세기와 20세기 전반에는 일반사가들에 의해 무시받기도 하였지만 봉건제 아래 그들의 독특한 역사적 경험 속에 형성된, 중앙에 대한 지방의 상대적 독자성은 동양의 그것에 비해 강렬한 지방의식을 형성했고 그것이 자기 지역을 이름 앞에 내세우는 전통을 만들어내기도 했다. 이러한 역사적 경험은, 적어도 19세기 철도 혁명 이

---

4) Pierre Gaubert, 신상용 역, 「지방사란 무엇인가」 『지방사와 지방문화』 I, 1998.

전까지 프랑스에서는 사람들이 자신이 태어난 읍과 고장의 주민임을 우선적으로 느꼈고 프랑스 국민이라는 것은 이차적으로 느낄 만큼 지방적 정체성을 강하게 형성시키게 만들었다. 결국 그들에게 지방사라는 것은 중앙사 또는 일반사에 대한 독자적 개념이자 때로는 그것을 보충시켜주고 때로는 그것들의 실제적 사례를 드러내는 상보적 의미로 지방사가 위치지어졌던 것이다.

그런데 동양, 특히 일본에서는 '향토사' → '지방사' → '지역사'라는 순서로 용어의 사용이 바뀌었다.[5] 그들은 종래의 '향토사'라는 말이 전통적인 막번 체제의 유산을 이어받아 봉쇄적이고 자만적인 이미지, 즉, 과학적인 보편성을 결여한 과다한 향토애와 타지방을 무시하는 경향을 가지고 있었다는 부정적인 비판을 피하기 위한 노력의 일환으로 향토사라는 말 대신 지방사라는 개념을 가져왔다. 또한 '향토사'가 '지방사'로 바뀐 무엇보다도 중요한 이유는 근세사에 대한 연구가 급속히 진행되면서 중앙의 연구자가 지방의 사료를 수집하게 되었고, 그들에 의해 '지방사'라는 말이 널리 사용되었기 때문이라고 하겠다. 그리하여 지금에 와서는 그 지역의 향토사가들조차도 '지방사'라는 표현을 거부감 없이 사용하고 있는 실정이다.

그리하여 문화의 중심지인 동경과 각 都·道·府·縣을 연결하는 양태에서 지방사 연구가 진행되었고, 그 틀은 지금까지 계속되고 있다. 반면에 이웃한 지방 사이의 연결은 오히려 단절된 감이 있고, 이는 독자적인 학문으로서의 지방사 연구를 저해하는 측면을 초래하였다. 당연히 여기에 대한 불만이 나타났다. 즉, '지방'이라는 말은 '중앙'을 의식하는 표현이고, 따라서 '중앙사'가 있고 그리고 '지방사'가 있는 것이라면 지방사는 중앙사에 종속된 학문이 된다. 과연 도쿄가 중앙인가 하는 의문

---

5) 이존희, 「지방사 인식의 새로운 시각」 『한국사 서술의 새로운 시각』, 교학사, 1992.

이 지방에서는 생겨난다. 특히 오랫동안 정치 문화의 중심지인 오사카
―교토 지역의 지방사 연구자들은 더 불만이 많다. 따라서 도쿄도 지방
사의 일부분에 불과하다는 주장이 나타났다. 여기에 중앙사라는 말 대신
에 전체사란 개념이 도입되고, 지방사란 전체사에 대비되는 표현으로 이
해하려는 노력이 나타났다.

그럼에도 불구하고, 이렇게 이해하여도 지방은 전체의 일부분에 불과
하고, 전체사에 종속된 역사로 나타나게 되어, 독자성이 희미해져 버린
다는 비판은 여전히 유효하다. 지방의 독자성을 추구하는 끈질긴 노력이
나타난다. 아마도 오랫동안 내려온 일본의 지방 분권적인 전통이 전체사
에 대한 저항을 가능하게 하는 요소인 듯싶다.

따라서 여기에 '지역사'란 개념이 추구되었다. 지역이란 중앙과 지방
과 같이 종속관계가 아니기에 많은 호응을 얻었다. 그리하여 '지역사'란
"지역에 뿌리를 내리고 그 지역에서 일상생활을 영위하는 민중이 역사
속에서 어떻게 주체성을 지켜왔는가" 그 과정을 찾아냄과 동시에 "지역
연구자가 지역에 어떻게 주체적으로 관계하여 가는가"를 그 쟁점으로
삼았다. 민중사의 유효한 방법론으로 대두되었다고 말할 수 있다. 즉, 현
재의 지역사회의 끊임없는 민주적 변혁을 문제의식으로 삼는 운동 논리
가 그 바탕에 의식적으로 존재하는 것임을 알 수 있다. 이러한 의식은
지역사 연구를 깊이 하여 현재 일본의 변혁을 구체화하고자 하는 일본
역사학계의 운동론적 인식의 한 부분을 담당한다는 성격도 갖게 되었다.

이러한 민중이 중심이 되는 지역사의 연구는 국가의 논리를 객관화하
는 데에 성공하였다고 보인다. 이러한 지역론 접근 방법은 '인간의 이동'
즉, 이민의 문제에까지 관심이 확대된다. 이러한 연구 방법은 지역 민중
의 시점에서 현대국가 지배하에 지역 변동을 다시 살펴보자는 것이고,
민중들의 생활의 현장인 '지역'에서 국가 지배의 모순과 문제를 살펴보
고 나아가 국가를 규제하고 국가체제 내의 모순을 만들어내는 국제정세

도 시야에 넣어야 한다고 한다.

여기에 이르면 이제 지방 민중사 연구에서 출발한 지역사는 국가사를 뛰어넘는 역사의 한 분야로 발전해 가고 있음을 알 수 있다. 그러므로 지역사는 여기에서 논하고자 하는 '지방사'의 성격에서 독립하여 나갔다고 말하여도 큰 잘못은 없을 것이라 이해된다.[6] 용어가 바뀌면서 사실상 연구 경향도 달라졌다고 할 수 있다. 그리고 그것은 일본 나름의 사정 때문이었다. 그래도 여전히 '지방사'라는 말은 쓴다. 이때는 단서가 붙는다. 즉 지방이란 중앙의 대치개념이 아닌 지역사회를 뜻하는 개념으로 인식하자는 단서이다.[7]

그렇다면 우리 학계에서는 상기의 용어들을 어떻게 정의하고 있을까? 앞서 이야기한 바와 같이 우리나라에서의 향토사 연구는 자기 지역의 독자성을 강조하는 동시에 그 테두리 안에 묶인 이들 사이의 동질성을 강조하는 데 초점이 두어진 바가 적지 않다. 그러다 보니 우리나라에서의 향토사 연구는 각 지역민이 공유하는-또는 공유하도록 강요받는-기념비로서의 상징체계로서 향토사를 강조하는 한편, 이에 대한 도전이나 언급에 대해서는 자신의 정체성에 대한 도전으로 인식하고 철저히 배타적 성격을 띠는 경우가 적지 않다. 즉 이러한 현상은 향토사에 대한 과학적이고 객관적 인식보다는 감정적이고 신화적 이해를 가져옴으로써 올바른 역사 이해에 일정한 한계를 가져오는 문제점이 있음은 분명하다.

그러나 이러한 한계성에도 불구하고 고석규가 지적한 바와 같이, 지방의 향토사학자들을 무시하거나 그들의 업적을 과소평가해서는 안 된다. 향토사학자들은 향토문화의 분위기 속에서 출생·성장하였고, 긍지가 대단하다. 그리고 그들 향토사학자 자체가 전문연구자에게는 사료공

---

6) 현명철, 「일본 지방사 연구의 현황과 과제」『지방사와 지방문화』 I, 1998.
7) 송정현, 「제6장 日本의 地方史 硏究 動向」『朝鮮社會와 壬辰義兵 硏究』, 1998, 367쪽.

급원이 되고 그들의 구술이 곧 사료가 된다. 따라서 마땅히 중요하다. 단지 고장을 사랑하는 애향심이나 어떤 자부심만 가지고 향토의 역사를 바르게 이해할 수 있는 것은 아니다. 그간 학계의 연구 성과와 연구동향을 충분히 살피고, 연구방법론을 터득하여 이론적인 무장도 함께 갖출 수 있도록 상호 간의 교류를 활발히 하는 것이 중요할 것이다.

한편 지방사 혹은 지역사에 대한 개념은 어떻게 성립이 되어 있을까? 향토사에 대한 정의에 비해 이 부분에 대해서는 학계에서도 아직 정확한 정의는 내려지지 않았다고 할 수 있다. 학자들마다 지방사와 지역사를 혼재해 쓰기도 하고 혹은 일본에서의 구분법에 따라 그 용례 사용에 차별성을 두기도 한다. 그중 지방과 지역을 유사한 의미로 사용하는 김광억은 행정체계에 의해서 그 공간적 경계에 의하여 지역단위를 설정하고 있다.[8] 즉 일정한 행정단위의 지역 안에 거주하는 사람들은 동질적이며 지역사회라는 공동체를 구성하는 것으로 간주하는 것이다.

이에 비해 김준형은 지방사의 '지방'은 '중앙'에 종속적인, 주변적인 함축을 지닌 용어로 쓰이는 경우가 많고, 사회과학 부문에서도 객관성을 위한 용어로서 '지역'이라는 용어를 많이 사용하므로, 그 분야의 연구와 원활한 교류를 위해 '지역사'라는 용어를 사용하자고 주장한다.[9] 이같은 주장은 중앙과 지방, 지방과 지역이란 용어에 있어 정치적 함의를 강조한 것으로 특히 중앙과 지방 사이의 위계를 강조한 것이라 하겠다. 그러나 이러한 의견들은 다음과 같은 문제점을 지니고 있다.

우선 김광억의 정의는 스스로 밝힌 바와 같이 제한적인 상황에서만 타당하다는 약점이 있다. 즉, 사람들의 생활세계는 행정체계에 의하여 결정되거나 행정적 경계와 반드시 일치하지 않는 경우가 많으며, 사람의 생활은 오히려 다양한 영역에 걸쳐서 이루어지고 있다. 그러므로 행정단

---

8) 김광억, 「총론: 지방연구 방법론 개발을 위한 시론」 『지방사와 지방문화』 I, 1998.
9) 김준형, 「새로운 지역사연구와 향토교육을 위하여」 『역사교육』 2, 푸른나무, 121쪽.

위 위주로 지방 사회의 경계를 짓는 것은 제한적인 의미에서만 타당성을 갖는다고 할 수 있다. 물론 이런 행정체계가 전국적 의미에서 그 주민의 생활 영역에서까지 그 의미를 확연히 하는 것은 근대적 국가 지배체제가 성립되고 난 이후의 일이다. 하세봉 교수의 표현을 빌리자면 비로소 '線으로서의 지역 구분'이 이루어진 것이다. 그렇다면 근대 이전의 세계에서는 지방의 경계선을 어떻게 그어야 할 것일까? 김광억은 그 대안으로서 전근대 사회를 연구하거나 행정단위를 너머선 현실생활이 이루어지는 실질적인 세계를 구획해내기 위해서는 사회 – 문화적 요소들을 추구해야 한다며 접점 혹은 연결점(nexus) 모델을 제안한다. 문화권적 접점과 차별성에 근거한 이 주장은 상당히 흥미롭기는 하나 이는 한국사 전체에 적용시킬 때에는 일정한 한계성이 있지 않나 싶다.

그는 안동의 예를 들어 종족 지파의 분산과 통혼권이 곧 정치적·사회적 위세의 한 지표가 되었고 실제로 그것은 아주 중요하였다는 점을 강조하며 자신의 의견을 뒷받침하고 있다. 그러나 이는 성리학적 지배체제가 향촌사회까지 완전히 뿌리를 내린 조선 후기 사회에 있어 특히 중요한 의미를 지니는 것이다. 실제 국가의 지배 이념과 법체계가 각 지역의 민중이 지니는 관습과 일정한 차이를 보이던 조선 후기 이전의 전근대 사회를 설명하는 데 있어 그의 접점 이론은 하나의 참고사항이 될지언정 전면적인 수용을 하기에는 약간의 모자람이 있다 하겠다.

한편 김준형의 의견에 대해서는 고석규의 비판이 유의미하다 하겠다. 그는 지방과 지역의 의미체계를 정치적 함의로 풀이하는 것은, 종속이란 말이 싫어 지방사보다는 지역사라고 쓸 것을 주장하는 것에 지나지 않는다고 신랄하게 비판하며 지방과 지역을 다음과 같이 구분하고 있다. 그는 중앙과 지방은 공간을 수직으로 나눈 개념이며 지역은 수평적인 공간 개념이라고 분석하고 이는 각각 3차원의 공간과 2차원의 공간으로서 의미를 지닌다고 보았다. 지방과 지역은 그런 점에서 차원이 서로 다르다는 것이다.

이 주장에 따르면 한 국가를 최대의 단위로 설정할 경우 양자는 결코 포괄하는 공간의 넓이에 차이가 있는 것은 아니다. 다만 차이가 있다면 단위가 국가를 넘어섰을 경우이다. 지방은 국가를 넘어서는 단위의 설정 이 어렵다. 그러나 지역은 국가라는 경계에 아무런 영향을 받지 않는다. 왜냐하면 차원이 다르기 때문이다. 즉, 지방사는 국가사에 상대적인 개 념이지만 지역사는 국가사와는 직접적인 상관성이 없는 독립된 범주의 개념으로 파악하고 있는 것이다.

이러한 의미에서 지역이라는 개념은 역사적 용어이기보다는 정치적, 정책적 의미를 지닌 것이라는 고석규의 분석은 주목할 만하다. 그는 원 래 지역 연구가 제국주의 국가가 식민지 지배에서 벗어나 독립한 나라에 대하여 여전히 지배력을 유지하기 위한 수단으로 택한 새로운 학문이라 는 것을 간파하며 그것이 '제국주의 국가정책의 수단' = '정책과학'으로 등장하였다는 것을 증명했다. 하지만 동시에 지역이라는 개념은 양면성 을 지니고 있다는 점도 놓치지는 않는다. 그에 따르면 제국주의를 정당 화하는 다른 한편의 입장에서는 지역연구는 '지역'이라고 하는 모티브를 매개로 하여 세계를 파악할 수 있는 의미공간론적 인식론이라고 한다. 이렇게 본다면 지역연구는 두 가지 속성을 지닌다. 하나는 상당히 비속 하고 위험한 편의성이고, 다른 하나는 창조적인 세계관 형성의 힘이라는 것이다.10)

3) 지역사로서의 부산사 인식과 과제

그렇다면 이러한 여러 의견들을 우리 부산사에 적용시켜 논의해보자. 현재 우리 학계에서 향토사와 지방사, 그리고 지역사의 용례를 살펴보면

---

10) 고석규, 「지방사 연구의 새로운 모색」 『지방사와 지방문화』 I, 1998.

일본의 그것과 유사한 점이 적지 않다. 즉 현 부산학계에서 향토사란 민속학적 의미를 지니는 일종의 문화사이거나 일차적 사료를 제시해주는 기초 서지학으로서 이상의 의미를 지니지 못하며, 지역사라는 용어는 중앙과 대등하고자 하는 학계의 욕구를 표출하는 상징으로서의 의미를 넘지 못하고 있다는 것이다.

향토사 부분에서 이러한 한계는 다음과 같이 드러난다. 이미 부산사의 연구대상이 일반 문화사를 넘어 정치, 경제, 사회, 문화에 걸쳐 다양하게 나타나고 있음에도 불구하고 학제 간의 균형 있는 연구보다는 고고학 또는 금석학과 같은 특정한 학문에 치중한 채 연구가 이루어지는 현실의 개선이 부족하다는 점이다. 물론 이러한 점은 부산 지역을 중심으로 선사시대의 유적이나 가야, 신라 시대의 유적이 여타 시대의 그것에 비해 상대적으로 풍부하다는 점에서 비롯된 바도 있겠으나 그 이외의 연구 주제를 발굴치 못하고 기왕의 연구를 확대, 심화하는 수준에서 머무르는 경향이 강하다는 것은 분명 현 부산지역의 사학계가 향토사에 대해 지니고 있는 인식 수준이 일정한 한계를 노정하고 있다는 것을 반증하는 바라 할 것이다.

더욱 심각한 문제는 향토사뿐만 아니라 현재 재부 사학계 내 일부의 부산사 인식이 자기 지역을 찬양하는 신비적 심성의 미학의 단계로 나아가고 있다는 점이다. 자기 고장 뿌리 찾기라는 자기 최면에 걸린 채 역사적 배경과 상황을 무시하고 그저 충신과 열사, 항일운동가 등 이름난 것으로 영웅화하는 데 진력하는 것으로 특정지어지고 있다. 이 가운데 부산의 독자성을 강조한다는 미명 아래 과잉 해석된 문화유산이 복원과 미화의 대상이 되면서 지역 문화재의 성역화나 사실 전달에는 크게 고무되었지만 정작 지역사가 전체 한국사의 보편적 이해와 함께 고민되는 경우는 무척 적었다.

한국학이 근대 이후 서구가 한반도로 진출할 때 필요했던 '한국 알기'

에서 출발했듯이 '지역학'이라는 이름도 사실 지방의 근대화 과정에서
발아한 지역주민의 자기인식 그리고 자기 문화의 독창성, 자랑거리를 외
연적으로 확장하려는 노력에서 출발했다. 그렇지만 거기에는 늘 향토애
라는 관념과 향토 사랑이라는 감성이 동반되었고, 그렇기에 근대주의적
지역 상품화 전략에 교묘하게 지역주의 혹은 애향심이 가미되면서 지방
과 지방민들을 위한 지방사 혹은 지역학으로 전개되어 왔다.

　하지만 이러한 지역 애호 감정에 기초한 부산사 연구는 학문적 가치
가 왜소할 밖에 없다. 즉, 향토애에 기초한 부산사 연구는 자기고장의
문화유산을 연구하거나 답사하는 것을 마치 '자기 가문과 가족 그리고
우리 고장의 역사라는 애향심'을 촉구하거나 '학생들이 자기 고장을 참
된 향토로 느끼게 하는 데 관심'을 고양시키는 것으로 본다. 물론 자기
가 사는 지역을 바르게 이해하고 향토문화를 사랑하는 정신을 기르게 하
는 것은 중요하다. 그런데 그러한 사랑이 지나치게 되면 결국 오늘날처
럼 지역 문화가 공적인 인정을 제대로 받지 못하게 된다. 왜냐하면 그러
한 향토애에 기초하여 지나치게 과장되면 과학적이고 실질적인 지지나
공감을 얻을 수 없기 때문이다.

　문화가 자신의 머리로 과학의 이름과 객관의 틀로 이해될 때 진정 문
화에 대한 애호와 지역에 대한 애향심이 나오는 것이지, 그저 문화재만
본다고 길러지는 것은 아니다. 바람직한 부산사 연구는 특정지방에서 중
앙과 다른 독특한 그 무엇을 찾는 것이라든가 혹은 지역 주민의 자존심
을 높여주기 위한 이벤트성 사업 등과는 같을 수 없다. 물론 한국인에
의한 한국학 연구에서 그 주관적 탐구욕이 전적으로 배제될 수 없는 이
치와 같이 지방연구에서 연구자의 지역성이나 향토애가 배경이 되지 않
을 수 없다.

　하지만 이러한 주관성의 여지가 점증할수록 결국 부산사 연구에 지역
감정과 지역주의에 오염되는 가운데 관념화할 개연성이 크다. 지역의 정

체성을 이해하기 위한 노력이 개별 지역의 독자성이나 특별한 지역성을 고양하기 위한 수단으로 전략해선 안 된다. 이른바 지역사의 본류는 보편적 가치의 구현이며, 그 연구방법은 지역문화가 마치 순수한 그 무엇이 있는 것 같은 애향적·주관적 시각에서 벗어나서 구체적으로 지역의 보편적 가치를 규명하는 것이기 때문이다.

그렇다면 부산사를 지방사로 인식할 것인가, 지역사로 인식할 것인가? 이에 관해서는 역사적 맥락을 염두에 둔 인식이 필요하다고 할 것이다. 앞서 논의한 바와 같이 지방사라는 인식은 그 지역의 독자성과 전통성을 강조하는 데에는 일정한 의의를 지니고 있다고 할 것이다. 하지만이는 중앙과 지방, 혹은 지방과 지방의 관계에 있어 타자와의 차별성을 강조할 때에 있어 그러할 따름이며, 무엇보다도 중앙과의 종속성의 문제에서 자유로울 수 없다.

더군다나 그 종속성의 문제는 당대의 정치적 면에 의해 좌우되는 것이 아니다. 그것은 역사적─정권의 담지 문제에서 일반 민중의 생활문제에 이르는 정치적 측면에서 학문·정치적, 경제적, 사회·문화적 측면을 아우르는 총체적 권력관계, 특히 중앙과 지방 사이에서 이루어지는 선과 면의 접합관계의 형성과 변동의 관계로서의─측면의 편중을 내포하는 의미를 지니고 있는 것이다. 따라서 '지방'이라는 개념은 일원적 중앙권력을 중심으로 각 지방의 권력이 단선적으로 위계화되는 근대적 정치관계를 나타내는 데 유용한 것이다.

그러나 현재는 새로운 시대를 조망하고 있다. 중앙과 지방의 관계는 일방에서 또 다른 일방으로 권력이 강제되던 시대와 달리, 각 지역의 독자성에 기반하여 동등한 입장에서 다원적 권력관계를 지향하고 만들어가는 시대를 형성해가고 있는 것이다.

이는 고석규가 우려한 바와 같이, 제국주의의 주도 하에서 국가 단위의 정체성을 희석하고 무차별적인 단위 구분으로서의 그것을 형성하고

자 할 때의 '지역' 개념과는 다른 것이다. 이는 이미 교통과 통신의 발달이라는 물리적 조건 아래에서 지식과 자본, 그리고 그에 기반한 제 권력관계가 지역화되고 분산화되어 가는 과정을 반영하고 이를 새로이 통합해가는 시대상을 반영하는 지역의 개념이 될 것이다. 이 과정에서 주의할 것은 '지역'에 대한 새로운 의미 부여가 '현재의' 중앙에 반하여 '또하나의' 중앙을 형성함으로써 그 당사자들이 새로운 권력을 독점하고 향유하고자 하는 상징으로서의 '지역'이 되게 하는 것이다. 이러한 측면에서 접근할 때, 그 틀은 종족, 언어, 계급, 민족, 근대성, 시민사회론, 탈식민주의, 문화연구 등 어떠한 개념이든 집어넣어 요리할 수 있는 냄비[11]가 될 것이요, 새로운 시대에 걸맞은 역사인식을 창출할 수 있는 지역사를 창출할 수 있을 것이다.

3. 부산사 연구를 위한 제언

1) 보편가치의 수호와 향토적 의미의 확보

이상의 논의를 통하여 부산사를 새로운 의미의 지역사로 규정한다고 했을 때 앞으로 부산사의 방향성은 어떻게 되어야 할 것인가? 이에 대해서는 우선 한국사 내에서의 부산사와 중앙사, 혹은 전체사와의 관계 속에서 논의함이 옳을 듯하다.

통사적 흐름 아래서 부산지역이 독자적으로 역사적 의의를 드러내는 것은 근대 이후의 시기에서부터이다. 전근대시대의 부산지역은 석기시대 또는 금관가야, 신라 등과 연관을 짓거나 조선시대 일본과의 관계ー즉 왜관과 萊商 간의 무역관계 또는 조선통신사 사행단의 기항지로서의 위치ー속에서 논해진 측면이 다분하다. 이러한 논의는 자연스레 상고사

---

11) 하세봉, 앞의 책, 34쪽.

나 고대사 속의 부산 찾기나 중앙권력의 정책에 따른 세부현상의 발현지로서의 부산에 대해 논하게 만들었을 뿐이다. 이 결과 기왕의 전근대 시대의 부산사 연구에서는 '지리적 대상[12]으로서의' 부산은 있되 '실체[13]로서의' 부산은 제대로 그려내지 못한 한계를 지니게 되었다. 이 결과 1980년대 이후 부산사 연구는 고고학계나 전근대사 연구의 질적, 양적 발전에 비해 근현대사 및 경제사, 산업사의 연구가 뒤처지는 문제점을 낳게 되었다. 물론 80년대 중후반 이후 90년대를 거치면서, 역사학계에서 '객관적 사실에 대한 과학적 검증'이 강조되는 가운데 이를 통한 우리 역사의 발전법칙을 도모하려는 역사 사회학적 방법론이 제기되고, 이와 더불어 정치적·사회적 거대 담론 속에 질식되어 가던 개별적 민중과 소외자에 대한 논의가 본격적으로 부산사에 대한 새로운 연구 방법론이 논의되기도 했다.

이러한 가운데 근현대 시기의 부산사 연구를 중심으로 일제시대의 산업 연구뿐만 아니라 도시 계획이나 일본인 집단거주 촌에 대한 연구, 그리고 해방 이후의 뽀뿌라마치나 완월동, 자갈치 시장의 성립 등 민족주의나 정치경제사라는 거대 담론 속에서 제외되거나 경시되었던 부분에 대한 연구가 시론적이나마 논의되기 시작하였다는 점은 큰 의의를 지닌 것이라 하겠다. 이는 기왕의 독립운동사 연구나 고고학 유물의 활용이라는 전통적 연구 방법론에 기초한 연구의 성과를 이어 역사의 저변을 되살피고 발전적으로 계승한 결과, 이루어진 성과이다.

---

12) 이는 기왕의 부산사 연구가, 연구대상으로서의 부산이 지정학적 위치에 의해 그 역할과 성격이 주어진 것으로 해석되고 그에 근거한 해석이 수행되었을 뿐, 그 연구가 현재의 부산에 대한 성격 규명이나 부산의 역사적 전통에 대한 맥락적 이해에 크게 기여치 못했던 바를 비판하는 의미로 쓰였다.

13) 이는 부산이라는 지리적, 인문적 환경 속에서 형성된 역사가 중앙 또는 지역의 변동에 일정한 영향을 미침으로써 부산의 독자적 성격을 드러내고, 그것이 부산의 現在像 정립에 영향을 주는 바로서의 부산사를 의미하는 것이다.

또한 고대사 연구에서도 기왕의 유적지 발굴 및 고고학 유물에 대한 사실적 연구에 대한 연구를 벗어나 문화인류학, 체질인류학 등의 방법론을 이용한 다양한 학문분야의 공동 연구를 추진하고 있으며 이를 통해 일차원적 사실의 복원을 추구하는 단계를 넘어서 당대의 인간들이 향유하고 추구했던 문화상과 사회상을 현상하고 이를 구체화하려는 노력이 지속되고 있다는 점은 크게 고무할 만한 것이다.

일제시대 연구에서도 기왕의 국내항일운동, 광복군, 의병운동, 일본방면, 임정·중국방면, 만주·노령방면, 학생운동, 3·1운동, 의열투쟁 등의 특정운동, 사건의 피체자나 해당 독립운동의 지도부에 위치했던 명망가를 중심으로 이루어졌던 명망가나 특정운동, 사건 중심의 이해에서 벗어나 독립운동 전체를 위요하는 다양한 대중운동에 대한 관심이 크게 진작되었다. 이 결과 일제하 부산 경남지역의 각종 노농운동 및 사회운동 등의 대중운동에 대한 연구 등, 당대의 사회경제적 상황에 대한 충분한 이해를 바탕으로 하여 민족해방전선의 유일당운동이나 사회혁명 혹은 계급문제 등 기존의 터부시되어 왔던 영역까지 연구를 하는 것은 물론, 구술사 등을 통해 전체로서의 민중을 벗어나 개별자이자 구체적 인간으로서의 부산 민중의 생활상을 추구하는 바도 논의되고 있다.

이상의 논의에서 살펴보았듯이 현 부산사 연구는 중앙에 대한 부속적 개념으로서의 지역이나 행정적 말단의 지엽적 개념으로서의 그것을 넘어서 독자적 의의를 지니는 지역으로서의 위치를 발굴, 성립하는 것을 지향하고 있다. 더불어 기왕의 선행 연구에서 보였던, 편중된 분야에서의 부산사 연구를 지양하고 다양한 학제와 분야에서의 연대를 통하여 부산의 실체적 모습을 그리고자 하고 있다.

상기의 지향점과 이에 기반을 둔 연구의 심화는 부산사의 연구가 단순히 자신의 고유한 색깔을 찾겠다는 근시안적 욕구에 그치는 것이 아니라, 부산이라는 지역적 공간을 통해 이루어지는 구체적 인간들의 역사적 경험을 통해 한국사 전체가 지향해야 할 보편적 가치를 보여줄 것이다. 그리고 그 모습이 지역민으로서의 부산 사람의 모습을 확보해 나갈수록, 수용자들에게 부산사의 의의는 단순한 향토애에 기반 신비적이고 자기 만족적인 역사가 아니라, 자신들의 삶을 충실히 보여주면서도 그 역사적 근원과 앞으로의 지향점을 동시에 제기할 수 있는 진정한 의미에서의 지역사가 될 것이다.

2) 일국사적 인식의 탈피와 세계사적 의미의 확보

이제껏 재부산 동양사와 서양사 연구자들이 한국사, 특히 부산사에 대하여 기여할 수 있는 바를 찾는 것은 그리 쉬운 일이 아니었다. 부산 지역의 동·서양사 연구자들이 한국사에 기여할 수 있는 방법은 사관 또는 연구 방법론의 소개를 통해 인식론적 변화를 불러 오거나 몇몇 특정한 사안에 있어서 한국사와 관련한 인물들을 중심으로 한 연구가 주를 이루었을 따름이다. 이 결과, 해당 연구자들이 학문과 생활을 영위하는, 주 본거지는 한국 특히 부산임에도 불구하고 그들의 담론은 부산과 동떨어진 별개의 세계를 논하게 되는 결과를 낳았다.

물론 학문의 영역 상, 재부 동·서양사가들이 반드시 부산사를 논해야 한다는 것은 어폐가 있을 수 있다. 그러나 그들이 실제 부산지역에 대한 애정을 지니고 부산과 관련한 연구를 진행하고자 할 때, 그 단초를 찾기 힘들 정도로 양자 간의 괴리가 존재한다는 것은 분명 생각해 볼 문제이다. 그렇다면 재부 사학계 내에서 동·서양사를 전공하는 연구자들의 수가 적지 않음에도 불구하고 그들의 연구가 부산사 연구에 관계하기 어려운 것은 무엇 때문일까?

그 이유는 무엇보다도 동·서양사와 한국사 연구자들이 가지고 있는 괴리감에서 비롯된 바가 크다. 이미 언급한 바와 같이 양자는 서로 간의 동질성을 찾는 바보다 연구 방법론과 영역 등에서 각각의 차별성에 더 많이 주목함으로써 각 학문 간의 교류를 주저한 바가 많았다.

특히 일부 한국사 연구자들이 지니는 일종의 우월의식과 이에 의해 비롯된 동·서양가들의 피해의식 등은 서로 간의 공통된 관심사조차 논의하기 힘들게 만들었다. 이러한 상황은 시간이 갈수록 각자 연계의 폭을 좁게 만들었고, 결국 부산사는 부산 지역의 한국사 연구자들이 독점하는 것이요, 그 연구 영역과 연구 방법론도 그들의 연구에 의해서만 발현되는 것으로 인식되고 만 것이다. 그러나 이러한 연구 관행이 과연 옳은 것인가? 전근대사에 있어 문명의 교류나 전쟁사, 또는 근현대시기에 벌어졌던 침략과 저항이라는, 불행했던 기억의 반추와 해석이라는 분야 이외에 동·서양사 연구자들이 부산사에 대해 언급할 수 있는 길은 없는 것일까?

오랫동안 지역사, 특히 부산사 연구는 일국사적 발전 법칙에 기초한 전체적 목적과 사회구조적 연구 틀 속에서 규정되었다. 물론 이 가운데 세계사적 보편법칙론이 논의되기는 했으나 이는 앞서 언급한 바와 같이 하나의 운동 법칙과 인식론적 차원에서 논의되었을 뿐이지 구체적 사례로서 논의된 바는 드물었다. 흔히 부산은 한국이 해양으로 뻗어나가는 관문이라 칭해지고 세계를 보듬어 안는 출발점이라고 논해지면서도 그 역사를 살펴보는 눈은 일국사적 관점을 거의 벗어나지 못하고 있던 것이다.

그러나 우리가 인식을 하든 못하든 간에 이미 세계화는 우리의 삶을 규정하는, 강력한 추세 중 하나가 되었다. 지구 전체가 하나의 생활권이 되어 가는 상황에서 개인들이 세계를 무대로 성공적인 활동을 하기 위해서는 세계의 다양한 문화적 특징과 가치에 대한 이해가 필수적이다.

그러나 세계 변화가 단순히 '지구 전체가 하나의 생활권이 되어 가는 현상'이라고 표현하기에는 좀 더 복잡하고 다층적인 내용적 동태성을 담고 있다. 우선 세계화를 통한 국가간, 사회간, 문화간, 지역간의 상호교류 증대는 정치적·문화적 경계선을 무색하게 만들고 있으며, 개인의 활동 영역을 획기적으로 확대시키고 있다. 그렇지만 이런 진전은 초국적 자본의 세계적 영향 하에서 이루어진 것이며, 이에 대한 각국의 지역자 본과의 분쟁을 예고하는 것이다. 이는 결국 국제적 분쟁과 국지적 갈등 을 심화시킴으로써 국가·민족·종교의 장벽을 실감케 하는 역설적 현 상을 낳고 있다. 요컨대 현재 진행되고 있는 세계화의 본질은 상호교류 가 늘어남으로써 지구 전체가 하나의 생활권이 되는 동시에, 세계 각 지 역의 협력과 갈등의 가능성이 증대되는 '상호의존성의 심화'에서 찾아야 한다.14)

즉 이렇듯 복잡다단한 세계사와 각 지역사의 연관관계는, 부산지역사 의 연구에 있어서도 보편적 세계사의 흐름 속에서 부산지역이 지니는 독 자적 위치를 재조명하는, 새로운 연구가 진행되어야 함을 반증하고 있 다. 여기에서 새로운 연구는 부산과 유사한 지리적, 문화적 환경과 역사 적 경험을 지닌 여타 지역의 역사를 통해 부산의 동질성과 차별성을 찾 아내고, 이에 기반하여 그 역사·문화적 경험과 부산의 그것을 어떻게 변증법적으로 융합하여 발전시킬 수 있는가에 대한 연구라고 하겠다. 결 국 이를 위해서는 동·서양사 연구자와 한국사 연구자들의 교류 속에서 일국사적인 인식을 벗어난, 세계사의 한 위치를 점하는 부산사의 역사를 고민하는 것이 필수적이라 하겠다.

4. 맺으며

이상을 통해 우리는 기왕의 부산사 연구에 대한 반성과 새로운 연구 인식론과 방법론의 모색의 시간을 가졌다. 그리고 이를 통해 본 연구에

---

14) 강선주, 「세계화 시대의 세계사 교육」 『역사교육과 역사인식』, 책과함께, 2005.

서는 이미 교통과 통신의 발달이라는 물리적 조건 아래에서 지식과 자본, 그리고 그에 기반을 둔 제 권력 관계가 지역화되고 분산화되어 가는 과정을 반영하고 이를 새로이 통합해가는 시대상을 반영하는 지역사로서의 부산사를 제안하였다. 이는 중앙에 대한 종속적 개념에서 자유로울 수 없는 지방의 관념을 스스로 벗고 중앙과 대등하며 등질적 위치를 점하는 지역을 상정하고 그에 기반을 둔 부산의 위치를 찾고자 하는 목표에서 추구되는 것이다.

또한 이는 일국사에 속박되어 한국 내의 일 지역으로서의 특성을 지닌 동시에, 한국과 세계의 접점으로서의 특성도 동시에 지닌 부산의 독자성을 제대로 살리지 못했던 기왕의 부산사 인식을 반성하고 상호관련성의 인식 하에서 한국사 연구자 및 동·서양사 연구자들의 학문적 교류를 이룰 것을 제안하였다. 이는 세계화 시대의 모든 지역이 지니는 공통된 문제의식을 부산 지역의 입장에서 인식하는 동시에 일국사적 인식을 탈피하여 초국적 자본의 시대에서 개별 국가의 지역이 어떻게 스스로의 역사적 정체성을 확보할 것인가에 대한 고민을 제기하는 출발점이기도 하다.

그러나 이상의 인식을 바탕으로 연구를 진행시킴에 있어서 우리가 결코 잊지 말아야 할 것은 지향으로서의 부산사가 결코 부산만의 지역사, 서울로 대변되는 중앙권력의 대척점으로서의 부산사를 의미하는 것이 아니라는 것이다. 만일 이러한 인식이 은연중에 이루어진다면 이는 하나의 권력에 대항하는 또 다른 '권력 만들기'로서의 성격을 벗어나지 못하는 것이 될 것이며, 지난 역사를 통하여 올바른 인간의 삶을 제고하고자 하는 인식론적 방법으로서의 출발점을 모색하는 역사학 본연의 의의도 상실하는 것이 될 것이기 때문이다.

제2절 근대 부산사 연구의 회고

1. 들어가며

일본의 포함외교와 그 뒤를 이은 강화도조약에 의해 조선은 강제 개항이 되었다. 이 조약의 규정에 의해 조선 정부는, 일인들에게 시혜를 베풀기 위한 선린우호정책의 일환으로 설치되었던 부산초량왜관을 부산 일본전관거류지로 개방하였다. 이 전관거류지의 설정이 한국사에 있어서 租界의 효시[15]인 것이다.

이를 자세히 살펴보면 일본은 1876년 10월 14일 초량공관의 이름으로 관리관 곤도 신조를 파견하였고, 일본인 자치기관으로 마치다이강(町代官)을, 이에 소속되었던 商會所를 居留地會議所로 개편하여 관리관의 지배·감독을 받도록 하였다. 그리고 1880년 2월에는 종전의 초량공관을 부산영사관으로 개편하여 그들의 영사를 주재시킨 후, 동년 4월 대일본제국부산영사관으로 정식화하는 동시에 부산영사관 경찰소를 부설하였으며, 또 1885년 10월에는 재조선국부산일본재판소를 두어 영사재판을 하였다.[16] 특히 1895년 청일전쟁의 승리 이후, 일본은 재일본세력의 확대 방법으로서 전관거류지를 부산개항장에다 설정하여 거류일본인들에게 영업규칙과 영업종목까지 정하고 치외법권의 시혜 하에서 상권

---

15) 강대민, 「개항 이후의 부산과 일본」 『항도부산』 9, 부산시사편찬위원회, 1992, 137쪽.
　　조계나 거류지라는 용어는 대개 같은 것으로 사용되어 중국-한국은 조계로, 일본은 거류지로 사용하고 한국도 일제침략이 노골화된 1890년대부터는 양자를 혼용하여 사용하고 있다.
16) 김용욱, 「근대 개항기의 부산행정-1876~1910년을 중심으로」 『항도부산』 11, 부산시사편찬위원회, 1994, 65쪽.

을 점유하도록 했다.[17] 이른바 개항을 통한 본격적인 근대화가 시작된
것이다.

이러한 부산의 개항에 대한 연구는 지금껏 110여 편의 글[18]을 통해
논의되었다. 그런데 기왕의 개항기 부산사의 연구는 해당시기를 객관적
시각에서 바라봄으로써 그 실체를 밝혀 왔다기보다는 지나친 근대주의
적 관점 또는 과잉된 민족주의적 관점으로 해석하여 일정한 한계를 보인
것이 사실이다. 이러한 예는 "제국주의 일본 침략의 시발점"이나 "강제
된 자본주의의 유입에 저항하는 과정 속에서 자각된 민족의식의 자각"
을 통한 "근대적 민족국가의 형성 계기" 등의 용어 선택을 통해서도 충
분히 드러나고 있다. 이러한 역사 인식은 자칫 결과 주의적 역사인식의
배양과 재생산을 가져올 수 있는 문제점을 보여준다.

물론 개항기의 격변을 제대로 대응치 못함으로써 조선이 식민지의 나
락으로 떨어진 것은 사실이지만, 개항 그 자체는 일국주의적・폐쇄적
봉건사회에서 국제적・개방적 자본주의 사회로 조선이 나아가게 된 중
요한 계기임에 틀림없다. 또한 해당 시기를 통한 각종 근대적 문물의 유
입으로 인해 당대 조선인들의 인식 전환에 있어 획기적 변화가 나타났고
이것이 그들의 삶에 지대한 영향을 미쳤음도 분명하다. 다만 여기서 문
제점은 해당 시기에 일본 등의 선진제국이 제국주의적 침략의도를 지니
고 한반도로 진출했을 때, 이에 대한 당대 조선의 대응이 각 계급별로
어떻게 이루어졌는지, 혹은 각 지역별・계층별・업종별 대응이 어떻게
나타났는지를 파악하고 이를 구체화함으로써 그 역사적 의미를 구현할
것인가 하는 것이라 하겠다.

그럼에도 불구하고 개항기의 역사가 한일늑약에 의한 식민지로 귀결

---

17) 강대민, 앞의 글, 137쪽.
18) 해당 편수는 1960년대 이후, 부산학 서지연구목록 및 『항도 부산』, 『역사와 경계』
   등에 수록된 논문 및 학위 논문 등을 취합・정리한 바에 기초한 것이다.

되었다는 결과론에 매몰되어 그 시대를 조선의 식민지화의 일 과정으로 인식한다면 이는 과학적이고 객관적인 역사 인식이라 할 수 없을 것이다. 더불어 이는 당대인들에 대한 역사적 판단 및 평가에 있어서도 민족주의적이고 도덕주의적인 포폄에 그침으로써 해당시기에 대한 실체 파악에도 오히려 제약이 될 수 있겠다. 또한 이상의 역사인식은 개항기 부산사 연구의 방향을 정치·사회사 및 경제사 연구로 편중시키는 부작용을 초래하였다. 실제로 110여 편의 논문 중 해당 분야의 논문 수가 87편으로 전체 논문의 80% 이상을 차지함으로써 기왕의 연구가 양 분야에 과도하게 집중되었음을 알 수 있다.

물론 역사를 인식함에 있어 반드시 당대의 모든 분야를 살펴보아야 하는 것은 아니며, 또 그 연구의 비중이 비등해야만 한다고 보는 것 역시 문제가 있다. 그러나 한 시대의 인식에 있어 총체적 인식 없이 특정 분야에 대해 과도하게 집중된 이해만을 가지고 논한다는 것은 분명 그 시대의 삶을 총괄적으로 인식하는 데 문제를 불러올 수 있는 바요, 경계해야 할 점이라 할 것이다.

본고에서는 이러한 문제의식에 바탕을 두고 기왕의 연구에서 나타난 문제점에 대해 구체적인 비판과 그에 대한 대안을 찾는 데 주안점을 두고자 한다. 그리고 이를 위해 다음의 방향에서 글을 전개시키고자 한다.

첫째, 앞서 논의한 바와 같이 당대사 서술에 있어 과잉되게 나타나는 민족주의적 경향에 대한 비판을 통하여 좀 더 객관적 관점에서의 개항기 부산사 서술을 모색하고자 한다.

둘째, 정치·사회사 및 경제사에 편중되어 있는 근현대사 연구 내에서 생활사 등을 통하여 개항시기를 지냈던 부산 민중의 삶을 알아볼 수 있는 방안은 무엇인지를 논의해 보고자 한다. 특히 사회학적 의미의 개념 유입과 정치한 수치의 계량 등을 논하는 가운데, 거대담론의 하부 구조 밑에서 질식되어버린 당대인들의 삶을 통한 접근으로써 개항기 부산의 실체를 구명할 수 있는 방안을 찾아보고자 한다.

근래 학계에서 활발히 논의되고 있는 모더니즘 계열과 포스트모더니즘 계열의 교류, 민중사학과 뉴라이트 계열의 신자유주의적 사학[19] 등의 충돌로 혼미한 역사학계의 흐름 속에서 이러한 논의가 그리 쉬운 것이 아닐지는 모른다. 그러나 상기의 혼돈이 비생산적이고 적대적인 와류가 아니라 변증법적 발전을 지향하고 그 가운데에서 진정한 역사학의 본질을 찾아가는 과정으로서 인식할 수 있다면 본고에서 다루어질 글 역시 의의를 지닐 수 있으리라 본다.

2. 개항기 부산사 연구에 대한 비판적 검토

1) 과잉된 민족주의적 연구방법론 비판

개항기를 비롯한 구한말 시기는 전근대사회에서 근대사회로 변화하는 시기였다. 이 가운데에서 봉건적 내부모순과 외세로부터의 강제적인 근대이식의 경험이 가져 온 외적 모순의 중첩은, '근대화'와 '자주화'가 상호보완적 의미에서 동시에 추구되어야 할 지향점이 아니라 대립적 개념으로 인식되게 하는 왜곡을 낳았다. 특히 이러한 갈등이 자주적 국민국가의 성립 과정을 통해 변증법적 통합으로 이어져 자주적 근대화라는 발전적 관념이 탄생되기도 전에 일본제국주의에 의한 조선의 식민지화로 귀결됨으로써, 당대인들은 외세로부터의 저항과 내적 모순의 극복을 통한 臣民의 자기각성과 이에 근거한 국민으로의 전환을 경험하지 못한 채, 강제적으로 일본제국의 국민이 되고 말았다.

이렇게 뒤틀린 역사적 경험은 현재에 있어서도 근대화와 자주화라는

---

19) 이영훈·박지향·김일영·김철 등이 중심이 되어 펴낸 『해방 전후사의 재인식』 전집이 가장 대표적인 도서라 하겠다.

양 개념의 정확한 인식을 저해하는 결과를 가져왔고 이는 결국 개항기의 역사서술에 있어 과잉된 민족주의의 강조 또는 서구의 경험을 변종적으로 적용한 근대주의의 강조를 낳게 하였다.

우선 개항기 부산사 연구에 한정을 지어 과잉된 민족주의의 영향을 논해보도록 하자. 이른바 과잉된 민족주의는 신화화한 我 또는 민족의 강조를 통해 지속적인 비아를 창출하고 이를 적대적 외부로 전화시킴으로써 내부 모순을 은폐하는 기반이요, 그 작업이라 할 수 있다. 이미 지수걸,[20] 도면회[21] 등이 지적한 바와 같이 이에 기반을 둔 역사서술의 가장 큰 문제점은 과거 인간의 행위를 반국민(민족)적 행위와 애국(애족)적 행위로 양분하고 그 사이의 중간적 행위를 인정하지 않는다는 점이다.

아울러 근대화를 긍정적 개념으로 보고 그때의 근대화를 반드시 자민족에 의해 국민국가를 수립하고 서구·일본과 유사한 사회경제체제를 성취한 상태에 대해서만 사용하고자 한다는 점도 비판할 수 있다. 이 과정에서 당시 한국인들의 다양한 삶의 모습이 사라지고 근대화로 인해 발생하는 인간에 대한 억압과 교묘한 착취, 인간 소외의 구조에 대한 고려가 없이 자민족에 의해 근대화가 이루어졌다면 모든 국민이 행복하고 자유롭게 살아갔을 것이라는 환상을 품게 한다는 점은 특히 고려해볼 만한 문제점이다.

이러한 바는 개항기 부산사 서술에서도 드러난다. 예컨대 김용욱의 근대 개항기 부산행정에 대한 연구는 당대 행정의 실상을 구체적으로 보여주었음에도 불구하고 민족주의의 과잉이라는 비판을 면치 못한 아쉬움을 보여주기도 한다.[22]

---

20) 지수걸, 「'민족'과 '근대'의 이중주」 『기억과 역사의 투쟁』, 삼인, 2002.
21) 도면회, 「한국근대사 서술에서의 민족·국가문제」 『역사비평』 58, 역사비평사, 2002.
22) 김용욱, 앞의 글, 50~51쪽.

다음으로 서술할 토지사건은 특이한 것인데 곧 종전에는 우리 토지가 일
본에게 넘어가는 데 있어, 암매·저당의 형식을 취하면서 이전되었으나, 그것
은 우리 국민의 사사로운 소량의 토지가 비밀리에 암거래되었음에 불과하였
다. 이에 반해 다음 사건은 당시의 우리나라 요직(要職) 지도층에 있었던 자
가 대량의 토지를 정부로부터 불하받아, 이를 일본인의 수중에 넘긴 사실로
서, 이는 공공연한 토지의 매매거래였다는 점이 주목된다. 원래 일본 조계의
서쪽 일대는 조선조 때부터 정부 소유의 목장 ··· 1893년 6월 동래부에 거주
하던 현학두(玄學斗)가 ··· 그 불하를 정부에 청원하였던 바, 당시의 농상공
부 대신은 이를 인가하였다. 현학두는 인가장을 첨부하여 동래관찰사에게 지
계(地契)를 고부 받아 토지개간을 착수하였다. 물론 이 넓은 토지는 외국인에
게 사사로이 매매하지 않겠다는 조건으로 인가받았다. ··· 당시 법부 법률
기초위원(法律起草委員)이었던 현영운(玄暎運: 學斗의 조카)에게 양도되었
다. 현영운은 1896년에 이르러 그가 개간하기로 불하받은 땅이 그 지역 내
동민의 분묘·땔나무의 이익을 해치게 되었으므로, 동민들과 충돌이 생겨 원
성을 사게 되었다. 결국 ··· 동민들과의 분쟁을 해결하는 한편 ··· 그 후 이
토지를 다시 홍중섭(洪仲燮)에게 양도하였다. 그래서 홍중섭이 일본인 아비
류호조(阿比留護助)라는 자에게 1900년에 공공연하게 그 토지를 양도하였
다. 여기서 주목할 것은 현학두가 현영운에게 토지를 양도하여, 동민의 분
묘·채초권 문제를 해결할 당시의 동래감리가 현명운(玄明運)이었으니, 모두
현성(玄姓)임에 미루어 보아 일련의 의혹이 없지 않다.

이상의 인용문에서 보이듯 김용욱은 조선과 대한제국을 거치는 구한
말 시대의 국호를 '우리나라'라는 시대성이 모호한 용어로 대치하는 한
편, 시대적 개념에 맞지 않는 '우리 국민'이라는 불확실한 용어로 처리
하기도 했다. 특히 '우리 국민'의 경우 그 계급적 실체를 밝히지 않고
'우리'라는 말 속에 묻어버림으로써 지주 계급이자 지배계급들과 이주
일본인들 사이에서 이루어진 거래와 계약관계의 실상을 파악하는 데 한
계를 낳았다.

이는 '우리'의 대척점으로 상정이 되는 이주 일본인들의 계급적 구성
과 사회적 신분에 대한 분석 역시 '일본인'이라는 용어 속에 매몰되게
만들며, 또한 이후 식민지 시대와 연계된 감정적 역사 파악으로 인해,

객관적 대상으로서의 이주 일본인의 역사상을 해석하는 데에도 장애를 만들고 있다. 특히 김용욱 스스로 문제시한 것처럼 해당 사건은 '당시의 우리나라 요직 지도층에 있었던 자가 대량의 토지를 정부로부터 불하받아, 이를 일본인의 수중에 넘긴 사실로서, 이는 공공연한 토지의 매매거래였음'에도 불구하고 이를 불법적 혹은 탈법적 행위에 의해 이루어진 바와 같이 서술하여 일본의 침략에 대한 자의 해석의 위험성을 보여주기도 한다.

결국 이는 일본제국주의에 의한 한반도의 식민지화라는 이후 사건의 결과에 매몰되어 개항기 당대의 이주 일본인 세력과 이후 침략세력으로서의 일본의 구분을 분명히 하지 못하고 동일한 존재로 취급함으로써 재조선 일본인 세력이 자국 내의 정치 변동에 따라 어떻게 변화해 갔는지, 그 가운데에서 그들의 자국의 요구에 대한 대응과 저항이 어떻게 일어났는지에 대한 의문을 가질 기회마저 차단해버리는 결과를 낳았다. 그리고 이것이 이주 일본인과 관계를 맺는 가운데 때로는 그들과 결탁하고 때로는 그들에 대해 저항을 하며 자신의 이익과 국가적 이익을 통합적 또는 개별적으로 추구했을 개항기의 동래·부산 지역민의 다양하고도 역동적인 모습을 파악할 기회를 함께 차단하게 된 것이다.

과잉된 민족주의의 강조는 필연적으로 '전유와 배제'를 낳게 되어 있다. 이를 통해 상기를 강조하는 이들은 이른바 민족 공동체 내의 모순을 은폐하고 집단으로서의 공동체만을 기호화함으로써 구체적이고 역사적인 존재로서의 민족과 이를 이끌어 나가는 주체로서의 민중을 배제시킨다. 그리고 그를 통해 계급적 모순과 함께 민족 내부에서 이루어지고 있던 내적 식민지화의 문제도 은폐시킨다. 그들은 민족이란 기호를 전유함으로써 때로는 자신들의 사적 이익을 위해 일본과 결탁을 하기도 하고 저항하기도 했던 지배계급과 민중의 모습이 어떻게 나타났으며 그 의의와 영향력이 어떻게 달랐는지를 구체적으로 보여주지 않았다. 그리고 그것은 현시대에 있어 식민지 시대 친일파 성격론이니, 공과론이니 하는 궤변과 그 정점에 서 있는 식민지 근대화론 등을 통해 자신들의 부정을 전체 집합체로서의 민족이란 이름 속에 감추려는 시도를 하고 있다. 이러한 점을 고려하였을 때, 개항기 부산사뿐만 아니라 한국 전체의 근현대사 인식에 있어서까지 새로운 인식과 시도를 하기 위해서 과잉된 민족주의에 대한 비판을 시도하는 것은 의미가 있는 일이라 할 것이다.

2) 사회구조론적 연구방법론 비판

기왕의 개항기 부산사 연구를 살펴보았을 때 또 하나 눈에 띄는 것은 당대의 일본세력의 침투와 그에 대한 동래·부산 민중의 저항에 대한 고찰이 구체적인 계급·직업상의 분석이나 일반적 생활상의 분석을 통해 이루어지기보다는 사회구조적 측면을 통한 접근으로 이루어지고 있다는 점이다. 이러한 연구 경향의 근저에는 일제 식민사학의 잔재인 정체성론에 대한 학문적 반박이 존재하고 있는 바였으며 그 대안으로서의 내재적 발전론에 대한 강조의 필연적 귀결이기도 하다. 사실 한국사의 인식에 있어 내재적 발전론의 의의는 참으로 크다 할 것이다. '자본주의 맹아론' 혹은 '자생적 근대화론'이라 불리어지기도 하는 상기의 논리는 앞서 밝힌 바와 같이 일본의 역사에 비해 1천 년이나 뒤떨어졌다는 식민지사관 가운데 정체성이론을 학문적으로 반박했으며, 둘째, 정체성론에 근거하여 만들어진 한국침략의 정당성을 붕괴시키는 이론이었다. 또한 일제가 한국을 근대화시키기 위해서 진출했고, 또 일제가 한국의 근대화를 이끌었다는 주장을 분쇄한 것이기도 하다. 그런데 이상의 논점 자체가 거의 사회구조론적 분석에 기반한 거대담론의 권역이었기에, 이에 대한 논지의 전개 자체도 거대담론에 기초한 분석으로 이어질 수밖에 없었다. 결국 이 가운데 당대인의 생활상을 구체적으로 보여준다는 것 역시 객관적인 데이터로서 표현한다든지 계급적 분석에 기반을 둔 거시적 접근으로 이루어질 수밖에 없었다.

그 대표적 예로서 표용수[23])의 글을 살펴보도록 하자. 이 논문은 개항기 부산의 객주 상인을 중심으로 개항기를 살펴본 勞作이다. 그러나 상기의 글에서 이항대립을 이루는 조선의 객주상인과 일본인 상인들의 모습은 집합적 단수이거나 데이터로 보이는 수치상 존재로서의 성격이 강하다.

우선 표용수가 밝힌 바와 같이 조선의 객주상인들은 시장이 충분히 발전되어 있지 않던 시기에 판매와 구매가 시간적으로 불일치하였던 상황 하에서 생산자와 소비자, 상인 상호 간의 문제를 중개를 통하여 해결하였던 중간 상인으로서 출발하였던 존재이다. 그러나 이들이 창고 등을 이용하여 당시에 있어 극심하였던 가격변동을 이용하여 중간 이윤을 과도하게 추출하면서 물가를 등귀시키는 주범이 되었고 이로 인해 도고라고 불리기도 했다. 이후 18·19세기를 통하여 객주는 단순한 상품 거래의 중개인에 그치지 않고 자기자본을 직접 상업 자본으로 운용하는 도매상으로 발전하였다. 객주층 내부에 있어서도 취급 상품의 전문화로 인하여 물종객주의 출현을 보게 되었고, 또 기능에 있어서도 수집과 분산을 달리하는 부문 간의 분화까지 나타나고 있었다.[24])

즉, 이상의 서술에서 살펴보듯이 객주는 중간이윤의 독과점을 바탕으로 한 대상인으로 그들의 이익의 원천은 중소상인의 희생을 받침 삼아 형성된 것이었으며 그들 내부에서도 분화가 나타남에 따라 그 계급적, 부문적 입장이 같을 수는 없을 것이었다. 그러나 표용수의 글에는 그러한 부분에 대한 언급이 나타나지 않는다. 그는 부산을 중심으로 하는 유통구조에 있어 객주가 주체가 되어 독점적 지위를 누려왔다고 밝히고는

---

23) 표용수, 「개항기 부산항을 중심으로 한 객주상인의 상업활동」『경주사학』15, 경주사학회, 1996.

24) 표용수, 앞의 글, 241쪽.

있으나, 그 독점적 지위에 대하여 도전을 했던 일상들이 어떠한 경로를 통하여 그 세력을 침투·침식했으며 때로는 협력관계를 이루었는지에 대하여 구체적으로 언급하지는 않고 있다.

물론 그의 글이 밝히고자 했던 바가 개항기 부산항에 있어서 객주상 인들이 어떠한 상업활동을 수행했는가에 초점이 주어진 점을 상기해보 면 그 스스로가 밝힌 바와 같이 '일본인의 경제적 침투에 대해 객주상인 들이 어떻게 대응하였는가를 부산항을 중심으로 한 유통구조와 객주 상 인의 상업 활동 및 상회소의 설립 운영을 살펴'25)봄으로써 이해하기에 는 아쉬움이 크게 남는 것이 사실이다. 왜냐하면 '당시의 조선의 상품유 통구조가 근대적 산업자본으로 전환하는 데 하나의 저해요소'26)가 되었 음에도 불구하고, 이 모순 관계를 객주상인들이 어떠한 대응으로 풀어나 감으로써 자본주의적 관계로 전환시켰는지에 대한 설명이 아쉬운 것이 사실이다. 그리고 일본상인을 중심으로 한 자본주의적 국제무역과의 지 속적인 교류 속에서 객주 상인들이 자신들의 위치를 어떻게 점하였으며 그 대응이 즉자적 대응으로 그쳤는지, 아니면 당대의 상황을 이용하여 자본주의적 경영마인드를 추구하는 대자적 대응을 추구했는지에 대한 분석이 미비한 것 역시 지적할 수 있겠다.

또한 객주상인이 일본 상인의 침투와 활동에 대해 조직 단결을 통하 여 상권수호를 위한 자발적으로 객주조합을 설립하여 침탈된 상권을 회 복하고자 했으며 '이러한 객주상인들의 노력은 불평등한 여건 속에서도 대등한 경쟁을 위해 도량형의 부정을 타파하면서, 부족한 자본력의 취약 성을 보완하기 위해 근대적 금융기관을 설립하는 등 어느 정도의 자본을 축적하여 대응'27)하였다고 서술하고 있다. 그러나 이 가운데에서 객주

---

25) 표용수, 앞의 글, 262쪽.
26) 표용수, 앞의 글, 234쪽.
27) 표용수, 앞의 글, 262쪽.

상인들 이외의 국내 중소 상인들과의 갈등 및 그 해소를 통한 협력관계에 대해서는 뚜렷한 언급이 없는 것이 사실이다.

그 자신이 서술한 바와 같이 객주 상인과 국내 중소 상인의 계급적·경제적 입장은 전적으로 일치하지는 않았다. 이는 1890년 3월 통리아문에서 인천항의 관허유문권주인의 예에 따라, 부산항 객주 25명에 대한 전관지역을 지정한 「부산항객주영업세장정」을 제정하여 시행한 일[28]을 통해서도 충분히 살펴볼 수 있다. 즉, 이 「장정」의 시행내용인 '절목'에 따라서 부산항 객주상법회사 44명의 객주를 25명으로 줄이고 전관지역별 읍주인으로 지정한 것은 정부의 입장에서는 일상들과 접촉하는 객주에 대한 통제를 쉽게하는 것임과 동시에 일상에 대항하는 경제적 능력 강화, 거래 체제의 단순화, 구문 징수의 강화로 인한 세액의 증가 등의 목적이 있었다. 그러나 객주 상인이 관권과 결탁한 목적은 수탁판매 구문을 수취하여 상업 이익을 남기는 데 있었다.

어쨌든 객주단체는 그들의 이익 확대를 위해서는 구문의 일부를 분납하여 상품 매매의 독점권을 얻어내려고 기도 객주 상인의 특권화는 일본 상인뿐만 아니라 국내 소상인들도 특정 객주상인에 의한 수세 사실에 대해 항의 이러한 객주 상인의 구문 수취는 국내 소상인의 자유로운 발전에도 장애가 되었던 것으로 이중성이 엿보인다.

이상에서 나타난 바와 같이 객주 상인의 개항장에서의 특권 행사는 일상과의 대립을 통한 시장권 방어라는 측면에서의 긍정적 측면도 있으나 동시에 독과점 시장 형성에 의한 국내 중소상인의 타격 및 압박이라는 부정적 측면도 분명히 존재하는 것이었다. 그러나 상기의 글에서 객주 상인으로 대표되는 조선 상인은 그에 귀속될 뿐 소상인들의 독자적 성격과 활동, 이윤 추구의 활동 등에 대한 언급은 거의 부재하다시피 하다. 그의 글에 존재하는 것은 객주 상인 내 활동의 다양성일 뿐, 계급적

---

28) 표용수, 앞의 글, 247~248쪽.

상황에 따른 상인들의 다층적 요구 사항은 희소하다. 이는 앞서 밝힌 바와 같이 일상의 경제적 침탈에 대항하는 조선 동래·부산상인의 상을 상정하는 가운데에서 나타난 바이기에, 그 뒤에 숨겨진 소상인들의 이해와 요구를 밝히고 그것이 일상이라는 공동의 적대적 상대자와의 관계를 풀어내는 것이 이른바 조선 동래·부산상인의 진면목을 논하는 초석이 될 것이다.

3. 개항기 부산사 연구를 위한 제언

1) 개방적 민족주의적 연구 방법론의 모색

이상의 논의를 살펴보았을 때 개항기 부산사의 서술 방향에 대해 다음과 같이 제언하고자 한다. 우선 열린 민족주의에 기반을 둔 서술을 모색해야 할 것이다. 이미 언급한 바와 같이 과잉된 민족주의는 개항기 부산사의 구체성을 가리고 그 속에서 이루어진 당대 민중들의 다양한 삶의 모습뿐만 아니라 침투세력으로서의 일본의 실상을 파악하기 어렵게 만든다. 즉, 이러한 문제점을 해결하기 위해서 과잉된 민족주의에 대한 고찰과 비판이 있어야 함은 당연하다. 그러나 여기서 주의할 점은 그 고찰과 비판의 초점은 '과잉된'에 맞추어져야지 '민족주의'를 해체의 대상으로 삼는 것은 아니라는 것이다.

흔히 민족주의의 해체를 주장하는 이들은 근대사를 이해함에 있어 '민족 대 반민족', '친일 대 항일', '지배 대 저항'이라는 이항대립적 잣대만으로 그 의미를 평가해서는 안 된다고 주장[29]한다. 이들의 주장에는 일면 타당한 면이 있다. 하지만 이를 논증하기 위해 각각의 필자들이

---

29) 그들은 '친일론'과 '협력론', 식민지 '근대성론'과 '공공성론', 근대 욕망(권력)=식민지 지배에 대한 동의 합의기반 조성해야 한다고 주장한다.

동원한 '이론(분석틀)'이나 '사실(근거)'들 가운데는 동의하기 어려운 역
편향적인 주장이 적지 않다. 예컨대 "식민지에서의 회색지대란 저항과
친일(지배와 저항)이라는 이원론을 거부하는 지대"[30] 인식의 회색지대
를 말하는 것은 좋으나 그런 일상 공간, 정치 공간이 따로 존재한 것처
럼 말하는 것은 잘못이다.

물론 민족주의라는 개념 자체가 모호한 것이요, 또 그 부차적 이데올
로기로서의 성격으로 인해 변용이 심한 것은 사실이다. 더군다나 근대라
는 개념과 어울리면서 그 복잡성은 더욱 심화된다. 그러나 개항기 이후
한국사에 있어 '민족'을 기반으로 한 '국민국가'는 실체이며, 이를 중심
으로 한 국제적 역학관계가 이루어지고 있는 바 역시 현실이었으며 그것
은 지금도 이어지고 있다. 이러한 현실은 국민국가의 형성 과정에 있어
그 구성원들이 공통적으로 가져왔던 구체적 경험을 바탕으로 한 역사 속
에서 이루어진 것이요, 결과적으로 더 이상 민족은 단순한 상상이나 날
조의 산물이 아닌 역사적 실체로서의 존재가 된 것이다.

결국 근대 사회에서 광범위한 사회집단을 결집하는 강력한 매개체는
공통의 역사였고, 가장 강력한 집단적 정체성을 대변하는 것은 민족이었
다. 그렇기에 전술한 바와 같이 왜곡되고 과잉되어 신화화한 민족주의의
위험성에도 불구하고 여전히 우리는 역사서술의 근저에 이르는 場에 민
족을 둘 수밖에 없는 것이다. 따라서 이후의 논의에서 중심이 되어야 할
것은 어떠한 과정을 거쳐 현 단계 민족주의의 문제점을 극복하고 한층
더 발전된 민족주의의 방향을 설정하여 그에 맞는 역사서술을 이루어낼
수 있을 것인가라는 점이 될 것이다.

이러한 면에서 양정현[31]과 고영진의 글[32]은 시사적이다. 특히 고영진

---

30) 윤해동, 『식민지의 회색지대 — 한국의 근대성과 식민주의 비판』, 역사비평사, 2003.
31) 양정현, 「포스트모던 역사 이론의 '민족' 논의와 역사교육」『역사교육과 역사인식』,
   책과함께, 2005.
32) 고영진, 「포스트모던시대의 근대 전환기 인식과 근·현대사교과서의 역사서술」

은 민족(국가)과 근대의 억압적이고 부정적인 측면이 크다고 해서 민족
과 근대를 해체하자는 입장이나 민족과 근대를 중심으로 그대로 고수하
겠다는 입장 모두를 비판한다.

그는 민족(국가)과 근대(근대성)에 대한 생산적인 논의를 위해 민족·
근대라는 용어를 최소한으로 정의하여 가치중립적인 개념으로 볼 필요
가 있다고 주장한다. 더 정확히 말하자면 가치중립적인 개념은 없으므로
최소한의 가치를 부여해 개념 정리를 하고 논의를 시작하자는 것이다.
이미 언급한 바와 같이 민족은 이미 역사적 실체이다. 더불어 민족은 가
족·지역과 마찬가지로 한 인간이 존재하는 공동체, 즉 경계의 하나이
다. 그 경계에 대한 인식이 언제 형성되었는지에 대해서는 여러 견해가
있지만 어쨌든 민족은 역사와 문화에 기반을 둔 정체성을 가지고 있는
한, 없어지지 않는 것이다. 그리고 그러한 민족의식을 기반으로 성립되
는 민족주의는 지역주의, 가족주의와 마찬가지로 자연스러운 것이다.[33]
즉, 민족주의를 개념지우는 최소한의 조건은 경계와 정체성이다. 이는
지극히 당연스러운 바이며 역사적인 것이기도 하다.

단지 앞서 밝힌 바와 같이 '과잉된' 민족주의가 강조되는 가운데 '그
들이 상정한 민족'을 중심으로 한 '전유와 배제'의 기준이 특화되게 되
는 것이고, 상기를 강조하는 이들은 이른바 민족 공동체 내의 모순을 은
폐하고 집단으로서의 공동체만을 기호화함으로써 구체적이고 역사적인

『한국사교과서의 희망을 찾아서』, 역사비평사, 2003.

33) 고영진은 민족을 실재로서의 민족이 아닌 인식으로서의 민족, 즉 역사적으로 변
화하는 집단적 정체성의 산물로 이해하고 이 글에서 논지를 전개하고 있다. 지역
과 가족의 경우도 마찬가지다. 이는 민족을 '상상의 공동체'로 보는 입장을 따르
는 것이기도 하지만 '상상의 공동체'를 근대의 산물로만 보는 베네딕트 앤더슨의
주장과는 달리 '상상의 공동체'가 전근대에도 존재할 수 있다고 보는 것이다. 물
론 전근대 상상의 공동체와 근대 상상의 공동체 사이에는 내용상 차이가 있다(베
네딕트 앤더슨, 『상상의 공동체-민족주의의 기원과 전파에 대한 성찰-』, 나남
출판, 2002 참조).

존재로서의 민족과 이를 이끌어 나가는 주체로서의 민중을 배제시키는 문제점이 발생된 것이다.

고영진은 이러한 점을 주목해 민족(국가)이나 근대를 가치중립적인 개념으로 보고 그것이 어떤 역사적 상황에서 배타적으로 또는 상호 호혜적으로 작용하는가, 그리고 어떤 역사적 조건과 결합해서 가치개념화되어 가는가를 살펴보는 것이 중요하다고 본다. 그러면 시대에 따라 민족(국가)과 근대도 다른 모습을 띠고 나타날 것이며, 역사학자의 일은 그러한 민족(국가)과 근대의 변화 모습을 역사주의에 입각해 밝혀내는 것이다. 말하자면 '경계의 역사학'이 아니라 '관계의 역사학'[34]을 해야 한다는 것이다.

이상의 주장은 한국 현대사에 있어 '민족주의'라는 이름 아래 행해진 '국가주의'의 폐해와 그에 조응하면서 억압적 이데올로기를 배양·재생산해왔던 과잉된 민족주의를 비판하는 동시에 개방적 민족주의의 가능성을 시사했다는 점에서 의의를 지닌다.

실제로 친일청산이 제대로 이루어지지 않았던 가운데 권력을 재창출하였던, 한국의 일부 정치권력은 적대적 존재로서의 일본을 기호화하고 그들과 지속적으로 맞서는 존재로서의 기호화된 '우리'를 설정함으로써 자신들의 과오를 은폐하였다. 더불어 미약한 정당성을 보장받기 위해 그들은 또 다른 절대악의 존재로서 북한 정권 및 사회·공산주의 세력―이른바 '빨갱이'를 상정하고 그들을 축출하는 존재로서 자신들을 미화하였다. 이 가운데에서 그들은 자신들의 친일행적 및 과오를 비판하고 그들의 정치·사회적 권력과 경제적 이윤을 독점하는 현실에 대해 저항하

---

34) 고영진은 관계의 역사학을 주장하며 그것이 경계를 구분 짓기만 하는 '경계의 역사학'이 아니라 경계의 안과 밖, 경계와 경계 사이를 연결하려는 역사학이며, 인간을 중심으로 공간적 관계와 시간적 관계를 모두 포괄하는 역사학이자, 관계하는 주체로서의 인간의 자율성, 능동성을 중시하는 바라고 주장한다(고영진, 앞의 글 참조).

는 민중에게 붉은색 굴레를 뒤집어씌웠다.

이 과정 속에서 민족은 점차 허구화되어 가고, 민족주의 역시 민중의 공공적 이익을 담보하는 공동체의 장이 되기보다는 지배계급의 이익이 관철되는 억압의 장이 되고 만 것이다. 그러나 70~80년대 시민민주주의의 발전을 거치며 민족주의 역시 새로운 시대상을 반영하는 저항 이데올로기로 발전하게 되었고, 이것은 민족주의의 본연의 의미를 반영하는 민주주의적 민족주의, 개방적 민족주의로 발전하게 되었다.

이제 개항기의 부산사를 서술함에 있어서도 과잉된 민족주의의 억압에 눌려 그 당대의 민중의 삶을 실제적으로 표현하지 못하는 역사를 그리는 것이 아니라 개방적 민족주의―그 이름이 고영진의 주장처럼 '관계의 역사학'이 되었건, 양정현의 주장처럼 '열린 민족주의'가 되었건에―를 바탕으로 정치적·사회적 거대 담론 속에 질식되어 가던 개별적 민중과 소외자에 대한 논의하고 되살릴 수 있을 것이다. 이를 통해서야 이주 일본인과 관계를 맺는 가운데 때로는 그들과 결탁하고 때로는 그들에 대해 저항을 하며 자신의 이익과 국가적 이익을 통합적 또는 개별적으로 추구했을 개항기의 동래·부산 지역민의 다양하고도 역동적인 모습을 파악할 참된 기회를 가질 수 있다는 것은 자명한 일이 아니겠는가?

2) 일국사적 관점의 탈피와 세계사적 관점의 확보

이제껏 재부 동양사와 서양사 연구자들이 한국사, 특히 부산사에 대하여 기여할 수 있는 바를 찾는 것은 그리 쉬운 일이 아니었다. 부산지역의 동·서양사 연구자들이 한국사에 기여할 수 있는 방법은 사관 또는 연구 방법론의 소개를 통해 인식론적 변화를 불러오거나 몇몇 특정한 사안에 있어서 한국사와 관련한 인물들을 중심으로 한 연구가 주를 이루었을 따름이다. 이 결과, 해당 연구자들이 학문과 생활을 영위하는, 주 본거지는 한국 특히 부산임에도 불구하고 그들의 담론은 부산과 동떨어진 별개의 세계를 논하게 되는 결과를 낳았다.

물론 학문의 영역 상, 재부 동·서양사가들이 반드시 부산사를 논해야 한다는 것은 어폐가 있을 수 있다. 그러나 그들이 실제 부산지역에 대한 애정을 지니고 부산과 관련한 연구를 진행하고자 할 때, 그 단초를 찾기 힘들 정도로 양자 간의 괴리가 존재한다는 것은 분명 생각해 볼 문제이다. 그렇다면 재부 사학계 내에서 동·서양사를 전공하는 연구자들의 수가 적지 않음에도 불구하고 그들의 연구가 부산사 연구에 관계하기 어려운 것은 무엇 때문일까?

그 이유는 무엇보다도 동·서양사와 한국사 연구자들이 가지고 있는 괴리감에서 비롯된 바가 크다. 이제껏 양자는 서로 간의 동질성을 찾는 바보다 연구 방법론과 영역 등에서 각각의 차별성에 더 많이 주목함으로써 각 학문 간의 교류를 주저한 바가 많았다.

특히 일부 한국사 연구자들이 지니는 일종의 우월의식과 이에 의해 비롯된 동·서양가들의 피해의식 등은 서로 간의 공통된 관심사조차 논의하기 힘들게 만들었다. 이러한 상황은 시간이 갈수록 각자 연계의 폭을 좁게 만들었고, 결국 부산사는 부산 지역의 한국사 연구자들이 독점하는 것이요, 그 연구 영역과 연구 방법론도 그들의 연구에 의해서만 발현되는 것으로 인식되고 만 것이다. 그러나 이러한 연구 관행이 과연 옳은 것인가? 전근대사에 있어 문명의 교류나 전쟁사, 또는 근현대시기에 벌어졌던 침략과 저항이라는, 불행했던 기억의 반추와 해석이라는 분야 이외에 동·서양사 연구자들이 부산사에 대해 언급할 수 있는 길은 없는 것일까?

오랫동안 부산사 연구는 일국사적 발전 법칙에 기초한 전체적 목적과 사회구조적 연구 틀 속에서 규정되었다. 물론 이 가운데 세계사적 보편법칙론이 논의되기는 했으나 이는 앞서 언급한 바와 같이 하나의 운동 법칙과 인식론적 차원에서 논의되었을 뿐이지 구체적 사례로서 논의된 바는 드물었다. 흔히 부산의 개항이 한국이 제국주의적 세계자본주의 체제에 편입되는 실질적 출발점이라고 논해지면서도 그 역사를 살펴보는 눈은 일국사적 관점을 거의 벗어나지 못하고 있던 것이다.

이러한 의미에서 김광옥의 글[35]은 그 시사하는 바가 크다. 그는 해당 논문을 통하여 일본의 관점에서 대조선-혹은 대한-정책이 어떻게 진행되었는가를 류큐(왕국의 경우)와의 비교 및 당대 동아시아 정세 속에서 풀어내고 있다. 즉 더 이상 피침략국가의 눈으로서가 아니라 침략당사국의 관점에서 해당시기를 바라봄으로써 당대사의 인식을 좀 더 포괄적이고 다양하게 인식할 수 있게 된 것이다.

우리가 인식을 하든 못하든간에 이미 세계화는 우리의 삶을 규정하는, 강력한 추세 중 하나가 되었다. 지구 전체가 하나의 생활권이 되어가는 상황에서 개인들이 세계를 무대로 성공적인 활동을 하기 위해서는 세계의 다양한 문화적 특징과 가치에 대한 이해가 필수적이다.

그러나 세계 변화가 단순히 '지구 전체가 하나의 생활권이 되어 가는 현상'이라고 표현하기에는 좀 더 복잡하고 다층적인 내용적 동태성을 담고 있다. 우선 세계화를 통한 국가간, 사회간, 문화간, 지역간의 상호교류 증대는 정치적·문화적 경계선을 무색하게 만들고 있으며, 개인의 활동 영역을 획기적으로 확대시키고 있다. 그렇지만 이런 진전은 초국적 자본의 세계적 영향 하에서 이루어진 것이며, 이에 대한 각국의 지역자본과의 분쟁을 예고하는 것이다. 이는 결국 국제적 분쟁과 국지적 갈등을 심화시킴으로써 국가·민족·종교의 장벽을 실감케 하는 역설적 현상을 낳고 있다. 요컨대 현재 진행되고 있는 세계화의 본질은 상호교류가 늘어남으로써 지구 전체가 하나의 생활권이 되는 동시에, 세계 각 지역의 협력과 갈등의 가능성이 증대되는 '상호의존성의 심화'에서 찾아야

---

35) 김광옥, 「근대 개항기 일본의 류구·조선정책」 『항도부산』 11, 부산시사편찬위원회, 1994.

한다.36)

이렇듯 복잡다단한 세계사와 각 지역사의 연관관계는, 개항기 부산사의 연구에 있어서도 보편적 세계사의 흐름 속에서 부산지역이 지니는 독자적 위치를 재조명하는, 새로운 연구가 진행되어야 함을 반증하고 있다. 여기에서 새로운 연구는 부산과 유사한 지리적, 문화적 환경과 역사적 경험을 지닌 여타 지역의 역사를 통해 부산의 동질성과 차별성을 찾아내고, 이에 기반하여 그 역사·문화적 경험과 부산의 그것을 어떻게 변증법적으로 융합하여 발전시킬 수 있는가에 대한 연구라고 하겠다. 결국 이를 위해서는 동·서양사 연구자와 한국사 연구자들의 교류 속에서 일국사적인 인식을 벗어난, 세계사의 한 위치를 점하는 부산사의 역사를 고민하는 데에서 출발하는 것이라 하겠다.

4. 맺으며

이상을 통해 우리는 기왕의 개항기 부산사 연구에 대한 반성과 새로운 연구 인식론과 방법론의 모색의 시간을 가졌다. 그리고 이를 통해 '과잉된' 민족주의, 국가주의화함으로써 도리어 그 민족 구성원을 억압하고, 지배계급의 이익만을 반영하여 형해화된 '왜곡된' 민족주의를 부정하고 '개방적' 민족주의를 바탕으로 역사를 바라볼 것을 주장하였다. 그리고 이에 기초했을 때, 개항기 부산사의 역사를 살펴봄에 있어 집체적 단수화하고 기호화한 민족을 탈피하여 사회적·계급적 입장에 따라 나타나는 다양한 모습과 개개인의 삶이 살아 숨쉬는 역사를 그려낼 수 있을 것이다. 또한 적대적 존재로서의 일본을 파악함에 있어서도 상기의 관점으로 바라볼 때, 그들의 침투가 제국주의적 침략 의도에 의한 것이라는 단편적이고 몰계급적·몰역사적 이해를 벗어나 그들의 의도를 좀

---

36) 강선주, 「세계화 시대의 세계사 교육」『역사교육과 역사인식』, 책과함께, 2005.

더 구체적이고 다양하게 파악할 수 있을 것이다.

또한 이는 일국사에 속박되어 개항기에 있어 일본의 정치·경제적 침투를 가장 직접적으로 받은 지역으로서의 특성을 지닌 동시에, 그만큼 한국과 일본으로 대표되는 제국주의적 자본주의 세계의 최초 접점으로서의 특성도 동시에 지닌 부산의 독자성을 제대로 살리지 못했던 기왕의 부산사 인식을 반성하고 상호관련성의 인식 하에서 한국사 연구자 및 동·서양사 연구자들의 학문적 교류를 이룰 것을 제안하였다. 이는 세계화 시대의 모든 지역이 지니는 공통된 문제의식을 부산 지역의 입장에서 인식하는 동시에 일국사적 인식을 탈피하여 초국적 자본의 시대에서 개별 국가의 지역이 어떻게 스스로의 역사적 정체성을 확보할 것인가에 대한 고민을 제기하는 출발점이기도 하다.

그러나 이 이외에도 더 많은 논의가 해당 분야에 관해 필요한 것이 사실이다. 예컨대 개항기에 있어 일본상인이 국내에 유입시켰던 근대물품이 당대의 부산·동래 지역민들에게 어떠한 문화적 영향을 주었는지, 혹은 당대를 전후하여 부산으로 전파되기 시작했던 기독교는 그들에게 어떠한 세계를 열어주었는지 등의 생활·문화사적 연구의 개발도 논할 수 있을 것이다. 미력하지만 본고를 통하여 이상의 연구가 좀 더 심화되어 당대사를 더욱 풍요롭게 할 수 있다면 그 의의는 충분하다고 하겠다.

제3절 개항 이후 부산과 일본
―일본조계 설치를 중심으로―

1. 들어가며

일본의 포함외교에 의해 우리나라는 문호가 개방되고 강화도조약이 체결되었다. 이 조약의 규정에 의해 조선왕조가 일본인들에게 시혜를 베풀기 위한 선린우호정책의 일환으로 설치되었던 釜山草粱倭館이 부산 일본전관거류지로 개방되었다. 이 전관거류지 설정은 우리나라에서의 조계의 효시이며, 그 후 일본은 원산, 인천 등에도 단독의 거류지를 설정하였다.37) 전관거류지는 일반외교인거류지와는 달리 일개국가의 국민만이 거주하여 상행위를 하는 곳이다. 그러므로 전관거류지에는 원칙적으로 타국민이 들어가 거류할 수 없는 곳이다. 이와 같은 전관거류지를 우리나라에 가진 나라는 일본국과 청국 두 나라 뿐이었다. 그러나 두 나라는 침략의 기선을 제압코자 대립반목하여 각축전을 벌이다가 청국측은 1895년 청일전쟁의 패배로 인해서 그들의 전관거류지는 사실상 제대로 구실을 다하지 못했다.

일본은 재일본세력의 확대방편으로서 전관거류지를 부산 개항장에다 설정하여 거류일본인들에게 영업규칙과 영업종목까지 정하고 치외법권의 특혜하에서 상권점유까지 누리도록 했다. 따라서 부산 일본전관거류지의 설정은 침략세력의 전초기지화를 위한 거점을 마련한 셈이며, 이 거점을 발판으로 일본은 대조선·대륙침략을 추진해갔다. 이를 위해 일본은 우선적으로 부산의 전관거류지에 일본인의 이민정책을 실시하고 상품시장 확대에 주력하였다. 그러므로 개항 이후 부산과 일본과의 관계의 규명을 위해서는 부산전관거류지의 이해가 절대적으로 필요할 것이다. 따라서 본고에서는 대륙침략교두보로서의 일본전관거류지의 설정경위, 이 거류지를 구심점으로 조계지 및 조차지의 확대 과정과 그 내용, 경제침투를 위한 기구의 설립 및 활약상을 점검해 보기로 한다. 마지막으로 이러한 일본의 침략행위에 대해 부산지방민의 저항에 대해 살펴보

---

37) 조계나 거류지라는 용어는 대개 같은 것으로 사용되어 중국－한국은 조계로, 일본은 거류지라고 사용하였는데, 한국도 일제침략이 노골화된 1890년대부터는 조계와 거류지를 혼용하여 사용하였다.

기로 한다.

2. 일본의 단독조계설정 경위

租界란 외국인이 그들의 거류지구 안의 경찰 및 행정을 관리하는 조직 및 그 지역을 말한다. 조선의 조계 설정의 법적 근거는 1876년 2월 27일에 체결된 <강화도조약> 제4관·제5관에 마련되어 있다.[38] 거류지 설치와 운영에 관한 모든 기초는 동년 8월 24일에 조인된 동 조약 부록에 명시되어 있다.[39] 이를 근거로 일본측은 먼저 개항장 부산의 조계를 강력히 요구하였다. 그러므로 동래부사 洪祐昌은 1876년 12월 12일부터 일본측 대표인 관리관 近藤眞鋤와 몇 차례 회동하여 협의한 결과 1877년 1월 30일에 소위 <부산항조계조약>을 체결하였다.[40] 이로써 부산에 최초로 일본의 단독 조계인 일본전관거류지가 설치된 것이다.

그 조약의 중요 부분을 요약하면, 첫째 조계지의 면적은 舊舘(草梁倭舘)과 동일하게 결정되었으며, 둘째 조계지의 지조는 50圓으로 정하고 납입방법은 1년 전에 예납하기로 하였고, 셋째 거류지설정 후의 지기·도로·구거는 일본정부가, 선창은 조선국 정부가 각각 유지 관리한다는 것들이다. 따라서 부산의 일본전관거류지는 초량왜관의 땅을 계승한 것으로 그 경계가 220間 이상, 북은 179間 이상, 동은 340간 7홉 5작 길이의 부정형의 사각형을 이루었다. 중간에 龍頭山이 솟아 있고 동남 두면이 해면에 접하며, 총면적은 약 11만평이었고, 일본정부가 조선 정부에 지불하는 지조는 연액 50원이었다.[41] 사실 조선시대 후기부터 초량에

---

38) 『舊韓國外交文書』 1권 일안, 1쪽.
39) 『舊韓末條約彙纂』 상권, 17쪽.
40) 『旧韓末條約彙纂』 中卷, 1쪽.
41) 『釜山市史』 第1卷, 800쪽.

있었던 왜관은 사신 또는 공적 상인들을 위한 임시적 숙소의 성격의 것
이었지 결코 상주의 터전은 아니었다. 그리고 <강화도조약>이나 동 조
약 부록의 어느 조항에도 구초량 왜관의 객관적 성격을 기본적으로 변경
시키지는 않았다.

　그 부지를 양도해준 사실도 없고 임차를 인정해준 사실도 없었다. 왜
관 건물의 대부분은 조선정부가 건축하였으므로 그 소유권도 당연히 조
선국이 갖고 있었다. 그런데 <부산항조계조약>에서는 갑자기 일본공관
을 단순히 공관이 아닌 거류지로 설정해버린 것이다. 부산에 이어 3년
후인 1879년에 원산, 다시 4년 후인 1883년에는 인천에 일본전관거류지
가 생기게 되었다. 그 후 일본측은 1880년 2월에 이르러 개항 이후 거류
민 보호·관리 및 통상사무를 관장했던 관리관청을 영사관으로 개명하
고 영사를 주재시켰다. 영사관이 설치된 직후 영사가 고시한 <부산일본
국전관거류지 지소대도규칙>에 의하면42) 부산일본전관거류지내의 지
소는 일본인에 한하여 차용할 수 있고, 지소차용자는 그 권리를 일본인
에 한하여 양여 또는 대여할 수 있다고 규정하고, 심지어 그 상속, 양도,
지권의 등기에 관해서 과세와 수수료까지 징수한다고 되어 있다. 이는
조선의 조세징수권을 명백히 침해한 처사이며, 이 지역을 일본의 기득
영토로 간주하고 있음이 분명하다.43) 그리고 일본정부는 이 지역을 비
단 관용지로서 사용할 뿐만 아니라 그 3분의 2는 자기들 거류민에게 配
借地라는 명목으로 영구 전대하고 영사가 地券을 발행하였다. 또한 거
류지 내의 가옥을 일본인이 아닌 외국인에게 대여할 때에는 반드시 일본
영사에게 보고하여 그 허가를 받도록 했다. 이처럼 배차지의 지권 발행
권은 일본 영사가 독점하고 조선 정부의 서명(裏書)이 불필요한 것이었
다. 중국의 전관조계에서는 영사발행의 지권은 중국정부의 이서가 있어

---

42) 『부산부사원고』 제12권 제1장.
43) 金容旭, 「부산개항의 比較史的 意義」 『港都釜山』 第5號, 302쪽.

야만 그 효력을 발휘하는 것이 그 통례였던 점과 비교하면, 부산의 일본
전관거류지는 중국조계의 경우보다 훨씬 국가주권을 침해당했다. 그리고
「부산항조계조약」에 의해 일본영사가 장악한 행정권은 실제로 거류지내
의 도로·구거 등 토목사업에만 국한하지 않았다. 일본영사는 부산에
거주하였던 일본인의 영업·상사·토지·가옥·인사·교육·경찰·위
생·병원·선창 등에 관한 제규칙을 제정·실시함으로써 그의 행정권
은 지방행정사무 전반에 미쳐, 부산 일본조계는 실제적으로 일본영토와
다름없는 성격을 지니게 되었다. 이러한 규칙의 엄격한 적용을 통해 일
본정부는 개항초기부터 거류민 증가를 예상하여 도로망을 계획하고 가
옥의 구조를 규제하는 등 식민지적 街區를 착착 형성해갔다.

요컨대 그들은 거류지 내에 영사관 건물을 중심에 세우고 그 둘레에
경찰서, 은행, 병원, 상업회의소, 전신국 등 공공건물을 차례로 배치하며
일본의 시가지를 방불케 하는 거류지 시가를 형성해 갔다. 이것이 오늘
날 부산의 중구 동광동, 광복동, 창선동, 신창동 등 사실상 부산의 중심
을 이루는 지구의 원형이 된 것이다.[44]

3. 일본 조계지의 확대기도

개항 직전 부산의 일본인 거주자는 총 82명에 불과하였으나 1879년
경에는 1,400명 내지 1,500명이나 된 것을 볼 때 거류지의 확대는 물론
통행구역의 확대도 일본측으로서는 적극적으로 시도할 수밖에 없었다.
그리하여 한국 영토내에서 일본인의 이주를 통한 일본세력의 부식처가
되고 일본상품의 시장화가 된 개항장의 통행구역 확대는 한국침략을 위
한 일본의 급선무가 되었던 것이다. 그러므로 「부산항조계조약」의 체결

44) 孫禎睦,『한국개항기 도시변화과정연구』, 일지사, 1982, 100쪽.

이 논의될 때 가장 쟁점이 된 것 중의 하나가 間行里程의 범위였다. 이 문제가 어떻게 정리되었는가를 간략히 정리해보자.

통행제한규정은 「조일수호조규부록」 제4관에서 '嗣後於釜山港口 日人國人民 可得間行道路里程 自埠頭起算 東西南北直徑十里(朝鮮里法)定 至於東萊府中 一處 特爲往來 於北里程內 日本國人民 隨意間行 可得賣買土宜 及日本國物産'[45]이라 하여 부산항에서는 동서남북으로 韓國里 10리에 한해서 통행할 수 있도록 규정되어 있다. 그 후 1882년 8월 30일에 다시 「조일수호조규부록」을 체결하고 새로 통행구역을 규정하였다.[46] 즉, 부산·원산·인천 각 항의 간행이정은 금후 확장하여 사방 각 50리(조선리)로 하고 2년 후를 기하여 다시 각 100리로 한다는 것이다. 그런데 일본측은 다시 1883년에 「의정조선국간행이정약서」를 체결하여[47] 인천·원산·부산 3항구에서의 여행통행구역을 대폭적으로 확장한 다음 위법자에 대해서는 일본 법률에 의하여 처벌하도록 규정하였다. 이는 한국측의 입장에서 보면 치외법권을 인정해주는 또 하나의 우를 범한 것이다. 본 조약에 규정된 부산항에 있어서의 일인의 간행이정은 다음과 같다.

동쪽 한계 機張, 서쪽 한계 金海, 남쪽 한계 鳴湖, 북쪽 한계 梁山 위에서 살펴본 바와 같이 「조일수호조규속약」에서 규정 후 2년도 못 된 불과 1년 반만에 50리가 100리로 확대되었으며, 이제는 리수로 한계를 정하는 것이 아니라 인접군별로 하되 標木만 세우고 있다.

또 다시 일본측은 1884년 11월 29일에 「조선국간행이정약서부록」을 조인하여[48] 통행구역의 확대를 기도하였다. 즉 동쪽은 南倉, 서쪽은 昌原, 馬山浦, 三澬倉, 남쪽은 天城島(가덕도), 북쪽은 彦陽으로 확대되었

---

45) 『旧韓末條約彙纂』 上卷, 20쪽.
46) 『구한국외교문서』 1권 일안, 69쪽.
47) 『旧韓末條約彙纂』 中卷, 49쪽.
48) 『구한말조약휘찬』 중권, 52쪽.

다. 그런데 이같은 通行特限區域도 1894년 淸日전쟁을 계기로 하여 무시되면서 사실상 사문화한 규정이 되었다. 그것은 전쟁을 빙자하고 일본의 군사행동이 확대됨에 따라 전략상 필요한 곳을 마음대로 점유 기지화하고 전투지화하기 때문이었다.[49]

한편 조계 이외의 지역에서도 일본인으로서 토지를 소유하며 가옥을 짓고 살 수 있는 길을 합법적으로 열어 놓았다. 이는 한일 양국 간의 조약에는 없었으나 1883년 11월 26일의 「조영조약」 제4관 4항에 '如英人欲行永租 或暫租地段 賃購之房室 在租界以外者 聽惟相離租界 不得逾十里(朝鮮里) 而租住此項地段之人 於居住納稅各事 應行十律遵守朝鮮國 自定地方稅課章程'[50]이라 하여 조계 외 10리 이내의 토지를 외국인이 소유할 수 있게 되었고 또 가옥의 매매·대차가 가능하게 되었다. 이 규정을 일본측은 「한일무역규칙」 제42관의 최혜국조항에 적용시켜 특혜조치를 받았다.

이로써 일본은 부산에 있어서 그들의 조계지확대기도에 장애물이 되었던 법적 제한 조항을 제거해 버렸다. 일본측의 조계지 확대 기도는 우선 전관조계지를 강화하는 면부터 시작되었다. 그 내용을 연대순으로 요약 정리해 보면,

① 1876년 5월 19일, 「官舍貸渡規則」을 시행하여 왜관중 관리청 소유건물의 일부를 일본인에게 차용 불하하였다.

② 1876년 11월 22일, 개항 후 일본관리청 내에 그들의 우편국을 설치하였다.

③ 1878년 1월 21일, 일본인들의 경제적 침투에 있어서 동맥이 되었던 일본 제一국립은행 부산지점을 설치하였다.

④ 1879년에는 조계 내의 동명을 획정하였다. 즉 용두산과 龍尾山(현

---

49) 이현종, 『한국개항장연구』, 일조각, 1979, 154쪽.
50) 『高宗實錄』 卷之十九, 壬午年 四月二十二日.

시청자리) 간을 東舘이라 칭하고 이 토지를 둘로 구분하여 제1구를 本町·常盤町·辨天町, 제2구를 入江町·幸町이라 하였다. 한편 서관은 西町으로 1구 1동이었다.

⑤ 1880년 2월, 일본영사관이 개설되고 地所賃渡規則을 고시하여 일본인의 토지소유권을 인정하였다.

⑥ 1880년 7월 13일, 일본영사는 조계지 주변의 일부의 땅을 동래부사와 상의하여 조계지에 편입시키고, 이 신조계지를 北濱町이라 명명하였다.

⑦ 1888년 6월 13일, 본정·변천정 방면의 발전으로 종전 일본인에게 대여한 토지인 본정의 토지를 도로 부지로 회수하고 도로를 확장하여 교통 편리를 도모하였다.

⑧ 1890년에는 시가지 건설을 위해 서정 방면에 대여한 일본인의 공지를 회수하였다.

⑨ 1891년 6월 10일, '조계내의 재건축에 소요되는 석재를 확보하기 위해 일본영사는 동래감리로부터 赤崎半島의 석재채취허가를 얻어냈다.

⑩ 1892년에 일본정부는 伏兵山墓地를 일본인의 先占과 丙子修好條規에 의거한 묘지조문으로 일본조계의 부속지로 확보했다.

⑪ 1901년 4월에 부산조계내의 토지를 5종으로 구분하고 동시에 그 면적을 책정하였으며, 일본인 민유지를 4등급으로 설정하였다.

⑫ 1908년 10월 19일에는 조계 내에 시가도로구제를 시행하고, 1909년 5월 12일에는 일본측의 필요에 의해 동명과 구역을 변경·신설하였다. 影島의 시가구획도 실시하였다.[51]

다음에는 조계 외의 토지 확대에 대해 살펴보자. 일본측은 부산에다 전관거류지를 설치한 다음 군사적인 목적을 달성하기 위해 절영도에 영

---

51) 『官報韓國二大港實勢』, 『釜山府使原稿』 등에서 관련된 사료를 발췌·정리한 것이다.

토조차를 시작했다. 1886년 1월 31일에 조인된 「조차절영도지기약단」
에 의하면,52) 일본은 해군용 석탄저장창고건립을 위하여 4,900평을 조
차하고 그 조차지의 지조로서 매년 은화 20원을 일본공사관에서 조선정
부 통리아문에 지불토록 규정하였다. 이는 부산에다 설정한 전관단독조
계만으로는 침략기반을 닦는 데 충족할 수 없어 대륙침략의 기지를 만들
고자 주요한 지역에 군사시설을 하기 위한 목적에서 나온 것이다. 이리
하여 일본은 부산 앞바다 절영도에 합법적인 군사기지를 확보하였다.
1896년경부터는 일본민간인의 절영도 내 토지매점 현상이 두드러져 일
본인의 토지 매매 행위를 금하지 않으면 얼마가지 않아 온 섬 안이 남아
나지 않을 것이라는 동래감리의 보고가53) 있을 정도로 심각했다.

그 대표적인 인물이 追間房大郎으로 그는 1898년에 절영도 국유지
135만평을 정부로부터 植林貸付 형식으로 허가 받아 그중 75만평은 일
본 육군성의 요새지용으로 회수당하고 60만평은 해방 전까지 계속 소유
하고 있었다.54) 1903년도의 절영도 전역의 외국인 소유가 된 토지는
386필지 1,422마지기에 달했는데, 그 중 서양인 토지는 불과 13필지
95.1마지기에 불과하고, 일본인이 373필지 1,326.9마지기를 소유하여,
절영도 전역의 노른자위 땅은 일본인들이 거의 침점해 버렸음을 알 수
있다.55) 이렇게 된 원인은 우리나라 사람들이 가난한 틈을 타서 일본인
들이 그들의 재력으로써 현지인을 유혹하여 地契를 마음대로 양도하는
등 우리의 관헌 몰래 팔기도 하고 또 일인에 대한 상무를 변제하기 위하
여 저당한 토지·가옥이 채무불이행을 구실로 또한 일본인의 수중으로
넘어간 데 있었다.56)

---

52) 『구한말조약휘찬』 중권, 14쪽.
53) 『東萊港報牒』 1책, 建陽元年 9月 23日 報告.
54) 高秉雲, 『近代朝鮮租界史의 硏究』, 雄山閣, 1987, 63쪽.
55) 孫禎睦, 앞의 책, 252~253쪽.
56) 金容旭, 「釜山開港의 比較史的 意義」『港都釜山』 第5號, 288쪽.

부산의 일본인들이 침점한 토지는 위에서 살펴본 절영도뿐만 아니라 전관거류지를 중심으로, 서쪽은 대청·보수·부민동 일대, 동쪽은 영주·초량·수정·좌천·범일동 일대를 거쳐 광범위하였다. 이들 토지들은 暗賣·저당의 형식을 취해 일본인에게 이전된 경우도 있고, 우리나라의 지도층에 있었던 자가 대양의 토지를 정부로부터 하부받아 이를 다시 일인의 수중에 양도시킨 공공연한 토지의 매매·거래도 있었다. 이리하여 1905년경에는 일본인이 부산에서 소유한 토지는 전관거류지 내 11만평, 거류지외 5,381,714평(공용지 1백만평, 민유지 435만평, 매립지 31,714평)에 달한다고 했다. 따라서 러·일전쟁이 끝나기 전에 부산시내 요지는 거의 대부분 일본인의 수중에 들어가고 말았다.57)

4. 일본 조계에 설립한 경제침투기구

부산항 개항 이후 일본의 경제적 침투는 다양한 통로를 통해 이루어졌지만 여기서는 조계에 설립된 경제침투기구를 중심으로 살펴보기로 한다. 일본의 금융기관이 한국에 진출한 것은 개항 직후이며, 개항 전부터 초량왜관을 거점으로 무역관계를 맺고 있던 일본은 <강화도조약>의 체결과 더불어 본격적인 진출을 시작했다. 개항 이후 부산항에 일본 상인이 대거 진출하자 일본인 실업가 澁擇榮一과 大倉喜八郎은 자본금 5만원을 공동출자하여 사설 제일은행을 설립했다.58) 이것이 한국 내에 설립된 최초의 일본인 은행이었다.

이 은행은 1878년 6월에 폐점되고 대신 국립제일은행 부산지점이 일본조계내에 설치되었다. 설치의 주된 목적은 일본통화를 조선에 유통시키고, 조선의 김을 매입하는 데 있었다. 제일은행은 일본에서는 보통 상

---

57) 『釜山市史』第1卷, 814~818쪽.
58) 趙璣濬, 『韓國資本主義成立史論』, 大旺社, 1977.

업은행이었으나 한국에 진출한 제일은행은 일반 은행업무 외에 특수 업무 즉 관세업무를 위탁받았다. 1884년 2월에 제일은행 부산지점 주임인 大橋半七郎과 朝鮮總稅務司 묄렌돌프(穆麟德)사이에 <해관세취급조약>이 체결되면서 업무가 개시되었다.59) 이 조약은 일인의 무역업에 대단히 편리하게 작용하였다. 부산에는 제일은행 외에도 다수의 일인은행이 진출했는데, 이들 은행 부산지점의 대출금이 연안무역을 포함한 수출입액의 2배나 되었으며, 이들 은행 이용자는 일인 상인이 압도우위를 차지하였다.60) 이는 이들 은행이 부산의 무역을 주도하여 그들의 경제적 침투의 파이프라인 역할을 했음을 보여주는 것이다.

위에서 살펴 본 은행과 더불어 경제적 침략을 위한 단체로 일본상인들의 조직체인 <부산항일본상법회의소>의 설립을 들 수 있을 것이다. 개항 직후 일인상인들은 일본인 조계내에 <거류지상회의소>라는 자치단계를 조직하여 상호의 이익을 도모하다가 1879년 8월에 <부항일본인상법회의소>를 설립하였다. 이 회의소는 처음에 부산에 있는 일본인 무역상·은행업·해운업·도매업 등 4개 영업자로 조직하였으나 1855년에는 조직을 개편하여 모든 일인상인을 회원으로 가입시키고 1890년 6월부터는 잡화상까지 회원으로 가입시켰다.61) 이 회의소의 사업은 상인단체 본연의 업무를 수행하는 일 외에, 일본 정치외교를 측면에서 지원하는 일, 일본 국내 상업회의소와 긴밀한 연관을 갖고 상호정보를 교환하는 일, 일본인에게 불리한 상거래가 있으면 일본의 무력을 이용하는 일 등이었다. 그 사업의 방향과 목적은 부산을 중심으로 한 도로·교통·부두축조·일본화폐 통용, 斗衡用器 사용, 중국·만주 등지와의 무역을 촉진하는 등에 주안점을 두고 있었으므로 결국 식민지 구축의 기

---

59) 村上勝彦,「第一銀行朝鮮支店と植民地金融」『토지제도사연구』(61), 1973.

60) 『釜山市史』第1卷, 840쪽.

61) 趙璣濬,「開化期 日帝의 經濟侵略」『日本의 侵略政策史硏究』, 一潮閣, 1984.

반을 조성하는 데 있었다.[62] 이 회의소의 막강한 후원세력으로는 <조선인실업협회>가 있었다. 이 협회는 1904년 11월 부산에서 설립된 일본인 실업단체인데, 그 집행부는 유력 실업가나 저널리스트로서 당시 조선에 거류하던 일본인을 대표하는 인물들이었다. 이 협회는 막대한 권력과 자본으로 조선 거류 일본인에게 대 조선 경제개발이나 조선인 동화의 역할을 실천하는 데 주도적 역할을 담당하였다.[63]

다음에는 수산업 분야에 대해 살펴보자. 개항 이후 일본인이 부산연안의 통어권을 획득하고 본격적으로 어업을 시작한 것은 1883년 7월 25일 <조일통상장정>의 체결 이후이다. 물론 이 장정 체결 이전에도 많은 일본인이 부산연안에서 어업행위를 하고 있었다. 그러나 그것은 어디까지나 密漁였기 때문에 크게 성행하지는 않았으나 이 장정의 체결로 밀어가 합법화되어 일본인의 부산연안 어업은 본격적으로 활기를 띠게 되었다. 그리고 일본은 이 장정의 체결과 동시에 <일본인어채범죄조규>를 체결하여 예상되는 범죄발생에 대비하여 그 보호 규정을 설정해 놓았다. 그 후 1889년 11월 12일에는 <조일통어장정>을 조인하였는데, 그 내용 중에는 어업세가 지나치게 낮게 책정되어 있고, 처벌규정이 너무나 관대하는 등 부당한 조항이 포함되어 있었다. 이 통어장정에서 주목할 것은 영해 3해리 원칙이 조선·일본 간의 어업에 적용된 것으로 동양에서는 최초로 있었던 일로서 그 역사적 의의는 매우 컸다.[64] 이리하여 일본인 등은 어자원이 풍부한 남해안과 부산지방으로의 진출이 더욱 적극적으로 진행 되었다. 결국 1908년에는 일본인들은 <어업에 관한 협정서>를 조인하고 조선 정부로 하여금 <조선어업법>을 제정 공

---

62) 『釜山市史』 第1卷, 57쪽.

63) 木村建二, 「近代日朝關係下의 在朝日本人 — 朝鮮實業協會의 組織과 活動을 中心에 —」 『朝鮮史研究會論文集』 23, 1986.

64) 朴九秉, 「李朝末 韓日間의 漁業에 적용된 領海 3海里 原則에 관하여」 『경제학연구』 22집, 1974, 24~25쪽.

포케 하여 일본인도 조선인과 동등한 자격으로 조선의 연해 및 내수면에
서 어업을 할 수 있는 길을 터놓고 말았다. 결국 일본인은 이법에 의해
통어세를 납부하지 않고 어업을 할 수 있는 권리를 획득했을 뿐만 아니
라 재산권을 확립하여 일본인에 의한 정치어장을 비롯한 연안 어업권 어
장의 탈취를 합법화했다. 이러한 일본 어업을 보호·조장하기 위해
1898년 8월에 부산의 일본인 거류민 중 몇몇 유지들에 의해자본금 5만
원으로 부산수산회사가 설립되었고, 1900년 5월에는 <조선해통어조합
연합회>가 조직되어 일본어민의 부산연안 침입을 더욱 조장하였다.[65]

5. 부산지방민의 항일투쟁

　개항 후 일본의 조계를 중심으로 일본상인에 의해 관세 없이 기계제
상품 즉 복지를 비롯한 일상생활필수품이 자유로이 다양으로 수입됨에
따라 부산주변의 농촌가내수공업과 도시수공업이 점차 해체되고, 또 국
내적으로 가중되어 가는 봉건적 수취로 부산지방민의 경제생활은 거의
파탄지경에 이르렀다. 그런데다 일본국가의 무력을 배경으로 한 일인들
의 횡포와 불법은 부산지방민의 저항심을 촉발시켰다. 부산지방민들이
일본에 저항했던 사건들을 시대순으로 요약 정리하기로 한다.

　① 개항과 더불어 전개된 무관세무역과 관세권의 중요성을 인식하게
된 정부당국자는 관세권 회복의 시도로 개항장인 부산에 海關을 설치하
고, 대일무역에 종사하는 국내 상인에게 일정률의 세금을 징수키로 결정
하였다. 따라서 1878년 9월 28일부터 부산 豆毛鎭에 해관을 설치하고
수출입물품에 대해서 세목을 정하여 해관수세를 실시하였다. 이 과세제
도는 대일 무역에 종사하는 국내 상인에게 부과 징수하는 것이므로 엄밀

---

65) 『부산시사』 제1권, 860쪽.

한 의미의 관세라고는 볼 수 없고, 무역품에 대한 내국통과세 또는 일종의 무역거래세의 성격을 띤 것이었다.[66]

　관세징수 조처로 인해 부산항의 상거래가 크게 부진하게 되자 부산주재 일본관리 대리 山之城祐長은 동년 10월 동래부를 찾아와 設課收稅가 조약에 위반된다고 강변하면서 停稅를 요구하였다. 이에 대해 동래부사 尹致和는 "조선정부가 조선상인에게 과세하는 것이므로 관여할 바가 못 된다"고 일본측의 요구를 일축하였다. 이에 당황한 거류지회의소 의원과 상인들이 10월 9일 辨察官 관저에서 시위를 벌이고, 다음날에는 일본관민 200여 명이 동래부에서 정세를 요구하면서 대규모의 시위를 전개하였다. 이때 일본상인 중에는 흉기를 소유한 자가 많았고, 이들은 동래부 성문부근의 민가에까지 침입하여 행패를 부렸다. 이에 격분한 동래부민들은 기와조각과 자갈 등으로 일본상인등에 대항하였다.

　이 충돌사건을 접한 야마유키는 급히 부산거류 일본관민을 동원하여 총검으로 무장시킨 다음 동래부로 달려왔으나, 이미 사건이 끝난 뒤였으므로 두모진 해관에 들러 시위를 벌린 다음 조계로 돌아갔다. 결국 이 사건은 일본측의 군함을 대동한 무력 위협으로 3개월 후인 12월 26일 부산해관이 폐관됨으로써 결말이 났다.[67]

　② 1880년 4월 26일 우리 연해를 불법 시위하던 일본군함 鳳翔艦의 선장 이하 사관・수병 다수가 조선인 통역을 대동하고 '遊歷'을 명목으로 동래부를 탐색했다. 이들이 동래남문에 이르렀을 때 부사는 문을 닫고 이들의 불법을 꾸짖었고, 부민들은 문루와 벽상에 모여 이들의 동태를 살피고 있었다. 일본인들이 기어이 강제로 통과하려 하자 부민들은 분개하여 기왓장을 들고 이들과 맞섰다. 이 소식을 전해놓은 주변의 지

---

66) 金敬泰,「開港直後의 關稅權 回復問題 -「釜山海關收稅事件」을 중심으로 -」 『韓國史研究』(8), 1972.
67) 『釜山市史』 第1卷, 894~896쪽.

방민들은 이곳으로 달려와 일인들과 일대 투석전을 전개했다. 이에 그 기세에 눌린 일인들은 2명의 부상자를 이끌고 철수하고 말았다. 다음날 일본선장은 드디어 무장호위병 40명을 대동하고 동래남문을 강제 통과하여 동래성 안을 활보하자 동래부민들은 그들의 불법적 행동에 비분강개할 뿐 더 이상 대항은 못했다.[68]

③ 1884년 갑신정변 이후 부산항민들의 항일저항의식이 높아져 그해 풍년임에도 불구하고 부산주변 농민들이 쌀을 일본인에게 팔지 않아 쌀 수출이 격감했다. 또 이해 12월 17일에는 부산의 일인상인 小田移作과 莊司方作 등이 상품대금을 독촉하기 위해 고성군 당항포에 갔다가 그곳 농민들로부터 무수히 구타를 당하는 사건이 발생했다. 이 소식을 접한 부산일본영사관에서는 경찰관을 파견하여 겨우 구출하였다.[69]

④ 1880년 일인들의 간청에 의해 부산 온천장의 일부 사용을 일인들에게 허락하고 양국인의 분규를 막기 위해 日本監守所가 설치되었다. 그런데 1886년 9월 27일 세 명의 조선 여인이 감수관 앞을 지나갔을 때 감수인 衫原好助가 한 명의 여인을 감수소 내실로 납치하여 욕보이려 하였다. 이를 전해들은 이곳 동민 20여 명이 몽둥이를 들고 감수관 내실로 들어가 여인을 구출한 후 감수소 가재도구를 모조리 파괴한 사건이 발생했다.

극도로 흥분한 군중들이라 군관도 수습할 도리가 없어 방관하였다. 당시 동래부사 金鶴鎭도 분격하여 온천감수소 철수를 일본영사에게 강력히 요구했으나 일본영사는 결국 불응하였다.[70] 그 후에도 이런 류의 항민들과 일인들과의 충돌사건은 허다하였다. 그럴 때마다 일본은 함포를 대동한 무력으로 대응하였다.

---

68)『釜山府史原稿』第11卷1 第4章 參熱.
69)『釜山府史原稿』第12卷 第9章 參照.
70)『釜山府史原稿』第14卷 第8章.

⑤ 개항 후 일인과의 무수한 충돌사건을 겪고 동학농민전쟁과 의병봉기에 접한 부산항민들의 항일저항의식은 극도로 고조되었다. 그러던 중 의병장 崔益鉉이 淳昌전투에서 일군에게 체포되어 감금당했다가 대마도에 유배당하여 1906년 11월 17일 그곳에서 세상을 떠난 사건이 발생했다. 그의 영구가 부산항에 도착했을 때 부산항민들은 폐문철시하고 상무사원 1,000여 명은 '春秋大義 日月高忠'이라고 쓴 挽旗를 높이 들고 영구를 맞이하였으며, 이곳에 운집한 10,000여 명의 항민은 모두 땅을 치고 통곡하였다. 심지어 동래부의 기생들도 국문으로 만장을 지어 올려 통곡했고 梵魚寺 승 奉蓮도 승도를 거느리고 致奠을 올렸다. 그리고 부산항에 거주했던 과부 셋이 奠物을 머리에 이고 40리 길을 달려와 말하기를 "大監祭需는 일본인 차에 실을 수 없다"고 항의하였다. 또 대마도의 경비대장 이즈하라(嚴原)가 부의금 200량을 보내왔으나 이를 완강히 거절하기도 했다. 일본측은 이러한 항일운동을 두려워한 나머지 영구를 기차에 싣고 마산까지 운구하려 하였다. 그러나 군중들의 강력한 저항으로 륙노로 운구할 수밖에 없었다. 이리하여 영구는 육로로 운구되어 노성군에 안장케 되었다.[71] 이와 같은 부산지방민의 항일저항의식은 계몽운동기에 국권회복운동의 일환으로 범국민적으로 전개된 국채보상운동의 적극적인 동참으로도 표출되었다.

6. 맺음말

일반적으로 거류지란 개방된 일정한 지역 내에 외국인이 와서 居住하면서 상업을 영위하는 곳으로 거주와 상업이란 경제적인 활동만을 주로 하는 곳을 일컫는다. 그런데 부산을 비롯한 일본전관거류지만이 침략성

---

71) 『독립운동사』 제1권, 645~653쪽.

을 가진 전관거류지로서 거류지문제에 대해서는 제3국의 커다란 방해나 위협 없이 확대되었다. 그리고 일본거류지는 치외법권국인 일본영사가 행정상의 감독권과 사법권을 장악한 채 운영되었다. 부산의 일본전관거류지는 개항 후 우리나라에서 최초로 설정된 조계지로서 치외법권을 인정받고 영사분할의 형태를 취한 특수 지역으로 변모하여 일본의 세력부식과 상품시장화를 위한 전초기지로 충분히 활용되었다. 따라서 부산항은 일본거류지를 구심점으로 일본침략세력에 의한 강한 힘으로 도시계획이 추진되어 우리 부산지방민의 입장과 의사가 전적으로 무시된 채 근대도시로 형성되었다.

이와 같은 변화는 거주민들의 이동 변화에서 잘 나타난다. 예컨대 개항 당시 초량에 100여 호, 고관에 150여 호, 부산진에 400여 호가 거주하였는데, 그로부터 30년 후인 1905년경에는 일본전관거류지가 설정되었던 초량은 400여 호, 고관은 200여 호, 부산진은 300여 호로 부산지방민은 차츰차츰 일본전관거류지 부근으로 밀집 이동해 갔다. 따라서 과거 부산포의 변방벽지였던 草梁項(현 용두산 일대)이 부산도시 중심부로 형성돼 갔고 과거 부산포의 중심이었던 부산진이 오히려 변지로 전락해 갔다.

그리고 부산지방의 토착민이 거주하는 촌락은 일본거류지내의 근대적 문명시설과 웅장한 고층건물과는 대조적으로 초가집이 운집한 중세적 촌락형태를 오래도록 유지하였다.[72] 그러므로 오늘 이 시점에서 부산항의 주체적 발전을 위해 近代 釜山港形成의 역사적 배경을 숙고해 볼 필요가 있을 것이다. 그리고 개항 후 일본의 군사력을 배경으로 한 침략행위를 목도한 부산항민들의 항일저항의식은 고조되었다. 그래서 대일인투쟁사건이 빈번하게 일어났다.

---

72) 金義煥, 「港後 釜山日本專管居留地 設定에 關한 研究」『韓日研究』第2輯, 110쪽.

제4절 부산 지역 항일독립운동의 전통

1. 들어가며

부산은 최초의 개항장으로 일본인이 처음으로 활동한 무대이기도 하였으며 일찍이 식민지 침략의 발판이었다. 그리하여 부산은 심하게 경제, 사회, 산업 등이 모두 일인들의 지배 하에 있었다. 따라서 부산에 대한 일본인들의 통제와 취체는 다른 그 어떤 지역과도 비교할 수 없을만큼 교활하고 악랄했다.

부산은 일제의 이러한 탄압에도 굴하지 않고 강력한 독립운동을 전개한 전통의 고장이기도 하다. 멀리는 임진왜란으로 거슬러 올라가며 이당시 생성된 항일독립정신은 일제강점기 전시기로 내내 이어졌다. 즉 부산에서는 3·1운동 이전부터 백산상회의 활동 등으로 대표되는 조직적인 항일독립운동이 전개되었으며, 3·1운동 당시에는 각계각층이 만세운동을 벌였다. 또한 1920년대의 청년운동과 부두 노동자들의 항쟁, 인쇄 직공 노조의 총파업, 조선방직 노동자들의 쟁의, 신간회 운동, 1930년대의 적색 노동조합 건설 운동 등 다양한 형태의 항일독립운동이 끊임없이 전개되었다. 이외에도 박재혁 열사, 오택, 최천택 선생 등의 항일투쟁, 일일이 열거하자면 끝이 없을 정도로 강력한 항일독립운동을 전개하였던 것이다.

이처럼 부산은 훌륭한 항일독립운동의 전통을 갖고 있음에도 불구하고, 그간 그 정신을 기리고 계승하려는 노력은 충분하지 못했으며, 그 흔한 상징물조차도 변변하지 않았다. 우리 지역에서는 광복 50년을 계기로 다채로운 행사와 항일독립운동의 귀감에 대한 상징물이 세워지기 시작하였다. 특히 부산항일학생의거(일명 노다이 사건)를 기리기 위한 국제 학술 심포지엄을 개최하고, 2004년에는 교육문화회관 광장 내에 기념조형물을 세웠다.

이 글에서는 먼저 8·15해방 직전 부산지역에서 전개된 항일독립운동을 개관하고, 이 과정에서 항일독립운동의 전통과 정신을 재확인한 후 우리 고장의 사적지 분포와 유공자 포상현황과 각종 조형물 등에 대해 살펴본 다음 각종의 선양사업을 소개할 것이다. 나아가 '부산항일독립운동'의 정신과 전통을 어떻게 계승할 것인가에 대해 고민해 보면서 이를 위한 몇 가지 제언을 하고자 한다.

2. 부산지역 독립운동의 전통

1) 1910년대 독립운동

식민지 통치구조에 반대하는 반제운동은 나라 안팎에서 계속되었다. 부산지역에서는 1910년대 학생층과 부르주아 층이 비밀결사를 조직했고, 학생비밀결사로는 부산상업학교 학생 변상태·최기택 등 6인이 결성한 대붕회와 1915년 부산상업학교 재학생 오탁과 박재혁 등 10여 명이 결성한 구세단 그리고 부르주아에 의한 비밀결사로 대동청년단과 조선국권회복단을 들 수 있다.

대동청년단은 1909년 10월경 경남·북의 계몽적 지식인인 안희제, 김갑 등 17~30세의 청년 80여 명으로 결성되었다. 결성 당시에는 조직원이 대개 학생이었으나 이후 민족운동을 주도하는 세력으로 성장했다. 대동청년단원은 결성 당시에는 경제적 사회적으로 독자세력을 구축한 층은 아니었으나 1910년대 중·후반 이후 경제활동 주로 무역업에 진출했다. 특히 이들은 백산무역 주식회사에 관계했으며 이 회사는 대동청년단의 거점이 되었다. 대동청년단은 일제 경찰에 노출되지 않은 채 1920

년대 중반까지 활동했다.

　조선국권회복단은 1915년 음력 1월 시회를 표방하여 결성되었다. 대동청년단이 경남지역인사가 주류를 이루고 일부 대구지역 인사가 참여했는데 반해 조선국권회복단은 대구를 중심으로 한 경북지방의 부호 중산층이 조직하고 일부 경남 인사가 참여했다. 부산을 무대로 활동한 경남 출신 관련자는 모두 지주인 이조원(동래), 윤현태(양산), 안희제(의령), 최태석(청도), 정인찬(동래), 손영순(밀양) 등이었다.

　조선국권회복단은 대구 상덕태상회, 태궁상점, 영주의 대동상점, 부산의 백산상회를 연락 거점으로 했는데, 이 상점은 모두 곡물상, 잡화상, 무역상이었다. 조선국권회복단 관계자인 남형우는 1918년 가을 백산상회 점원으로 일하면서 이들 상점을 통해 운동자금을 조달하다 3·1운동 후 망명했으므로, 백산상회의 핵심 인물인 안희제·윤현태가 집중적으로 조사를 받았다. 또한 조선국권회복단 단원인 김유경이 주일상회의 출자자로 관계를 맺었고 역시 단원인 김유덕이나 김재열이 주일상회의 손영순과 친밀한 관계였으므로 손영순과 주일상회 역시 일제 경찰로부터 주목받았다. 국권회복단이 연락거점으로 무역상을 이용한 것은 자금조달을 쉽게 하고 일제경찰의 노출을 피할 수 있었기 때문이었다. 이는 부르주아 비밀결사운동의 주체인 지주층이 자본을 1910년대 중 후반 이후 무역, 상업에 투자하면서 상점을 개설하는 경제적 조건의 변화가 전제되었기 때문에 가능했다. 이러한 비밀결사의 조직적 활동 또는 그 인맥은 부산지역 3·1운동에 일정한 영향을 끼쳤다.

　위와 같이 1910년대 부르주아 비밀결사운동에는 부산 인근 경남의 지주 또는 지주로부터 무역상으로 전환한 이들이 주로 참여했고, 부산의 토착 초량 객주들이 전혀 주체로 나서지 않았다. 일부 객주상인의 경우 개항 후 무역 유통업에 종사하면서 상당한 자본을 축적했지만 이미 매판화되었거나 한말 계몽운동의 경험을 가지지 못한 상황에서 역량의 결집을 이룰 수 없었기 때문이다. 따라서 동래나 양산·의령·밀양·청도 등지에서 자강운동에 참가했던 지주들이 오히려 1910년대 후반 무역업의 활성화란 경제적 변화에 부응하여 부산으로 결집하면서 비밀결사운동의 주체로 적극 참여하게 되었다.

부산 지역에서는 이러한 비밀결사운동과 이전의 일제에 대한 저항운동이 바탕이 되어 1919년 서울에서 3·1운동이 일어나자 학생층과 부르주아층을 중심으로 그들의 조직적 기반과 인맥을 통하여 노동자, 상인 등 광범위한 계층의 일반 대중과 연대 분위기가 고양되었다. 요컨대, 3월 2~3일경 고종 인산에 참례하고 돌아온 부르주아 인사들과 기독교, 불교 계통의 인사들을 통하여 독립선언서가 비밀리에 전해졌다. 학생층의 시위운동은 3월 11일 부산진 일신학교로부터 시발되었다. 이보다 앞서 비밀결사운동이 조직적으로 전개되었던 부산상업학교의 시위는 경찰의 철저한 감시로 인해 무산된 반면, 동래고보의 학생시위 준비는 무사히 진행되고 있었다.

마침내 13일에 동래고보 학생이 중심이 된 수천 민중의 봉기가 있었으며, 18일과 19일에는 범어사의 명정학교와 지방학림의 학생과 군중이 합류하여 동래시장에서 시위를 벌였다. 3월 29일에는 구포 장날 대형 태극기와 현수막을 앞세운 수많은 군중의 대규모 집회와 파출소 습격이 있었고, 4월 5일 기장읍 장날에도 청년 유지들이 중심이 되어 1천여 명이 궐기했으며, 잇달아 장안·일광·정관면에서도 농민과 장꾼이 합세한 시위가 있었다. 4월 10일에는 명지의 동명학교 교사와 학생들의 항일독립운동이 이튿날까지 이어졌고, 부산상업학교, 부산진보통학교, 영도옥성학교 학생들의 구국동맹파업 및 시민항쟁이 계속되었다. 당시 부산지역에서 3·1운동에 참가한 인원과 시위 횟수가 전 조선에서 경기도와 황해도 다음이었고, 사상자와 관공서 파괴 등은 가장 많았다.

부산지역의 3·1운동은 초기에는 기독계·불교계 인사들과 학생층의 주도하에 전개되었지만 차츰 민중들이 동참하면서 규모가 확산되었다. 부산은 일제 침략의 전초기지로서, 전조선 어느 지역보다도 일제의 침략이 계획적이고 적극적이었다. 따라서 개항 이후 계속된 일본 자본가 위주의 도시계획으로 타격을 받은 상인, 노동자, 농민, 학생들의 투쟁은 치열할 수밖에 없었다. 그러나 조직적인 연대투쟁을 전개하지 못한 한계를 지니고 있었다. 다만 이후의 운동에서 조직적인 사회운동이 성장할 수 있는 토대를 제공했다는 의의는 뚜렷하다.

2) 1920년대 항일독립운동

3·1독립운동 이후 일제는 무단통치에서 문화통치로 정책을 전환했으며, 노동자, 농민, 여성, 청년 등 각 계급계층의 부문운동은 조직적으로 정비되었고 이에 따라 다양한 대중운동이 활발하게 일어났다.

부산지역의 비밀결사운동 및 의열투쟁은 평양지역이 1921년에 소멸되는 것과 달리 1925년경까지 지속되었으며, 이러한 의열투쟁 및 무장투쟁은 부산지역 비타협민족주의 계열의 운동의 중요한 방략이었다. 1920년대에 조선에서 문화정치가 실시되고, 합법공간이 확대되면서 부르주아 계급은 문화운동에 보다 주력하였고 상대적으로 비밀결사운동은 상해임정의 내부적 갈등 및 의열단의 침체로 1920년대 중반 이후에는 쇠퇴하였다.

1920년 초 중반 사회운동의 주도적 위치를 점했던 것은 청년단체이다. 3·1운동 직후 설립된 문화운동 단체가 지역 내 부르주아 층을 망라했으나 지속적인 활동력을 유지하지 못했고, 일부 자본가계층에 한정된 모임에서 벗어나 보다 넓은 사회세력을 수용하는 한편 대중적인 다양한 활동의 장을 이용하는 조직이 필요했다.

초기 청년회운동의 주도 세력은 대개 지역 유지로서 지주이거나 자본가 계급에 해당하는 사람들이었다. 특히 후자에 속하는 자본가 계급은

3·1운동 이후 일제의 문화통치 실시와 회사령 철폐라는 변화된 정세 속에서 급속히 성장했다. 이 과정에서 그들이 표방한 세계개조, 지방개조, 신문화창조와 같은 실력양성론이 곧 문화운동이었으며 그 대표적인 분출구가 바로 청년회였다.

3·1운동 이후 부산지역 자본가계급의 문화운동을 배태시킨 단체는 1919년 11월과 12월에 각각 결성된 기미육영회와 부산예월회였다. 양 단체는 부산을 비롯한 인근지역 토착자본가 40여 명이 관여하여 결성한 조직으로 대표적인 인물들로는 백산무역주식회사의 안희제, 윤병호, 구포은행 지배인과 경남은행장을 지낸 문상우, 동래은행 지배인 김병규 등이었다.

이들은 지역청년들 중에서 두각을 드러내는 학생들을 외국에 유학을 보내는 등 지방의 인재 양성에 노력했다. 당시 기미육영회의 유학생으로 선발된 인물들을 보면, 동래지역의 이병호, 이제만, 문시환 등과 경북 안동의 전진환을 비롯하여 김정만(동경), 안호상(독일), 이극로(독일), 신성모(영국) 등이다. 기미육영회와 부산예월회는 우수학생의 유학 주선뿐만 아니라 각종 학교의 설립과 교육 산업개선 청원운동 등에 진력하여 일제의 식민지 교육을 반대하는 한편 조선인 자본가를 위한 특수금융기관 설치 등을 주장하여 부산지역의 사회운동과 민족자본의 육성에 노력했다.

기미육영회와 부산예월회를 중심으로 한 민족자본가들의 문화운동이 외연적으로 확대되는 과정에서 탄생한 조직이 곧 부산청년회였다. 부산에서는 3·1운동을 전후한 시기에 부산진·구관·초량·영주동·영도·부민동·아미동 등지에 7개의 청년회 또는 구락부 형태의 청년단체들이 존재했다. 초기에 친목회의 성격을 지녔던 이들 단체들은 3·1운동 이후 고양된 민족의식 속에서 문화운동 중심으로 성격을 변화시켰다. 그 후 고립 분산적인 개별 청년단체들의 통일성이 요구되자 이들 7개의 청년단체들이 연합하여 1920년 11월 말 부산청년회를 결성했다.

부산청년회에서 중추 역할은 김준석, 조동혁, 허영조, 김철수, 전성호, 추정명, 어윤광, 추국태, 유영준, 이석연, 서유성, 최석봉, 오형식, 강기흠 등이 수행했으며 12월에는 조선청년회연합회의 가맹단체로 참가하여 중앙의 운동방침과 호흡을 같이 하면서 부산지역 사회운동의 핵심으로 자리잡았다. 그 후 부산청년회는 21년 7월 회관을 기공하면서 각 부서별 활동이 구체화되어 학예부에서는 회보 발행과 야학회 개최를, 사회부에서는 노동단체의 조직과 회원확보 및 학생의복 개량을 계획하기도 했다. 그리고 청년회관이 완성되자 노동, 영어, 실업보습의 3개 야학을 열었으며 부산진 앞 바다에 조선인 해수욕장을 개장하고 부산진 매축지에서 추계시민대운동회 등을 개최하는 등 지역주민들의 이익증진에 앞장섰다. 한편 그 무렵 동래에서도 청년단체들이 결성되어 활발한 활동을 전개했다. 1920년 1월을 전후해서 조직된 동래청년구락부가 동래지역 최초의 청년 단체였다. 동래청년구락부에서 활동한 인물은 백광흠, 조희수, 이환, 윤필균 등으로 이들은 여타의 청년단체들이 그랬듯이 지역 주민의 숙원사업과 권익신장에 앞장섰다.

동래청년구락부의 활동을 보면 김해시민대회에 참가하여 인근지역 주민과 교류를 넓히는 한편 일본인들의 출입이 잦은 데 따른 온천장 일대 동래권번 예기들의 풍기문란을 단속하여 사회풍기 개량에 노력했다. 이 밖에 동래지역 주민들의 바람인 대운동장 확보를 위해 온천장 일대에 상당한 땅을 소유했던 일본인들의 온천장 번영회를 비롯해 부산가스회사와 운동장 부지를 확보하려는 교섭운동을 계속 벌여 나갔다. 뿐만 아니라 주민들의 교육산업 위생에 관한 문화보급을 목적으로 동래군 중에서 농촌지역에 해당하는 일광면·구포면 등지의 각 면에 순회강연단을 파견하여 계몽운동을 전개했다.

한편 1921년 9월 17일 택산 상회에 고용된 부두노동자들이 40~50% 임금인상을 요구하면서 부산부두총파업을 벌였다. 잔교노동자들의 전면적인 파업참가로 그 파장이 심각하자 자본가들은 9월 27일 잔교노동자들에 대해 한해 15%의 임금인상을 제시하는 등 이들을 파업 대열에서 분리시키기 위한 회유책을 쓰는 한편, 29일에는 대구지역과 부산진 방면의 지게꾼을 동원하여 연락선 화물하역에 투입하여 부두노동자들의 투쟁력을 약화시키려 했다. 그러나 부두노동자들은 이러한 자본가그룹의 분열책에 대항하여 파업깨기꾼의 숙소를 습격하는 등 결연히 맞섰다. 그 결과 부산부두총파업은 노동자의 승리로서 막을 내렸다.

한편 부산청년회의 활동은 지주, 상업자본을 중심으로 한 토착자본가 상층의 초기문화운동이 전후공황에 따른 경기 침체의 여파에서 헤어나지 못하고 부산부두노동자총파업을 비롯한 초기 부산지역 사회운동에 적극 관여했던 활동가들이 부산지역을 이탈하면서 22년 후반기부터 휴면상태에 처했다. 그러다가 1924년에 초량객주조합을 중심으로 하는 토착자본 하층이 부산청년회에 대거 진출하면서 부산청년회는 활력을 되찾는다.

토착자본 하층이 부산청년회의 지도부로 나서면서 부산청년회가 주도한 운동은 조선인 도항저지 철폐운동과 친일단체 보천교 박멸운동을 들수 있다. 이 운동은 상당한 성과를 거두었고, 부산청년회가 지도부 구성을 통해 부산지역사회운동의 투쟁성을 높여준 것으로 평가할 수 있다.

한편 초기 청년회의 침체와 함께 조선에서는 민족운동의 새로운 방도로서 사회주의 이념이 급속하게 확산되고 있었다. 부산지역에서도 1925년 하반기부터 사회주의운동이 본격적으로 자리잡기 시작했다. 그러나 부산지역의 사회주의운동의 성장과 조직적 확대과정은 그렇게 평탄하지 않았다. 여기에는 김용진과 고정대를 중심으로 기존의 부산청년회에서 터를 잡았던 사회주의 세력과 25년 8월을 기점으로 경남 진영에서 활동하던 노상건 그룹이 부산지역 사회운동에 진출하자 양 세력은 자파세력 확장과정에서 불협화음을 낳았다. 부산지역 사회주의 운동은 이들 양대

세력의 청년단체 조직이 정비되면서 더욱 격렬하게 진행되었다. 그 결과 1925년 11월~1926년 1월에 걸쳐 부산부 청년연맹과 부산청년연맹이 각각 결성되었다. 여기에는 당시 조선 내 사회운동의 양대 산맥인 화요파와 서울파의 세력 확장과 각 지역 군·부단위 청년연맹의 결성에 뒤이은 도 단위의 청년동맹 결성문제를 둘러싼 대립이 가로 놓여 있었다. 그러나 이들의 과열경쟁은 결국 일제로부터 창립금지 조치를 당하게 되고, 양측 모두 청년단체의 경남도연맹체 결성에 실패하고 말았다.

아울러 1925년 12월 부산지역에서도 여타지역과 마찬가지로 토착자본가 계층에 속하는 인물들이 참여한 사상단체 '제4계급'이 출현했다. 이는 당시 청년연맹의 결성을 통한 무산청년 대중의 성장을 가져왔고, 다른 노동단체의 결성과 선진적인 사회 활동가들이 결합할 수 있는 단초를 제공하게 했다. 그런 면에서 당시 부산지역 사회주의운동이 본격적인 궤도에 진입했음을 알 수 있다.

한편 1920년 이후 소강상태를 보였던 파업투쟁은 1923년 들어 메이데이투쟁을 시작으로 경성고무여직공파업 등의 파업투쟁이 발생했다. 이와 함께 각 지역에서는 노동단체들의 조직적 확대가 진행되어 직업별 노동조합이 결성되었다. 이 무렵 부산에서는 부두노동자 총파업에 관여했던 김종범, 조동혁 등이 1922년 1월 부산노동동맹회를 결성했다. 그러나 이들 핵심인물들이 중앙위원으로 선임되어 중앙무대에 진출함으로써 활동이 흐지부지되었다. 그러자 새로운 조직인 부산노우회가 24년 8월 결성되었는데, 주로, 정거장, 운송점, 화차 등의 운송노동자로 조직되어, 24년 12월 무렵 회원 300여 명으로 부산의 노동자 단체 중 가장 큰 세력으로 자리잡았다. 노우회는 노동자만의 단체는 아니고, 일본자본이 침투하는 상황에서 운송업 관련 조선인 자본가들이 자신들의 경제적 이익, 곧 안정된 노동시장의 확보라는 현실적인 이해관계가 맞물리면서 결성된 조직체였다.

또한 부산에는 1924년 12월 부산인쇄직공친목회가 조직되었다. 인쇄직공은 업무의 특성상 상당한 수준의 문자해독 능력을 필요로 했으며 따라서 적어도 보통학교 졸업정도의 학력을 갖추어야 했다. 인쇄직공의 이러한 성격 탓에 20년대 직업별 노조들이 각 지역에서 부문별로 결성될 때 인쇄직공조합은 선진성을 보이며 강고한 조직으로 부상했다. 이 회는 1925년 11월 1일 명칭을 인쇄직공조합으로 개칭하고 22일 부산지역 인쇄 관련 자본가들의 인쇄동업조합에 맞서 총파업을 단행한 한편 전조선적 조직체인 조선인쇄직공총동맹을 창립하려 할 때 원산·목포 등지의 인쇄직공조합과 함께 중앙의 발기대회에 참가했다.

당시 부산에는 경남인쇄주식회사를 비롯하여 부산일보사 등 10여 개 정도의 인쇄공장이 있었으며 여기에 종사하는 조선인 노동자는 200여 명이었다. 동조합의 파업에 대해 인쇄동업조합의 자본가들은 강경하게 맞섰고, 장기적인 대립으로 발전했다. 파업은 12월 중순 노동자들의 복직과 자본가들의 부분파업 요구조건 수용이라는 타협 속에서 일단 막을 내린다.

파업 과정에서 배출된 김봉희, 차학순과 같은 인물들은 앞서 언급한 사상단체인 '제4계급'에 참여했다. 이를 통해 볼 때 1925년 부산인쇄직공파업은 노동자들이 이제 더 이상 초기 사회주의들 혹은 선진적 민족자본가들이 보여주었던 시혜적 지도력에서 벗어나 노동자들 자신이 직접 파업을 주도할 수 있는 독자세력으로 성장했다는 의미를 남기고 있다.

이에 전조선적으로 사회주의와 민족주의 반제통일전선 신간회가 1927년 2월에 결성되었고 부산에서도 7월 30일에 결성되었다. 신간회 부산지회는 수개월 동안 민족주의 좌파계열과 사회주의자들이 협심하여 설립을 추진했으나 막상 창립당시 집행부는 민족주의 좌파가 포진했다. 이는 창립대회 당시 회원 28명 중 22인이 대회당일 출석하여 11명의 간부를 뽑았는데 그중 1명을 제외한 10명이 민족주의 좌파계열의 인물이었다는 점에서도 드러난다.

다시 말해 1925년부터 본격화된 사회주의세력 출현은 양적인 면에서 청년단체에 대한 상당한 영향력을 보여주었다. 그러나 부산청년연맹 결성을 앞두고 전개된 사회주의자들의 장기 분열은 사회운동 자체의 역량을 소모했고, 이는 자연히 부산지회가 출범할 무렵 민족주의 좌파들이 신간지회의 집행부를 장악하게 된 결과를 낳은 것이다.

그러나 1927년 말에는 사회주의자들이 부산청년동맹을 결성하고, 어느 정도 대열을 정비하면서 신간회 부산지회에 대한 활동도 적극성을 보이게 되었다. 이에 회원도 몇 달 사이에 240명으로 증가하고 조직부, 출판부를 신설하는 등 1927년 12월 이후 사회주의자들이 신간회 부산지회 집행부에 진출하기 시작했다. 하지만 2~3개월 안 되어 사회주의자들은 지회 간부직에서 물러나게 된다. 그 후 사회주의계열은 29년에 들어서면서 노상건, 안상교, 김칠성을 중심으로 하여 재차 부산지회 집행부에 나아갔다. 당시 각 지역 사회주의자들이 자신들의 지회에 진출하는 것은 29년에 들어와 전 조선에 걸쳐 일반적인 경향이었다. 이것은 1929년 6월 28일 서울서 개최된 신간회복대표자대회에 참석한 각 지역구 대표들과 이들이 뽑은 신간회 중앙집행위원, 중앙집행위원후보, 중앙검사위원들의 면면이 사회주의자 또는 친사회주의 성향의 인물들이었다는 데서 알 수 있다.

한편 부산지회는 1929년 9월 21일 개최된 임시대회에서 종래의 회장제를 집행위원장체제로 변경했다. 이는 신간회를 보다 민주집중형태로 운영하기 위해 회장제를 위원장제로 변경해야 한다는 각 지회의 요구를 신간회 중앙 본부가 복대표대회를 통해 확정하고 그 방침을 지회차원에서도 따랐기 때문이었다. 1929년부터 본격화한 사회주의자들의 부산지회 진출은 그 해 12월 8일 개최된 제4회 정기대회를 기점으로 확연했다. 본 대회의 특징은 민족주의계열의 인물인 김국태, 최천택 등이 일선에서 물러나고 아울러 1920년대 중반부터 줄곧 활동했던 노상건, 김칠성 등의 중진 사회주의자들도 2선으로 물러나는 대신 신진 사회주의자인 부산노우회의 황명석, 부산출판노동조합의 이화우, 부산고무직공조합의 김성태 등이 활동했다. 이후 신진 사회주의자의 부산지회 장악은 강화되었으며 신간회 해소론이 나오는 1930년 12월에는 부산지회에 대한 전면지배가 가능했다. 따라서 신간회 해소론이 전 조선에서 맨 처음 부산지회의 김봉한이 제기한 것은 결코 우연이 아니었다.

위에서 살펴본 바와 같이 신간회 부산지회 창립집행부는 민족주의 좌파세력들로 구성된 반면 사회주의계열 소장 청년들은 1927년 12월 4일 부산청년동맹을 결성했다. 이들 회원들은 부산지역 노동자 조직에 진출하여 노동자계급 성장에 주도적인 역할을 담당했다.

1930년 1월 부산의 조선방직주식회사 노동자 2천여 명은 파업을 단행했다. 이 파업은 1929년 이후 공황경기 속에서 일어난 조선 내 최대 파업으로 전조선적인 관심을 불러일으켰다.

3) 1930년대 항일독립운동

일제는 1930년대에 들면서 통치체계를 확립하여 지방 말단까지 장악하려는 의도 아래 행정구역을 확대하고 통제기구를 강화했다. 시가지 계획은 계층별로 이해관계에서 크게 차이가 났다. 도시 소빈민층은 아무런 이득 없이 '토지수용령'에 의해 인위적으로 토지를 수탈당했을 뿐만 아니라 도로의 건설과 유지에 따른 강제부역과 현품 조달에 동원되었다. 반면 일본의 대재벌 등 자산가들은 시행구역을 매수하여 지가앙 등에 따른 큰 이익을 보았다. 실은 구획정리도 이들의 사업기반 조성을 위해 실시한 것이었다. 그리고 1938년에는 계획령을 개정하여 주택경영 외에 공업용지 조성도 시가지계획에 포함시켜 토지 수용이 가능하도록 했다. 이 작업은 대륙병참기지 정책의 일환으로 군수공업의 비약적 신장을 기하기 위해 일제가 국책으로 수행한 것이었다. 부산도 군수공업도시로 추진계획을 실천에 옮겼다. 부산진과 영도의 공단조성은 일본자본가의 요구에 부응한 것이기도 했다. 이같이 일본자본가들이 조선의 공업을 독점적으로 지배해가는 가운데 조선인 자본가들도 금융업, 무역업 공장 등에 중소규모이기는 하지만, 성장과 몰락을 거듭하면서 끊임없이 자기 성장을 위해 노력했다.

일제의 정책적 구도에 따라 1930년대 부산에서는 도시화의 진전과 공업화가 추진됨에 따라 도시민이 급격히 증대했다. 1876년에는 82명에 불과하던 일본인 인구는 1911년에는 24,795명, 일제강점기에는 약 10만 명, 1940년대에는 약 20만~30만 명으로 늘어났다.

1930년대 직업별 분포를 보면, 조선인은 날품팔이가 전체의 15.9%로 큰 비중을 점했고, 일본인들은 상업종사자들이 주류를 이루었다. 다른 도시와 달리 부산의 특징을 반영하는 것은 고기잡이, 하역, 운반지게꾼 등 하급 노무자가 많은 비중을 차지했고, 면방직 공장의 직공도 적지 않은 비중이었다. 반면 농업종사자는 2.61%에 불과했지만, 부산의 영역이 동래로 확대됨에 따라 많은 농업인구를 포괄했다. 인구의 증가로 인해 가장 심각한 문제 중의 하나는 주택문제였다. 일본인 迫間 등 8명의 부호가 부산의 부동산 일체를 거의 좌지우지하여 부산에 거주하는 조선인은 물론 일본인까지도 이들의 땅을 빌리거나, 높은 집세를 부담하고 살기도 했다. 이러한 사정은 30년대에 더욱 악화되었다. 행랑채살이를 하거나 제방, 강바닥, 다리 밑의 토막, 원시사회 같이 토굴에서도 거주했다. 일제의 도시행정이 가져온 비참한 모습이었다.

노동자들은 주로 육체노동을 통해 자기 삶을 영위했지만, 노동 조건은 최악이었다. 임금은 생존에도 미치지 못했으며 노동은 가중했다. 미숙련 기술을 바탕으로 하는 일본자본주의가 최대 이윤을 확보하기 위해 이를 강요했다. 이에 저항하는 노동자들의 운동은 공업화가 진전됨에 따라 양적인 성장과 아울러 직업별 노조, 산별 노조 등을 조직하여 질적으로 더욱 강화되는 모습을 보였다. 이 운동은 1920년대 중반 이후 사회주의와 결합하면서 조직화되고 이념적 목표까지 뚜렷이 보였다. 단순히 생존권 획득에 머물지 않고 일본 제국주의에 반대하는 정치운동으로 발전했다. 그리고 그 중 일부 노동자들은 사회주의 국가건설을 목표로 1930년대 민족운동을 주도하려는 시도도 보였다.

일제하 부산에서의 주요 노동운동은 다음과 같다. 첫째 항구도시라는 특성에서 기인하여 일찍이 발생하여 일제하 내내 지속된 항만노동자들의 운동이 있다. 부두 노동운동은 조선의 부두노동운동의 선구역할을 했다. 대표적인 것으로는 한말의 1907년 6월과 1909년 4월의 부산 부두노동자 동맹파업, 일제하의 1921년 부산 부두파업, 1937년 부산항 개축 공사장 인부 파업 등이다.

둘째 일본인 자본가들의 공장이 세워지면서 여기에 근무하는 생산직 근로자들의 노동운동이었다. 1919년 만주철도회사 부산부 공장, 부산가스회사의 쟁의, 부산방적파업(1922), 조선방직동맹파업(1923), 부산인쇄직공 파업(1925) 등이 1920년을 전후하여 각 공장에서 발생했다. 1922년 부산노동동맹이 창립된 이후 이 단체가 핵심 역할을 맡았다.

1920년대 말 불어닥친 세계대공황은 노동운동을 더욱 활성화시켰다. 부산고무직공쟁의(1929~1930), 조선방직 3,000여 명 파업(1930) 등이 이 시기에 발생했다. 특히 조선방직주식회사 노동자들의 총파업은 대규모 기업에서 발생한 조직적인 파업으로서 중요한 쟁의였다. 이후 1935년에는 삼화고무, 일본경질도기, 부산국제통운회사, 그리고 1936년에는 부산부두노동자, 동양법랑철기회사의 파업이 발생했다.

한편 30년대 전반기에 전조선의 도시와 농촌에서 일어난 혁명적 노동조합과 혁명적 농민조합이 중일전쟁 이후 활동이 뜸했다. 조선 내 사회운동과 노동·농민운동은 현상적으로는 움츠려든 듯 했지만, 새로운 조

직과 투쟁 형태를 찾으면서 일제에 맞서기를 멈추지 않았다. 이때 만주
와 중국에서는 항일무장투쟁이 활발하게 일어났다. 만주지역의 동북항
일연군과 조국광복회, 중국 화북지방을 중심으로 한 독립동맹과 조선의
용군, 중경을 중심으로 한 임시정부와 광복군 활동이 그 본보기였다.

그리고 일제말기 전시체제하 부산지역에서는 항일학생운동이 고조되
었다. 요컨대 일제는 1937년 7월 중일전쟁을 일으킨 후 조선에 대한 군
사적인 폭정을 강화하기 위해 일본경찰과 경찰의 보조기관인 경방단원
을 대량 증원했다. 특히 일제의 침략전쟁에 필요한 인적 물적 자원을 동
원하기 위해 각종의 동원령을 내렸다. 대표적인 것이 1938년의 '국가총
동원법'과 '육군특별지원병령', 1941년의 '사상범예방구금령', 1943년에
는 학도병, 해군특별지원병제도, 나아가 1944년도부터는 '징병제'를 실
시했다. 이러한 일제의 전시체제 강화는 조선의 학생들의 군사동원을 한
층 강화했으며, 이에 학생들은 반발했다.

그것은 1940년 11월 23일 발생한 부산학생항일독립운동(일명 노다이
사건)은 일제가 학생들에 대해 군사집체 훈련을 강화하면서 발생한 사건
이었다. 일제는 훈련과정과 보급품뿐만 아니라, 제2회 경남학도전력증강
국방대회에서 조선학생들에 대한 편파적인 민족차별을 가함으로써 사건
이 발생했다. 이 운동은 일제의 전시체제하에서 전개된 최후의 대규모
학생 투쟁으로 발생 당시 일제의 보도관제로 말미암아 타지방에는 잘 알
려지지 않았으나 보도만 될 수 있었더라면 광주학생운동보다 큰 파급효
과를 가져왔을 것이다. 본 운동은 암울한 전시체제하에서 그것도 병영이
라는 최첨단 침략기지에서 발생한 항일학생운동이었다는 점에 그 의미
가 각별하다.

한편 1930년대부터 해방될 때까지 토착부르주아나 지식인들은 일제
의 힘 앞에 무릎을 꿇고 변절하여 친일의 길로 들어섰지만, 노동자와 농
민을 비롯한 민중들은 지속적으로 투쟁했다. 부산지역에서는 부산항일

학생의거에 참가한 동래중학교 출신을 중심으로 결성된 비밀 학생조직
인 조선청년독립당과 차병곤을 비롯한 13인의 학생들이 조직한 순국당
의 투쟁을 통해 학생과 청년층에서 끝까지 항일독립운동을 벌여 나갔던
것을 확인할 수 있다.

결국 일제가 침략전쟁에 광분하여 1938년 이후 인적·물적 자원을
총동원하기 위해 '국가총동원법'을 발동하고, 부산을 대륙침략의 교두보
로 삼은 암울한 시절인 1940년대에 이러한 항일투쟁을 전개했다는 것은
부산의 빛나는 전통이다. 1945년 이후 부산에서 활발하게 전개된 자주
독립국가 건설운동과 민주운동은 이러한 일제강점기 부산지역민들이 벌
였던 투쟁전통과 경험을 바탕으로 했던 것이다.

3. 부산지역 항일독립운동정신 계승

1) 유공자 포상현황과 사적지

국가보훈처에서는 독립유공자 포상의 의의를 '일제의 국권침탈 전후
로부터 1945년 8월 14일까지 국권침탈을 반대하거나 독립운동하신 독
립유공자의 고귀한 정신을 계승 선양하기 위하여 서훈'하는 것이라고 밝
히고 있다. 정부에서는 '독립유공자예우에관한법률'을 제정하고 독립유
공자와 그 유족에 대하여 응분의 예우를 행함으로써 생활안정과 복지향
상을 도모하고 국민의 애국심함양을 위한 시책을 추진하고 있다.

현재 서훈을 받은 사람은 1만여 명을 넘어섰다. 다음의 <표 1>에서
도 확인되듯이 경남지역에서는 787명이 독립유공자로 추서되어 있으며,
부산은 79명으로 나와 있다. 이같은 통계는 다른 지역에 비해 결코 적은
수치가 아니다. 그만큼 우리 지역에서 항일독립운동이 치열하게 전개되
었다는 사실을 말해주기도 하는 것이다. 그럼에도 불구하고 우리 지역에

서 펼쳐지고 있는 항일독립운동정신 계승사업은 그다지 활발하지 못한 형편이다. 더욱이 향후 우리 지역에서 전개된 항일독립운동에 대한 연구가 거듭되면 될수록 이 수치는 더욱 더 증가할 것으로 생각된다.

참고로 2006년 12월 현재 부산지역에 연고를 둔 훈·포상자 396명의 훈격과 연도별 포상자 수를 <표 2>와 <표 3>으로 정리해두었다. 특히 <표 3>에서 2001년도 인원이 눈에 띄게 늘어난 것은 건국포장과 대통령표창이 신설되었기 때문이다. 물론 이들 모두가 일제 강점기 부산지역에서 활동하거나 부산출신은 아니다.

〈표 1〉 전국, 부산·울산·경남 독립유공자 포상현황(2001년 8월 15일 현재)

훈격별 지역별	총계	대한민국 건국공로훈장						건국공훈		비고
		소계	대한민국	대통령장	독립장	애국장	애족장	포장	표창	
	8,855	7,425	30	92	774	2,895	3,634	363	1,067	2000년 1월 1일 현재
경남 전체	787	582	-	3	31	155	393	53	152	부산울산을 포함한 경남
부산	79	52	-	1	5	14	32	7	20	
울산	56	36	-	-	1	10	25	3	17	
순수 경남	652	494	-	2	25	131	336	43	115	부산울산을 제외한 경남
마산	39	35	-	-	2	9	24	-	4	
창원	41	24	-	-	1	5	18	3	14	
진해	2	1	-	-	-	1	-	-	1	
진주	43	32	-	-	-	7	25	7	4	이하 생략

※ '국가보훈처 홈페이지'와 이대수 편저, 『경남항일독립운동참여자록』, 도서출판 고구려, 2001, 175쪽에 의거 재구성. 진해는 일제시기 행정구역상 창원군에 속했기 때문에 창원군에 포함시켜야 함.

〈표 2〉 부산지역 국가유공자 훈격 및 수(2006년 12월 현재)

훈 격	개 수
건국포장_신규	38
건국훈장 1등급(대한민국장)	1

건국훈장 3등급(독립장)	15
건국훈장 4등급(애국장)	64
건국훈장 5등급(애족장)	183
대통령표창_기존	5
대통령표창_신규	90
총합계	396

〈표 3〉 부산지역 연도별 훈포상 수(2006년 12월 현재)

년 도	개 수	년 도	개 수	년 도	개 수	년 도	개 수	년 도	개 수
1962	1	1977	33	1986	7	1994	3	2002	11
1963	5	1978	10	1987	4	1995	14	2003	15
1964	1	1980	15	1988	3	1996	3	2004	11
1968	33	1981	1	1989	3	1997	4	2005	24
1969	3	1982	17	1990	16	1998	6	2006	15
1970	1	1983	19	1991	2	1999	3		
1972	1	1984	2	1992	10	2000	3		
1975	2	1985	5	1993	15	2001	75	총합계	396

　　국가보훈처에서는 독립운동 사적지 관리의 의의를 '독립운동사적지를 조사하여 애국심과 향토애 함양을 위한 교육의 자료로 활용하고 관리의 효율성을 제고'하는 데 있다고 한다. 다음에 제시되는 '국내사적지 현황과 동상 및 기념비 현황'은 비록 현재까지의 상황은 아니지만 사적지 분포를 한눈에 볼 수 있다.

〈표 4〉 국내사적지 현황과 동상 및 기념비 현황(1999년 현재)

	합계	서울	부산	울산	경남	대구	경북	광주	전남	인천	경기	충남	충북	전북	강원	제주
사적지	552 (80)	56 (6)	23 (1)	- (12)	73 (7)	13	80 (12)	15 (1)	59 -	4 (3)	23 (11)	49 (4)	44 -	66 (7)	41 (6)	6 (3)
동상	61	20	7		5		4		2		6	4	8	1	3	1
기념비	276	6	15		43		62		41		22	20	23	29	13	2
기념탑	54	3	2		6		8		9		4	4	1	9	5	3
소계	381	29	24		54		64		52		32	28	32	39	21	6

※ 국가보훈처 홈페이지 ; 국가보훈처,『한국독립운동사적도록』, 1999 ; ( )는 추가조사내용 ; 부산 금정구 소재 박차정의사동상 포함.

<표 4>에서 확인할 수 있듯이 경남지역의 사적지는 부산 23개소, 경남지역이 73개소 이들 모두를 합하면 116곳이나 된다. 이같은 사적지 수는 다른 지역과 대비해 보아도 결코 적은 숫자가 아니다. 기념비와 기념탑은 3·1운동과 관련된 것이 주종을 이루고 있으며 항일학생운동과 관련한 기념비 및 기념탑은 광주지역을 제외하고는 거의 없는 실정이다. 즉 전국에서 유일하게 광주지역에서만 광주학생독립운동과 관련하여 광주학생독립운동기념관, 광주학생독립운동진원기념비, 광주학생독립운동 기념탑, 광주학생독립운동기념비, 광주학생독립운동여학도기념비가 조성되어 있다.

이들 사적지 가운데 1999년에 국가 보훈처에서 발간된 『한국독립운동사적도록』에 의하면 부산, 울산 경남지역을 합하여 87개소가 소개되어 있다. 그런데 광주전남지역은 위의 <표 4>에 의하면 75곳의 사적에 대한 조사가 되어 있는데 『도록』에는 71곳의 사적이 소개되어 있다. 다른 지역도 대개 광주전남지역과 비슷한 비율로 소개되어 있다. 이렇게 된 데에는 여러 가지 이유가 있을 것이며, 단순수치의 평면적 비교는 의미가 없을지 모른다. 하지만 독립유공자 수가 많은 지역이 사적지가 많은 것은 당연한 이치이며 사적지 소개 또한 항일독립운동을 가장 활발하게 전개한 곳 중심으로 소개되어야 할 것이다. 문제는 항일독립운동이 치열하게 전개되었으며 사적지가 많아도 시민들이 이를 알지 못하면 소용이 없다는 것이다. 따라서 보다 적극적인 홍보가 필요하다 할 것이다.

참고로 부산시청 홈페이지에 의하면 부산에 존재하는 동상 및 기념비는 강서 8, 중구 5, 부산진구 3, 동구 2, 동래 2, 북구 1, 서구 1, 기장 1, 수영구 1, 남구 1, 영도구 3기로 도합 28곳에 조성되어 있다. 이들 가운데 항일독립운동 관련한 동상 및 기념조형물은 모두 25기로 자세한 내용은 <표 5>와 같다. 앞에서도 언급했듯이 부산항일학생의거는 일제의 전시체제하에서 전개된 최후의 대규모 학생 투쟁으로 발생 당시 일제

의 보도관제로 말미암아 타지방에는 잘 알려지지 않았으나, 보도만 될
수 있었더라면 광주학생운동보다 큰 파급효과를 가져왔을 것이다. 이와
같은 점이 인정되어 2004년 11월 23일 부산진구 소재 교육문화회관 광
장 내에 부산항일학생의거 기념탑이 조성되었다.

〈표 5〉 부산지역 항일독립운동관련 동상 및 기념조형물 현황

	개 수	동상 기념조형물	위 치	항일독립운동	비 고
강서	5	남강조정환선생 흉상	대저2동공항로입구	만주	
		남강조정환선생구국기적비	미음동 114		창녕조씨재실내
		이수강선생 흉상	대저2동공항로입구	청년회	
		김근도선생 흉상	천가동 성북마을	일본	가덕도선창마을
		항일무명용사 위령비	녹산동 장락마을	학도병	
북구	1	구포장터 3·1운동 기념비	낙동강 제방	3·1운동	
부산진	3	박재혁의사 동상	어린이대공원	의열	
		박재혁의사 기념비	부산진 초등학교		
		부산항일학생의거 기념탑	교육문화회관 광장	학생운동	
동구	1	최천택 추모비	좌천동 옥성사내	신간회	
동래구	4	부산3·1독립운동 기념탑	마안산 체육공원	3·1운동	
		항일독립운동기념탑	동래고등학교내		
		일제만행희생자위령비	금강공원 내	일제징용	
		애국지사월성박공임갑기적비	안락2동 산19-2	3·1운동	월성박씨동래문중재실
기장군	3	3·1운동 의거비	정관초등학교내	3·1운동	
		이명순의사공적추모비	철마 안평리	해외	
		박영준의사기념비	일광면 칠암마을	3·1운동	
해운대	1	애국지사 강근호선생 추모비	좌동 산 1	해외	육군제53사단건립
중구	3	소해 장건상 동상	대청동 218 공원내	임시정부	동상과 흉상이 바뀌어 있음(용두산?)

		백산 안희제 선생 흉상	용두산공원내		
		검정다리추억비	보수동 1가 8-3		
남구	1	애국지사순흥안찬복공추모비	동천고등학교내	평남3·1	복역 중 순국
금정구	4	박차정의사 동상	금정문화회관 옆		유관순과 같은 훈격
		일신여학교만세운동기념비	동래여고 교내		
		(범어사) 3·1운동유공비	금정중학교내		1970
		범어사 3·1운동유공비	범어사 앞 하행길		1995
소 계	10				

※ 부산광역시청 홈페이지에는 면마다 조금씩 차이가 나지만 모두를 종합하고 국가보
  훈처 홈페이지를 참고하여 작성한 것임.

2) 선양사업

부산지역의 항일독립운동의 전통과 계승 등의 선양사업에 대해서 부
산보훈청에서 그간 정리한 자료에 의해 살펴보면 다음과 같다. 월별로는
3·1운동, 4·19혁명, 5·18광주민주화운동, 호국보훈의 달인 6월, 6·25,
8·15광복절, 순국선열의 날과 부산항일학생의거 기념일이 있는 11월의
행사로 진행되었으며, 행사주관별로는 시·구·군 등의 지방자치단체
<표 6>, 언론사·문화원·청소년 연맹 등 각 민간단체 <표 7>, 교육
청·학교 등의 교육관련기관 <표 8>, 부산보훈청 <표 9>로 대별할
수 있다. 행사명과 사업의 주요내용에 대해서는 다음에 제시된 표에 간
단하게 정리하였다. 물론 이 자료는 항일독립운동뿐만 8·15 해방 이후
주권을 지키고 국익을 신장한다든지, 민주운동 등의 선양사업을 모두 포
괄하고 있다.

〈표 6〉 지방자치단체(시·구·군 등) 주관 선양사업

주관기관	사업명	사업의 주요내용
부산광역시	3·1절 기념식	·헌화 및 분향

		· 시장, 청장, 보훈단체장 시민, 공무원 등 2,000명 · 영화상영 · 340명 위로금 지급
〃	충렬사 참배(3.1)	· 임진왜란 순국선열 참배 · 헌화 및 분향 · 시장, 청장, 보훈단체장 등 20명
〃	시민의 종 타종	· 3·1절 기념 시민의 종 타종 · 33회 타종(참석시민 타종 시 태극기 흔들기) · 시장, 청장. 기관·단체장, 보훈단체장, 시민 등 참석
〃	독도사진전 및 자료 전시회	· 독도사진 및 자료 50여 점 전시 · 개회식, 테이프 컷팅, 관람 · 시장, 보훈기관·단체장 등 500여 명 참석
〃	인터넷 퀴즈	· 우리고장 항일독립운동사 알기퀴즈(시 홈페이지) · 10명 추첨 기념품 전달(시민의 종모형)
〃	4·19혁명 기념식	· 기념식, 위문금 전달 · 부산시장 및 주요기관장, 보훈 단체장, 시민, 학생 등 700여 명
〃	4·19민주혁명희생자 위령탑 참배	· 4·19민주혁명희생자 추모 · 참배, 4·19관련 시낭송, 문화한마당 등 · 부산시장 및 주요기관장, 보훈 단체장, 4·19회원 및 유족, 학생, 시민 등 100여 명 참석
금정구청	신정용열사 추모비 참배	· 추모사, 헌화·분향, 약력소개 · 국회의원, 구청장, 시민 등 100여 명 참석
부산광역시	현충일 추념식	· 추념식 · 주요기관장, 보훈단체장, 시민, 학생 등 7,000여 명 참석 · 보훈단체장 위로 오찬
부산광역시	충렬사 참배(6.6)	· 시장, 보훈기관·단체장 등 30명
〃	UN기념공원 참배	· 시장, 보훈기관·단체장 등 30명
〃	모범국가유공자표창 및 음악회	· 기념식, 모범보훈가족 표창 (16명), 격려사, 음악회(민요판소리 등) · 시장, 보훈단체장 등 700명 참석 · 위문품 전달
〃	보훈가족 초청 음악회	· 부산·창원시립합창단(작품반주: 부산시립 교향악단)

		· 보훈가족 100명
강서구청	국군묘지 참배(가락동)	· 전몰호국영령 추모(참배, 헌화, 분향) · 기관·단체장, 시민 등 100명
〃	국군묘지 참배(천가동)	· 전몰호국영령 추모(참배, 헌화, 분향) · 기관·단체장, 시민 등 100명
부산광역시	광복절 경축식	· 기념사, 독립유공자포상전수(6명), 위로금· 기념품전달, 경축사, 축하공연 등 · 식후 영화상영(투모루우)
〃	충렬사 참배(8.15)	· 임진왜란 순국열사 참배 및 헌화 · 시장, 청장, 보훈단체장, 시민, 공무원 등 30 여 명 참석
〃	광복절 경축타종식	· 시장, 청장, 보훈단체장, 각급 기관장, 시민 등 500여 명 참석 · 타종(33회)
〃	경축인라인 대행진	· 주요기관·단체장, 시민 등 500여 명 · 풍선날리기, 풍물패 길놀이 병행
〃	광복절 계기 인터넷퀴즈	· 우리고장 항일독립운동 역사 알기 인터넷 퀴즈
〃	태극기 게양 운동 전개	· 가로기, 간선도로, 경축식장 등 행사장 주변 및 가정 국기게양
〃	사이버태극기 달기운동	· 시·구·군 홈페이지 이용 태극기 달기운동 전개
북구청/ 녹지사업소	나라꽃 무궁화 바로알림 행사	· 무궁화 전시, 배달외 50종 480여 점 · 무궁화 사진전시: 70여 점 · 무궁화 글짓기 대회 · 무궁화 그림 그리기 대회
중구청	독립운동 기록 전시회	· '잊혀져가는 기억, 떠도는 원혼' 사진전 개최 · 일제의 한국인 연행 배경, 인력수탈, 해방과 귀환 등 3개 주제 · 40여 점의 사진전시
북구청	광복절 기념 구민체육대회	· 구민축구대회 · 구민 500명 참석
강서구청	광복절 기념 동민체육대회	· 6개동 대항 경기(씨름, 축구, 배구, 릴레이, 줄다리기, 노래자랑 등) · 6개동 주민 3,450명 참가
부산광역시	UN의 날 기념식 및 해외참전용사 재방한사업	· 기념식: 기념사, 추념사, 헌화 · 해외참전용사 유가족 개별묘역 헌화·참배 · 부산시 주최 오찬

〈표 7〉 민간단체 등(언론사・문화원・청소년 연맹 등 각 단체) 주관 선양사업

주관기관	사업명	사업의 주요내용
동래문화원	동래 3・1독립만세운동 재현행사	・기념탑 헌화, 분향 ・식전행사: 풍물패공연, 깃의행렬 ・기념식: 독립선언서낭독, 기념사 등 ・출정식: 살풀이 춤 공연, 개막선언, 횃불점화 및 풍선날리기, 단막극 공연, 꽁트연출 ・만세운동 재현: 만세거리행진 및 함성 재현, 단막극・무용극 공연 ・백일장, 퀴즈대회 개최 ・시민, 학생 등 4,000여 명 참석
낙동문화원	구포장터 3・1독립만세운동 재현행사	・기념탑 참배: 분향, 참배, 헌화, 3・1절 노래합창, 만세삼창 ・출정식: 식전공연(각종 풍물단, 국악 취타대), 개막선언, 구민헌장, 기념사, 만세삼창, 노래합창, 출정선포 ・만세운동 재현: 군악대공연, 3・1절 노래, 두들소리 공연, 민요합창, 일경과 대치장면재현, 만세함성 재현, 독립선언서・공약3장 낭독, 만세삼창, 주유소 습격재현, 살풀이 ・포돌이 공연 ・구포장터 축제: 노래자랑, 힙합경연, 구포장터타령재현, 지신밟기, 불꽃놀이 등 ・청소년 사생실기대회: 청소년 2,400여 명 참석
3・1동지회 국기사랑 국민운동본부	태극기 달기 운동	・버스 내부 정면 상단 게양용 태극기 3,000개 무상 배부(연중 게양 권장) ・규격: 길이45cm×너비30cm(9호규격)
세계국학원 청년단	3・1한민족 만세운동	・태극기 보급 및 만세운동전개 ・네티즌 및 시민 등 500여 명 참가
금정문화원	범어사학생의거(3・1)운동 유공비 헌화・헌다례 (순국선열추모제)	・기념식, 헌화・헌다례, 추모사, 3・1절 노래, 만세삼창 ・구청장, 범어사주지, 유가족 등 300여 명 참석
정관면	순국선열 추모제	・헌화・분향, 참배, 추모사

3·1장학사업회		·면장, 군의원, 정관초등교장, 군민 등 200여 명 참석
부산소망 성결교회	3·1독립운동사 사진전시	·독립운동사 사진 700여 점 전시 ·시민, 관광객 등 10,000여 명 관람
독립유공자 호국영각회	순국선열 및 호국영령 추모제	·순국선열 55위의 영정 금장위패 및 추모제향 ·추모사, 헌화·분향, 천도법회 ·운영과장, 보훈가족, 신도, 시민 등 500여 명 참석
부산기독장로 연합회	3·1절 조찬 기도회	·"독립의 조건" 설교(김국호 장로) ·순국선열들을 위한 특별기도 ·독립선언문 낭독, 만세삼창 ·회원 및 신도 등 300여 명
세계국학원 청년단	3·1한민족만세운동	·태극기 보급 및 만세운동 전개 ·네티즌 및 시민 등 500여 명 참가
광복회부산시지부	소해 장건상선생 동상 참배(4·13 임시정부수립기념일 행사)	·헌화 및 분향 ·보훈기관단체장, 광복회원, 시민 등 150여 명 참석
(사)부산민주항쟁 기념사업회/4·19혁명희생자유족회	4·19항쟁 위령제	·위령제, 추모제(헌화·분향) ·시 낭송, 추모문화제(추모굿, 성악) ·유족, 보훈단체장, 시민, 학생 등 200여 명
국제신문	4·19민주혁명 희생자 위령탑 참배	·위령탑 참배(헌화·분향) ·국제신문사장 등 임직원 100여 명 참석
부산민주항쟁 기념사업회	4·19항쟁 상황재연	·주제: 자유, 너 영원한 활화산이여!! ·4·19혁명 상황재현 총체연행극 ·시민, 학생 등 200여 명
(사)부산민주항쟁 기념사업회	4월혁명 기념사진 및 자료전시	·4·19(3·15)관련 현장성 사진전시로 학생들의 역사체험 학습의 장으로 활용 ·학생, 시민 등 15,000명 관람
〃	영화 상영	·제목: 여섯 개의 시선(총18회 상영) ·시민, 학생 등 7,200여 명 참석
4·19혁명부상자회 부산시지부	부산 4·19 민주열사 30위 영정 및 기록사진전	·민주열사 추모를 위한 영정 및 기록 사진전시 ·주요기관·단체장, 4·19회원 및 유족, 시민 등 1,000명
4·19혁명희생자유	4·19희생자추모제	·4·19희생자 추모제사

족회부산시지부		・4·19혁명희생자 유족, 학생 등 150 여 명 참석
〃	강수영열사 추모비 참배	・강수영열사 추모 헌화 및 분향 ・4·19혁명희생자유족, 학생 등 150 명 참석
〃	신정융열사 추모비 참배	・신정융열사 추모 헌화 및 분향 ・부산시금정구청장, 4·19혁명 희생자 유족, 학생 등 150명 참석
(사)부산민주항쟁 기념사업회	4월혁명기념 영상제	・4·19와 관련된 영상이나 그 이후 민 주화에 대한 내용의 영상물 상영 ・제목:「선택」-홍기선 감독 ・유족, 학생, 시민 등 초청
〃	대동한마당	・4·19혁명의 의미를 문화적으로 재 조명 ・광주놀이패「신명」초청공연(2회) ・유족, 학생, 시민 등 초청
4·19혁명희생자유 족회부산시지부	4·19국립묘지 등 순례	・국립 4·19묘지, 국립 3·15묘지, 독 립기념관 등 ・유족 24명 참석
박재혁의사 기념사업회 (3·1동지회)	박재혁의사 순국 83주기 추모제	・국민의례, 약력보고, 추모사, 헌화, 참배 등 ・기관・단체장, 유족, 광복회원, 시민 등 300여 명 참석
부산민주항쟁 기념사업회	5·18 기념식	・기념식, 추모공연, 시 낭송, 성명서 낭독 ・광주민주화유공자, 시민 등 200여 명
부산민주항쟁 기념사업회	5·18청소년 민주주의 역사캠프	・5·18묘지 참배, 마라톤대회 참가, 도미노쌓기 등 ・청소년 150명 참석
〃	5·18분향소 설치	・분향소 설치, 분향, 참배 ・시민, 학생 등 7,000여 명 참석
〃	유용순의 1인극	・염쟁이 유용순의 1인 연극 ・김인경 작품, 박세환 연출 ・학생, 시민 등 200여 명 관람
〃	평화음악회	・노래합창 ・아름나라(어린이예술단) 　철부지들(동요부르는 어른들 모임) ・시민, 학생 등 300명 참석
〃	영화 상영	・영화 다큐「송환」상영(총3회)

		· 시민, 학생 등 1,000명 관람
″	5·18항쟁 사진전	· 광주민주항쟁 관련 사진 등 70여 점 전시 · 시민, 학생 등 7,000여 명 관람
한국보훈선교단 부산경남지부	나라사랑 조찬기도회	· 국가유공자 및 국가안녕을 위한 기도 및 조찬 · 시장, 교육감, 보훈단체장 등 150명
박차정의사 숭모회	박차정의사 순국60주기 추모제	· 강연회, 추모제, 생가방문 · 금정구청장, 시민, 학생 등 2,000명 참석
대한불교 원효종 총본산 금수산 (호국영각회)	호국영령 위령제	· 순국선열(22위) 및 호국영령(33위) 위패봉안 · 위령제, 분향
불교조계종 (진여원)	호국영령 추모법회	· 보훈가족, 각사찰스님, 신도 등 15,000명
전몰군경유족회 부산광역시지부	6·25전쟁 참상 사진전	· 6·25전쟁 참상사진 200여 점 전시 · 11,200여 명 관람
한국자유총연맹 부산시지회	6·25전쟁 사진 전시회	· 전쟁당시의 참상 및 활약상 등 사진 전시 · 10,000여 명 관람
한국자유총연맹 부산지회	자유수호웅변대회	· 초·중·고·대학·일반부 · 구 대회 입상자 200명 참석
한국자유총연맹부산 광역시지회	6·25당시 노래합창 경연대회	· 6·25의 참상을 기리고 당시 민족의 애환을 상기 · 연맹총재 등 회원 1,000명
공창종합사회복지관	새싹들의 그림잔치	· 기념식, 축사, 그림 그리기 · 시상인원 100명(청장상 2명)
(사)청남문화	전국학생 휘호대회	· 기념식, 대회사, 축사, 휘호대회 · 시상인원 276명(처장상 1명)
(사)국가보훈문화 예술협회부산지회	전국학생 사생실기대회	· 기념식, 대회사, 사생실기대회 · 시상인원 766명(처장상 1명)
서울신문·스포츠 서울부산경남지사 KBS부산방송총국	부산시민걷기대회	· 어린이대공원 순환도로(약 4km) · 보훈가족 등 5,000여 명
부산광역시 여성문화회관	부산보훈병원 입원환자 위문공연	· 기념식, 예술단 공연(5개팀 50명) · 한국무용, 가야금, 에어로빅, 민요, 판소리 등
육군제53사단 해군 제3함대 공군제5전	군부대 보훈가족초청행사	· 국가유공자 및 유족, 참전용사 등 초청

술공수비행단 국가정보원부산지부 군수사령부, 국군기무부대		· 사열, 특공무술, 오찬, 위안공연, 함정견학, 해상헌화, 비행기 탑승, 기념품 증정 등
불교조계종 총무원 직할포교원 진여원	호국영령추모제	· 호국영령추모식 · 장학금 전달
육군 제53사단(의무대)	보훈가족 무료진료	· 진료과목: 치과, 내과 이비인후과, 한방진료 · 이발 무료봉사 · 58명 무료진료
유엔공원헌화회 입사귀회중앙회	UN기념공원 헌화식	· 기념식, 헌화·분향, 헌다, 기도, 추념사, 격려사 등 · 교육감, 시민 등 300명
한국자유총연맹 부산시지회	UN전몰용사 추모제	· 기념식, 기념사, 추도사, 애도시 낭송, 헌화, 분향 · 시장, 교육감, 국회의원 등 3,000명 참석
해군제3함대 사령부	대한해협전승기념행사	· 기념식, 헌화, 분향, 오찬, 기념품 전달 · 생존승조원, 보훈단체장 등 300명
대한불교조계종 내원정사	호국영령천도입재	· 전몰장병 호국영령천도 49일간 지장기도 회향법회
한국웅변 문화선양회	전국남녀웅변대회	· 기념식, 격려사, 웅변대회 · 초·중·고·일반 1,000명
헌7학병동지회	헌7학병호국영령위령제	· 기념식, 추도사, 헌화·분향 오찬 · 동지회 회원 300명
한국자유총연맹부산 광역시지회	6·25자유수호 결의 및 6·25 노래경연대회	· 6·25당시 유행가요 경연 · 시민, 회원 등 3,500여 명 참석 · 자유의 소중함을 일깨워 시민의 안보의식 고취 등
재부보훈4단체	국가유공자 나라사랑 다짐대회	· 기념식, 경과보고, 모범회원 표창(11명), 선물증정, 결의문 채택, 군가합창 등 · 교육감, 상군중앙회장, 상군, 유족, 미망인, 무공 등 1,200명
유족회부산광역시지부	호국영령추모제향	· 추모제사 · 보훈기관·단체장, 유족, 미망인 등 200명 참석
독립유공자	제59주년 광복절기념	· 순국선열 및 호국영령 55위 금장위

호국영각회	추모행사	패와 영정에 대한 추모행사 · 기념사, 추모사, 헌화 · 분향 등
부산시사하구기독교 협의회	광복절경축 음악회	· 광복회원 초청 광복절 경축 음악회 · 광복회원 및 학생, 시민 등 참가 · 강연, 사물놀이, 부채춤, 밴드, 플롯 연주, 뮤지컬 등
정관면청년회	광복절 기념 정관면 친선축구대회	· 마을별 친선 체육대회(축구 등) · 22개 마을 600명 참가
민족통일 기장군협의회	8·15광복절 태극기 캠페인 전개	· 광복절 기념 태극기 달기운동 전개 · 기장읍내 운행차량에 대한 차량용태 극기 배주(2,000여 개)및 캠페인 · 기관 · 단체장, 청년연합회, 학생 등 100여 명 참가
민주공원	'새싹회원 통일한마당'	· 통일 향한 '염원 한마당' · 시낭송, 극단 '좋다'의 '자총을 NO WAR' 초청공연 · 북한영화 상영, 통일 5행시쓰기, 북 녘 사진전, 탈그리기 등
한국정통민속문화 진흥회	낙동강 전투 구국영령 추모제	· 국민의례, 추모사, 분향 · 천도위안제(천왕굿 등) · 시장, 시의회의장, 부산시교육가, 청 장, (사)대한민국 6·25참전유공자회 장 등 1,000여 명 참석
영도유격부대 전우회	영도유격부대 전우회 추모제	· 국민의례, 추모사, 헌화 및 분향 · 청장, 구청장, 53사단연대장 등 300 여 명 참석
(사)백산안희제선생 독립정신계승사업회	백산 안희제선생 추모제	· 추모시 낭송, 약력소개, 비문낭독, 헌화 · 분향 등 · 풍물패공연, 우리춤마당 등 추모강 연회 병행
(사)박차정의사 숭모회	박차정의사 생가복원 및 기념관건립	· 생가부지매입비－부산시지원 · 생가복원 착공(2004년 10월 말) · 생가 진입로 예산확보 · 기념관 건립계획
부산항일학생의거 기념사업추진위원회	부산항일학생의거 기념탑 건립	· 기념탑 설치부지 확정(2003년 6월) · 기념탑 건립비 확보(2003년 9월) · 착공(2004년 3월) · 준공(2004년 10) · 제막식(2004년 11월 23일)

〈표 8〉지역 학교 등(교육청·학교 등) 주관 선양사업

주관기관	사 업 명	사업의 주요내용
부산동천고등학교	3·1절 기념식	· 3·1절 기념식 거행 · 독립선언문 낭독, 만세삼창 · 국회의원, 종단대표, 교사, 학생 등 1,600여 명 참석
동래여고 (구 일신여고)	일신여학교 3·1만세운동 기념식 및 선열추모제	· 기념식(3·1만세운동기념비 앞) · 헌화, 분향, 참배, 추모사 · 교장, 동창회장, 학생 등 500여 명 참석
경남공고	강수영열사 추모비 참배	· 강수영열사 추모 기념식 · 헌화 및 분향, 추모헌시 및 추모사 낭독 · 4·19혁명희생자 유족, 재학생 등 1,800여 명 참석
부산대학교	4·19혁명기념 마라톤 대회	· 4·19혁명 기념 및 정신계승을 위한 마라톤 개최 · 학생, 시민, 동창회원 등 500여 명 참석
경성대학교	〃	〃(300여 명 참석)
학교법인 동천학원	순흥 안찬복지사 추모제	· 약력소개, 비문낭독, 헌화·분향 · 동천학원이사장, 광복회 부산시지부, 종교대표, 유족, 학생 등 2,000여 명 참석

〈표 9〉부산보훈청 추진 선양사업

사 업 명	사업의 주요내용
충혼탑 참배(3·1)	· 충혼탑 참배 · 보훈단체 지회장 및 임원, 보훈가족 등 100여 명 참석
국가와 보훈강연 특강	· 호국보훈 및 안보의식 고취 · 각급학교, 군부대, 민방위대원·동원예비군 기관, 기타 등 20회 2,407명
청소년 보훈문화체험탐방	· 현충시설탐방, 헌화·참배 및 정화활동, 「국가와 보훈」 강연, 영상물 상영 등 · 5개교 1,340명 참가
현충일 추념 국제어린이 백일장	· 기념식, 대회사, 글짓기대회

	· 시상인원: 104명(처장상 2명) · 초등학교 3,000명 참가
부일보훈대상	· 기념식, 격려사, 시상식 · 장한용사, 장한아내, 장한유족, 장한미망인, 특별 　대상 등 5명 · 기관 · 단체장 등 300명 참석
기업체임직원 간담회	· 국가유공자등의 의무고용제도에 대한 올바른 인 　식과 이해를 도모하고 기업체의 애로사항과 의견 　을 수렴하여 취업보호업무수행에 반영 · 년 2회 개최, 60개 업체 참석
우리고장 현충시설 탐방	· 현충시설 탐방 및 정화 · 부산3 · 1독립운동기념탑, 충렬사 유엔기념공원, 　복천박물관(발굴현장 등), 충혼탑, 광복기념관, 대 　한해협전승비, 민주공원, 부산시립박물관 · 11개교 초 · 중 · 고교 2,653명참가
참전유공자 호국순례	· 6 · 25전적지 및 안보현장 순례 · 해병대 진동리지구 전투 전첩비, 거제포로수용소, 　통영상율작전기념비, 통영3 · 1운동기념비, 통영시 　충혼탑, 삼성중공업(주)거제조선소 등 · 참전유공자, 교육관계자, 청소년 등 170명
대외유공자 표창 전수식	· 보훈업무 수행 및 발전에 기여한 공이 큰 대외유 　공 인사 · 수상자(9명)
청소년 보훈캠프	· 충혼탑, 대한해협전승비, 가덕도 국군묘지 등 참 　배 및 헌화, 광복기념관 관람 · 극기훈련: 가덕도 연대봉 등반 · 국가와 보훈특강, 참전용사와 대화의 시간, 르노 　삼성자동차 견학, 부산경남본부세관 견학, 현충시 　설 정화활동, 문학의 밤, 캠프파이어 등 · '나라사랑의 길' 분임별 토의 · 발표 · 고고생 120명 참가
연수교육	· 본인반, 미망인반, 호우회반, 중 · 고교반 · 국가유공자 · 유족 자긍심 고취 · 친목도모 및 공동체의식 제고 · 75명 참가

4. 맺으며

그간 부산항일학생의거를 비롯하여 우리 고장에서 전개된 항일독립운동의 전통과 그 정신의 계승사업은 언론매체 및 유관 기관의 꾸준한 노력에도 불구하고 여전히 아쉬운 점이 많이 있다. 이같은 사업이 제대로 전개되려면 첫째, 항일독립운동정신을 계승하려는 의지를 지닌 시민들이 우선 모여야 한다는 것이다. 그리하여 이들이 중심이 되어 각양의 '기념사업회'나 '숭모회' 등을 조직해야 할 것이다. 둘째, 이들의 활동을 추동하거나 심화시킬 수 있는 '연구소'나 '학회' 등이 지역을 단위로, 상설적으로 존재해야 한다는 것이다. 전국 단위의 '보훈학회'가 출범하여 활동을 시작한 것은 뒤늦은 감이 없지 않지만 반가운 일이다. 셋째, 경기도나, 목포, 부산지역 등을 보면 이같은 사업에서 커다란 역할을 하고 있는 것이 언론사와 방송, 그리고 지자체와 대학이다. 특히 이들 기관 가운데 지차제의 역할이 거의 결정적이라 해도 과언이 아니다.

결국 항일독립운동정신 계승 사업은 시민들이 결심하고, 연구자들은 심화시키며, 매스컴은 여론을 환기시키고, 지자체가 그 뜻을 함께 할 때야 만이 훨씬 더 위력적으로 전개될 수 있을 것이다. 좀 더 구체적으로 지적해 보겠다.

먼저, 항일독립운동을 포함하여 시민사회운동 등을 최대한 빠른 시일 안에 연구 복원해야 할 것이다. 이를 위해서는 한편으로는 부산지역에서 전개된 항일독립운동을 연구자들이 그들의 연구대상으로 삼는 것이 중요하다. 다른 한편으로는 연구자들이 항일독립운동에 더욱 천착할 수 있도록 언론사를 포함한 민·관에서 광범위한 유인을 만들어 주는 것이 필요하다. 물론 해마다 8·15를 전후한 시기 언론사를 포함한 유관 기관에서 항일독립운동과 관련된 학술심포지엄이 개최되기도 한다. 하지만 이같은 학술심포지엄이 단순히 일회성의 행사가 아니라 새로운 연구 성과를 내어오는 자리로 거듭나야 할 것이다. 또한 이같은 연구를 통하여 새롭게 발굴되거나 교정되어야 할 인물 및 항일독립운동이 있다면 유관 기관에서는 적극적으로 검토해서 반영시켜야 할 것이다.

한편 항일독립운동에 대한 평가에서 특정지역이나 학교의 역할을 지나치게 강조해서는 안 된다는 것이다. 부산지역 항일독립운동도 마찬가지이다. 물론 서술과정에서 특정지역이나 학교의 역할이 강조되는 듯한 경향이 보일 때도 있다. 이 과정에서 우리가 주목해야 할 것은 이같은 작업이 항일학생독립운동을 포함하여 다양한 형태의 항일독립운동을 복원하는 자극제, 촉매제로 작용할 수 있다는 점이다. 무엇보다도 강조되어야 될 것은 사실(fact)에 기초해서 항일독립운동에 대한 구체적인 모습을 복원하여 그 정신과 전통을 제대로 계승하는 일일 것이다. 이같은 점을 감안한다면 '주체나 역할의 강조' 문제는 대승적 차원에서 사고해야 할 것으로 믿는다. 왜냐하면 특정 학교의 항일독립운동과 훌륭한 전통은 그들만의 것이 아니라 부산, 나아가 우리 전체의 것이기 때문에 부산의 전통과 자랑으로 승화되어야 한다는 것은 두말할 나위도 없기 때문이다.

두 번째로 항일독립운동정신계승을 위해서는 사적지의 조사 및 복원뿐만 아니라 여러 가지 형태의 시설들이 필요하다고 생각한다. 시민들의 접근성이 좋은 시내 곳곳에 항일독립운동의 역사를 한눈에 볼 수 있는 시설들이 필요한 것이다. 나아가 일반시민들, 특히 초등학생 등에게 널리 알려야 한다. 예를 들면 항일독립운동가들에 대한 구체적인 내용을 교과서 개정 이전이라 하더라도 지자체가 적극 나서서 초등학교 교재에 반영되도록 해야 할 것이다. 현재 부산지역에는 중구 대청동에 민주공원, 광복기념관과 중앙동에 백산기념관이 있으며, 부산시립박물관의 제2전시실에는 일제강점기의 역사와 운동을 한눈에 볼 수 있도록 관계 자료를 전시하고 있다. 최근 개관한 '부산근대역사관'이나 '표석' 설치계획은 상당히 환영할 만한 일이며, 좋은 본보기가 될 것으로 기대된다. 물론 이같은 시설만을 갖춘다고 해서 운동의 정신이 저절로 계승된다는 것은 아니다. 정신계승사업은 유관기관뿐만 아니라 시민들이 그 주체로 나서야 함은 당연지사이다.

세 번째로 보훈지청뿐만 아니라 정신계승에 대한 지방자치단체의 전향적인 자세가 필요하다고 본다. 부산지역에는 '부산 뿌리찾기 사업'의 일환으로 3인의 독립운동가를 선정하여 대대적인 숭모사업을 전개하였다. 3인의 독립운동가는 백산 안희재, 박재혁 의사, 여성 항일독립운동가 박차정의사이다. 부산광역시에서는 이들 3인의 숭모사업에 대해 과거 그 어느 지자체와도 비교할 수 없을 정도로 전폭적인 지원을 하였다. 항일독립운동정신 계승사업은 당파와 당리, 전임자와의 차별성에 활용될 성질의 것이 아니며, 관 주도만으로는 소기의 성과를 거둘 수 없는 사업이다. 이같은 사업은 민간이 나서서 주체가 되고 관이 후원하는 형식을 띠어야 성과가 배가 될 수 있다는 사실은 주지의 사실이다.

네 번째로 특히 여론을 향도하는 언론매체의 적극적인 관심이 필요하다. 최근 『경남신문』에서 전개한 '독립운동 유공자 찾기'는 좋은 본보기가 될 것이다. 또한 부산지역에서 항일독립운동 정신 계승사업에 대한 대 시민적 여론을 환기시키고, 지방자치단체로 하여금 전향적인 자세를 가지게 한 데에는 언론매체가 결정적으로 작용했다고 보여진다. 『부산일보』에서 연재한 '백산의 동지들' 등과 부산 MBC의 안희재, 박재혁, 박차정의사에 대한 다큐멘터리의 제작, 방영은 좋은 예다. 하지만 이 문제에 대해서는 언론매체가 특정한 시기나 행사위주가 아닌 일상적이고 지속적인 여론 환기 작업이 필요하다고 본다.

마지막으로 항일독립운동정신 계승사업을 한 단계 끌어올리기 위해서는 시민사회운동으로 거듭나야 될 것이다. 얼마 전 부산지역에서는 사단법인백산기념사업화와 박재혁의사추모사업회, 사단법인박차정의사숭모사업회가 시민들의 적극적인 참여 속에 결성되어 산뜻하게 출범하였다. 그런데 어떤 기념사업회는 동상의 건립이라는 소기의 목적을 달성하자 지금은 그 활동이 휴면상태에 들어간 것 같다. 물론 백산기념사업회는 요산 김정한 선생기념사업회와 공동으로 아동들을 대상으로 백일장 등 다양한 행사를 벌임으로써 항일독립운동 정신을 계승하기 위한 활동을 계속하고 있다. 사단법인박차정의사숭모회에서는 동상을 건립한 후 매년 추모제를 지내고 현재는 생가복원을 끝내고 기념관건립을 위해 각 계각층에 지원과 관심을 호소하고 있다. 또한 부산항일학생의거기념사업회가 의거기념탑 조성을 계기로 출범하였다. 물론 이들 기념사업회들의 활동자체는 행사중심이어서 시민사회운동으로 거듭나기 위해서는 보완해야 할 과제가 산적해 있을 것으로 보인다.

제5절 일제하 부산 지역의 사회운동
-1920년대 동래 지역을 중심으로-

1. 들어가며

일제강점기 민족해방운동에 대한 연구는 1980년대 이후 다방면에 걸쳐 많은 연구 성과들을 축적하였다. 그러나 대개의 경우 부문운동(노동·농민·신간회)의 전국적 상황을 파악하는 데 집중되어 있어 실질적으로 각 부문 운동들이 지역차원에서 어떻게 전개되었는지 그 실상을 파악하는 데는 아직 미흡하다. 이런 한계성을 극복하기 위해 최근에 와서 지역단위의 연구들이 활성화되고 있다. 그러나 민족해방운동을 총체적으로 복원하기 위해서는 좀 더 많은 지역사 연구들이 활발하게 진행되어야 할 것이다. 특히 경남지역은 일제강점기 민족해방운동의 역량이 다른 어느 곳보다 활발하였음에도 불구하고 지역사례 연구는 다른 지역에 비해 매우 더딘 실정이다.

연구의 대상으로서 동래를 선택한 것은 조선시대 초량왜관을 관장했을 뿐만 아니라 개항 이후 부산항을 매개로 한국 근대화에서 중요한 역할을 담당했던 곳이 동래였기 때문이다. 더구나 부산과 김해 등은[73] 기본적인 연구 성과들이 있어 일제강점기 당시 이들 지역 사회운동의 현황을 어느 정도 파악할 수는 있지만 정작 낙동강을 매개로 부산과 김해 사이에 존속했던 동래군에 대한 연구는 전무한 탓에 부산·동래·김해 이들 세 지역의 민족해방운동이 어떤 유기적 관계 속에서 성장하였는지 그 현황이 전혀 파악되어 있지 않다.

이에 본고는 이러한 한계점을 극복하고 향후 좀 더 심도 깊은 동래지역의 근현대사 연구가 나오기를 바라면서 1920년대 동래지역 청년운동을 중심으로 사회운동을 살펴보고자 한다.

2. 1920년대 전반기 청년단체의 조직과 활동

3·1운동 이후 민족해방운동은 이전과는 질적으로 다른 면모를 보이기 시작한다. 일제가 문화통치를 실시하면서 노동, 농민, 여성, 청년 등 각 계급·계층의 부문운동들이 조직적으로 정비되고 이에 따른 다양한 대중운동이 활발하게 일어나게 된다. 이처럼 20년대 전반기에 진행된 다양한 대중운동 가운데는 민족주의, 사회주의, 무정부주의 등 다양한 사상들이 혼재한 채, 경제적·교육적 방면에서 실력양성을 주된 목표로 하

---

73) 부산과 김해지역의 연구는 이귀원, 「1920년대 전반기 부산지역 민족해방운동의 전개와 노동계급의 항쟁」『한국근현대지역운동사』I(영남편), 역사문제연구소, 1993 및 이준식, 「일제침략기 김해지방의 농민운동」『역사와 현실』제7호, 역사비평사, 1992 참조 바람.

고 있었다. 3·1운동 이후 우후죽순 식으로 들어서기 시작한 청년단체들
은 각 지역에서 청년회 또는 청년구락부라는 명칭으로 조직되어 자기 지
역을 중심으로 활발한 '문화운동'을 전개하였다. 이러한 과정을 거쳐 마
침내 1920년 12월 1일 120여 개의 청년단체들이 참가한 가운데 청년단
체의 총지도 기관인 '조선청년회연합회'가 서울에서 창립되었다. 이때
참가한 단체들을 도별로 보면, 강원 2개, 경기 4개, 경남 28개, 경북 6개,
전남 1개, 전북 6개, 충남 1개, 충북 2개, 평남 6개, 평북 6개, 함남 27개,
함북 4개, 황해 28개 정도였다. 참가단체들의 참여도를 보면 경남·함남
황해지역의 청년단체들이 조선청년회연합회에 대거 참가한 반면 전남,
경북, 평안도 지역에서는 2~3개 단체만이 참가하였다. 이를 통해 초기
청년운동의 지역적 역량을 엿볼 수 있는데, 경남지역 청년단체로서 조선
청년회연합회 창립대회에 참여한 단체들의 현황을 보면 다음과 같다.[74]

〈표 1〉 조선청년회연합회 참가 경남지역 청년단체

단체 수	청년 단체
경남(28)	고성청년회, 김해청년회, 김해장유청년회, 김해진례청년회, 김해진영청년회, 마산구락부, 밀양기독청년회, 밀양청년회, 부산청년회, 사천곤양청년회, 양산청년회, 창령취성청년회, 창령청년회, 창원가덕청년구락부, 창원기인청년회, 창원남면청년회, 창원대동구락부, 창원동화청년회, 창원웅천청년운동단, 창원진해청년회, 창원청년단, 창원청년수양회, 함안낙동청년회, 함안청년회, 함양청년회, 합천삼가청년회, 합천초계청년회, 합천청년회

　　20년대 동래지역 청년운동의 진행과정을 살펴보기에 앞서 동래와 맞
닿아 있는 부산지역의 청년운동을 살펴보면 대략 다음과 같다. 20년대
전반기 부산지역 청년운동을 주도한 대표적인 인물은 백산 안희제와[75]

---

74) 이상의 내용은 安建鎬, 「朝鮮靑年會聯合會 組織과 活動」『한국사연구』 88,
　　1995.
75) 백산 안희제에 대해서는 金義煥, 「白山 安熙濟」『韓國言論人物誌』, 사단법인
　　한국신문연구소 발행, 1981 및 李東彦, 「白山安熙濟硏究」『한국독립운동사연

구포은행 지배인과 경남은행장을 지낸 文尙宇를 들 수 있다. 이들은 1919년 11월 己未育英會를 조직하여 청년들 중에서 두각을 나타내는 학생들을 선발하여 일본 및 외국에 유학을 보내는 등 지방의 인재를 양성하였다.

당시 기미육영회의 유학생으로 선발된 동래지역의 인물들은 李炳虎, 李濟晩, 文時燦 등 3명을 꼽을 수 있으며, 이 밖에 경북 안동의 錢鎭煥을 비롯하여 김정만(동경), 안호상(독일), 이극로(독일), 신성모(영국) 등이76) 기미육영회의 지원 하에 유학을 할 수 있었다. 안희제와 문상우를 필두로 한 부산지역의 민족자본가들은 기미육영회뿐만 아니라 釜山例月會(1919년 12월)를 조직하여 민족자본가들의 결속을 꾀하는 한편 각종 학교의 설립과 학교 확장운동, 교육개선·산업개선 청원운동 등에 앞장서 일제의 식민지 교육을 반대하고 조선인 소작인의 보호와 조선인 자본가를 위한 특수금융기관 설치 등을 주장하여 지역의 사회운동과 민족자본의 육성에 노력하였다.

이처럼 기미육영회와 부산예월회를 중심으로 한 민족자본가들의 '문화운동'에서 중요 역할을 담당하였던 것이 부산청년회였다. 부산에서는

구』 8, 독립기념관 한국독립운동사 연구소, 1994.

76) 전진한(1907~1972): 경북 안동출생. 일본 와세다대학 졸업. 1946년 대한노동위원회 위원장. 2대국회의원. 1965년 민정당 부총재 ; 안호상(1902~1999): 경남 의령군 부림면 입산출생. 1929년 독일예나대학 철학박사취득. 1933년 보성전문학교 교수. 해방 후 초대 교육부장관. 대종교 총전교로 활동. 1995년 단군릉 참배를 위해 북한방문 ; 이극로(1893~1978): 경남 의령출생. 1927년 독일 베를린 철학과 졸업. 1942년 조선어학회사건으로 복역 중 해방을 맞이함. 1946년 건민회 위원장을 지내고 1948년 남북제정당사회단체연석회의 참석차 평양에 갔다가 그대로 머묾. 1970년 조국평화통일위원장을 지냄 ; 신성모(1891~1960): 의령 출생. 1910년 보성전문학교 졸업. 1913년 고향선배 안희제와 함께 항일운동 참가. 1923년 임정 비밀요원으로 독립자금 운반과 관련 옥고. 1925년 영국 유학. 1948년 귀국. 대한청년단 단장과 제2대 내무부장관과 국방부장관을 역임. 기미육영회 유학생들이었던 이들 모두는 한국근현대사에서 중요한 역할들을 담당하였다.

3·1운동을 전후한 시기에 부산진·古館·초량·영주동·木島(현 영도)·부민동·谷町(현 아미동) 등지에 7개의 청년단체들이 활동하였다. 초기에 친목회 성격을 지녔던 이들 단체들은 3·1운동 이후 고양된 민족의식 속에서 '문화운동'으로 단체의 성격을 변화시켜 갔다. 이 과정에서 개별인 청년단체들을 통일할 필요성에서 이들 7개 청년단체들이 연합하여 1920년 11월 말 조직된 청년단체가 부산청년회였다. 거기서 중추적 역할을 한 인물은 김준석, 조동혁, 김철수, 전성호, 허영조, 추정명, 어윤광, 김국태, 류영준, 리석연, 서유성, 최석봉, 오형식, 강기흠 등이었다.

부산청년회는 <표 1>에서 볼 수 있듯이 결성한 직후 그해 12월 조선청년회연합회에 참가하여 중앙의 운동방침과 호흡을 같이 하면서 부산지역 사회운동의 핵심체로 활동하였다. 그 후 부산청년회는 21년 7월 회관을 기공하고 각 부서별 활동을 구체화하였다. 이때 학예부에서는 회보발행과 야학회 개최를, 사회부에서는 노동단체의 조직과 회원확보 및 학생의복 개량 등을 사업으로 추진하였다. 청년회관이 완성되자 노동, 영어, 실업보습의 3개 야학을 열고, 이 밖에 조선인해수욕장을 개장하는 등, 추계시민대운동회를 개최하여 일반주민들의 권익 증진에 앞장섰다.77)

부산에서 이처럼 청년단체들이 활동할 때 동래 역시 청년단체들이 결성되어 활발한 활동을 전개하였는데 1920년 1월을 전후해서 조직된 동래청년구락부가 동래지역 최초의 청년단체로 보여진다.78) 동래청년구락부에서 활동한 인물은 백광흠, 조희수, 윤필균, 이환 등으로79) 이들은 모두 동래고등보통학교(현 동래고등학교)의 전신인 동래동명학교를 졸업한 선후배 관계였다.80)

---

77) 이귀원, 앞의 논문, 28~31쪽.
78) 『동아일보』 1920. 5. 27. 동래청년구락부의 창립일을 20년 1월 3일로 보는 이유는 동래청년회 창립일인 22년 1월 3일과 동래청년회 제3회 정기대회가 열리는 23년 1월 3일을 각각 근거로 유추한 날짜이다.
79) 『동아일보』 1921. 8. 28.

동래청년구락부의 이 당시 활동을 보면 김해시민대회에 참가하여 인근지역 주민과 교류를 넓히는 한편 온천장의 동래권번·예기로 말미암은 풍기문란을 엄중 단속하여 사회풍기 개량에 노력했다. 이 밖에 동래지역 주민들의 바람인 대운동장 확보를 위해 온천장 일대에 상당한 땅을 소유하고 있던 일본인 온천장번영회와 부산와사전기회사 등과 교섭하여 운동장 부지를 확보하려고 앞장섰다. 나아가 지역주민들의 교육·산업·위생에 관한 계몽을 목적으로 동래군 중에서 읍 외 농촌지역에 해당하는 일광면, 기장면, 장안면, 정관면, 철마면, 북면(현, 남산동+장전동 일부), 구포면, 사상면, 사하면, 남면(현, 해운대구+수영구), 서면 등의 각 면에 순회강연단을 파견하여 주민들을 위한 계몽운동을 전개하였다.[81]

이후 동래청년구락부는 '조직의 미흡한 활동과 회원들의 불성실을 쇄신하기 위하여' 1922년 1월 3일 자진 해산하고, 2월 5일 동래고보(현, 동래고등학교)에서 50여 명을 발기인으로 새롭게 조직 개편하여 동래청년회를 결성하였다. 이때 회장 겸 총무간사로 조회수를 뽑았다.[82] 그 후 4월 동래청년회는 청년회관을 동래면 복천동 구서서재로 이관하고[83] 이어서 8월 6일에는 제2회 정기총회를 개최하여 총무부 간사 리석모, 문예부 간사 이상열, 오락부 간사 문부환, 운동부 간사 박수형 등을 투표로써 뽑았다. 이들이 다시 각 부원인 서무부원 조회수, 구서회, 회계원 김덕수, 서기 한영교 등을 뽑아 간사체제 중심의 청년회가 확고히 자리잡는다.[84] 이렇게 지도부를 정비한 동래청년회는 22년 10월부터 12월 사이에 황해도 지역의 홍수피해민을 돕기 위해 수해구제금 모집운동을 추진

---

80) 자세한 내용은 김승, 「한말·일제하 동래지역 민족운동과 사회운동」『지역과 역사』 제6호, 2000, 88~89쪽 참조.
81) 『동아일보』 1920. 5. 27 ; 『동아일보』 1921. 7. 6 ; 『동아일보』 1921. 8. 28 참조.
82) 『동아일보』 1922. 2. 12.
83) 『동아일보』 1922. 4. 25.
84) 『동아일보』 1922. 8. 14.

하여 수해구제금 200원을 서선수재구제회에 보내기도 했다.[85]

1923년 새해를 맞이한 동래청년회는 1월 3일 제3회 정기총회를 개최하여 임원을 개선하였는데 총무부 간사 구형서, 문예부 간사 김덕수, 오락부 간사 이석모, 운동부 간사 김용찬을 각각 선임하였다.[86] 동래청년회는 23년 6월에 들어 제4회 정기대회를 개최하고 그동안의 회의와 회계를 심사한 뒤 재차 임원개선을 하였는데 총무부 간사 김우삼, 문교부 간사 이석모, 오락부 간사 윤병인, 운동부 간사 김용찬, 서무부에 이환, 최시봉을 각각 선정하였다.[87] 이후 동래청년회는 23년 10월 동래군 내의 각 청년단체들의 연합대운동회를 개최하여 청년단체들 사이의 유대를 강화하기도 하였다.[88]

한편 동래청년회가 조직개편을 단행하면서 활동하던 1922년과 1923년의 시기, 중앙의 조선청년회연합회 내부에서는 민족주의 계열과 서울청년회 중심의 사회주의 세력 간에 이념적 분화과정을 거치면서 주도권 장악을 위한 다툼이 치열하게 전개되고 있었다. 곧 1922년 '김윤식 사회장'문제와 '사기공산당 사건'을 기화로 서울청년회가 18개의 청년단체와 함께 조선청년회연합회에서 탈퇴함으로써 조선청년회연합회는 민족주의계열 중심의 단체로 전락하고 만다. 그 결과 민족주의계열의 조선청년회연합회는 물산장려운동을 주축으로 한 실력양성운동으로 자체 노선을 정립한 반면, 서울청년회 중심의 사회주의세력은 계급우선노선을 표

---

85) 1922년 연말은 이미 1차 대전의 호황경기가 끝나고 일본경제에 공황이 엄습한 뒤였다. 따라서 식민지 조선의 경제 또한 침체 국면을 맞이하였는데 동래지역 역시 예외일 수는 없었다. 경기의 침체 탓인지 수해구제금 200원은 동래청년회 스스로 만족스럽지 못한 모금액으로 파악하고 있었다(『동아일보』 1922. 10. 1 ; 1922. 12. 8. 전후공황과 물산장려운동에 대해서는 박찬승, 『한국근대정치사상사연구』, 역사비평사, 1992 참조).

86) 『동아일보』 1923. 1. 9.

87) 『동아일보』 1923. 7. 1.

88) 『동아일보』 1923. 10. 24.

방하면서 민족주의 계열의 물산장려운동에 대해 '조선의 부르조아지를 살찌우는 운동에 지나지 않는다'고 비판하였다.

이에 서울청년회는 1923년 3월 계급우선노선에 입각한 '전조선청년당대회'를 열고 각 지역 청년단체들의 성격을 사회주의적으로 개조할 것을 주장하였다. 그리하여 조선청년회연합회는 전조선청년당대회 이후 급격하게 지역 청년단체들의 지지 기반을 상실하여 중앙의 조직 자체를 유지하는 데도 많은 어려움을 겪는다. 그 결과 1923년 연말이 되면 조선청년회연합회가 계획한 지방청년대회는 개성지역과 황해도 재령지역 두 곳에서 개최하였을 뿐, 여타 지역의 경우는 참가단체가 부족하여 지방청년대회 자체를 열지 못하는 상황이 된다. 따라서 조선청년회연합회는 1923년 말에 이르면 거의 간판만 유지하는 상태에 직면하였다.[89]

이러한 상황들을 감안한다면 위에서 언급한 1923년 6월 동래청년회의 조직개편은 전조선청년당대회 이후 각 지역에 확산되기 시작한 청년단체 내의 사회주의 세력 확충과 무관하지는 않을 것이다.[90] 동래청년회의 이러한 혁신 움직임들은 25년 1월 3일 제7회 정기총회를 통해 나타나게 된다. 그것은 종래까지 청년회의 조직형태가 간사제였던 것을 위원제로 개편하는 것과 동시에 종래까지 많은 도움을 받았던 동래지방 유지들의 모임단체인 동래기영회에 대해 강력하게 비판한 것에서 전후 상황을 짐작케 한다.[91]

---

89) 안건호, 앞의 논문 및 안건호, 「1920년대 전반기 청년운동의 전개」 『한국근현대 청년운동사』, 풀빛, 1995 참조.

90) 경기도경찰부, 경고비 제 5699호 1923년 3월 31일, 「전조선청년당대회집회금지 / 건」(김준엽·김창순 공저, 『한국공산주의운동사』 2권, 청계연구소, 1986, 115 쪽에서 재인용)에 의하면 동래지역에서는 '동래송정청년교육회'의 김덕술이 전조선청년당대회에 참여하고 있었다.

91) 『동아일보』 1925. 1. 6. 동래기영회는 1850년대 동래의 향리들이 결성한 조직체로 현재까지 활동하고 있다. 동래기영회에 대해서는 금동철, 「150년 전통을 이어온 동래 터줏대감들의 계모임, 동래기영회」, 부산경남역사연구소 편, 『시민을 위

이처럼 조직개편을 단행한 동래청년회는 1925년 2월 23일 제8회 임시총회를 개최하여 경남청년회의 발기, 보천교 성토대회, 상설강습소 설치 등에 대해 논의한 결과 경남청년회는 경남지역 청년단체를 망라하여 결성하기로 하고, 보천교 성토와 상설강습소는 해당 위원들을 선정하여 착수하도록 하였다.[92] 이 당시 논의된 경남청년회의 발기는, 1923년 3월 전조선청년당대회를 기점으로 확산되기 시작한 사회주의 청년운동이 각 지방에서 적극적인 활동을 전개하였는데 그 결과 서울청년회와 화요파 주축의 신흥청년동맹 등이 청년단체의 새로운 지도기관인 조선청년총동맹(이하 – 청총)을 24년 4월 21일 결성하였다.[93]

이렇게 출발한 청총은 24년 말 부·군 단위별로 각 지역의 청년단체들을 통합할 것을 결의하였다. 앞서 언급한 1925년 1월 동래청년회에서 경남청년회의 발기를 논의한 것은 곧 이러한 청총의 결정사항에 따라 경남지역 청년단체들을 어떻게 통합할 것인가에 대한 토의였다.

3. 20년대 중후반기 청년연맹과 청년동맹의 활동

청총은 결성 1년 만인 1925년 6월경 전국 254개 단체의 회원 5만여 명을 포괄하는 거대조직으로 성장한다. 청년운동의 전국적 조직인 청총이 안정된 자리를 잡자 각 지역에서도 기존 청년회의 혁신과 아울러 郡·府 단위의 청년연맹 결성을 단행하였다. 여기에는 1925년 4월 조선공산당 중앙위원회와 함께 결성된 고려공산청년회의 청년운동에 대한 운동방침이 작용하고 있었기 때문이다. 고려공산청년회는 결성과 함께

한 부산의 역사』, 1999 ; 동래기영회, 『동래기영회150년사』, 1996 참조.
92) 『동아일보』 1925. 2. 26.
93) 조선청년총동맹의 결성과정과 활동에 대해서는 안건호·박혜란, 「1920년대 중후반 청년운동과 조선청년총동맹」『한국근현대청년운동사』, 풀빛, 1995 참조.

청년운동에 대한 방침으로 군 단위의 군연맹과 도 단위의 도연맹 결성을 역점사업으로 삼았다. 그 결과 경남 각 지역에서도 1925년 이후 청년단체의 '혁신총회' 또는 '청년회 부흥대회' 등을 통해 청년조직을 정비하는 것과 함께 군 단위의 청년연맹이 잇달아 들어서게 되었다.[94]

이런 분위기 속에서 동래청년회는 1925년 11월 1일 온천장 日新館에서 동래지역인 서면청년회, 구포청년회, 남면노농청년회, 감만청년회, 동래여자청년회 등의 대표들과 회합하여 '동래군청년연맹'을 발기하고 11월 22일 동래청년회관에서 동래군청년연맹을 창립하기로 결정하고 준비위원으로서 박문희, 김형중, 김잉룡을 각각 선정하였다.[95] 예정된 11월 22일 동래청년연맹은 서울의 화요회와 북풍회, 인근 지역에서 온 김해청년연맹을 비롯한 18개 단체에서 보낸 축문·축전 속에서 동래군내 참가단체 16개 대의원 24인으로서 동래청년연맹이 결성되었다. 동래청년연맹에 참가한 16개 단체를 보면 다음과 같다.[96]

〈표 2〉 동래청년연맹 결성 참가단체

	참가단체(16개)
동래청년연맹	機張正進청년회(25.3), 기장여자청년회(21.9), 서면청년회, 수영노동청년회, 수영여자청년회, 감만청년회, 철마청년회, 송정청년회, 구포청년회, 구포여자청년회, 동래청년회, 동래여자청년회(21.5), 하단청년회, 일광청년회, 伊川청년회, 서면용호청년회

* 출저:『동아일보』1926. 12. 27. ( )의 수는 창립연월일

동래청년연맹의 결성은 박문희의 사회아래 임시집행위원 허영호, 윤병인, 최수륜, 백광흠, 김우삼, 조희수 등이 중심이 되어 진행되었다. 당

94) 김승,「1920년대 경남지역 청년단체의 조직과 활동—청년연맹 결성을 중심으로—」『지역과 역사』제2호, 부산경남역사연구소, 1996, 149~152쪽.
95)『동아일보』1925. 11. 12.
96)『동아일보』1925. 11. 26.

일 동래청년연맹의 집행위원으로 선정된 인물은 박문희, 이상덕, 김수선, 이은자, 김잉룡, 오태근, 김철규, 박홍주, 이방우, 전윤영, 최명수, 김수용, 오경원, 이일영, 김진홍 등 15명과 검사위원 박명수, 오석환, 윤금수, 김연수, 박소수, 강남석 등이 각각 선정되었다.

그리고 이튿날 11월 23일 오태근의 사회아래 각 부서의 상무위원들을 결정하였는데 서무부 박문희·김철규, 교양부 김수선·오태근, 조사부 김잉룡, 조직부 박문희 등을 선정하여 동래청년연맹의 조직정비를 완료하였다.[97] 이와 같은 청년연맹의 결성에는 사상단체 혁파회의 역할이 컸다. 동래에는 일찍부터 대동청년단과 조선공산당에서 활동하게 되는 백광흠을 매개로 사상단체 혁파회가 1924년 10월 무렵 결성되었다. 이러한 혁파회의 견인차 역할에 의해 동래청년연맹이 결성될 수 있었다.[98]

동래청년연맹은 결성 다음 달인 1925년 11월 23일 향후 사회운동에 관한 여러 가지 운동방침들을 결의하였는데 그 내용은 다음과 같다.[99]

<동래청년연맹의 결의사항>
1. 경남도연맹에 파견할 대표선정(박문희, 윤병인, 허영호, 김잉룡, 이은자)
2. 예산결정안
3. 연맹의 임시사무소는 동래청년회관으로 정함
4. 청년문제의 건
  1) 청년단체의 조직을 촉성할 것
  2) 기성청년단체의 내용 충실을 노력할 것
  3) 순회강연회 등을 수시로 개최할 것
5. 여성문제의 건
  1) 여성단체의 조직을 촉성할 것
  2) 여성운동을 위하여 수시로 강좌를 개최할 것

---

97) 동래청년연맹 창립준비위원 및 집행위원의 자세한 활동경력에 대해서는 김승, 앞의 논문, 2000, 92~95쪽 참조.
98) 사상단체 혁파회와 동래청년연맹의 관계에 대해서는 김승, 앞의 논문, 2000, 92~97쪽 참조.
99) 『동아일보』1925. 11. 26.

　　3) 부인야학을 설치할 것
　6. 소년문제의 건
　　1) 소년단체의 조직을 촉성할 것
　　2) 청년운동의 기초사상을 배양할 것
　　3) 무산소년의 교양기관을 설치할 것
　7. 노동문제의 건
　　1) 노동자에게 부류(部類)단체의 조직을 촉성할 것
　　2) 노동자의 자각을 촉진키 위하여 강연·연극 등을 수시로 개최할 것
　　3) 노동야학을 설치할 것
　8. 사회문제의 건
　　1) 사회의 병폐를 적발하여 광정(匡正)에 노력할 것
　　2) 사회운동을 저해하는 자와 단체를 사회적으로 매장할 것
　　3) 기근선상에 선 빈민의 생활을 조사하여 그 구제에 노력할 것
　9. 형평문제의 건
　　1) 형평운동을 적극적으로 원조할 것
　10. 종교문제에 대한 구체적인 토의는 후일을 기함

　동래청년연맹에서 결의한 위의 토의사항들은 청총에서 결의한 내용과 별반 차이가 없었다.[100] 그러나 청총에서 "타협적 민족운동은 절대로 배격하며, 혁명적 민족운동은 찬성"한다는 민족운동에 대해 분명한 입장표명이 있었던 데 반해, 동래청년연맹에서는 민족운동에 대해 구체적으로 언급하지 않은 것이 눈에 띈다. 청년연맹 결성 이후 동래지역의 청년운동은 이후 동래청년연맹을 중심으로 활동하였다.

　동래청년연맹의 산하 단체였던 동래청년회는 1926년 8월 16일 조직 개편을 단행하여 서무부 허영호, 재무부 김대업, 사무부 오종식, 음악부 김명룡, 운동부 손지수, 여론부 조열권 등을 선정하여 추계시민위안대회, 군연맹위원보선, 사회풍기문제 등을 논의하였다.[101] 그러나 1927년 2월 동래청년회에서 자체 조직의 부흥을 도모하기 위해 부흥부를 설치

---

100) 『동아일보』 1924. 4. 25 ; 4. 26.
101) 『동아일보』 1926. 8. 21.

할 정도로 1926년 연말 이후 활동이 부진하였다. 이는 1926년 6·10만세 사건을 계기로 제2차 조선공산당이 검거되고 사회운동 자체가 일제의 탄압을 받은 영향으로 판단된다.[102]

그러나 동래청년회는 1926년 연말 사회운동 전체에 돌풍을 일으켰던 방향전환론과 민족통일전선체 결성의 목소리에 발맞추어 1927년 7월 24일 동래청년연맹은 당시 신간회 결성과 관련하여 논란이 되었던 '조선사회단체 중앙협의회'에 대의원 2인을 파견하는 등[103] 당시 전국적으로 확산되고 있던 방향전환론에 호흡을 같이 하면서 청년연맹을 청년동맹으로 전환하는 작업에 착수하게 된다.

이에 동래청년회에서는 "과거 청년운동의 파벌적 분산적인 것을 지양하고 통일적으로 총역량을 집중할" 것을 내걸고 1928년 1월 26일 자진 해체하고[104] 2월 26일 동래청년동맹을 창립하였다. 이때 선정된 위원은 허영호, 엄진영, 추월양, 오종식, 박명수, 허영호, 구정서, 윤삼동, 손지수, 신경규, 양영조, 안재오, 김인호 등 13명이었으며 토의사항에서는 一. 군연맹의 건, 一. 신간회지회 설치 촉성의 건, 一. 삼총(청총·노총·농총)해금의 건, 一. 소년운동에 관한 건, 一. 여성운동에 관한 건, 一. 경제상태 조사의 건 등을 토의하였다.[105]

---

102) 『동아일보』 1927. 2. 23. 이 당시 동래청년회의 집행위원은 具廷書, 金容圭, 박명수, 朴文燨 등이었다.

103) 『동아일보』 1927. 7. 28. 이 당시 동래청년연맹의 상무위원으로서는 朴日馨, 박명수가 활동하고 있었다. 1927년 5월 신간회 위상을 둘러싼 조선사회단체중앙협의회의 상설, 비상설 논쟁에 대해서는 김승, 「신간회 위상을 둘러싼 '양당론'·'청산론' 논쟁 연구」『부대사학』 제17집, 1993 참조.

104) 『동아일보』 1928. 1. 31. 동래청년회는 동래청년동맹 결성을 위해 자진 해체함과 동시에 동래청년동맹 결성을 위한 준비위원으로 박명수, 구정서, 金容俊, 허영호, 安在五, 孫志守, 金仁浩 등을 선정하였다.

105) 『동아일보』 1928. 2. 29. 동래청년동맹 집행부의 주요 활동가들의 경력에 대해서는 김승, 앞의 논문, 2000, 99~102쪽 참조. 동래청년동맹은 창립 당일 一. 본 동맹은 (전조선) 청년대중의 정치적, 경제적, 민족적 이익의 획득을 기함 一. 본

그러나 이렇게 창립된 동래청년동맹은 여타의 지역과 마찬가지로 동래청년연맹 산하 청년단체들의 충분한 토의 속에서 상향식으로 건설된 것이 아니라 동래청년회가 주축이 되어 하향식으로 건설되었다. 이러한 청년동맹의 결성 방식은 동래지역뿐만 아니라 다른 지역에서도 비슷하였다. 이런 상향식의 결성방식은 나중에 청총해소의 요인이 되기도 하였다. 어쨌든 동래청년동맹은 창립대회 다음날 제1회 집행위원회를 열고 각 부서의 임원을 선정하였다. 집행부는 서무재정부 박명수·손지수, 정치경제부 오종식·윤삼동, 교양부 허영호·양영조·추월량, 조직선전부 엄진영·구정서·안재오, 체육부·신경규·허필호를 각각 임명하였다.106) 이후 동래청년동맹은 군내 각 청년단체의 지부를 결성하였는데 28년 5월 6일 동래청년동맹 사하지부를 결성하고 사하지부 위원장에 리봉흡, 위원장 후보 임근수, 위원에 김지태, 박규석, 장순혁, 리재헌, 문재철, 임병태, 김동명을 선임하였다.107)

그리고 5월 27일 동래청년동맹 기장지부를 결성하여 신간회 지지, 근우회 분회 설치 촉성, 기성청년단체 해체와 운동선 통일 등을 토의하고 위원장 김태영, 위원 오문석, 김문현, 김규엽, 김기조 등을 선정하였다.108) 그리고 28년 6월 20일 청년동맹 좌천지부를 설치하여 위원에 박종필, 송갑용, 한갑석, 김기봉, 오세병 등을 뽑았다.109) 이후 28년 6월 30일 동래청년동맹 여고지부를 청년동맹에서 파견한 박문호와 이영석의

동맹은 (전조선) 청년대중의 의식적 교양훈련의 철저를 기함 ㅡ. 본 동맹은 (전조선) 청년대중의 공고한 조직의 완성을 기함 등의 강령을 채택하였다. 이 강령의 내용은 1927년 8월 조선청년총동맹에서 채택한 것과 동일한 것이었다.

106) 『동아일보』 1928. 3. 2. 이때의 결의사항은 ㅡ. 청총가맹 건, ㅡ. 도연맹에 가맹 건, ㅡ. 동래군 내 각 단체조사의 건, ㅡ. 군연맹 세포단체에 성명서 발송의 건, ㅡ. 회관 터 지명의 변경 건, ㅡ. 농민단체 조직의 건 등이었다.

107) 『동아일보』 1928. 5. 9.

108) 『동아일보』 1928. 5. 31.

109) 『동아일보』 1928. 6. 27.

지부 결성 취지 설명이 있은 뒤에 결성되었는데 위원장에 정수극, 위원에 문대현, 강홍수, 김두병, 김기득, 박홍주 등이 선정되었다.110) 이와 같이 군내의 각 청년단체 지부를 결성한 동래청년동맹은 1928년 7월 1일 각 지부의 대표들이 참석한 가운데 제1회 임시총회를 개최하여 청년동맹의 각 부서 및 각 지부의 보고가 있은 후 규약수정안을 통과시켜 동래청년동맹의 임원을 개선하였다.

신임 임원진을 보면 위원장 박일형, 위원에 구정서, 박문호, 박영종, 조희식, 송갑웅, 장순혁, 추양우, 이상식, 김금득, 김주엽, 허진호, 박김수, 리영호 등 14명이 선임되었다. 이들은 '동래청년동맹 지부설치 준비위원회'를 구성하여 미조직 청년동맹의 지부를 신속히 결성할 것을 결의하였다.111) 동래청년동맹의 활동방침과 미조직지부에 대한 지부 결성방침은 8월 10일 제2기 제2회 집행위원회에서 구체화된다.

이때 토의된 중요 내용만을 보면 一. 군내 농촌경제통계표 작성의 건, 해방운동단체 일람표 작성의 건, 一. 동래청년동맹 현세일람표 및 일람도 작성의 건, 一. 제 2차 지부 및 班 설치 촉진에 관한 건 등이었다.112) 청년운동에서 '반'조직에 대한 사고는 이미 1926년부터 시작되었지만 방향 전환기에 "지금 와서 조선의 청년운동은 그 자체가 전 민족적 협동전선에서 선두대로 등장하지 않으면 안 되겠다"는 청총의 '신운동방침'이 정해지면서 본격적으로 논의되었다. 반은 청년운동의 대중적 기반을 확보하고 생산 및 거주단위에서 '투쟁의 기초단위'로서 중요성이 강조되었으며 1928년 중반부터는 가장 시급한 조직과제로서 지부의 주요사업이었다.

청총에서 구상한 반은 1927년 8월 청총의 개정규약에 따라 부·군

---

110) 『동아일보』 1928. 7. 3.
111) 『동아일보』 1928. 7. 4.
112) 『동아일보』 1928. 8. 17.

청년동맹은 계층별, 직업별, 성별로 나뉘어 있던 종전의 청년단체를 해체하고 기초조직으로서 반과 지부를 두기로 하였다. 이에 따라 농촌에서는 동이나 리 단위로, 도시에서는 공장, 회사, 광산, 선박 등 작업장을 단위로 하여 각각 반(동맹원이 5명 이상)을 설치하며 한 지역 안에 2개 이상의 반이 있을 때는 지부를 설치하기로 하였다. 곧 기존의 개체본위, 계급위주의 조직방침이 철회되고 계층운동, 민족통일전선운동으로 청총의 운동방향을 잡았던 것이다. 그러나 지역 청년운동에서 반 설치운동은 그리 활발하지 않았으며 대부분 1929년까지도 뚜렷한 실적을 올리지 못하였다.[113]

어쨌든 1928년 8월 동래청년동맹에서 논의한 동래지역의 반 설치 결정은 청총에서 결정한 청년운동의 조직방침을 수행하려는 목적에서 추진된 것이었다. 동래청년동맹에서 반 설치 문제를 이처럼 논의할 쯤, 동래청년동맹의 구포지부가 조직되었다. 구포지부는 결성 당일 "회원의 연령문제를 두고 장시간 토의한 끝에 1929년 연맹 총회가 있기까지 만 17세에서 30세까지로" 회원의 연령을 제한하였다.[114] 이어서 위원들을 선임하였는데 집행위원장 김진기, 위원에 서진관, 신현두, 김한술 외 5인이었다.[115]

1928년 한 해 동안 지부조직 결성을 통해 하부조직을 정비한 동래청년동맹은 1929년 2월 26일 청년동맹 창립 1주년 기념대회를 개최하려고 하였으나 일제의 탄압으로 연기되어 3월 24일 제2회 동래청년동맹 정기대회를 개최하였다.[116] 집행위원장 박일형의 사회 하에 진행된 이 날 정

---

113) 안건호·박혜란, 앞의 논문, 110~116쪽.

114) 『동아일보』 1928. 8. 30. 1927년 8월 신운동방침을 채택한 청총은 청년단체 가입회원의 연령을 25세론과 30세론의 대립 끝에 27세로 결정하였다. 실제 이 방침은 지역차원에서 그대로 시행되지는 않았다. 예를 들어 경남 밀양의 경우는 회원의 연령제한을 청총의 방침에 따라 27세로 하였다가 다시 기존의 30세로 바꾸는 경우도 있었다(안건호·박혜란, 앞의 논문, 107, 115쪽).

115) 『동아일보』 1928. 8. 30.

기대회에서는 청총 중앙집행기관에 관한 건, 문맹퇴치운동, 군내 야학연합회 기관조직 촉성, 청년동맹기관지 발행, 군내 형평운동 진흥 등 제반 문제를 토의한 후 신임 임원들을 개선하였는데 집행위원장 박일형, 후보 오종식, 집행위원 추월량, 김용준, 이영석, 신경규, 박금수, 허진호, 한신상, 조희식, 김태영, 김귀조, 신현두, 조봉환, 서수학, 장순혁, 김동명, 김재연 등이었고 검사위원으로는 구정서, 박재상, 김복종 등이었다. 그리고 이들을 서무부, 재정부, 조사연구부, 조직선전부, 교양부, 출판부, 체육부 등 각 부서장에 임명함과 동시에 경남도연맹대의원으로서 오종식, 신경규, 김명룡, 김규엽, 윤규선, 김복종, 최두해, 임병태, 장순체, 김태영 등을 선임했다.117)

    1929년 3월 제2회 정기대회를 통해 조직정비를 단행한 동래청년동맹은 이후 동맹의 주요사업으로서 청년동맹기관지 발행과 군내 야학 활성화를 위한 야학연합기관조직 결성을118) 비롯하여 농민조합조직 촉성과 노동조합 청년부 설치 문제119) 및 동래 · 부산사회단체연합간친회 개최120) 등을 위해 활발히 활동하였다. 특히 이 무렵 동래청년동맹에서 야학연합기관 설치를 서둘렀던 것은 그동안 산발적으로 활동했던 각 야학에 대해 무언가 체계적인 지도의 필요성을 느꼈기 때문이다. 일제시대 청년단체에서 주관한 각종의 야학은 식민지 민중의 중요한 교육기관이었다. 동래의 경우는 1908년 6월 설립된 동래부 首面사립노동야학교를 시작으로 1921년 12월 연산리에 동래연리야학 등이 운영될 정도로 여러

---

116) 『동아일보』 1929. 2. 27 ; 1929. 3. 31. 이 무렵 동래청년동맹 동래지부는 29년 2월 18일 정기총회를 통해 새로운 위원으로서 김용준, 도양재, 안성철, 리영석, 김재연 외 3인을 선정(『동아일보』 1929. 2. 24)하였으나 사하지부의 경우는 지부창립 기념대회를 열지 못했다(『동아일보』 1929. 5. 15).
117) 『동아일보』 1929. 3. 31.
118) 『동아일보』 1929. 6. 13 ; 1929. 8. 17.
119) 『동아일보』 1929. 9. 1.
120) 『동아일보』 1929. 9. 15.

곳에서 야학운동이 활발하였다. 야학은 주로 지역유지 및 청년단체에서 설립하였으며 교육을 담당한 교사들의 대부분은 청년단체에서 활동하거나 진보적 지식을 소유한 청년교사들이 주류였다.[121] 이는 아래의 <표 3>에서 알 수 있듯이 동래청년동맹의 하단지부 위원장으로 활동하고 있던 장순혁이 하단야학회의 교장을 역임하고 있었던 것과 동래여자청년회와 근우회 동래지회에서 활동한 오주숙이 기장여자야학의 교장인데서 단적으로 확인할 수 있다.

<표 3> 1929년 동래군 소재 야학단체 현황

야학단체	설립일자	설립자	창립시 학생수	현재 학생수	교원수	교장
機張여자야학	1919.4.1	吳信植	30	60	3	吳珠淑
下端야학회	1920.4	하단청년회	80	53	3	張洵赫
伊川야학교	1920.11.1	崔翔甲	95	37	7	崔翔甲
鶴里노동야학회	1922	尹秉烈	70	35	2	尹秉烈
기독여자야학교	1925.4.1	趙昌老	80	80	7	趙昌老
大邊노동야학	1925.4.1	대변청년회	60	70	2	崔基洪
鼎冠강습소	1928.5.1	辛道晟	40	32	1	辛道晟
동래부인야학교	1928.7.1	불교여자청년회	121	82	4	李嘉柏

* 출저: 『동아일보』 1929. 1. 4.

이와 같이 동래청년동맹에서는 1929년 중반기 이후 야학의 통일적 지도를 비롯해 청년동맹의 기관지 발행, 노동·농민조합 활성화 등을 계획하고 있었다. 그러나 1929년 10월 청년동맹 간부들과 동래노동조합 간부 박일형, 한일철, 김명룡, 이영석, 김순영, 박봉우, 박동석, 박영종, 추월량 등은 언론집회탄압규탄대회와 통영청년동맹 조직결성 등에 일본 노동조합의 슬로건을 보낸 사실이 빌미가 되어 검사국에 송치되는 사건

---

121) 일제시대 노동야학에 대해서는 김형태, 「일제하 노동야학의 실태와 그 기능」, 성균관대 석사학위논문, 1985 및 김주현, 「1920년대 부산지역의 학교교육」, 부산대 교육대학원 석사학위논문, 1994 참조.

이 발생하였다.[122] 물론 이들은 이후에 풀려나지만[123] 청년동맹으로서는 상당한 역량손실일 수밖에 없었다.

이후 청년동맹은 다른 지역 청년운동이 그랬듯이 일제의 탄압 속에서 구체적인 활동을 전개하지 못하며 1930년 이후 청총내부에서 제기되기 시작한 청총해소 논의가 본격화하면서 동래청년동맹 또한 해소의 길을 걷게 된다.[124]

4. 신간회 및 근우회 동래지회 활동

1923년 3월 전조선청년당대회를 기점으로 민족주의자들과 사회주의자들이 격렬하게 대립하다가 1926년부터 일제의 지원을 본격적으로 받는 민족개량주의자들이 급격히 부상하는 데 위기의식을 느끼고 민족주의 좌파세력과 사회주의 세력들이 반제통일전선체를 조직하려는 노력 끝에 결성된 조직이었다.

1927년 2월 신간회는 설립과 함께 지회조직의 결성에 전력을 다하였다. 그 결과 1927년 연말이 되면 군단위의 지회조직은 100여 개를 넘고 1928년 무렵이 되어 149개의 지회에 회원이 4만여 명에 이르는 최대의 반제통일전선체로 성장하였다. 신간회 창립 초기의 조직적 구성을 보면 서울의 본부 경우 비타협 민족주의자들이 주류를 이룬 반면 각 지회에서

---

122) 『동아일보』 1929. 10. 16 ; 1929. 10. 29 ; 1929. 10. 31.
123) 『동아일보』 1929. 11. 9.
124) 조선청년총동맹의 해소논의에 대해서는 이애숙, 「1930년대초 청년운동의 동향과 조선청년총동맹의 해소」『한국근현대청년운동사』,풀빛, 1995 참조 바람. 동래청년동맹이 언제 해소하였는지 현재로서는 정확한 시기를 알 수 없다. 청총 경남연맹에서 청총해소를 결의한 것이 31년 2월 11일(『동아일보』1931. 2. 14)이며 이후 3월~5월 사이에 통영·마산·진주·양산·밀양·울산 등지에서 청총해소를 결의하고 있었다. 따라서 동래청년동맹의 경우도 대략 이 시기에 해소를 한 것으로 볼 수 있겠다.

는 청년단체에서 활동하던 지역활동가들이 지회를 운영하는 실정이었
다. 신간회 동래지회는 1928년 2월 청년동맹을 결성한 청년활동가들이
주축이 되어 한 달 뒤인 3월 26일 신간회 동래지회준비위원 21명이 동
래청년회관에서 모임을 갖고 지회 조직 결성에 착수하였다. 이때 선정된
준비위원은 조희수, 김우삼, 윤형항, 차상명, 양기수, 문복환, 최시봉 외
14명이었는데125) 이들의 노력으로 마침내 4월 21일 동래유치원에서 신
간회 동래지회를 창립하였다. 창립 당시 토의내용과 간부 진영을 보면
다음과 같다.126)

<토의 내용>

　一. 언론집회 출판 및 결사의 자유
　一. 조선아동의 의무교육제 확립
　一. 공공시설의 확충
　一. 공창제와인신매매금지
　一. 재만동포 생존권보장
　一. 전래의 인습타파
　一. 전민족단일당 결성운동에 대한반동사상 및 파벌주의 배격
　一. 회원 증모 및 회관증설 문제

<간부명단>

전형위원: 조희수·윤병인·김우삼·김인호·허영호
회장: 이환, 부회장: 송찬원
본부대표위원: 허영호·윤병인·조희수
재무부총간사: 윤병인, 간사: 윤병항·유영준
정치문화부총간사: 허영호, 간사: 최경탁·이석모
조사연구부총간사: 김우삼, 간사: 박수형·김용찬
조직선전부총간사: 최시봉, 간사: 황기·엄진영

---

125) 『동아일보』 1928. 3. 31.
126) 『동아일보』 1928. 4. 25 ; 『조선일보』 1928. 3. 30 ; 1928. 4. 24. 신간회 동래지
　　회의 각 시기별 임원진에 대한 자세한 활동 경력은 김승, 앞의 논문, 2000,
　　104~117쪽.

신간회 동래지회의 간부들을 보면 동래지역에서 高麗製油社를 경영하였던 청년실업가 유영준[127] 및 송찬원·윤병항·최경탁 등을 제외하고는 대부분 청년단체에서 활동하던 인물들임을 알 수 있다. 그런데 신간회 동래지회의 설립과 관련하여 특이한 점은 기장의 경우이다. 즉 신간회결성을 위한 준비위원회의 모임에서부터[128] 지회 설립에 이르기까지 기장지회는 동래지회보다 앞서 있었다. 이는 동래를 비롯해서 부산지역에서 활동했던 사회운동가들 중에서 기장출신의 인물들이 많았던 것과 무관하지 않을 것이다.[129]

신간회 기장지회는 1928년 3월 15일 결성되었는데 회장 노단우, 부회장 오태근, 서무재정부총간사 김귀조, 간사 류병권, 정치문화부총간사 권종철, 간사 최태희, 조사연구부간사 송갑용, 조직선전부총간사 김태영, 간사 노재갑 등이었다.[130] 동래지역에서 신간회는 동래지회와 기장지회를 중심으로 전개되었는데 동래지회는 29년 1월 8일 제1회 정기대회를 열고 전국대회의 건의안 작성 건, 본부대표 회원 선정의 건 등을 토의하고 신임집행부에 지회장 김우삼, 부회장 박진태, 간사에 김인호, 김용규, 엄진영, 황기수, 최시봉, 한만교, 윤병항, 이석모, 박일형, 손지수, 박문희, 조희수, 박명수 등을 선임하였다.[131] 이후 신간회 동래지회는 원산총파업이 발생했을 때 원산노연에 격려 지지를 보내는 한편 신간회 경남도

---

127) 『동아일보』 1926. 12. 24.

128) 『동아일보』 1928. 2. 24. 기장지회의 준비위원은 오태근, 盧丹友, 權鍾哲, 張志昊, 吳大雨 등이었다.

129) 기장지역은 일찍부터 항일운동의 싹이 튼 곳으로 김약수, 김두봉 등이 모두 이곳 출신이다. 부산과 동래에서 활동한 김주엽·김시엽·김규엽·김도엽·김웅엽·김하엽 등은 모두 김두봉과 한 집안의 출신들이었다(한상구, 「일제시기 해방직후 경남지역 사회주의운동의 맥-권은해 일대기-」『역사비평』봄호, 1990. 기장지역 사회운동에 대해서는 김동철·강재순, 「1920~1930년대 초 기장지역 사회운동」『韓國民族文化』8, 부산대학교 한국민족문화연구소, 1996 참조.

130) 『조선일보』 1929. 3. 22.

131) 『동아일보』 1929. 1. 12.

연합회 결성을 도모하여 부산·울산·양산·밀양·하동·진주·고성 등지의 간부들과 회합하는 등[132] 신간회 경남도연합회 결성에 앞장섰다.[133] 신간회 동래지회에서 이렇게 활동할 무렵 기장지회에서도 임시대회를 열고 회장 권종철, 서기장 김규엽, 회계 김귀조, 검사위원장 리규옥 검사부원 오태근, 송갑용을 선임하고 있었다.

 신간회 동래지회는 1929년 이후 구체적인 활동을 전개하는 데 어려움을 겪는다. 여기에는 1929년 11월 광주학생사건을 계기로 확산되기 시작한 학생시위를 신간회 본부에서 전민중적 운동으로 발전시킬 계획으로 준비했던 민중운동자대회가 일제에 의해 탄압을 받으면서 신간회 전체가 탄압을 받으면서 침체상태로 빠져들었기 때문이다. 민중운동자대회를 실행에 옮기려고 했던 신간회본부의 허헌 집행부가 와해되고 김병노 집행부가 들어서자 이들은 신간회의 투쟁방침으로서 온건화노선을 표방하였다. 이는 곧 각 지회로부터 신간회 해소론을 불러일으키게 된다. 지역에서 활동하고 있던 활동가들은 신간회가 당시 민족운동의 과제인 민족문제와 계급문제를 동시에 해결해줄 것으로 기대했으나 그것이 불가능하게 되자 스스로 신간회해소 결의를 단행한 것이다. 그 결과 신간회는 1931년 5월 해소를 하게 되는데 동래지회 또한 이 시기를 전후하여 해소한 것으로 보인다.[134]

 한편 신간회와 같은 목적에서 출발한 근우회 동래지회의 경우는 다음과 같다. 동래지역에서 활동하던 여성대표들은 1928년 4월 20일 근우회 동래지회 설립을 위한 준비위원회를 개최하여 동래여자청년회 해체의 건, 강연회 개최의 건, 회원증모, 교풍에 관한 건, 원족에 관한 건 등을

---

132) 『동아일보』 1925. 2. 15 ; 1925. 4. 21.
133) 신간회 경남도연합회 결성을 위한 발기인대회는 1929년 9월 마산에서 개최할 예정이었으나 일제의 불허로 대회가 무산되면서 신간회 경남연합회는 실제 창립을 보지 못했다(『동아일보』 1929. 8. 15 ; 1929. 11. 3).
134) 이균영, 앞의 책, 444~461쪽.

토의하고 근우회 창립을 위한 준비위원으로 권부해, 김수선, 김계년, 송
말순, 이가우, 구필순, 장갑수, 이영희 등을 선임하였다.[135] 이후 근우회
동래지회는 28년 5월 19일 정식으로 창립되며 7월 14일에는 근우회 동
래지회 기장분회를 설치하였는데 위원장 오주숙, 서무부 정명자, 김정
해, 재무부 박영애, 김필수, 조사부 문복줄, 이윤명, 교양부 최덕학, 김덕
순, 정치연구부 김필주, 윤정송을 선임했다.[136] 이후 근우회 동래지회는
신간회 동래지회와 보조를 맞추면서 여성들의 문맹퇴치와 여성들의 권
익신장에 노력하였다.[137] 지금까지 살펴본 20년대 동래지역 사회운동
단체들의 현황을 보면 <표 4>와 같다.

〈표 4〉 동래군내 사회단체 현황(1929년 현재)

단체명	설립일자	창립시 회원수	현재 회원수	회 장
동래革波會	1924.10.1	5	8	朴日馨
동래 청년동맹	1928.2.26	42	280	朴日馨
신간회동래지회	1928.4.21	85	?13	李 環
근우회동래지회	1928.5.19	94	106	權福海
근우회기장분회	1928.7.14	55	74	吳珠淑
이천노동조합	1928.7.15	30	30	金元錫
동래노동조합	1928.8.11	120	120	嚴進永
기장농민조합	1928.?.5	75	116	姜基德

* 출저: 『동아일보』 1929. 1. 4.

5. 맺으며

3·1운동 이후 실력양성론의 입장에서 전개된 '문화운동'의 구심체적

---

135) 『동아일보』 1928. 4. 26.
136) 『동아일보』 1928. 7. 18.
137) 근우회 동래지회의 자세한 내용에 대해서는 김정희, 「일제하 동래지역 여성독립
운동에 관한 소고-근우회 동래지회를 중심으로-」『문화전통논집』 4, 경성대
학교 부설 한국학연구소, 1996 참조.

역할을 하였던 것이 각 지역의 청년회였다. 청년회는 1923년 전조선청 년당대회를 계기로 전국적으로 맹위를 떨치던 사회주의이념의 확산에 힘입어 종래까지 '문화운동'으로 일관하던 청년회의 운동노선을 무산계 급의 해방을 목적으로 한 혁신적 청년운동으로 전환하게 된다. 그 결과 1925년을 기점으로 전국에 걸쳐 군단위의 청년연맹이 결성된다. 청년연 맹은 대개 군단 위에 산재했던 각 면단위의 청년단체들이 연합한 조직체 였다.

그 뒤 1926년 연말부터 시작된 사회운동의 방향전환론에 의해 1927 년 2월 신간회가 결성되고 이어서 조선청년총동맹의 신운동방침이 확정 되면서 청년단체들 또한 청년연맹체를 해체하고 중앙집권적 조직체인 청년동맹을 결성하였다. 이런 조직적 변화과정을 거친 청년단체는 1920 년대 노동운동, 농민운동의 배수지 역할을 하면서 사회운동의 중핵으로 성장하였다.

본고에서 살펴본 동래청년회 역시 이와 같은 성장과정을 밟고 있었 다. 동래청년회는 3·1운동 직후 동래청년구락부로 출발하였는데 1922년 2월 동래청년회로 그 명칭을 변경하게 된다. 애초 동래청년구락부로 출 발한 동래의 청년단체는 온천장을 끼고 생겨난 동래권번과 예기들의 풍 기문란을 단속하고 또 지역주민들이 필요로 했던 운동장부지 확보, 각 면에 순회강연단을 파견하여 농촌계몽운동을 전개하는 등 활발한 사회 활동을 하였다.

동래청년구락부는 동래청년회로 명칭을 변경한 뒤에도 1922년 연말 수재구제회, 1923년 3월 전국적으로 불고 있던 물산장려운동에 발맞추 어 국산품애용운동 등에 앞장섰다. 이처럼 문화운동론에 충실하였던 동 래청년회는 1925년부터 무산계급의 입장을 대표하는 청년운동으로 운 동의 노선을 전환하게 된다. 그 과정에서 불거져 나오게 된 것이 동래기 영회에 대한 전면적인 비판이었다. 사실 동래청년회는 동래기영회에서 제공하는 복천동 서재를 이용할 정도로 20년대 전반기에는 우호적인 관계였다.

그러나 1923년 이후 불게 된 사회주의 이념의 확산에 따라 동래에서도 1925년 무렵이 되면 새로운 세대들의 사회주의 이념에 입각한 비판들이 일어나게 되는데 동래에서는 그것이 곧 동래기영회에 대한 비판으로 나타났다.

이처럼 1925년부터 동래 군내 많은 단체들의 참가를 통해 혁신적 청년운동을 일으킬 수 있었던 데는 사회주의운동노선에 기반을 둔 혁신 청년들의 모임인 혁파회가 일찍부터 결성되어 있었기 때문이다. 1923년 이후 전국에 걸쳐 사회주의 이념이 보급되면서 각지에서 선진적인 인물들을 중심으로 사상단체들이 생겨났는데 동래는 그 시기가 매우 빠른 편이었다.

이는 동래고등보통학교와 같은 고등교육기관이 일찍 세워져 그곳으로부터 근대교육의 세례를 받은 많은 학생들이 독립운동의 새로운 노선으로 사회주의 사상을 빨리 받아들였기 때문이다. 이는 일제강점기 계속된 동래고보생들의 동맹휴학과 반제동맹사건, 1940년 11월 부산항일학생사건, 1943년 조선독립당사건 등을 통해서 확인할 수 있다. 이처럼 동래에서의 청년운동과 사회운동의 성장에서 동래고보는 빼놓을 수 없는 관계를 갖고 있었다.

1925년 동래청년연맹의 결성을 통해 동래지역의 청년운동을 통일적으로 지도하게 된 동래청년회는 1926년 여름 방향전환론과 함께 사회운동 선상에서 반제통일전선의 필요성과 군단일의 청년동맹 결성이 논의되자, 이에 발맞추어 노력한 끝에 1928년 2월 동래청년동맹을 결성하였다. 동래청년동맹은 창립과 함께 각 지부 조직을 정비하였는데 그해 5월~6월 사이 사하지부, 기장지부, 여고지부를 조직하고 동래지역 사회운동의 중추적 기관으로 각종 사회운동의 자료수집, 문맹퇴치, 야학연합회 기관조직 축성, 지부 산하 班조직 확대 등에 앞장섰다.

이와 함께 동래청년동맹원은 신간회 동래지회의 창립에 앞장서 청년동맹 결성 2개월 뒤인 1928년 4월 신간회 동래지회를 조직하였다. 신간회 동래지회에는 기장 출신의 사회운동가들 또한 적지 않게 참여하였다. 기장은 원래 행정적으로 동래군에 속한 면으로 별도의 지부가 결성될 수 있는 곳이 아니었다. 그러나 운동의 역량이 강한 곳이었기 때문에 면단위 임에도 불구하고 별도의 지부가 조직되었다. 이처럼 운동의 역량이 강했던 기장의 활동가들이 동래청년동맹과 신간회 동래지회에서 활동한 만큼 동래청년동맹과 신간회 동래지회의 청년운동과 사회운동 역량은 자연히 활발할 수밖에 없었다.

이러한 동래지역의 항일운동은 청년운동과 신간회운동과 같이 남성들 중심의 항일운동에 거치지 않고 근우회 동래지회와 같은 여성들의 항일운동에서도 적극성을 보이게 된다. 1920년대를 거치면서 성장한 동래의 청년운동과 신간회, 근우회 운동 등은 1931년 만주사변 이후 일제의 탄압으로 외형상 소멸하게 되지만 항일운동의 정신과 역량은 면면히 계승되어 1940년 부산항일항쟁의거, 1943년 조선독립당사건과 같이 일제 말기까지 계속해서 항일운동을 전개할 수 있는 원동력으로 작용하였다.

제2장

유림과 민족운동

제1절 허전 문도의 의병운동

1. 들어가며

한말 의병운동의 직접적인 도화선이 된 것은 1895년 10월 명성황후 시해사건과 을미개혁의 일환으로 시행되어진 11월의 단발령이었다.[1] 이리하여 발생한 을미의병은 척사파 유생이 주도하여 근왕주의적 복고주의적 성격이 강했다. 한편, 2차의 의병운동으로 불린 을사의병은 1905년 을사늑약이 체결된 이후에 일어났으며, 을미의병운동에 참여했던 척사파의 기반과 을사늑약 전후로 심화된 일본의 경제침략에 대한 민중의 저항의식이 결합되어 민중적 성격이 강했다. 정미의병은 1907년 8월 일제의 군대해산에 맞선 조선군의 항쟁을 계기로 일어났으며, 이는 곧 전국 의병의 반일독립전쟁으로 발전하였다. 여기에 참여한 계층은 해산군인뿐만 아니라 척사파 유생, 농민, 소상인, 포수, 화적 등 다양하였다. 종래의 한말 의병연구는 자료의 절대부족은 물론 이데올로기의 대립과 남북 분단이라는 제약 조건에도 불구하고 상당한 성과를 축적하였다.

그러나 대부분의 연구가 사실 나열의 투쟁사의 서술에 치중한 것도 사실이다. 이를 극복하기 위한 방편으로 의병봉기의 사상적 배경과 이념의 규명에 초점을 맞추어 연구한 글도 종종 볼 수 있다. 이럴 경우 흔히 유생 의병장의 학통성에 초점을 맞추고 있다. 이는 의병의 조직적 특성을 이해하는 데 중요한 관건이 될 수도 있을 것이다. 왜냐하면, 학문적 철학이 조직과 밀착되어 있기 때문이다.[2]

---

1) 金祥紀, 『韓末의 義兵研究』, 一潮閣, 1997, 45쪽. 近者에는 을미의병운동의 動 因으로 일제의 한반도 내에서의 청일전쟁의 도발과 일본군에 의한 경복궁 침범사 건인 甲午變亂에 더 무게를 두어야 한다는 문제 제기가 일고 있으며, 상당히 설 득력이 있어 보인다.

그런데 이와 관련하여 華西學派 李恒老, 蘆沙學派 奇正鎭, 南塘學派 韓元震, 定齋學派 宋秉璿의 사상적 특성과 문도들의 의병운동에 대한 연구는 다소 진척되어 있으나 性齋學派 許傳의 의병운동에 관련된 인물에 대한 연구는 미미한 실정이다. 단지 진주의병의 주도인물인 蘆應奎가 그 문인이라는 정도만 밝혀져 있을 뿐이다.[3] 따라서 여기서는 성재 문도의 의병운동에 대하여 심층적으로 분석하는 것을 목적으로 한다.

2. 저술과 학통

허전의 자는 而老이고 호는 性齋, 性庵, 不倦堂이며, 시호는 文憲公이고 본관은 陽川이다. 정조 21년(1797) 경기도 포천 목동에서 正言 珩의 아들로 태어나 순조, 헌종, 철종, 고종시기에 거쳐 활약한 성리학자이며, 고종 23년(1886) 서울 冷洞 不倦堂에서 90세의 일기로 타계하였다. 그는 헌종 1년(1835) 39세에 별과문과에 급제하면서 처음으로 벼슬길에 나아갔다. 이후 承文院 副正字를 시발로 司憲府 持平, 司諫院 正言, 弘文館 修撰 등의 요직을 거치고 철종 6년(1855) 59세에 당상관이 되었으며, 66세 되던 해인 고종 3년 1866년 김해도호부사로 제수되었다.

그는 3년 임기동안 이곳 김해에서 선정을 베풀었을 뿐만 아니라 사처인 公餘堂을 개방하여 유학자를 모아 학문을 진작시켰으며, 당시 학문적 지도자를 갈망하던 경남우도 지역 유림들의 다수가 그의 문도가 되었다.[4] 그는 90세에 서거할 때까지 홍문관 제학을 역임하는 등 계속 관직에 있었으면서도 학문에 정진하고 후학의 양성과 저술활동에 매진했다.

---

2) 趙東杰, 『韓國民族主義의 成立과 獨立運動史研究』, 지식산업사, 1989, 29쪽.
3) 여기서는 성재의 학문연원, 문학, 문도의 애국운동이 다루어졌다. 이것은 성재 연구의 시발에 불과하고 차후 계속적인 성과물이 기대된다.
4) 柳鐸一, 「星湖系實學者, 文集刊行의 出版社會學的 硏究―性齋, 下廬, 星湖의 경우―」 『釜山大學校 師大論文集』 30, 1995, 26~27쪽.

그러면 그의 저술과 학통에 대해 간략히 정리해 보자. 우선 저술부터 살펴보면, 성재는 철종 4년(1853) 부교리에 임명된 후 2년 동안 경연에 입시하여 국왕에게 경전을 강의하였는데, 이때 과거시험의 부정 문제를 거론하다가 무고를 당하여 孟山에 유배를 가서 풀려난 후 몇 년간은 벼슬길에 나아가지 않았다.

그러던 중 1862년 진주민란으로 전국적인 소요사태가 확장되자 三政策을 올려 개혁안을 제시하였다. 이 안은 외척정치와 세도정치의 틈새에서 반영되지 못했다. 그러자 그는 정치현실에 울분을 간직한 채 저술 작업에 몰두하였다. 그 결과 『夏官志』, 『士義』, 『受廛錄』, 『宋堯錄』을 차례로 완성했다. 『하관지』는 국조 이래로 군정의 연혁을 고찰하여 자신의 견해를 피력한 저술로서 그의 학식이 병가에까지 미쳤음을 보여준다.[5] 그리고 『사의』는 조선의 理學을 집대성한 것으로 13권의 방대한 분량의 대작이며, 『수전록』은 모두 20편으로 그의 경세치용학의 근간인 토지제도와 교육제도 등에 대한 중요한 견해가 수록되어 있다. 『송요록』은 『書經』의 「堯典」을 치도의 중심으로 설정하고 왕과 백성과 하늘의 관계를 상세히 분석하고 있다. 이 네 종류의 책 중 『하관지』와 『수전록』은 현재 전하지 않고 있다.[6]

성재는 고종 12년(1895) 79세에도 저술활동을 계속하여 『哲命篇』을 저술하였는데, 이는 일찍이 부친 一川이 3대 이래 세자의 예와 우리 열성조들이 원자를 가르치던 전례를 모으다 미완성한 것을 그가 완성한 것이다. 이 외에도 『家訓』, 『家儀』 등의 저술과 다수의 雜文, 碑文 등이 있다. 이러한 책들에서 그는 왕권을 매우 중시하는 정치 철학을 가지고 있었음을 엿볼 수 있다. 성재의 글은 현재 대부분 남아있으며, 1979년

---

5) 金喆凡, 「性齋 許傳의 生涯와 學問淵源」 『文化傳統論集』 5, 경성대학교 부설 한국학연구소, 1997.
6) 박준원, 「性齋 許傳 文學研究」 『文化傳統論集』 5, 67쪽.

아세아문화사에서『許全全集』으로 간행되었다. 그 속에는 그의 주요 저
술인 문집, 속집, 송요록, 철명편, 사의, 그리고 그의『門人錄』과『冷泉
及門錄』이 첨부되어 있다.

이들은 대부분 구한말에 목판본으로 간행된 것인데, 문집은 1890년
경남 丹城(지금의 山淸郡) 法勿里 金氏阡舍에서, 속집은 1903년 밀양
風雷亭에서『송요록』과『철명편』은 김해에서 傚窩新刊으로 나온 것이
며,『사의』는 목판본(단성, 麗澤堂)과 목활자본의 두 종류가 있었다. 또
『허전전집』에서 취한 목활자본은 1870년 함안 立谷 盧陰精舍에서 나온
것이며,『냉천급문록』은 1941년 단성 이택당 발행의 석판 인쇄본을 그
대로 옮겼다. 이와 같이 성재의 저술은 모두 영남지방에서 발견되었는
데, 이는 그가 68세 때 김해부사로 부임하여 많은 문도를 양성한 것과
연관이 있다.[7]

다음에는 학통에 관해 정리해 보면, 한국 유학사에는 흔히 퇴계학통
을 영남학파, 율곡학통을 기호학파로 통칭된다. 그 이유는 영남지역엔
그의 퇴계학통 일색이고, 기호지역엔 일반적으로 율곡학통의 인사가 많
이 거주하고 있었기 때문이다. 그런데 기호지역 중에서도 近畿 일대에
별도로 퇴계학을 이어받아 스스로 하나의 학파를 이룬 인물들이 살았으
며, 이들은 心性 理氣의 문제에 있어서 깊은 조예와 독창적 견해를 가지
고 겸하여 실증, 실용의 새로운 학풍을 진작시켜 한국유학사에 신기원을
이루었다. 이들을 실학파, 그 중에서도 星湖學派 즉 近畿學派라고 이름
붙여진 것은 그리 오래되지 않았다.[8] 근기학파의 대종은 성호 李翼이다.

그러나 근기학파가 바로 성호에서 시작된 것은 아니다. 실학으로서의
사상적 기반이 확립된 것은 성호에서 비롯한 것이지만 그러한 사상의 원

---

7) 정세근,「성재 허전」『한국인물유학사』4, 한길사, 1996, 1789쪽.
8) 李佑成,「韓國儒學史上 退溪學派의 形成과 그 展開」『韓國의 歷史像』, 창작과
   비평사, 1982, 90쪽.

류는 훨씬 소급시켜야 하며, 성호의 인맥·학맥을 따져 올라가면 眉叟 許穆과 寒岡 鄭逑를 거쳐 퇴계에 닿는다.[9] 성재가 근기학과 인연을 맺은 것은 우선 부친인 허형이 下廬 黃德吉의 문하에 출입함으로서 비롯된다. 이후 그는 부친의 명으로 하려의 문하에서 수업함으로써 그의『東賢學則』과 順庵 안정복의『李子粹語』를 읽게 되고 비로소 근기학의 학문세계에 접하게 되었다.[10] 그런데 성호학파(근기학파)는 성호의 사후 학문적 성격을 달리하는 두 파로 나뉘어지게 된다. 즉 순암을 중심한 순암계와 鹿菴 權哲身을 중심한 녹암계이다.

순암계는 이익의 경세치용의 학풍을 이어받으면서도 경전 해석에 있어서는 선유의 이론을 그대로 답습하는 보수적인 경학을 펴는 인물들로서 심유, 오석충, 조관행, 이존경, 황덕길, 황덕일 등이 있다. 녹암계는 탈주자학 성향을 나타내면서 양명학과 서학에 가까이 하거나 이를 수용하고자 하는 진보적인 성향을 띠고 있었으며, 권철신의 대표적인 문인으로는 정약용, 이승훈, 이벽, 이총억, 윤유일, 권상학 등을 들 수 있다.[11] 이러한 분파는 근기학의 계통을 각기 달리 인식하게 되었으며, 결국 성호의 적전제자를 녹암으로 주장하는 측과 순암으로 주장하는 측으로 양분되었다. 그러한 녹암의 계열이 신유사옥으로 적몰하게 되자 그 학맥도 끊어졌을 뿐 아니라 다시 녹암을 성호의 적전제자라 인정하는 사람도 없게 되었다.

따라서 성호의 학문을 대를 이어 후대에 계승시켜 나간 것은 순암의

---

9) 李佑成,「鹿菴 權哲身의 思想과 그 經典批判」『韓國의 歷史像』, 96쪽.
10) 김철범, 앞의 논문, 17쪽.
11) 하기진,「조선후기 성호학파의 형성과 분기에 대한 연구」『부산교회사보』13, 부산교회사연구소, 1997, 13~15쪽. 그는 성호학파의 분파로서 녹암계 순암계 외에 여와 목만중을 중심으로 천주교로 인한 정치대립이 심화된 이후 기존의 벽사위정을 더욱 강조하여 공서의 입장에 서게 된 여와계를 포함하여야 한다고 제시하고 있다. 그러나 이는 하나의 정파로서는 가능하나 독자적 학파로서의 계열을 설정하기는 곤란하다는 비판을 받고 있다.

학통이었다.12) 순암은 성호가 퇴계의 언행을 엮어 만든『道東錄』을 다시『近思錄』의 체제를 따라 책정하여 편찬한『이자수어』를 하례에게 물려주었고 다시 하례는 성재에게 물려줌으로써 성재는 성호학의 적통을 이어받게 된다. 다음에는 성재의 문도전수에 대하여 간략히 알아보자. 영남지방의 학자들은 일찍부터 퇴계학 전통을 이어받아 인성의 본질적인 문제를 중시하여 수양과 규범주의적 측면에서 심학과 예학에 많은 관심을 두었다. 이는 근기학이 현실의 문제에 눈을 돌려 실증과 실용적 측면에 관심을 두었던 것과 대조된다.

19세기 당시 영남의 유자들은 대개가 영남학의 전통에 심취해 있었고, 성재의 영남지방 문도들도 역시 성재의 고비를 찾기 전에는 대부분 영남의 유향을 입고 있었다. 예컨대, 晚醒 朴致馥은 定齋 柳致明의 문하에서 舫山 許薰은 溪堂 柳疇睦에게서 각기 영남의 학통을 전수 받았다. 이에 성재가 김해 부사로 내려와 회유문을 반포하고 서원에 배향하여 유생들을 모아 鄕飮酒禮를 시작하자 이들은 성재가 김해에서 도를 창도했음을 알고 그의 문하로 몰려들었다. 이것이 성재가 영남의 학자들과 사제의 인연을 맺게 된 발단이 되었다. 대표적인 문하로는 노필연, 김인섭, 박치복, 허훈, 조병규, 김성탁, 노상직 등이며, 이들은 '就正契'를 조직하여 스승의 가르침에 따라 古禮의 재현에 노력하고 고도, 고학, 고경의 학문 세계에도 깊은 관심을 가졌다.13)

3. 문도의 지역별 분포

성재 문도들의 실체를 전해주는 자료로 그의 증손인 許應이 정리한

12) 김철범, 앞의 논문, 29쪽 ; 이우성, 앞의 논문, 94쪽. 씨는 녹암계열을 성호좌파로 순암계를 성호우파로 명명하고 있다.
13) 김철범, 앞의 논문, 23~24쪽.

『冷川及門錄』에 495인, 尹榮善이 저술한 『朝鮮儒賢淵源錄』에 262인
이 각각 수록되어 있다. 서로 중복된 인원을 제외하면 모두 551인이 그
의 문도로 기록되어 있는 셈이다. 이들을 지역별로 분류·정리해 보면
아래와 같다.

1) 경상남도(303인)

- 咸安(70인): 李斗浩 李鉉基 趙昺澤 趙性珏 李文欽 趙胤植 李龍淳
李龍鉉 李鳳奎 李會麒 李志東 李壽浩 李鉉八 趙成胤
趙成敫 趙祐植 趙鏞浩 黃基夏 安甲柱 安廷植 李壽瀅
安祺燮 安文燮 安周燮 李壽祐 朴永脩 李斗植 趙成源
趙仲植 趙成坤 趙成濂 趙政植 朴東善 李壽瓚 趙善秀
安相默 趙漢極 趙容植 文起斗 文旭純 李文奕 李壽升
李壽憲 李珎榮 趙蘭植 文景純 文起奎 文起老 李嘉欽
李文琮 李壽箕 李壽聃 李壽顋 李壽澈 李太欽 李熙錄
趙昺奎 趙庠奎 趙成簡 趙成周 趙成忠 趙昇奎 李夔錄
李文達 李敏植 李璋錄 李尙斗 李泰臣 趙濂奎 趙成浩

- 金海(43인): 金允範 金鴻祚 安景伯 安景愿 安彦浩 李壽璟 許埴
鄭澤震 盧相旭 梁在八 盧相說 盧佐文 柳東鎬 丁纘
教 許玲 盧壽容 李仁模 盧必永 曺徹昇 朴祺鎭 朴文
淑 文愚尙 宋珝 金孝璉 宋在濚 宋在注 盧相夏 崔昌
洛 安孝明 安孝錫 崔祥喜 盧秀東 安珉重 金奎現 曺
錫裕 曺錫祜 許燦 許埰 許錄 許復 許櫨 許燠 許夤

- 丹城(29인): 李寅文 朴容基 權仁斗 金基老 金壽老 金麟燮 朴尙台
李祥奎 文正郁 李鎭祜 李瀅奎 李鎬奎 金基周 金鎭祜

金在鉉 蔡寅默 金麒燮 金履杓 金象洵 金聲五 金聲稷
金聲鐸 金永彩 金正鉉 金肇鉉 金昌燮 許琡 許珍 許
燦中

- 晉州(24인): 成瀵 文鉉純 文國鉉 李卜榮 李敦必 曺垣淳 河龍運
  河載崑 河在聖 河龍濟 趙鏞奭 趙鏞宅 趙鏞衡 趙鏞
  灝 趙鎬來 金龜洛 金宅永 姜龜相 姜相華 崔奎升 崔
  翰升 鄭宅璣 鄭瑀贇

- 三嘉(15인): 鄭東夏 許相顯 崔正愚 李時和 宋根震 宋民用 宋度明
  安孝五 朴致馥 朴致晦 趙海植 文聖治 文鎭英 文槑衡
  文燦中

- 密陽(15인): 孫振九 金鶴奎 宋亮建 金祖喜 南繒奎 金萬璣 鄭尙燁
  權相奎 孫翊龜 安孝構 安孝寔 安孝完 安禧遠 安種惠
  李翊九

- 昌原(13인): 曺潤五 鄭載善 鄭祉善 盧鶴洛 金琦浩 朴希龍 黃龍昊
  安斗馨 鄭在建 鄭奎煥 鄭在燮 安性伯 盧圭

- 固城(13인): 許峋 金昌奎 李秉祚 李秉太 李弘奎 李碩瓘 崔學奎
  許瑢 許瑨 許晅 許恪中 許在弘 崔濩

- 咸陽(13인): 姜玉馨 禹庠夏 許文斗 金顯俊 金在休 許元栻 許容斗
  盧泰鉉 陳奎穆 禹宅庸 盧桂鉉 禹宅禧 禹禼夏

- 草溪(11인): 盧應奭 安種大 安璨 李大馨 安思俶 全斗成 安思龍
  全奎煥 朴進英 金學魯 盧應祜

- 昌寧(10인): 盧佖淵 盧相益 盧相稷 盧在馨 盧滈淵 盧基弼 成圭鎬
  朴虎臣 金圭華 盧應吉

- 宜寧(10인): 李根性 許巘 李建玉 李秀鉉 安鑽 安孝濟 安休老 安
  益濟 姜鎭秀 李洪錫

- 漆原(9인): 周時甲 周時準 黃熙壽 黃仁壽 周時中 周喜冕 周喜尙
  鄭基煥 鄭璡煥

- 山淸(6인): 金在軾 劉錫中 鄭禮守 李始榮 李浚榮 李德浩

- 安義(5인): 鄭元燮 朴膺煥 朴以震 朴以晦 柳炳元

- 居昌(4인): 林眞源 金友鉉 崔元根 尹冑夏

- 昆陽(3인): 鄭奎榮 鄭元鳳 姜炳周

- 陜川(3인): 李榮世 尹永鍾 韓永錫

- 鎭海(2인): 朴永煥 朴廷煥

- 河東(2인): 李種冕 金有祥

- 熊川(1인): 文弼斗

- 巨濟(1인): 姜理俊

- 梁山(1인): 許灖

2) 경상북도 (77인)

- 星州(8인): 李種棋 金在仁 金興魯 金台應 金護林 申澔 鄭泰容 李
  肯宇

- 安東(8인): 金相寅 李敎英 李得魯 李啓魯 金錫中 李秀珏 權敦淵
  柳道禹

- 善山(7인): 洪炳宇 鄭宗銓 許祚 許拭 許薰 許禧 崔華植

- 榮川(6인): 鄭昌翼 金世洛 金重華 全菡錫 金奎炳 宋泰翊

- 淸道(6인): 潘震夏 朴時默 朴在馨 朴星默 崔翰維 朴廷兌

- 慶州(5인): 尹仁錫 尹漢喆 郭基成 李寅九 李邁久

- 知禮(4인): 李鉉汶 李鉉參 文楺一 文允鉉

- 尙州(4인): 趙龍九 李用基 鄭東箕 盧泳敬

- 禮泉(3인): 鄭桂獻 鄭九洛 金樂喆

- 義興(3인): 朴春栻 朴在祺 朴永魯

- 奉化(3인): 琴佑烈 金輝鳳 李觀基

- 禮安(3인): 金濟昊 李晚甲 金道源

- 高靈(2인): 金櫶 許潽

- 仁同(2인): 徐鴻烈 張錫龍

- 聞慶(2인): 李珪和 李命和

- 大邱(2인): 孫廷侃 許鉐

- 寧海(2인): 金進明 趙性洙

- 慶山(1인): 金福永

- 軍威(1인): 李龍淵

- 龍宮(1인): 李尙斗

- 漆谷(1인): 李臣榮

- 豊基(1인): 宋殷成

- 咸昌(1인): 權正鎰

- 順興(1인): 權斗泳

3) 경기도(31인)

- 抱川(8인): 尹大鉉 趙濟均 趙濟升 李漢寧 趙元植 趙濟秉 尹庚圭
  許述

- 竹山(6인): 許泓 許喆 梁柱冕 許奭 許儶 朴鳳煥

- 龍仁(2인): 朴正源 許扺

- 長湍(2인): 權泰榮 許健

- 果川(2인): 許暹 崔龍植

- 高陽(2인): 許邁 丁奎奭

- 漣川(2인): 許逸 許憲

- 廣州(1인): 安鍾晦

- 金浦(1인): 李棅默

- 安山(1인): 柳寅鳳

- 驪州(1인): 權承有

- 楊州(1인): 姜文熙

- 陽智(1인): 南廷灝

- 利川(1인): 吳采燮

4) 서울(25인)

閔泳達 朴始淳 沈東臣 沈東岳 禹冀鼎 禹源命 尹五善 李國寧 李南
珪 李炳敎 李義惠 李宗勉 趙濟華 趙鍾雲 趙賢植 許邀 許涵 洪承裕
裵相殷 李建秀 李一寧 趙寅植 趙濟赫 許運 黃浩淵

5) 충청도(25인)

- 忠州(10인): 漢喆東 洪永晢 洪永柱 崔鍾惠 洪炳一 朴世煥 李昇九
           洪晚華 洪永植 許坰

- 金山(6인): 呂渭龍 呂震龍 李基一 崔鸞吉 崔昌南 崔鶴吉

- 瑞山(2인): 李命九 孫鎭厦

- 夫餘(2인): 趙得年 鄭鉉愚

- 魯城(1인): 柳謙大

- 禮山(1인): 白南道

- 槐山(1인): 金濟秊

- 木川(1인): 李炳鎣

- 堤川(1인): 申奭均

6) 전라도(16인)

- 順川(3인): 許蒹 許菡 許注

- 和順(3인): 趙秉禹 柳樂浩 趙秉萬

- 全州(2인): 鄭寅昌 柳炳遠

- 康津(2인): 尹柱勛 尹箕夏

- 南原(1인): 吳邦鎭

- 茂長(1인): 吳道源

- 咸平(1인): 辛裕韋

- 臨陂(1인): 蔡敬默

- 長水(1인): 李容休

- 雲峯(1인): 李哲宇

7) 강원도 (5인)

- 楊口(1인): 鄭應哲

- 江陵(1인): 崔翼鉉

- 襄陽(1인): 李容浩

- 橫城(1인): 許塾

- 旌善(1인): 金熹鎭

8) 평안도(2인)

- 泰川(1인): 朴文一

- 平壤(1인): 許惇

9) 함경도(2인)

- 靈山(2인): 辛宇成 辛允成

10) 황해도(1인)

- 平山(1인): 蔡章漢

11) 거주미상(64인)

姜秉逸 姜在馨 姜宅馨 金龜永 金錫廉 金錫琰 金錫賢 金錫孝 金良吉 金永斗 金玉馨 金潤英 金寅燮 金埈愚 羅東綸 羅世集 盧璣鉉 盧有三 文龜純 文秉一 孫亮達 宋民周 安昌烈 呂道源 吳珪相 尹桂勛 尹秀尹撼 李炳壽 李炳祚 李炳太 李苟龍 李容臣 李容淵 李元錫 李迫奉 李裕寅 李輝鳳 李義觀 李熙直 李憲鎭 張永斗 全奎柄 鄭雲嶋 鄭翼永 鄭在爀 鄭准會 曹璣承 曹碩泰 趙宗植 蔡章燮 蔡致默 崔東燮 韓永鎬 許喦 許湜 邐 許鋌 許鴻 許欽 許秤 洪採周 洪泓 黃檜淵[14]

위에서 정리해 본 바와 같이 성재의 문도들은 경상·경기·서울·전라·충청·강원·평안·함경·황해 등 전국에 걸쳐 고루 분포되어 있음을 알 수 있다. 이 중에서 그의 80% 가량을 경상도에서 차지하고 있다. 경상도 중 남도가 60% 이상을 차지하고 있으며 남도 중에서도 함안 등 서부경남에 많이 분포되어 있다. 이는 성재의 문집들이 이곳에서 간행된 배경을 이해하는 데 도움을 주는 부분이다.

그런데 서부경남에서는 다음 장에서 구체적으로 언급할 노응규의 진주 의병진을 제외하고는 유생들에 의한 집단적인 의병투쟁은 발견되지 않고 있다. 반면에, 지리산을 근거지로 유격투쟁의 성격을 띤 소규모의 평민의병 운동이 지속적으로 전개되었다. 그러므로 서부경남지역은 다른 지역의 의병과는 달리 지역적 한계를 넘어 보다 광범위한 지역에서 의병투쟁을 전개할 수 있었다. 그러나 전반적으로는 지역 내의 의병투쟁이 대중적이고 장기적이지 못했다. 이렇게 된 원인으로 의병운동에 뜻을 둔 유력한 유생이 거의 없고 또 유생들의 지역적 사회적 기반이 삼남의

---

14) 김철범, 앞의 논문, 45~60쪽. 상기 논문의 부록을 재정리하였음.

다른 지역에 비해 약했다는 것이 지적되기도 한다.[15]

그런데 위에서 살펴본 바와 같이 서부경남지방에서는 성재의 문도들이 광범위하게 퍼져 있고 지역에서 영향력을 행사하는 인물도 다수 있었다. 그럼에도 불구하고 서부경남지역에서 성재의 문도들이 의병운동을 주도하지 않았던 것은 이들이 한말의 위기상황에서 저항의 방법으로 去之守舊나 入山自靖을 택했기 때문이라 사료된다.

4. 을미의병운동의 특징

한말의 의병운동에 대한 시기구분은 다양하나 대체로 의병운동의 계기와 이념, 조직, 활동상의 특성을 고려하여 을미의병, 을사의병, 정미의병 등으로 삼분되고 있다. 필자가 지금까지 조사한 허전의 문도로서 의병운동을 주도하거나 참여한 인물은 거의가 을미의병과 연관되어 있다. 을미의병운동은 1895년 8월 20일(음) 명성황후가 시해된 후, 김홍집내각이 11월 15일(음) 단발령을 공포하자 서원이나 향사를 중심으로 유생들의 전국적인 창의에 대한 논의가 있은 후 1890년 1월부터 기병하기 시작하였으나 그해 말경에 대부분 해산된다.

이 을미의병은 지연, 혈연, 학연을 중심으로 전국 각지에서 의진을 결성하여 무력으로 반일 운동을 전개하였다. 예컨대, 1895년 9월 18일 무과 출신으로 진잠현감을 역임한 문석봉이 충청도 유성에서 봉기한 것을 필두로 강계의 김이언, 제천의 유인석, 여주의 이춘영, 안동의 권세연, 춘천의 이소응, 충주의 백우용, 이천의 김하낙, 진주의 노응규, 문경의 이강연, 금산의 허위, 홍주의 김복한, 이설, 장성의 기우만, 강릉의 민용호 등 지방의 유생들이 대표적인 의병장으로 활동하였다.[16] 이러한 유

---

15) 홍순권, 「한말 경남 서부지방의 의병활동」 『1997年度 定期學術大會 發表論文集』, 한국지역사회학회, 1997, 12쪽.

생들의 사회적 처지에 대해서는 이정규의 「종의록」에 잘 표현되어 있다.

> 의병은 모두 고상한 선비들로서 전일에 잡류배(雜類輩)들이 벼슬을 다투고 있을 때 곧 선비들로는 벼슬하지 못할 때라 하고 담담하게 세상 잡념 없이 조용히 업뒤어(?) 글을 읽고 나물밥이나 먹고 있었는데, 이제 국가의 변을 당하여서는 나라원수를 갚지 않을 수 없고 부모 원수를 갚지 않을 수 없으니 어찌 생사를 논하리요 라고 하며 나선 사람들이었다.17)

이처럼 유생의병장의 대다수는 관리와 관직을 더럽게 여기고 관료배를 깊게 불신하였으며 초야에 묻혀 自守하던 지방유생들이었다.18) 따라서 이들 유생들의 경제적 처지는 거의 평민적 수준이었다. 진주 의병장 노응규는 그의 상소문에서 과거 보기를 그만두고 경서를 강론한 것으로 만족해온 하나의 하류라고 자신을 소개하고 있다.19) 이들 유생들은 대체로 학통을 중심으로 결성하였다. 예컨대, 제천의진은 화서학파 계열인 성재 유중교의 문인인 유인석, 이소응, 안승우, 서상열, 이범직 등이 화서의 척사론에 크게 영향을 받아 거의토적을 기치로 의병운동을 주도했으며 노사학파로서 을미의병 운동 시 호남유림들에게 서한을 발송하여 거의를 도모한 정재규·조성가, 장성의진을 주도한 기우만·기삼연 등이 있다.

한편 남당학파의 문인인 김복한·이설 등은 홍주의진을 주도하였다. 홍주의진은 같은 기호지역이지만 그 사상적 연원은 화서학파와 다른 남

---

16) 권대웅, 「금산의진고」『한국근대사논총』, 지식산업사, 1990, 215~216쪽. 물론 을미사변 이전에도 반침략, 반개화의 성격을 띤 갑오의병의 항일투쟁이 안동의 서상철, 상원의 김원교 등에 의해 전개되었다. 그러나 의병운동이 전국적으로 확대된 것은 단발령 공포 이후이다.

17) 李正奎, 「從義錄」『獨立運動史 資料集』 1, 독립운동사 편찬위원회, 1971, 55쪽. 이하 『독립운동사 자료집』은 『독·자』로 표기함.

18) 朴成壽, 『獨立運動史 研究』, 창작과 비평사, 1980, 51쪽.

19) 「신암집초」, 『독·자』 3, 187쪽.

당학파의 인물들이 의병봉기를 주도한 것이다. 그리고 영남지역에서 을
미의병을 주도한 인물은 김성일(鶴峯)과 鄭逑(寒岡)에 연원을 갖는 정재
유치명과 성재 허전의 문인 중에서 다소 배출되었다. 정재 학파인 김도
화·권세연·김흥낙 등은 안동의진을 주도했으며, 성재 학파의 문인인
노응규는 진주의진을 주도했고, 허훈·이남규 등도 의병운동에 관여하
였다.20) 사실 한말의 위기 상황에서 유생들이 택한 대안은 '處變三事'
라 하여 세 가지로 요약된다.

> 큰 환란이 이 지경이 이르러 우리의 처신할 길이 셋 있으니 첫째는 의병
> 을 일으켜 적을 소탕하는 것이요(거의소청: 擧義掃淸), 둘째는 돌아가 지키는
> 것이요(거수: 去守), 셋째는 스스로 몸을 깨끗이 함이니(자정: 自靖) 각자 제
> 뜻대로 할 일이다.21)

이 처변삼사는 의병장 유인석이 儒者들의 행동 준거를 제시한 것으로
擧義掃淸이라 하여 의병을 일으켜 적을 소탕하는 것, 去而守旧 또는 浮
海去守라 하여 절개를 지키기 위해 해외로 떠나는 것, 자정 또는 自靖
致命이라 하여 스스로 깨끗하게 몸을 지키는 것을 말한다. 물론 이 가운
데 가장 어렵고 또 적극적인 대응 방법이 바로 거의소청이며 이는 곧
무장봉기를 의미하였다.22) 성재 문도들도 대체로 이 범주 안에서 각자
의 처신을 결행하였다. 허전 문도 중 거의소청을 택했던 인물의 활동상

---

20) 김상기, 앞의 책, 73~95쪽. 그는 앞의 책에서 성재의 문인으로 을미의병을 주도
   한 인물에 許蒍, 許蔿, 許愈를 포함시키고 있는데, 이들은 성재문도록에는 기록
   되어 있지 않다. 다만 허위와 허겸은 방산 허훈의 동생들이니 만큼 성재와는 직접
   적인 師承관계는 아니라 하더라도 그의 형을 통해 성재학파와 맥을 잇고 있다고
   도 볼 수는 있겠다.
21) 이정규, 앞의 책, 17쪽. 「會中士友 謂之曰 大禍之此 處義有三 一曰 擧義掃淸
   二曰 去而守之 三曰 自靖 各從其志」.
22) 洪淳權, 「을미의병 운동을 재평가 한다」 『역사비평』 29, 역사문제연구소, 1995,
   169쪽.

은 다음 장에서 구체적으로 살펴보기로 한다.

을미의병운동은 학통성을 바탕으로 한 지방 유생들이 주도한 특징 외에 그 의진의 조직에는 강한 향토성을 가지고 있었다. 의진결성 사항을 보면 대체로 각 군 단위가 아니면 당시 을미개혁에 의하여 재편된 23부의 府 단위다. 예컨대, 안동부는 안동, 청송, 진보, 영양, 영덕, 청하, 영주, 예안, 봉화, 순흥, 풍기, 용궁, 예천 등 14군에 각기 의진이 결성되어 있었고, 제천의진도 충주부가 관할한 의진이었으며, 홍주부의 의진도 각 군별로 결성되었다.

이와 같이 봉기 조직이 향토성을 가진 것은 집성촌락과 친족문중을 기반으로 한 당시의 사회적 특성, 그리고 그것을 기반으로 유지되어 온 서원 조직이나 향약같은 배경이 기초가 된 까닭이고, 현실적으로는 을미의병이 당장에 단발령의 철폐에 목표를 두고 있었으므로 단발령의 집행자인 군수나 관찰사에 대항하여 군이나 부단위로 의진을 결성할 필요가 있었다.[23] 한편 지도부는 유생이지만 兵士部는 농민으로 구성되어 있었다는 특징도 가지고 있다. 의병장들은 군세를 얻기 위해서는 농민병졸이 있어야 했기 때문이다. 농민은 크게 용병성을 가진 포수농민, 잠적성을 가진 동학농민, 종속성을 가진 소작농민으로 구분된다.

이 구성원의 성격에 따라 각 지역에서 전개된 의병운동의 양상도 달랐다.[24] 의병운동의 활동유형은 시위의병, 전투의병, 기회주의의병으로 대별될 수 있다. 시위의병은 학자적 유생이더라도 사회경제적으로 안정되어 있는 양반 토호의 경우가 많았으며 거의 종속적 소작농민으로 의진을 형성하고 있는 경우와 오랫동안 정권에서 소외되었던 남인계 척사적 의진의 경우가 많았다.[25] 전투의병은 동학농민운동의 주변지역이 강원

---

23) 拙稿, 「成齋 許全 門徒의 愛國運動」『文化傳統論集』 5, 1997, 112쪽.
24) 조동걸, 앞의 책, 28~32쪽.
25) 위와 같은 책, 32쪽.

도 충북, 경북 지방에 많았고 광범위한 연합 작전을 모색하기도 했다. 기회주의 의병은 홍주의 이승우[26]나 남한산성의 박준영, 김귀성의 경우와 같이 의병을 자신의 영달과 기가공명의 기회로만 계산한 경우이다.[27]

이상과 같은 성향을 가진 을미의병은 아관파천이 있고 친러내각에 의한 개화정책에도 반대하여 항쟁을 계속하였다. 친러내각의 정사가 종전의 친일내각의 것과 다를 바 없다는 인식을 가지고 있었다.[28] 이와 같은 을미의병이 1896년 여름에는 거의 해산되었다. 농번기를 맞아 전투조직을 유지시켜 갈 수도 없었고, 국왕의 宣諭에 저항할 논리도 궁했으므로 해군하고 만 것이다. 왜군이 그대로 주둔해 있고 아관파천도 그대로의 상태인데, 유인석의 渡滿抗爭 외에는 모두가 해산하였으니 척사적 측면이나 복고주의적 구국 측면에서 보아도 중단한 의병운동은 을미의병의 한계라 하겠다.[29]

5. 문도의 의병운동

1) 盧應奎

노응규는 1861년 경남 안의군 안의면 당본리 죽전동에서 寒士 以善과 鄭氏 사이의 二男으로 태어났으며 본관은 廣州이고 호는 愼庵, 자는 聖五 또는 景五이다. 원래의 세거지는 합천 草溪였고 그의 선대에 安義로 이거해왔다. 그는 당시 영남유림의 거목이었던 허전의 문하생으로 들어가 유학을 공부하고[30] 30세를 전후해서는 기호 계열의 성리학자인 면

---

26) 임한주, 「홍양기사」『독·자』 2, 256~265쪽.

27) 김하낙, 「진중일기」『독·자』 1, 194쪽.

28) 李炳壽, 「錦城正義錄」『독·자』 3, 84쪽.

29) 조동걸, 앞의 책, 33~34쪽.

30) 盧鍾龍, 「祭愼庵盧公應奎文」『蘇海集』 권2 「公以成齋許翁爲師 淵源玉潔」.

암 최익현을 사사해 춘추대의적 의리사상을 바탕으로 한 爲己之學을 익혔으며, 우암 송시열의 直孫으로 을사조약 이후 자결한 대학자 淵齋 宋炳璿 문하에도 출입하여 애국충군의 정신을 함양하였다.[31]

한편 신암은 그의 향리인 안의에서 1894년 동학농민전쟁 때 동학군과 관군의 격전 현장을 직접 목도하기도 했다. 따라서 그는 국가 위기 상황에 대한 격분과 평소 간직한 학문적 신념으로 항일 구국투쟁의 대열에 뛰어들었다. 그가 처음으로 의거에 참가한 것은 을미사변과 단발령으로 전국적인 봉기가 일어나고 있을 즈음인 1895년 10월 12일이었다. 당시 신암은 임최수, 이도철, 김재풍 등과 제4차 김홍집 친일내각의 대신들을 처단하려는 계획을 세우고, 새벽을 기하여 경복궁의 건춘문을 열고 들어가 궁중 수정전에 머물고 있던 대신들을 살해하려 했다. 그러나 이 계획은 친위대의 공격으로 좌절되고 말았다.[32]

그러자 그는 1896년 1월초에 그의 향리인 안의에서 의거를 결심하고 동지를 규합한 후 모병을 실시하고 재력을 준비하여 의병을 일으켰다. 그는 평소 규합해 두었던 덕유산 기슭에 위치한 長水寺 龍湫庵 승려 서재기를 선봉장으로 삼고 문인 정도현, 박준필, 최두원, 임경희, 최두연, 성경호 등과 더불어 군기를 갖추어 1월 7일(음) 경상우도의 수부인 진주성에 당도하여 진주향교에서 주도 세력들과 거사를 논의하고 진주 성내의 동정을 살핀 후 다음날 새벽 성을 공격하여 장악하였다.[33]

---

31) 盧應奎, 「倡義疏」『독·자』3, 187쪽. 「從事於前參判臣崔益鉉前祭酒臣宋秉璿 之門 得聞古人 爲己之學」.

32) 독립운동사 편찬위원회, 『독립운동사』1, 1968, 125~153쪽. 이하부터 『독립운동 사』는 『독·운』으로 표기함.

33) 노응규, 앞의 상소문, 「與鄕人 鄭道玄 徐再起 朴準弼 前司果 林景熙等 募求民 力」. 서재기는 본명 徐寬成으로 승려이지만 정도현, 박준필, 최두원, 최두연은 신 암의 문인, 임경희, 성경호 등은 우국지사로 알려져 있다. 이와 같이 안의에서 기 병하여 진주의병진을 결성한 핵심 세력들이 진주 도착 후 먼저 향교에 들어가 중 요사를 논의했다는 사실은 여타의 을미의병진의 주모자와 같이 그 신분이 지방유

이때 순검 2명과 중방 1명이 살해되었고, 관찰사 조병필, 경무관 김세진 등의 관리들은 의병 입성 전에 대구로 도주해 버렸다. 한편 진주의 토착세력들은 신암의병의 진주성 점령에 고무되어 당시 진주지방에서 유력한 가문의 후손인 정한용을 내세워 독자적인 本州倡義陣을 결성하기에 이른다. 본진은 대장 정한용, 선봉장 채용묵, 중군장 성화중, 좌익장 오종근, 우익장 이중현 등으로 편제되었으며,[34] 전수찬 권봉희와 합천 쌍백의 명망 있는 선비 애산 정재규를 초빙해 군사로 삼고[35] 성외지역을 담당하였다. 이로서 진주의병진은 외부세력이 주체가 된 신암의 성내군과 토착세력에 의해 편성된 정한용의 성외군의 이중구조를 갖추었다.

신암은 진주성을 점령한 후 그 전말을 알리는 창의소를 올려 자신의 거의 명분을 천명하였으며 유능한 인재의 발굴을 도모하기 위해 성안에 招賢館[36]을 임시로 설치하고 인근에 격문을 내걸고 동조세력을 규합하였다. 그는 우선 의병 초모를 위해 각 면리에 전령을 보내 매 2호당 군사 1명씩을 내게 하는 한편 임진왜란 때 진주성 수성전투 당시 순절한 三壯士 및 義妓祠에도 제사를 올려 진주 주민의 의기를 고무시켰다.[37]

그 결과 군세가 급속히 상승하여 진주의병진은 해산까지 줄곧 천 혹은 수천 명의 수준을 유지했던 것 같다.[38] 진주의병진은 진주 장악에 만족하지 않고 활동무대를 경상남도 서남부일대 전역으로 확대하였다. 이 무렵, 대구로 도망갔던 경무관 김세진이 대구부의 친위대군을 이끌고 반

생이었음을 확인할 수 있는 대목이다.

34) 국사편찬위원회(영인본), 「정선달 서장군 임학자 각읍인 창의소 탐정기」 『주한일본공사관 기록』 5, 1988, 34쪽 이하 주한일본공사관 기록은 『공사관기록』으로 표기함.

35) 한국인문과학원, 「총담」 『한국근대읍지』 28, 1991, 318쪽.

36) 『공사관기록』 5, 「正月 二十一 日 以二十六日 至晉州 去探吏探情記」, 37쪽. 초현관의 인물선발기준은 經倫, 圖略, 文學, 籌術, 臂力 등 一技 一力에 두고 있다. 이는 진주의병이 신분보다는 능력본위로 인물을 선발했음을 알려주고 있다.

37) 『독·운』 1, 1991, 241쪽.

38) 노응규, 앞의 상소문, 「馳傳血格 旬日之間 募得義士數千人」.

격해왔다. 그러나 의병진은 의령39) 현풍40) 등 두 차례의 접전에서 이들을 격퇴시키고 참석한 오현익 등 수명의 관리를 처단하였다.41) 이후 사기충천한 의병진은 3월 말경에 당시 개항장으로서 일제의 침략의 본거지인 부산을 공략하기 위해 분산된 부대를 집결하고 동진하여 김해평야까지 진격하였다.

이때 의령출신의 의병장 이청노도 의병을 이끌고 합세하였다.42) 이들 의병진은 산발적으로 김해읍 관아를 습격하여 다수의 전과를 올리기도 하고, 일부는 구포로 진격하여 그곳 일군수비대를 공격하여 부산 일인 거주지를 습격할 계획을 세웠으나 실행하지는 못했다. 이 과정에서 일본 수비대와의 몇 차례 치열한 교전이 있기는 했으나 쌍방 간의 다소의 부상자만 냈을 뿐 일방적인 전과는 거두지 못하였다.43)

그런데 김해 지방 민중들의 적극적인 호응으로 진주의병진의 사기도 충만했지만 일본수비대의 방어력도 만만치 않고 지속적인 일본 증원군의 파견으로 전투가 교착상태에 빠지자 신암은 다시 의병진을 수습하여 진주로 돌아온 후 북방 경비책으로 서재기를 안의, 정한용을 삼가 합천 방향으로 각각 분산 배치하고 본인은 5~60명의 의병만으로 진주성을 지키고 있었다. 그런데 서재기는 안의의 서리배의 간계로 살해되고, 정한용마저 관군의 회유로 의진을 해산시켰으며, 신암의 부친과 큰형 應交는 살육 당하고 가산도 적몰되었다.44)

이런 상황에서 이겸제가 이끈 관군 700여 명은 진주성에 일시적인 공

39) 『공사관기록』 5, 37쪽.
40) 『공사관기록』 5, 28쪽.
41) 『한국근대읍지』28, 318쪽.
42) 권영배, 「한말 의장 이청노와 의영의병의 김해전투」『조선사연구』 3, 복현조선사연구, 1994 참조.
43) 『공사관기록』 5, 51~52쪽.
44) 國家報動處, 『獨立有功者功勳錄』 1, 1986, 592쪽. 이하 『독립유공자공훈록』은 『공훈록』으로 표기함.

격을 가했다. 진주성을 겨우 탈출한 신암은 결국 잔여 의병진을 해산하고 광주의 종가 노종용 집으로 피신하여 그곳의 거유 기우만과 교유하면서 재기를 기다리고 있었다. 이로써 근 3개월에 걸친 신암의 진주성 점령은 천추의 한을 남긴 채 막을 내렸다.

관군과 결탁하여 배반한 정한용은 외지인에 의한 진주성 장악에 자극받아 토착세력에 기반을 둔 본주창의진을 급조하여 처음부터 독자적인 편제 하에 독립된 부대단위를 운영하면서 필요에 따라 신암 의병진과 연합작전을 펼친 듯하다. 그러므로 진주의진은 지역단위의 의병이 양립한 채 시종일관 모순된 2중 구조를 가지고 있었다. 이는 결국 항전의 정당성과 명분확보에 일정한 제약으로 작용하게 되고 나아가 전술상으로도 전력의 분산을 초래하는 중대한 결함을 보여 관군의 공격에 거의 속수무책으로 와해되고 말았던 것이다.[45)]

신암은 여기에 좌절하지 않고 기회를 기다리던 중 1897년 신기선과 조병식의 주선으로 상경하여 궐내에서 「持斧自見疏」를 올리고 고종의 특별 배려로 서리배를 처단한 후 부모와 형제의 상장을 치렀다.[46)] 그는 1902년 10월 규장각 주사로 서임을 받아 처음으로 관복을 입은 이후 11월 경상남도사검겸독쇄관, 중추원의관, 동궁시종관 등에 차례로 임명되었으나 1905년 을사늑약이 체결되자 관직을 버리고 의거를 위해 낙향해 버렸다.[47)]

이때 고종은 그에게 비밀리 관찰사의 符印과 암행어사의 마패를 하사하여 격려하였다. 먼저 신암은 그의 족손이며 문인인 淡洲 盧昇容과 함께 광주로 달려가 그곳에서 재기하려 했으나 여의치 않자 마침 최익현이 그의 문하 유생 수백 명과 함께 武城書院에서 봉기하므로 이에 가담하

---

45) 朴敏泳, 「愼庵 盧應奎의 晉州義兵抗戰 硏究」『白山 朴成壽敎授 華甲紀念論叢』, 1991, 228쪽.
46) 허선도, 『창의장 신암 노응규선생 항일투쟁 약전(등사본)』, 1967, 25~26쪽.
47) 『독·운』 1, 350쪽.

였다.[48] 그러나 이 봉기는 일군의 저항으로 큰 성과를 거두지도 못한 채 해산되어 버렸다. 그러자 그는 그의 부친의 고향인 합천 초계·창녕 이 방 등지를 다니면서 문인들과 우국청년을 규합하고 충청·경기·전라 삼도의 분기점인 충북 황간군 상촌면 물한리의 청년들과 더불어 1906년 말경에 직평에서 재의거하였다.

신암의 통솔아래 중군장 전 참봉 서은구, 선봉장 엄해윤, 종사 노공일, 수종 김보은, 오자홍 등으로 주력부대를 편성하고 총기와 화약으로 무장하여 경부철도를 파괴하고 일본 관군의 척후대를 2차에 걸쳐 괴멸시켰다.[49] 그가 이러한 전적을 세울 수 있었던 것은 상촌면 직평과 같은 지리적 요충지를 전략기지로 채택한 그의 지략과 그곳 주민들의 전폭적인 협력이었다. 그는 이를 기반으로 장차 경성으로 진격하여 통감부를 격파하려는 웅대한 포부를 가지고 황간의병을 독려하는 한편 문태서의 덕유산 의병부대와 합동훈련을 실시하기도 했다.[50]

그러나 1907년 1월 21일 밀정에게 기밀이 누설되어 그의 참모진과 더불어 체포되어 버렸다. 이로써 황간의병은 해산되어 버렸고 신암의 재기 항전도 종료되어 버렸다. 결국 그는 경성감옥으로 압송되었고 혹독한 고문에도 굴하지 않는 의절을 지키면서 사식 외에 일체 음식을 거절하다가 수감 1개월 만인 1907년 2월 16일 옥사, 순국하였고, 향년 47세였다.[51]

2) 許 薰

허훈은 1836년 경북 선산군 任隱里에서 태어났으며 호는 舫山이다.

---

48) 허선도, 앞의 책, 42쪽.
49) 『황성신문』, 광무 11년 2월 4일자.
50) 홍순권, 앞의 논문, 3쪽.
51) 『공훈록』 1, 593쪽.

그는 임은리에 정착하여 입향시조가 된 不孤軒 許暾의 증손자이고 진사로서 서예의 명가인 太初堂 許愻의 맏손자이며 생모 진성 이씨는 퇴계의 11세손이다. 이와 같이 병산은 친 외가의 좋은 혈통을 이어받았을 뿐만 아니라 천부적인 재능이 있어 10세 때 『詩經』과 『書經』의 심오한 뜻을 깨달았고 12세 때 세상 시사의 옳고 그름을 논한 時局對策文을 지었다고 한다.

방산은 16세에 당시 延安 이씨의 큰 선비인 海蓮 李鳳基의 딸과 결혼하였는데, 그는 숙종 때 이조판서를 지낸 圻谷 李觀徵의 7세손이다. 방산은 안으로 조부의 가르침과 밖으로 장인의 영향을 받아 학문이 더욱 정진될 수가 있었다. 그는 29세에 가학에서 벗어나 성재 허전의 정식 제자가 되어 깊은 학문을 배우는 한편 溪堂 柳疇睦에게도 사사하였다. 여기서 방산은 독특한 학문적 계보가 형성된다.

허전과 유주목은 모두 퇴계 학통의 말기의 대가이기는 하지만 학맥상 상당한 차이를 드러낸다. 즉 허전이 근기학파의 대학자인 반면에 유주목은 영남의 대표적 학자이다. 주지하다시피 이 두 학맥은 다같이 퇴계학통에 속하면서도 지역과 기풍의 차이에 따라 근기와 영남의 학문경향은 상당히 달랐다. 요컨대, 근기의 학문이 현실을 중시하여 정치, 경제, 사회 등 지식주의 또는 실증, 실용주의에 대해 폭넓은 세계를 이룩했음에 비해 영남의 학풍은 본체를 중시하여 심, 성, 예학 등 수신주의 또는 규범주의를 표방했다.

그런데 방산은 영남 출신으로 일찍부터 영남적 분위기에서 공부를 시작하였고 또 유주목의 강론에 상당한 영향을 받았다. 그러면서도 허전의 문하에서 근기학풍을 전수받았다. 따라서 방산은 근기학파와 영남학파를 한말에 다시 종합하는 위치에 있었다고 볼 수가 있다.[52] 이 영향으로

---

[52] 금장태, 「한말 일제하 한국 성리학파의 사상계보와 문헌에 관한 연구」 『철학사상의 제문제』 3, 한국정신 문화연구원, 1985, 237쪽.

그는 한때 실학파적인 논설을 많이 썼으나 말년에는 그의 학문적 중심은 도학으로 복귀하면서 임은의 은일지사로 자기평생을 한정시켰다.

그는 1895년 을미사변 이후 안동지방의 유림들이 의거의 방략을 모의하여 의병진을 구성할 때 청송 진보의 의병대장으로 추대되어 김도화를 중심한 안동부의 의병진과 상호 연락을 취하기도 했다.[53] 그런데 방산이 의병을 이끌고 직접 전투에 참여한 것 같지는 않다. 시위의병으로 끝난 것 같다. 이후 그의 제자였던 장지연이 서울에서 애국적 문화 활동에 투신하고 있으면서 그에게 서신을 올려 관중, 제갈량같이 세상에 나와 구국운동을 전개해줄 것을 간청했으나 그는 자신은 백의 선비로 힘없음을 내세워 세상에 나오지는 않았다.

70세에 을사늑약이 체결되자 두 아우 성산 허겸과 왕산 허위에게 임은에 있던 전답 3천여 마지기를 팔아 의병활동 자금으로 내어놓고[54] 전신 전력하여 나라의 위기를 건져야 한다는 당부를 한 후, 현 경북 청송군 진보면 광덕으로 이주했다. 그는 그곳에서 현덕정을 짓고 학문적 사색에 잠겼고 1907년 72세의 나이로 병산서원과 도산서원의 원장에 취임하였으나 그해 8월 23일 노환으로 별세하였다.

이처럼 방산은 직접 의병운동에 참여하지는 않았지만 두 아우의 의병운동을 적극적으로 돕고 또한 동생들의 정신적 버팀목이 되었던 것 같다. 그 일례로 왕산이 금산 의진의 참모장으로 전국유림에게 충분에 격동하여 창의하였음을 강조하고 의병의 대열에 동참을 호소하는 격문을 돌리면서[55] 그의 형 방산에게 일반 민중들을 의병대열에 동참시키는 데따른 어려움을 서신을 통해 호소하고 있다.[56] 성산은 을사늑약 체결을 반대하고 이에 찬성한 오적신의 암살을 주도하다가 체포되었고 풀려난

---

53) 『독·운』 1, 284쪽.
54) 『공훈록』 9, 526쪽.
55) 『왕산선생문집』 권1, 「의거격문」 병신.
56) 같은 책, 「상숙형」 병신.

후 의병 400여 명을 거느리고 경기도 연천 등지에서 일제에 항거하였다.

경술국치 이후에는 왕산의 자식을 데리고 만주로 망명하여 성명을 魯라 개명하고 扶民團의 초대 단장으로 민생교육, 군사사업에 진력하다가 1940년 90세로 병사하였다.[57] 한편, 왕산은 을미운동 시에는 계당 유주목의 문인들과 상주, 선산지방에서 기병하였고, 금산 의진의 참모장으로 활약했으며, 정미의병 시에는 이인영 연합부대의 군사장이 되어 서울의 일본통감부를 격파하기 위해 감사병 300명을 이끌고 양주까지 진격한후 우선 1908년 일본 헌병대를 습격하다가 체포되어 그해 10월 서대문 형무소에서 사형을 당했다.[58]

3) 李南珪

이남규의 본은 韓山이며 호는 修堂, 자는 元八이고 浩植과 청송 심씨의 맏아들로 1855년 11월 서울 미동에서 태어났다. 그는 1861년 허전의 문하에 들어가서 유학으로 이름을 떨쳤으며, 1875년 司馬試에 합격하여 承文館 權知副正字, 刑曹參議, 永興府使, 安東觀察使 등을 역임하다가 을미사변 후 비분강개하여 관직을 버리고 향리인 예산, 閒谷으로 낙향하였다. 그는 당시 영흥부사로 재직하고 있으면서 1893년에 「入都倭兵斥逐疏」를 올리고 1894년 일본공사 大鳥圭介가 군사를 이끌고 입성하자 「請絶倭疏」를 올렸고 1895년 명성황후 시해에 이어 폐후조칙이 공포되었을 때 「請復王后位湖討賊復讐疏」를 올려 명성황후의 복위와 거족적인 토적운동을 제창하였다.

그는 정재 유치명의 문인인 김도화를 대장으로 한 안동 의병과 제천의 소모장 서상열이 연합작전으로 1896년 3월 26일 함창군 태봉에 주둔하고 있는 일본군을 공격한 것이 발단이 되어 일본군이 안동에 진입하여

---

57) 宋相燾, 『騎驢隨筆』, 國史編纂委員會, 1955.
58) 박성현, 「왕산허위 연구」, 한국학대학원 석사학위 논문, 1991.

노약자와 부녀자를 무차별 학살하고 민가 1,000여 호를 불태우는 만행을 저지르는 것을 보고 관찰사직을 항의 사직하였다.59) 이러한 국난의 시기에 벼슬하고 있음에 대한 심한 갈등으로 사직한 듯하다.

그 후 1899년 비서승 궁내부특진관, 咸鏡南北道安廉使를 제수 받았으나 自劾疏를 올리고 향리에서 청소년 교육에 전념하였다. 그는 1905년 을사늑약이 체결되어 국난이 더욱 악화되자 「請君臣下背域一戰疏」를 올린 뒤 깨끗이 처신할 것을 결심하고 아예 두문불출하였다.60) 1906년 윤4월 11일 전라도 태인의 면암 최익현이 「창의토적소」를 올리고 의병의 기치를 높이 들기 전에 수당과 사전에 의논하였던 것 같다. 수당이 문인, 친지, 자식에게 전한 서신 16통을 수록한 『晩修拙辭』에 면암에게 답한 글이 전하고 있다.

> 환란 중에 남아있는 목숨이 새 짐승과 마찬가지로 살아 있으니 이름조차 감히 통하지 못하고 있사오나 흠모하는 마음만은 일찍부터 말지 않았습니다. 이에 편지를 먼저 해주시고 높으신 위엄을 굽혀서 소원한 사람에게까지 일을 상의하려 하시니 실로 이것은 옛 사람의 도리입니다. 나는 오직 감당치 못할까 두려우나 한편으로는 감격하고 다행한 마음 말로 다하지 못하겠습니다. 보내온 사람이 공의 중간계획이 여러 가지로 짜여 있다는 것을 세밀치 전해주고 또 통분을 보여 주는데, 그 삼엄한 의리가 사람으로 하여금 감격한 마음 자아내기를 마치 봄 하늘의 천둥소리에 침복해있던 벌레들이 발동하는 것과 같게 하오니 조금이라도 혈기 있는 사람이면 누가 다른 의견을 갖겠습니까? 하지만 이것은 큰일입니다. 마땅히 정밀히 생각하고 익숙하게 계획하고 동지들과 약속하는 데는 멀고 가까운 지방이 없이 서로 한 덩어리로 뭉쳐서 틀림없는 것을 본 연후에 앞장서서 책임을 지고 죽으면 죽고 살면 산다는 굳은 의지로 일을 해야만 만전의 계책이 될 것입니다. 생각건대 집사(면암)는 이치에 익숙하고 일에 정밀해서 만 가지 일에 털끝만큼도 소홀함이 없을 줄 압니다. 그러나 구구한 나의 걱정하는 마음으로서는 이런 말씀을 드리지 않을 수가 없습니다. 왜 그러냐 하면 이것은 한배를 타고 같이 물을 건너가자는 뜻에

---

59) 김상기, 앞의 책, 149쪽.
60) 『공훈록』 1, 810~811쪽.

서이고, 변명만 하고 모른 척 하지 않겠다는 뜻이오니 나의 마음을 알고 믿어 주실 것이라 생각되기 때문입니다.[61]

위와 같이 면암 최익현은 수당뿐만 아니라 판서 이용원, 김학진, 관찰사 이도재, 참판 이성렬, 면우 곽종석, 간재 전우에게도 서신을 보내 의병에 동참할 것을 권유하였다. 그러나 이들 모두는 즉각적인 답신을 보내지는 않은 것 같다.[62] 그런데 위의 내용을 통해보면 수당이 의병에 동참할 뜻이 있음을 감지할 수 있다. 그러나 실제 면암 의병에 참여하지는 않았다. 그것은 면암의 의병진이 곧 해산되었고 면암 또한 대마도로 유배됨으로써 참여기회를 놓쳤기 때문인 것 같다.

한편 1906년 초에 민종식이 대홍에서 의병을 일으키고 4월에 홍주 의진을 구축하여 홍주성을 공격할 때 수당은 선봉장에 임명되었다.[63] 물론 수당은 이 의진에도 직접 참여하지는 않았다. 다만 홍주 의진이 큰 피해를 입고 민종식이 찾아오자 은신처를 제공하였을 뿐만 아니라, 당시 민종식의 참모이며 족친인 이용규의 청을 받아들여 그의 집을 홍주 탈환 작전 본부로 사용토록 했다.[64]

이남규의 편의 제공으로 1906년 10월 5일 홍주의진은 탈환을 위한 거사준비가 완료되었는데, 불행하게도 이 계획이 사전에 누설되어 이남규는 그의 자식인 충구, 이용규, 곽한일, 박윤과 더불어 일본 헌병과 관군에 의해 10월 2일 체포되어 버렸다.[65] 적군은 대장 민종식의 거처를 알아내고자 혹독한 고문을 가하게 됐고 이 사건으로 결국 이남규는 그의 아들과 함께 서울로 호송되는 도중에 피살되었다. 이때 그의 교노 김응길이 막대기로 적군에 대항했으나 결국 죽음을 당했다.

61) 李南珪,「答崔贊政」『독·자』3, 235쪽.
62) 최제학,「면암선생창의전말」『독·자』2, 56쪽.
63) 李震求,「義士李容珪傳」『독·자』2, 317쪽.
64) 『독·자』2, 333쪽.
65) 『독·자』2, 319쪽.

그런데 수당이 이처럼 의병운동에 호의적이면서도 직접행동으로 동참하지 않았던 이유는 무엇일까? 그는 을사늑약 이후 국난극복 방법을 의병보다는 우선 淸兵의 원조에 두고 있었던 것 같다. 그는 면암에게 다음과 같이 그의 심정을 토로하고 있다.

> 또 편지에 말씀하시기를, 남규를 시켜서 청국에 들어가 청병이라도 해서 나라의 명맥을 연장하고 묵은 부끄러움을 덮어두자고 하였습니다. 이것은 나역시 벌써부터 이런 의사가 있었는데 집사(면암)도 이런 말씀을 하시는군요.[66]

그는 국가가 密書를 주지도 않고 아래에서 아무런 요청도 없는데 독단적으로 국경을 떠날 수 없음을 매우 통분하였다. 수당이 을사늑약 이후의 국제 정세의 흐름을 파악하지 못하고 청국을 맹종하는 유학자의 한계를 드러내고 있다. 그러나 수당의 장렬했던 생을 놓고 보면, 그는 전제군주시대의 충신으로서 왕명에 의한 합법적이고 비폭력적인 것에 우선가치를 둔 우국지사임에는 틀림없다.

6. 맺으며

성재는 퇴계에의 사상적 귀의를 통해 자기학문의 발판을 삼은 근기학을 영남학과의 접맥을 이룬 장본인이며, 조선후기 이래 재지의 영남유림들이 퇴계의 학풍을 존속시키는 데 급급한 나머지 순암이 성호로부터 이어받은 온건적인 현실개혁론조차 멀리하는 분위기 속에서도 이익의 개혁론을 비교적 철저히 이어받고 있다. 그리고 그는 90세의 긴 생애동안 도학자나 사림과는 달리 사회적 현실에 관심을 갖고 참여적이며 적극적인 자세를 보여주기도 했다. 이러한 성재의 학문성향과 처세를 흠모한

---

66) 『독·자』3, 235쪽.

유생들이 사제 인연을 간청함으로써 성재학파가 형성될 수 있었다.

그의 문도는 전국에 걸쳐 분포되어 있지만 특히 경상도 지방, 그 중에서도 右道의 유생들이 주류를 이루고 있다. 앞에서 살펴본 것과 같이 이들 문도 가운데 의병운동에 직·간접으로 참여한 인물은 허훈, 이남규, 노응규 등이 밝혀졌다. 허훈은 의병운동에 직접적으로 참여하지는 않았지만 의병운동의 주도자인 동생 허위, 허겸의 후원자였으며, 본인은 處變三事 중 自靖의 길을 택했다. 이남규도 의병운동에 직접 참여하지는 않았지만 홍주의진의 탈환전을 지원하였다.

이 중에서 진주의병운동을 주도한 노응규의 활동이 가장 두드러진다. 노응규는 여타 을미의병운동과 마찬가지로 반침략, 반개화를 슬로건으로 삼았고, 안의에서 기병하여 진주의 보수유생들의 호응을 받아 진주의병진을 구성하였다. 진주의병전의 활동영역은 경남전역에 걸쳐 있었으며, 당시 을미의병운동의 한 축을 형성할 만큼 그 활약상이 돋보였다. 특히 일제의 한국 경제 침략의 근거지이자 대륙침략의 교두보이며 최초의 개항장인 부산침략을 감행하기 위해 김해와 구포까지 진출한 사실은 을미의병의 궁극적 목적이 일제구축과 개화저지였음을 보여주는 대목이다.

그러한 진주의병진도 외부세력이 주체가 된 노응규의 성내군과 토착세력에 의해 편성된 정한용의 성외군의 양진으로 이루어진 이중의 모순된 구조로 인해 전력의 분산이 노정되어 결국 와해되어 버리고 말았다. 노응규가 진주의병진의 좌절 후 을사의병의 봉기를 경상도 지방이 아닌 충북지방을 택했다는 사실도 음미해 볼 필요가 있다. 요컨대, 경상우도에 성재의 문도들이 집중적으로 분포되어 있었음에도 한말의병운동 전기간 동안 상호연대가 이루어지지 않았음은 물론이고 을사의병 이후에는 노응규를 제외하고는 개별적으로도 의병운동을 주도하거나 동참한 문도가 전혀 발견되지 않고 있다. 이는 차후 성재 문도들의 지역적 기반 및 학문성향을 관찰하는 데 참고가 될 수 있을 것이다.

제2절 허전 문도의 애국운동

1. 들어가며

국외에 있어서의 애국운동은 한인사회의 규모가 큰 서북 간도를 중심으로 남북만주와 초기 독립운동의 한 중심지라 할 수 있는 시베리아 지방, 그리고 하와이와 미주 본토 및 중국 대륙 등지에 산재한 한인사회를 기반으로 하였다. 1905년 을사늑약과 1907년 군대 해산 이후 국내에서 항일전을 전개하던 의병과 한말 계몽운동가 및 그 밖의 민족 운동가들이 이곳에 망명하여 국외 독립운동 기지를 건설하는 등 항일 민족운동을 추진하였다.[67] 따라서 이곳은 일제의 패망까지 한민족 독립운동의 터전이 되었다. 국외 망명 인물 가운데는 유림들도 다수 포함되어 있었는데 이들의 망명 명분은 대개 두 가지로 요약된다.

첫째, 조선의 사대부로서 網僕自靖의 의리를 간직한 채 지조를 지키기 위한 명분이다. 이들은 대개 조선 또는 대한제국의 관료였거나, 적어도 유림으로서 성리학의 교양에 깊이 침잠하였던 인물이며 압록강 대안의 안동, 환인, 유화현 등의 서간도, 특히 안동현 接梨樹 정착촌을 중심으로 망명 생활을 계속하면서 시문 등을 통해 일제에 대한 불복종 저항운동을 전개하였다.[68]

둘째, 한인 독립운동 단체에 참여하거나 독립운동기지 건설[69]을 주도

---

67) 尹炳奭, 『國外韓人社會와 民族運動』, 일조각, 1990, 2쪽.

68) 鄭景柱, 「20세기초 西間 亡命文學의 한 斷面」 『文化傳統論集』 제2호, 경성대학교 향토문화연구소, 1994, 138쪽.

69) 朴永錫, 『在滿韓人獨立運動史研究』, 일조각, 1993, 46쪽 ; 權大雄, 「日帝下 抗日獨立運動團體 民團組合」 『韓國學報』 제74집, 일지사, 1994.
    망명 유림들은 민단조합운동이나 북만주・서간도 독립운동 기지 건설에 관여하였다.

하는 등 무장 독립투쟁 등의 명분이다. 그런데 이들 유림들의 망명 명분
은 비슷하지만 독립운동사상은 큰 차이가 있다. 예컨대, 이항로 학통의
문인인 박장호, 백삼규, 전덕원 등은 대한독립단이나 의군부 등을 조직
하여 척사위정의 항쟁으로 일관한 반면 석주 이상용, 일송 김동삼을 중
심한 안동 유림들은 만인소나 을미의병의 전통을 가지고 있으면서도 독
립운동의 전개과정에서 척사 이념을 고집하지 않고 新民會 정통 인사와
같이 계몽주의 노선을 취하였다.[70] 이처럼 유림들은 국외에서 다양한
방략과 노선으로 애국운동에 동참하거나 주도하였다.

한편, 유교계는 일제 강점 이후에도 지방에서 민중적 기반을 상당히
유지하고 있었으나 3·1 독립운동 발발까지 거유들의 사망과 은둔 불굴
로 인한 계보와 조직의 미비, 정치의식의 전근대적인 요인 등에 의해 그
조직 체계와 이념을 집약시키지 못했다.[71] 유교계는 구관료 출신인 김
윤식이 3·1 독립운동 직전 일제가 조작한 독립불원서에 유림대표로 날
인했다는 설이 유포됨으로써 큰 충격을 받았다.[72] 이를 계기로 유림의
잠재세력이 형성되고, 고종 붕거와 3·1운동 발발 이후 추진세력이 등장
하였다.

3·1 독립운동이 본격화되는 민중화 단계로 접어들어 영남 및 호서의
유림들이 규합되어 장서 운동을 전개하면서 그 실체가 드러나게 된다.
그 결과 곽종석, 김복한, 노상직을 비롯한 한국 유림대표 137명이 서명
한 장문의 파리장서가 김창숙에 의해 상해로 전달되었고 다시 파리강화

---

70) 조동걸, 앞의 책, 253쪽.
　　안동의 유림은 노일전쟁, 을사늑약 등 일련의 역사가 자기 부정적 방향으로 치닫
　　는 데 대한 반성으로 신문화와 세계정세에 관심을 기울이면서 의병노선을 수정하
　　여 개화하였다. 개화의 추진에는 協東學校와 대한협회 안동지회가 중추적 역할을
　　담당하였다. 계몽사상가로 일변한 안동유림은 경술국치와 더불어 독립전쟁을 표
　　방하고, 新民會 주선으로 서간도로 이주하였다.
71) 국사편찬위원회, 『한국사』 21, 탐구당, 1981, 174쪽.
72) 김정명, 『조선독립운동』 I, 원서방, 1967, 305~308쪽.

회의에 한국대표로 파견되어 있던 김규식에게 송달되었으며 국내의 각
향교에도 우송되었다.

장서 운동을 추진했던 유림 중 23명은 각인의 역량과 환경 등을 고려
하여 파리 장서에는 서명하지 않고 제2진으로 남아있었다. 이 운동의 핵
심역할을 담당했던 김창숙, 윤중수도 137인에 들지 않았으며 또 활동의
중심지였던 서울 유림들도 전원 2진으로 짜여졌다. 그 뒤 1925년에 있
었던 제2차 유림단 사건도 이러한 기성 조직을 토대로 일어났던 것이
다.[73] 이러한 장서 운동이 전개 되었던 시기에 거창·산청·성주 지방
의 양반, 유생, 서당 관계자 등 유림세력의 독립운동이 어느 곳보다 치열
하였다.

그런데 장서 운동은 유림사회의 學理主義와 실천적 신진세력 간의
타협 속에 이루어졌기 때문에 3·1 독립운동을 적극적으로 이끌어나갈
만한 세력이 체계적으로 형성된 단계는 아니었다. 단지 이 사건 이후 유
림사회 내에서는 급변하는 시대적 조류를 소화하면서 의병 전에서 볼 수
있었던 배타적 자주성과 왕조 복고적 이념의 전통적 입장을 보다 근대지
향적인 시각으로 적응하려는 의식변화가 뚜렷이 나타나고 있었다.[74]

이에 여기서는 성재의 학통을 이은 문도들의 애국운동에 동참했던 인
물에 대해 분석하고자 한다.

2. 문도의 국외 애국운동

1) 盧相益

노상익은 1849년 경남 김해 생림면 金谷에서 태어났지만 창녕 이방

---

73) 『독·운』 8, 930쪽.
74) 남부희, 「儒教界의 巴里長書事件과 3·1運動」 경북대학교 석사학위논문, 1983,
　　44~49쪽.

면 菊洞, 밀양군 단양면 蘆谷 등에서 살았으며 호는 大訥이다. 그는 17
세 때 부친 克齋公을 따라 김해 부사로 부임한 허전의 문하에 들어가
수학하고, 34세인 1882년 별시 문과에 급제하여 權知承文院 副正字로
初仕하였다. 1884년에 成均館 典籍과 司憲府 持平 등의 관직을 역임하
고 1892년 사헌부 掌令과 전적 직임을 수행하다가 1894년 관직을 버리
고 밀양으로 낙향하였다. 그곳에서 정자를 지어 후학을 가르치며 학문에
전념하다가 1905년 5월 홍문관 시강에 서임되었으나 을사늑약으로 경연
이 지지부진하자 사직상소를 올리고 물러난 후 밀양에 은거하였다. 이상
의 행적들에서 대눌은 한말 향촌사족의 지조 있는 전형적인 사대부라는
것을 알 수 있다.

요컨대, 일반적인 관례대로 선친으로부터 가학을 이어받고 명망 있
는 사문에 들어가 학문을 전수 받았으며 때로는 임천에 소요하면서 과
거에 응시하여 사대부로서 입신의 길을 열었다.[75] 그러면서 그의 일본
에 대한 시국인식은 관직에 출사하기 전과 그 이후가 사뭇 다른 바가
있었다.

출사 이전인 1876년 김기수 일행의 일본 수신사 파견의 소식을 듣고
는 일본과의 화친은 춘추의 복수대의에 어긋난다는 일반적인 척왜 사상
의 일단을 시로서 표현한 바 있다.[76] 반면에 그가 관직에 진출한 이후부
터는 시국의 절박함에 대한 인식이 상승되고 있다. 즉 1885년 사헌부 지
평의 직에 있으면서 세자에게 올린「敷奏先朝警戒十箴疏」에서는 조선
왕국이 점차 위태한 시련에 직면하고 있음을 피력하고 있다.[77]

1905년 을사조약 이후에는 이러한 인식이 왕조 멸망의 위기의식으로
발전하면서 그의 시문은 일제에 대한 강렬한 증오와 적개심으로 충만해

---

75) 정경주, 앞의 논문, 3쪽.
76)『대눌수권』제1,「문조정견시신김기수수신일본분격유작」.
77)『大訥手圈』제3.

있다. 1910년 경술국치 이후 일제는 한국의 명망 있는 인사들에게 恩謝
金을 강제로 수령케 했다. 대눌은 이를 거절하여 일시 태룽동 파출소에
구금되기도 하고 영남루로 압송되어 고초를 겪는 등 일경의 철저한 감시
를 받았다. 그러자 대눌은 63세의 나이로 1911년 말경에 압록강 하구의
의주 대안에 위치한 안동현 接梨樹로 망명해버렸다.

그는 1920년 그가 지은 「渚島答問」에서 망명의 이유를 두 가지로 밝
히고 있다.[78] 내면적으로는 망국에 대한 유가적 의리를 실천하는 것과
외면적으로는 합방 이후 일제 관헌의 지속적인 감시와 억압에서 자신의
지조를 지키기 위한 것에 있음을 분명히 하고 있다. 그의 망명 이후의
활동은 대략 세 가지로 요약해 볼 수 있다.

첫째, 그가 지은 「某軒記」에 의하면[79] 1912년부터 '모헌'이라는 집
을 지어 流民들에게 강학을 실시하면서 민족정신의 계발을 역설하는 등
계몽활동에 주력하였음을 알 수 있다.

둘째, 1918년에 그가 기술한 「記渡江以後事」에 의하면,[80] 그는 그곳
에 모였던 우국지사인 이경일, 채희동, 황규현, 박상임, 안석모, 노상적,
이승희, 안효제, 이건승 등과 교유하면서 시국을 논하고 시문을 지어 울
분을 토하면서 유가적 의리를 지킬 것을 천명하고 있음을 볼 수 있다.

셋째, 「東制攷略」, 「東域考」, 「東禮使覽」, 「痛史節要」[81] 등의 저술
활동을 하면서 대한의 역사와 강역과 문화 전통을 부각시켰다. 그는 이
저술을 통해 만주의 유민들에게 조선 민족으로서의 사상적 문화적 공감
대와 일체감을 불어넣어 주었다.

대눌은 1919년 3월의 거족적인 기미독립운동 이후에도 기대했던 국
권의 회복이 무산되고 계속되는 일제의 감시와 압제로 결국 1922년 망

---

78) 『大訥先生竪碑紀念小冊』, 「渚島答問」.
79) 『大訥手圈續編』 권3, 「某軒記」.
80) 『大訥手圈續編』 권3, 「記渡江以後事」.
81) 『大訥手圈續編』 권4.

명생활을 청산하여 74세의 노구로 귀국해 버렸다. 그 후 그는 고향인 김해 생림면의 한적한 곳에 天山齋를 지어 은거하면서 두문불출하다가 1941년 9월에 별세하였다.[82] 대눌은 이민족의 정치권력과 문화제도에 대한 굴종 거부라는 의리 정신과 隱居自靖이라는 유학자로서 출처의 신념을 실천하면서 한평생을 보낸 셈이다.

2) 安孝濟

안효제는 1850년 3월 경남 의령 부림면 입산리에서 龜亭 安欽의 장자로 태어났으며 자는 舞仲이고 호는 守坡이다. 그는 1883년 3월 문과에 급제하여 승문원 부정자로 초사하여 성균관 전적, 사헌부 지평을 거쳐 사간원 정언이 되었다. 그는 간관의 입장에서 1893년 7월 당시 민비의 총애를 받던 요무 진령군의 목을 베어 국가의 기강을 바로잡으라는 상소로 직언하였다가 오히려 서해의 절해고도인 추자도와 임자도로 유배되었다.

1894년 6월 좌의정 조병세의 주청으로 사면되어 홍문관 수찬에 복직된 후 그해 12월에 홍해 군수로 임명되었다. 그러나 강직한 성품을 지닌 수파는 당시의 시류에 영합하지 않고 이듬해 관직을 버리고 낙향하여 은거하였다. 한편 그는 1895년 8월 일제가 명성황후를 시해했다는 소식을 접하고는 즉시 상경하여 당시 참판이었던 면암 최익현과 만나 국권 회복에 대해 논의하였으나[83] 의병 운동에 직접 가담하지는 않았다. 그 후 1905년 10월 을사늑약이 체결되었다는 비보를 접하자 다시 「條約廢棄의 疏」를 지어 상경했으나 이미 기회를 놓쳐 소용없음에 통분하고 고향으로 돌아와 문중 전래의 독서처인 高山齋에 칩거하였다. 1910년 경술

---

82) 대개 국권강탈을 당한 이후 척사유림의 행방은 망명, 자정, 의병의 3가지 방향으로 나타났는데, 대눌은 망명과 자정의 길을 택했음을 알 수 있다.

83) 『공훈록』 4, 730쪽.

국치 이후 일경이 소위 은사금으로 매수하려 들자 그는 단호히 거절하였고 이로 인해 창녕경찰서에 구류되고 협박을 받는 등 고초를 겪었다.

이러한 일제의 매수공작은 결국 그의 아들 상철에게 뻗쳤으나 수파의 강경한 태도로 실패했다. 그러자 1911년 11월 수파는 해외로의 망명을 결심하게 되고 만주 유화현을 거쳐 안동현 접리수로 이거하였다. 그는 그의 망명 초기의 일기인 「遼河日記」에서 망명 동기를 고향에서 은거하는 것으로 의리를 지키려 했는데 일제의 강압과 통제가 점차 심각하게 나타나므로 자신의 지조를 견고하게 지키기 위해서는 일제의 통제가 덜한 곳에 옮겨갈 수밖에 없었다고 밝히고 있다.[84]

그러나 망명 동기가 은사금의 거절로 인한 일제의 강압과 통제 외의 다른 측면도 있었다고 보여진다. 즉 은거의 방식에 대한 시대적 변용의 측면이다. 그는 망명길에 오르면서 쓴 「上門中僉長老」에서 고려 조선의 교체는 국토가 夷狄의 수중에 들어간 것이 아니라 지금은 국토 국권이 이적에게 넘어 갔음과 조선조는 用夏變夷로 典章文物을 수립하던 시대이기에 오히려 출사할 수도 있었는데 지금은 전장문물이 깡그리 파괴되었음을 지적하면서 이런 시대에는 조용하게 향리로 물러나 은거하는 정도론 선비의 지조를 지킬 수 없다는 심정을 피력하고 있다.[85]

이 시기 수파의 화이관은 중국과 조선이라는 지리적 정치적 구분의 개념보다는 堯舜虞湯의 유가적 문물을 '화'로 왜양서학의 신문물을 '이'로 구분하는 다분히 문화적 개념으로 사용되고 있고, 여기에서는 나아가 우리 민족을 '화'로 이민족을 '이'라는 다분히 민족적인 개념으로 사용하고 있다. 그렇기 때문에 수파의 망명은 비록 화이론이라는 오래된 유가적 이념의 틀을 사용하였을망정 왕국의 멸망에 대한 사대부의 의리라는 기본적 인식 외에 이민족의 침탈에 대한 항거라는 상당히 근대적 개

---

84) 『守坡集』 권3, 「遼河日記」.
85) 『수파집』 권2 제28판, 「상문중첨장노」.

념에 접근된 인식을 가지고 있음을 볼 수 있다.[86]

수파는 망명지에서 대눌을 비롯한 우국지사들과 시국을 논하며, 일제에게 결코 굴복하지 않겠다는 강력한 의지를 담고 있는 시문을 짓는 일 외에 특별한 활동을 전개한 흔적은 보이지 않고 있다. 수파에게 있어서의 망명은 망국신민으로서의 의리를 지킨다는 소극적 저항의 한 부분이었고 그러한 망명생활에 나타나는 시문에는 비탄과 강개의 징조가 한결같이 흐르고 있을 뿐 아니라 국권회복의 바램과 동포 단결의 호소가 나타나며, 일제에 붙어있는 무리들에 대한 증오심을 담고 있다.

수파는 시문을 통한 일제에 불복하는 저항의 자세가 곧 국권회복의 실마리가 될 수 있다고 믿으면서 1916년 67세를 일기로 이역만리에서 세상을 떠났다. 그의 유해는 접수리 마을 근체에 안장되었다가 3년 뒤에 다시 고향의 선산으로 다시 반장되었다. 한편 수파와 같이 망명한 그의 서제 창제는 대한독립단에 참여하여 적극적인 투쟁으로 일제에 대항하였다.[87] 정부에서는 고인의 공훈을 기리어 1990년 건국훈장 애족장을 추서하였다.[88]

3) 閔泳達

민영달은 1859년 서울 마포에서 태어났으며 호는 藕堂이다. 그는 성재의 문도로서 일찍부터 관계에 진출하여 호조판서를 역임하였고 1895년 8월 명성황후가 시해당할 때 내무대신이었다. 그는 즉시 관직을 사퇴하고 낙향하여 은거하였다. 1910년 8월 경술국치 이후 일제는 그에게 은사금과 남작의 작위로 회유하였다.[89] 그는 이를 끝까지 거절하고 조

---

86) 정경주, 앞의 논문, 147쪽.
87) 『공훈록』 4, 728쪽.
88) 앞의 글.
89) 『조선인명사전』 하, 2008.

선왕조의 관료를 역임한 사대부로서의 지조를 지켰으나 일제의 감시와 통제로 결국 중국으로 망명하였다. 그는 1918년 9월 동삼성으로 망명하여 경술국치 이전에 이미 독립전쟁의 준비를 위한 기지 건설과 독립군 양성을 목적으로 한 경학사와 신흥강습소를 운영하고 있던 이회영에게 운영자금 5만원을 희사하였다.[90]

그리고 그해 고종을 해외로 망명시켜 국권 침탈에 따른 일제의 만행을 폭로하여 국제여론에 호소하려는 원대한 계획을 세우고 이회영에게 역시 5만원을 주어 망명지의 주거지 마련을 준비시켰다. 그런데 이 계획은 1919년 2월 고종의 갑작스런 붕거로 인하여 중단되어 버렸다.[91] 그는 다시 고국으로 돌아와 전협과 최익환에 의해 1919년 3월에 결성된 조선민족대동단에 참여하였다. 동단은 국내의 귀족, 관리, 유학자, 종교인, 청년, 부인 등 사회 각계각층의 단원을 모집하여 활동한 상해 임시정부의 지원 단체였다.[92]

민영달의 여기서의 활동상은 상세한 기록이 없어 현재로서는 상고할 수 없는 실정이다. 그는 1921년 1월 10일 동아일보가 정간되었다가 3개월 후 해제되었지만 운영자금의 부족으로 속간이 지연되고 있음을 알고 洪增植을 통해 5천원을 찬조하였다. 이처럼 민영달은 비록 직접 독립운동 전선에 투신하지는 않았지만 당시 한말의 고급 관료 출신의 인물들이 변절하는 시류 속에서도 끝까지 지조를 지키면서 독립운동을 측면에서 지원하다가 1924년 66세로 별세하였다. 정부에서는 고인의 공훈을 기리기 위해 1986년 대통령장을 추서하였다.[93]

---

90) 『공훈록』 8, 385쪽.
91) 앞의 글, 386쪽.
92) 『독·운』 4, 443쪽.
93) 『공훈록』 8, 386쪽.

4) 鄭來鵬

정래붕은 1890년 경남 합천에서 출생했으며, 小訥과 교유하였다. 1918년경 경기도 의병장 金河洛의 장녀인 김영규와 만주로 건너갔다고 한다. 1919년에는 길림에서 군정서 조직에 참여하여 군자금 조달 및 무기 공급 등의 활동을 하였다고 한다. 1921년에는 黑龍江省 烏雲縣 偌達村으로 이주하여 배달학원을 설립하고 청소년들에게 민족의식을 고취시키는 한편 군사훈련도 실시하였다.

동년 7월에는 재북경대한민국군정부에서 파견된 한봉수가 길림으로 오자 북만주에 있던 그의 집에서 한·중호조단의 지단 설치 및 단원 확보를 위하여 동분서주하였다. 그 후 오운현에서 육영사업을 계속하던 중 일본군의 습격을 받고 피살되었다는 설도 있으나 1934년 7월에 총독부 경무국에서 발행된 '국외에 있어서의 용의 조선인 명부'에 등재되어 있는 점으로 보아 이 무렵까지 활동을 계속한 것으로 보인다. 정부에서는 그의 공훈을 기리기 위하여 1977년에 건국포장을 추서하였다.[94]

5) 기 타

위에서 살펴본 인물 외에 小訥의 『通訃錄』에 기록된 인물로서 국외에서 애국활동을 전개한 이들의 명단과 그 내용을 요약 정리해보면 다음과 같다.[95]

---

94) 『공훈록』 4, 880쪽.
95) 小訥과의 구체적인 교유관계에 대해서는 차후 충분한 시간을 가지고 고증하려 한다.

성 명	출신지 및 활동지	고증문헌	비 고
김영기	경북 안동(만주)	독립운동사자료집 9권 355쪽 명치백년사총서 제1분 137~138쪽	대한독립단 단원
권태식	만주	독립운동사자료집 14권 911쪽 동아일보 1934. 3. 14	조선혁명군 소대장
노한용	만주 장백현	한국독립사(김승학) 하권 137쪽	대한독립단 단원
박광열	만주 용정	독립운동사자료집 14권 801쪽	농민협회 회원
박병호	만주	명치백년사총서 제3권 333쪽	대한국민회 단원
신태현	만주 하얼빈	명치백년사총서 제2권 889쪽 독립운동사자료집 14권 601쪽 독립운동사 10권 1020쪽	소년단 하얼빈지부 단장
이규현	만주 화룡현	명치백년사총서 제1분 608쪽 명치백년사총서 제3권 377쪽	군정서, 의용단, 간도경 신국장
이종호	만주 왕청현	독립운동사 5권 125쪽	동림학교 교장
최종국	만주 연길현	독립운동사 5권 116쪽	창동학교 교사
황하청	만주	독립운동사자료집 14권 938쪽 독립신문 1923. 4. 4.	군자금 모집
김기봉	만주 훈춘현	명치백년사총서 제3권 209쪽	대한독립단 단원
김기영	함남 신흥(만주)	명치백년사총서 제1분 673쪽 독립운동사자료집 14권 944쪽 동아일보 1921. 6. 7.	대한독립 군비단 단원
김인수	로령	명치백년사총서 제2권 815쪽 명치백년사총서 제3권 876쪽 독립운동사 4권 183쪽	한족독립기성회 단원
김인순	만주 화룡현	독립운동사 5권 112쪽	동림학교 교사
김종호	만주	독립운동사 5권 689쪽 독립운동사자료집 14권 936쪽 한국독립사(김승학) 하권 107쪽	참의부군, 의용군 부사
손봉현	만주	독립운동사 7권 548쪽 동아일보 1928. 8. 5.	신민부 공작원
이병오	만주	독립운동사 5권 468쪽 독립운동사 7권 556쪽	참의부군 대원
이병기	만주	독립운동사 5권 246, 405, 432, 434쪽	대한독립단 재무부장
허 윤	만주 화룡현	독립운동사 5권 114쪽	강당 교사
허 진	만주 화룡현	독립운동사 5권 115쪽	화룡학교 교장
허 혁	경북 선산(만주)	명치백년사총서 제2권 941쪽 독립운동사(문일민) 255쪽 독립운동사 4권 102, 105쪽	부민단 단장

3. 문도의 국내 애국운동

1) 盧相稷

노상직은 1855년 김해 생림면 금곡리에서 노극재의 둘째 아들로 탄생했으며 호는 소눌이다. 그는 11세 때인 1865년 6세 위인 백형 노상익과 함께 허전의 문하에 들어가 성재가 타계한 1886년까지 수학했다. 그는 영남지방 유학자 가운데 성재의 학통을 이은 대학자로서 한말과 일제 강점기의 어려운 시기에 김해·창녕·밀양지방을 중심으로 유풍을 진작시키고 후학을 양성하였다. 그는 성호 이익의 영향을 받아 평생 벼슬길에 나서지 않았고 말보다 실천을 중시하면서 스스로 학문을 닦고 후학을 지도하였다. 그는 이 일만이 나라를 건지며 학문을 지키는 것이라는 신념을 가졌던 유학자였다.

그가 1931년 77세의 나이로 마산에서 타계하기까지 행적은 크게 세 가지로 요약된다. 첫째, 문집의 간행과 저술활동이다. 그는 『性齋先生文集』(1888), 『性齋續附集』(1903), 『星湖文集』(1917), 『下廬集』(1918) 등의 문집을 간행하고, 『舫山集』, 『寒洲集』 등 선현의 문집을 교정하였으며, 『東國氏族考』, 『歷代國界考』, 『歷代提綱』 등을 비롯한 30여 권의 저서를 남기고 25책에 달하는 자신의 문집도 남겼다. 이들은 국문학사나 한국유학사연구에 귀중한 자료가 되고 있다.

둘째, 후진의 교육에 전념하였다. 김해 금곡의 금곡서당과 밀양 노곡의 자암서당에서 후학들의 강론을 통해 무수한 제자를 양성하고 영남지방에서 성호 학풍을 크게 융성시켰다. 특히 자암서당은 소눌이 42세 때인 1896년부터 1930년까지 34년 동안 강학을 했던 곳이며 지금도 밀양 단양 무능리 노곡에 그대로 보존되어 있다. 한편 그는 三益契, 洛濱契

등을 조직하여 유림사회의 결속을 다지고 향촌사회에서 예와 질서를 바로 잡는 데도 진력하였다.

셋째, 애국운동의 전개이다. 소눌은 유학자로서 세상사를 멀리하고 폐쇄적인 학문만을 고수하지는 않았다. 그는 경술국치를 당한 이듬해 국가 독립의 굳은 신념을 펴기 위해 백형 상익의 뒤를 이어 압록강을 건너 중국 요화로 망명했다. 그는 그곳에 망명한 李建昇을 비롯한 우국지사들과 동족을 지도하며 국권회복의 방도를 모색하기도 했다. 그러나 오히려 국내에서 몽매한 민족을 계몽하는 것이 양책이라는 형의 권유에 따라 2년여의 망명생활을 청산하고 1913년 귀국했다. 1919년 파리장서가 유림에서 추진될 때 그의 문도 배종순, 유진옥, 허평, 박상윤, 이학규, 안종달, 송상현, 안효진, 강신혁, 이정후, 박정선, 노수용 등과 함께 이에 가담 서명했다. 당시의 사회 정치적 상황을 고려해 보면 대단한 각오와 용단이 필요했을 것이다. 이는 소눌의 평소지론인 실천철학의 실행이라 보아야 할 것이다.[96]

2) 宋浚弼

송준필은 경상북도 성주에서 출생했으며 호는 공산이고 소눌과 교류했다. 파리강화회의에 제출한 파리장서에 한국유림대표의 한 사람으로 서명하였다.[97] 이기정·이기원으로부터 서울에서 전개된 독립선언식과 다른 지방의 독립만세운동 상황에 대하여 자세히 전해들은 그는 송회근 등 송씨 문중의 유력자들을 불러놓고 이 지방에서도 독립만세운동을 전개할 것을 제의하였다. 이에 이기정·송회근·성대식·송수근·송문근·이봉희·송인집·송천흠 등이 찬동하여, 성주읍 장날인 4월 2일을

---

96) 『小訥先生文集』 건·곤, 연천당, 1983.
   문집의 기록들을 요약·정리하였다.
97) 『독·운』 8, 935쪽.

이용하여 독립운동을 전개하기로 결의하였다.

한편, 유진성을 중심으로 한 기독교도들에 의한 독립만세운동 계획이 있음을 안 그는 이들과 협의하여 함께 공동전선을 펴기로 하고 태극기를 제공하는 등 사전준비를 마쳤다. 4월 2일 오후1시, 점차 시위군중이 시장으로 몰려들고 있을 때 먼저 경산동 관제묘 뒷산에 집결하였던 기독교도들이 태극기를 높이 들고 시장을 향하여 독립만세를 외치자 그도 시장에 모인 3천여 명의 시위군중과 함께 독립만세를 외쳤다. 이때 겁을 먹은 일제 경찰주재소는 발포하여 시위 군중을 해산시키려 했으나 그는 시위 군중과 함께 이에 굴하지 않고 밤 11시까지 계속해서 독립만세시위를 전개하였다.[98] 그러나 그 후 일제의 대대적인 검속 때 체포되어 대구복심법원에서 소위 보안법 위반혐의로 1년 6월형을 받고 옥고를 치렀다.[99] 정부에서는 그의 공을 기리어 1963년에 대통령표창을 추서하였다.[100]

3) 尹中洙

윤중수는 경상남도 합천에서 출생했으며, 소눌과 교류했다. 1919년 3월 파리강화회의에 제출한 한국유림들의 파리장서 서명운동에 함경남·북도 책임자로 활동하였다.[101] 그는 김창숙·성태영·유진태·유준근 등과 파리강화회의에 조국의 독립을 갈망하는 한국유림들의 의사를 집약한 파리장서를 제출키로 결의하고 3월 4일 성태영의 집으로 다시 동지들과 모임을 갖고 이 자리에서 함경남·북도의 서명운동 책임자로 선임되어 활동하였다.[102]

그러나 그는 직접 파리장서에 서명하지는 않았으나 미서명자 제2진

---

98) 『독·운』 8, 465~466쪽.
99) 『독·운』 8, 928쪽.
100) 『한국독립사(김승학)』 하권 170쪽.
101) 『독·운』 8, 923쪽.
102) 『독·운』 8, 925~927쪽.

23명 중의 한 사람이며 1925년 제2차 유림단 독립운동을 배후에서 주동하였다.[103] 그 후 1921년 11월 11일에는 미국 워싱턴에서 개최되는 태평양회의에 제출한 한국독립진정서의 합천군 대표로 서명하였으며, 그 후에도 신채호, 김창숙 등과 연락을 취하면서 계속적으로 독립운동을 전개하였다 정부에서는 그의 공을 기리어 1983년에 대통령표창을 추서하였다.[104]

4) 金永淑

김영숙은 1876년 경남 산청에서 출생했으며 소눌과 교류했다. 1919년 당시 산청 지방의 덕망 높은 한학자로서 서울 만세시위운동 소식을 듣고 이곳에서도 시위운동을 벌이기로 계획하였다. 3월 18일 밤 각 마을에 시위운동의 계획을 통지하였으나 3월 19일 아들 김상준 등 5명이 사전에 발각되어 일경에 검거되고 말았다. 그는 이에 굴하지 않고 3월 20일 정태윤 등과 함께 산청군 신등면 단계리 장터에서 6~7백여 명의 군중을 규합하여 태극기를 앞세우고 만세를 고창하면서 시위행진을 벌이다가 일경에 피체되었다.[105]

그 후 같은 해 4월 30일 부산지방법원 진주지청에서 소위 보안법 위반으로 징역 5월을 선고 받고 항고하였으나 5월 31일 대구복심법원에서 기각, 형이 확정되어 옥고를 치렀다.[106] 정부에서는 고인의 공훈을 기리어 1993년에 대통령표창을 추서하였다.[107]

---

103) 『독・운』 8, 930쪽.
104) 『공훈록』 3, 980쪽.
105) 『독・운』 3, 319쪽.
106) 『독・운』 3, 322쪽.
107) 『공훈록』 11, 67쪽.

5) 金在華

김재화는 1897년 경북 청도에서 출생하였으며, 소눌과 교류하였다. 1919년 청도군 운문면 신원리의 청년유지 김상구·김종태가 상경하였다가 감격에 넘친 3·1운동을 겪고 고향으로 돌아와 그를 비롯한 애국 청년들에게 만세운동을 제의함으로써 시위계획이 적극적으로 추진되었다.

그는 1919년 3월 15일 김상구·김종태·손기현 등 수명의 동지들과 만세운동의 거사를 위하여 격문 20여 매를 작성하여 이날 어두운 밤을 틈타 면내 각 동리에 부쳤는데 며칠 뒤인 3월 18일 일경들로부터 이 사실을 조사받기 위하여 호출을 당하자 서로 힘을 합하여 운문면 사무소로 가서 독립만세를 단행하자고 협의하게 되었다.[108]

계획에 따라 이들은 면사무소의 면서기로 하여금 '대한독립만세'라는 글을 한 자씩 쓰게 하고, 300여 명의 군중과 함께 면사무소 앞에서 독립만세를 외치며 거리를 누비면서 면장 이영호 집으로 몰려가서 면장에게 독립만세를 할 것을 강권하면서 만세시위운동을 벌이다가 3월 20일 대구의 일본군 헌병 분대에 의해 피체되었다.[109] 그리하여 이해 5월 2일 대구지방법원에서 소위 보안법 위반으로 징역 1년형을 언도받아 항고하였으나 7월 5일 대구복심법원과 9월 25일 고등법원에서 각각 기각되어 옥고를 치렀다.[110] 정부에서는 고인의 공훈을 기리어 1990년에 건국훈장 애족장을 추서하였다.[111]

6) 鄭宗鎬

정종호는 1875년 경북 성주에서 출생했으며 소눌과 교류했다. 1919

---

108) 『독·운』 3, 444~445쪽.
109) 『독·운』 3, 446~447쪽.
110) 『한국독립사(김승학)』 하권 119쪽.
111) 『공훈록』 9, 107~108쪽.

년 3월 중순경 성주군에서 장석영으로부터 프랑스 파리에서 개최되는 파리강화회의에 보낼 조선독립을 호소하는 청원서를 윤상태에게 전달한 후 윤상태가 피검되자 같은 해 7월 31일 피체되었다. 이해 10월 13일 대구지방법원에서 관련사실을 부인하였다 하여 위증으로 징역 6월을 언도받고 항고하였으나 12월 19일 대구복심법원에서 기각되어 옥고를 치렀다. 정부에서는 고인의 공훈을 기리어 1992년에 대통령 표창을 추서하였다.112)

7) 金東鎭

김동진은 1867년 경북 영주에서 출생했으며 소눌과 교류했다. 1914년 5월경 독립의군부의 대일 국권반환 요구운동에 관련된 혐의로 일경에 피체되어 20여 일동안 구류상태에서 취조를 받았다.113) 1919년 3월 노상직을 위시한 유림 대표 137인의 일원으로 독립청원을 위한 파리장서에 서명하였다가 일경에 피체되어 가혹한 고문을 받고 40여 일간 투옥되어 있었다.114)

그 후 1925년 음력 10월 초순경 경상남북도 일원의 부호들을 상대로 군자금을 모금하여 중국 땅 내몽고에 독립운동 근거지를 건설할 계획으로 비밀리에 입국한 김창숙의 부탁을 받아 영주・안동・봉화 3개군 지역에서 모금 책임을 맡은 정수기의 활동을 조력하였는데 이 일로 일경에 피체되어 10여 일간 취조를 받으면서 고초를 겪었다.115) 정부에서는 고인의 공훈을 기리어 1993년에 건국훈장 애국장을 추서하였다.116)

---

112) 『공훈록』 10, 333~334쪽.
113) 『독・운』 3, 174쪽.
114) 『독・운』 8, 935쪽.
115) 『독・자』 12, 356~357쪽.
116) 『공훈록』 11, 45쪽.

8) 李基元

이기원은 1885년 경상북도 성주에서 출생했으며 소눌과 교류했다. 1919년 3월 파리강화회의에 한국 유림대표들이 제출한 파리장서 서명운동에 참여하였다.[117] 그는 이기정·송준필·송회근 등의 유림들과 함께 성주읍 장날인 4월 2일을 이용하여 독립운동을 전개하기로 결의하였는데 유진성을 중심으로 한 기독교도들에 의한 독립만세운동계획이 있음을 알고 이들과 협의하여 공동전선을 펴면서 태극기를 제작하는 등 준비를 하였다. 4월 2일 오후 1시 경산동 관제묘 뒷산에 집결하였던 기독교도들이 태극기를 높이 들고 시장을 향하여 독립만세를 외치자 일경이 시장에 모인 3천여 명의 시위군중을 해산시키려 하였으나 그는 이에 굴하지 않고 밤 11시까지 계속 독립만세 시위를 전개하였다.

그 후 일제에 의한 대대적인 검속 때에는 일시 피신하였으나 이해 4월 30일 파리장서 사건으로 결국 체포되었다.[118] 1925년 3월에는 김창숙 등 영남유림들의 독립군자금 20만원 모금운동에 송영우·손후익·김화식 등과 같이 참여하였으며 이듬해 12월에는 동양척식회사 폭탄 투척 사건에 소요되는 자금을 지원하는 등 계속 만세운동을 전개하였다.[119] 정부에서는 그의 공을 기리어 1980년에 대통령표창을 수여하였다.[120]

9) 趙鏞台

조용태는 1871년 경상남도 함안에서 출생했으며 소눌과 교류했다. 1919년 3월 29일의 군북면 군북 장날을 이용하여 독립운동을 주동하였

---

117) 『독·운』 8, 935쪽.
118) 『독·운』 3, 461~466쪽.
119) 『독·자』 12, 354~359쪽.
120) 『공훈록』 3, 980쪽.

다. 이곳의 독립만세운동은 3월 19일의 함안읍 장날을 이용하여 만세운동을 주동하였던 조상규·조용효·이재형·조정래·조성규·조경식·조형규 등에 의하여 계획되었는데 그들은 미리 태극기를 제작해 놓고 인근지역에 이 계획을 알리는 등 사전준비를 진행하였다.

이날의 독립만세운동은 오전 9시 군북면 동촌리의 신창학교에서 50여 명의 학생들에 의하여 시작되었는데 이를 신호로 군북 장터에 있던 시위군중은 일제히 궐기하였다. 오후 1시경 3천여 명의 대대적인 시위군중이 만세운동을 전개하자 군북경찰주재소의 경찰과 이곳에 파견되어 있던 마산 중포병대대 병력 16명이 출동하여 공포를 발사하여 시위대열을 해산시켰다.

오후 5시경 5천여 명으로 늘어난 시위군중은 다시 궐기하여 경찰주재소로 달려갔다. 사태의 위급함을 느낀 일본 경찰이 공포를 발사하자 격노한 시위군중은 잔인하게도 시위대열에 조준사격을 감행하여 21명이 현장에서 순국하고 18명이 중상을 입었다. 이때 선두에 서서 격렬한 만세시위를 전개하던 그도 적의 흉탄에 맞고 현장에서 순국하였다. 정부에서는 그의 공을 기리어 1977년에 대통령표창을 추서하였다.[121]

10) 權肅獜

권숙린은 1877년 경남 산청에서 출생했으며 소눌과 교류했다. 1919년 3월 20일 동생 권숙봉이 독립만세 시위운동을 하다 피체되어 단성주재소에 유치되자 다수의 군중을 동원 동주재소를 습격하여 동생 권숙봉을 석방하고 독립만세운동을 벌이기로 계획하였다. 그는 다음날 김응률 등 단성면 단계리 주민 50명과 함께 우성내리 시장에 모여 독립만세를 외치면서 헌병주재소로 몰려가서 시위운동으로 투옥된 사람을 석방할

---

121)『공훈록』3, 755~756쪽.

것을 촉구하는 등 활동을 벌이다가 피체되었다.[122] 그 해 8월 18일 부산
지방법원 진주지청에서 소위 보안법 위반으로 징역 3년 6월을 받고 항
고하였으나 9월 17일 대구복심법원과 10월 18일 고등법원에서 각각 기
각 형이 확정되어 옥고를 치렀다.[123] 정부에서는 고인의 공훈을 기리어
1994년에 건국훈장 애족장을 추서하였다.[124]

11) 崔喆龍

최철용은 1902년 경남 마산에서 출생했으며 소눌과 교류했다. 1921
년 10월 임시정부를 지원키 위한 군자금 모집차 상해로부터 마산으로
온 김수인을 만나 그와 함께 전남 해남군 황산면의 이희용을 찾아가 군
자금 5천원의 기부를 요구하여 동월 27일 목포에서 이희용의 친척 이현
을 통해 60원을 수령하였다. 이튿날 양인은 대한독립군 광복단 명의의
군자금 모금 지령장을 휴대하고 경남 통영의 임철규를 찾아가 역시 군자
금 5천원의 기부를 요구하였으나 거부당해 모금에 실패하였다. 이러한
사실이 탐지되어 일경에 피체된 그는 1922년 5월 30일 경성지방법원에
서 소위 제령 제7호 위반으로 징역 1년 받아 옥고를 치렀다.[125] 그 후
19927년 3월 마산에서 신간회 지회 설립을 위한 준비위원으로 활동하여
마산지회를 성립시키고 그 간부로 일하였다.[126] 이어서 동년 4월 20일
에는 3월의 경남도 평의회 석상에서 '조선인 보통학교 불필요', '조선어
통역 철폐' 등의 친일 매국적 주장을 편 통영 출신 평의원 김기정에 대
한 마산청년회 주최의 성토연설회에 연사로 참여하였다. 또한 동년 12월
신간회 마산지회와 마산청년동맹의 발기로 재만동포옹호동맹을 조직키

---

122) 『독·운』 3, 319쪽.
123) 『독·운』 3, 322쪽.
124) 『공훈록』 11, 29쪽.
125) 『독·자』 10, 124~125쪽.
126) 『독·자』 14, 302쪽.

위한 지역 사회단체협의회를 개최할 때 그 준비위원으로 활동함과 동시에 마산 의신여학교 동맹휴학 활동의 진상조사위원으로도 활약하였다. 정부에서는 고인의 공훈을 기리어 1993년에 건국훈장 애족장을 추서하였다.[127)

12) 기 타

위에서 살펴본 인물 외에 소눌의 『통부록』에 기록된 인물로서 국내에서 애국활동을 전개한 이들의 명단과 그 내용을 요약 정리해 보면 아래와 같다.[128)

성 명	출신지 또는 활동지	고증문헌	비 고
김창백	경북 봉화	벽옹 김창숙일대기, 75쪽 고등경찰요사, 176, 285쪽	파리장서 군자금
김창택	경남 마산	독립운동사 8권, 930쪽 독립운동사자료집 12권, 322, 328, 309쪽 고등경찰요사, 285쪽	파리장서 제2유림단 관련
김한식	강원 화천	독립운동사 2권, 551쪽 독립운동사자료집 5권, 936~942쪽	강원 화천면 3·1 운동 주도
이기형	경북 성주	벽옹 김창숙일대기, 95쪽 독립운동사 8권, 935쪽	파리장서 서명
조현규	경남 산청	독립운동사 8권, 935쪽 고등경찰요사, 249쪽 벽옹 김창숙일대기, 97쪽	파리장서 서명
박원종	경북 영덕	독립운동사자료집 5권, 1377, 1379쪽	경북 영해면 3·1 운동 주도
우성동	경북 달성	독립운동사 8권, 936쪽 고등경찰요사, 249쪽 벽옹 김창숙일대기, 96쪽	파리장서 서명
이형재	경남 마산	독립운동사자료집 13권, 125쪽	신간회 마산지회

---

127) 『공훈록』 11, 300쪽.
128) 小訥과의 구체적인 교유관계에 대해서는 차후 충분한 시간을 가지고 고증하려 한다.

		독립운동사 10권, 988쪽 고등경찰요사, 183, 185쪽	간사
하겸진	경남 진주	독립운동사 8권, 399쪽 고등경찰요사, 249, 287쪽 기려수필, 259쪽	파리장서 서명
김동섭	전북 부안	독립운동사 3권, 533쪽	전북 부안군 3·1 운동 주도

4. 맺으며

　　19세기의 서세동점의 물결은 서구 제국주의의 팽창세력을 동반하게 되고, 이로 인해 국내의 전통적 봉건적 사회관계는 그 모순을 드러내어 해체단계에 직면하게 된다. 이러한 상황에서 전통 유림들은 외부의 침략을 막고 내부의 모순을 제거하자는 척사 위정론을 제창하게 된다. 여기서 斥의 대상은 서학(천주교)과 서양 세력 및 그 사상 그리고 이미 서구식 방법을 채택한 일본까지 포함되는 포괄적인 의미를 띠고 있다. 正의 대상은 전통적인 유교적 가치질서이며, 민족과 국가 그리고 전통유림을 가리킨다고 볼 수 있다.

　　19세기 중반 이후 척사위정론은 정치적 위기의식을 수반한 정치적 민족적 척사위정운동으로 전환된다. 그런데 이 운동이 강하게 전개되었음에도 불구하고 조선정부가 무력하게 붕괴된 현실을 목도한 유림들은 다양한 행동양식으로 저항적 입장을 견지하되 학파별로 행동을 거의 같이하고 있었다. 주지하다시피 기호계열인 華西 李恒老학파와 蘆沙 奇正鎭학파는 擧義掃淸하는 적극적 입장에서 의병운동을 주도하였고, 淵齋 孫秉璿학파나 毅堂 朴世和는 목숨을 끊어 절의를 지키겠다는 致命遂志의 모범을 보였다. 艮齋 田愚학파는 황해의 섬으로 망명하여 去至守舊의 典型을 보였다. 이처럼 기호계열의 유림들은 적극적인 의리론을 보여줬다. 반면에 영남계열의 寒洲 李震相학파나 定齋 柳致明학파는

거지수구하거나 일반적으로 入山自靖하여 은둔 자세를 취했다.[129]

그러면 영남계열의 한 학파를 형성했던 성재(허전)학파의 문도들은 어떤 형태의 애국운동을 전개했는가를 정리해보자.

첫째, 해외에서의 애국운동에는 노상익, 안효제, 민영달 등이 활동하였다. 이들은 해외로 망명하여 전통을 지키겠다는 거지수구의 입장에서 시문 등을 통해 동포들에게 저항의식을 심어주었다. 노상익은 노년에 귀국하여 입산자정의 은둔 자세를 취했다. 이 외에도 再傳門徒들이 독립운동단체들에 가입하여 일제에 대항했음이 확인된다.

둘째, 소눌 노상익과 교유했던 영남 지방의 다수 유림들이 자기거주의 향리 중심으로 3·1운동을 주도하였다. 특히 1919년의 제1차 유림단 사건인 파리장서 운동에 동참하였고 1925년의 제2차 유림단 사건에도 관여하였다. 이는 성재의 재전문도 단계에 이르면 유림들의 성향이 보수적 전통 옹호를 바탕으로 한 유학의 기반 안에서 새로운 세계질서 속에서 활동해야 한다는 개방성을 보여주고 있음을 시사해 주고 있다. 이처럼 성재문도들의 애국운동은 한말부터 일제 강점기까지 침략세력에 대해 지속적으로 저항했지만 특수한 행동양식만을 고수한 것은 아니고 시대의 상황과 개인의 처지에 따라 스승이 보여준 실천철학을 실천하였다.

제3절 파리장서와 영남유림

1. 들어가며

3·1운동을 전후한 시기 유림들의 독립운동을 정리하고자 할 때 '독립선언서'에 서명한 민족대표 33인 가운데 왜 유림 대표가 빠졌을까 하

---

129) 금장태, 앞의 논문, 214쪽.

는 의문을 갖게 된다. 왜냐하면 한말부터 불과 10년 전까지만 해도 유림들의 의병봉기가 그 절정에 달했었고, 그 후로도 만주·연해주로 전전하며 국외 독립군 활동에 앞장서 온 것이 유림이었는데 3·1운동에서 그렇게도 무위·안일·소극적이었다는 사실을 믿을 수 없기 때문인 것이다.130)

그간 유림의 3·1운동 참여에 관한 연구가131) 진행되기 어려웠던 것은 자체기록이 없으며, 일제 재판기록 등과 같은 문헌자료로는 참여자들의 성격·운동의 전파 경로·추진과정·지역의 사회·경제적 및 문화적 배경을 알 수 없었기 때문이라고 생각된다. 이러한 제약을 극복하고 3·1독립만세운동의 실상을 온전하게 밝히기 위해서는 지역 사례를 더욱더 구체적으로 연구해야 할 것이다. 그런데 다행인 것은 최근 지역에서 전개된 3·1운동이 복원되기 시작하고, 특히 파리장서운동에 대한 관심이 높아져 이같은 의문을 다소 해소할 수 있게 되었다. 그럼에도 불구하고 여전히 해명하고 천착해야 할 과제가 산적해 있다.

잘 알려져 있듯이 2,674자로 구성된 '파리평화회의에 보내는 편지'(이하 파리장서)는 1919년 3월 3·1독립만세운동 시 파리강화회의에 제출하기 위해 유림측에서 작성한 한국의 독립을 호소하는 서한이며 湖西本과 영남본이 있다. 영남본은 郭鍾錫과 金昌淑이 중심이 되어 작성하였다. 그 내용은 일본의 배신행위와 명성황후·고종황제 시해사건, 한국의 주

---

130) 許善道,「三·一運動과 儒敎界」『三·一運動 50주년 기념논집』, 동아일보사, 1969, 281쪽.

131) 金龍基,「3·1운동과 巴里長書事件에 대하여」『문리대학보』 2, 부산대학교, 1959 ; 許善道, 위의 논문,『한국유림독립운동 파리장서약사』, 한국유림독립운동 파리장서비건립위원회, 1973 ; 李原鈞,「三·一運動 當時 嶺南地方 儒林의 活動」『부대사학』 4, 1980 ; 南富熙,「유교계의 파리장서사건과 삼·일 운동」, 경북대 석사학위논문, 1980 ; 南富熙,「3·1운동과 유교계의 성격-書堂參加와 관련하여-」『慶大史學』 4, 1980 ; 南富熙,『유림의 독립운동사연구』, 범조사, 1994.

권을 찬탈하는 과정 등을 폭로하고, 한국 독립의 정당성과 당위성을 주
장하는 것이었다. 즉 유림대표 郭鍾錫, 金昌淑, 金福漢 등 137인은 일
본 침략을 폭로하고 독립을 호소하는 장서에 서명한 후 金昌淑이 상해
로 가져가도록 하였고, 이를 다시 金奎植으로 하여금 파리에서 열리는
세계평화회의에 제출케 함으로써 국제여론을 환기시키고자 하였다. 이
파리장서운동은 3·1독립선언서 발표에 버금가는 역사적 사건으로 민족
의 독립의지를 전 세계에 공포하는 큰 역할을 하였던 것이다.

유림의 이같은 활동 배경에는 영남유림들의 적극적인 활동뿐만 아니
라 영남계열의 한 학파를 형성했던 性齋 許傳 문도들의 일정한 역할이
확인되고 있다. 그럼에도 불구하고 기존의 연구는 그다지 많지 않다. 성
재 문도들의 항일독립운동에 대한 연구도 예외가 아니다.[132]

본고에서는 먼저 1910년대 영남유림의 동향을 이 지역을 중심으로
살펴본 다음, 지역에서 전개된 3·1운동이 유림들과 유기적 연관 속에서
전개되었음을 합천지역을 사례로 정리하고자 한다. 다음으로 파리장서
운동에 서명한 영남유림들 가운데 지속적으로 항일 독립운동을 전개한
인물을 중심으로 살펴볼 것이다. 나아가 파리장서에 서명한 인물가운데
性齋 許傳의 문도를 살펴볼 것이다.

2. 1910년대 영남유림의 동향과 3·1독립만세운동

1) 1910년대 영남유림의 동향

1910년을 전후한 시기의 유림의 정치사회적 경향은 크게 4가지로 나

---

132) 성재 허전 문도의 의병운동과 애국운동에 대해서는 졸고, 「性齋 許傳 門徒의
愛國運動」(『문화전통논집』 제5집, 경성대 한국학연구소, 1997)과 「性齋 許傳
門徒의 義兵運動」(『문화전통논집』 제6집, 경성대 한국학연구소, 1998)을 참조.

눌 수 있다.[133] 첫째는 척사적 의병유림으로 華西계열과 蘆沙 문하, 또
는 奇宇萬 등의 호남유림을 들 수 있다. 둘째로는 척사적 자중론자로
艮齋, 俛宇, 志山 金福漢, 西山 金興洛 등의 유학자 계열이다. 셋째로
는 혁신유림이다. 이를 척사유림과 비교하면 국가 이념과 민족주의에서
근대성을 발견할 수 있다는 점이다. 그리고 독립운동의 전개과정에서
나타난 행동양식을 보면 척사계열은 자정론자적 유림과는 다르고, 오히
려 혁신유림과 같다는 것이다. 마지막으로 金允植을 비롯한 일제하 經
學院의 계열이다. 결국 일제하의 항일적 유림은 경학원이나 그 산하의
鄕校를 외면하고 서원이나 서당을 중심으로 활동한 경향을 보여주었던
것이다.[134]

잘 알려져 있듯이 한말 의병장들은 대개 유생 출신들이었다. 화서 이
항노의 문인으로 화서학파의 위정척사와 존왕양이에 충실했던 의병장으
로 文錫鳳(공주), 金福漢, 이설, 鄭寅喜(홍주), 催益鉉, 柳麟錫, 李昭應,
李春永, 安承禹, 徐相烈, 李弼喜, 申芝秀, 李範稷, 朱庸奎, 洪思九, 鄭
華鎔, 柳弘錫, 洪承學, 俞致慶, 新錫元, 趙斗煥, 邊錫玄, 蔡洪斗, 蔡洪
冀, 禹炳烈, 趙鍾益, 申木艸, 徐在衡, 申赫熙, 禹鍾夏, 申宅熙, 李康秊,
鄭雲慶, 元容正, 金華植, 洪德杓, 權在重, 李昭應, 李晋應, 金道和(안
동), 盧應奎, 趙東植(상주), 강전(순흥), 奇宇萬(나주), 黃載顯(남포), 李
承龍, 李鳳夏, 李楊根, 閔龍鎬, 沈相禧, 俞鎭奎(철원), 朴周榮(이천), 崔
文煥(함흥), 李中麟(예안), 朴周庠(예천), 琴錫祚(봉화), 丁奎奕(영천), 沈
鎭遠(廣州), 李麟榮(원주), 柳重洛(춘천), 南宮靈(홍천), 權大亨(횡성)이
었다.[135]

---

133) 조동걸, 『한국민족주의의 성립과 독립운동사연구』, 지식산업사, 1989 ; 『한국민
　　족주의의 발전과 독립운동사 연구』, 지식산업사, 1993.
134) 南富熙, 『유림의 독립운동사연구』, 범조사, 1994, 14～15쪽.
135) 李昭應, 『習齋集』 권33, 雜著, 「昭義新編」, 국사편찬위원회, 1975, 247～263쪽 ;
　　윤병석, 『한말의병장열전』, 독립운동사 교양총서 13, 독립기념관 한국독립운동

한편 잘 알려진 의병장 허위는 대대로 유학을 숭상하는 이름 높은 유학자 집안에서 태어나 공부하였고, 호남 의병장 전해산은 면우의 문인인 당천 이한용의 문하에서 유학을 공부하였으며, 역시 호남 의병장인 심남일은 서당훈장을 지내다가 의병항전에 투신하였다. 그 외의 많은 의병장들은 대부분 양반 출신이나 혹은 출사길이 막혀 잔반으로 몰락한 경우도 있지만 그들은 모두 유생의 신분이었다. 평민출신으로는 경북 동해안 일대에서 활약한 申乭石 정도이다.

영남지역 가운데 특히 경상우도의 유림들은 남명 조식이 끼친 실천적 학풍과 그들 조선들의 임진왜란 의병 참여 사실에서 일정 부분 구국을 위한 헌신의 정신적 맥을 이어 받았으리라 생각된다. 남명의 학문은 경사자집뿐만 아니라 천문・지리・의방・수학・궁마・행진・관방・진수에 이르기까지 광범했고, 실천궁행의 학풍을 이루었다고 한다.[136] 그 결과 임진왜란 때에는 남명의 문하에서 곽재우・정인홍 등의 의병장이 많이 배출되었던 것이다.

한말 위정척사사상의 양대 산맥은 화서학파와 노사학파로 나눌 수 있을 터인데, 척사적 자세는 여타의 성리학 계파에 비해 화서학파가 특히 강경하였으며, 당시 이 지역의 유림들의 계보를 간단히 살펴보면 다음과 같다.[137]

華西 학파: 金平默・柳麟錫・崔益鉉・柳基一
奇正鎭 문인: 老栢軒・鄭載圭・鄭冕奎・李直鉉・金鍾禹 － 鄭琦・權載奎・鄭致圭・南勝愚

사연구소, 349~350쪽.

136) 서원섭・리홍진,「남명 조식의 생애와 문학」『한국의 철학』, 경북대 퇴계연구소, 1983, 109쪽.

137) 한국사상사연구회 편저,『조선 유학의 학파들』, 예문서원, 1996 ; 許應,『冷泉及門錄』; 尹榮善,『朝鮮儒賢淵源錄』.

田禹 문인: 鄭衡圭

金興洛 문인: 權相翊 · 尹炳模 · 權參鉉 · 權龍鉉

李震相 학파: 許愈 · 郭鍾錫 · 李承熙 · 俛宇
　　　　　　 ─ 河謙鎭 · 李寅梓 · 金榥 · 金銖 · 文鏞 · 張錫英
　　　　　　 ─ 李漢龍 ─ 全基泓(全海山) 호남의병장

許傳 문도: 盧相稷 · 宋浚弼 · 金東鎭(경남 303인, 경북 77인)

　한말 의병운동의 전개과정에서 유림들은 학파에 따라 그 대응 논리와
행동양식이 달랐다. 즉 한주학파는 의병 참여를 거부하였으며, 중도에서
시도로 끝나고 말긴 했지만 거의의 기치를 들고 최익현이 있던 정산으로
달려갔던 노사학파 정재규와 그의 동문 · 문인, 그리고 나름의 의리론에
입각하여 '浮海之意'를 고수한 艮齋學派. 그러나 이들 학파 간에 학문
적 입장에 따라 망국의 사태에 대응하는 논리와 형식은 달랐지만 철저한
의리의 정신과 항일 의식은 공통된 것이라 아니할 수 없다.

　실제로 한주학파는 의병참여는 거부했지만 유림단의 파리장서 서명
운동을 주도했고, 노사학파 정재규의 거의 시도는 앞에서 언급한 바와
같을 뿐 아니라, 鄭衡圭도 항일의식을 고취하기 위하여 『乙巳殉國諸公
傳』, 『경술순국제공전』, 『한말순국열사제공전』을 비롯 『丁未三密使傳』,
『柳義士柳健永傳』을 저술했으며, 野史인 『韓史抄輯』을 저술하였다.
유생들의 외교교섭 사례는 전기의병시기에는 곽종석, 금도현, 중기의병
시기에는 민종식, 원용팔 등에서 찾아볼 수 있다. 특히 원용팔은 외교교
섭에 적극적이었다.[138]

　俛宇는 22세에 합천군 삼가현 神旨面(현 거창군 신원면)으로 와 2년
후 산곡에 繹古齋를 짓고 7년간 성리학을 연구했다. 그 밖에 많은 유림

───────────

138) 金度亨, 『대한제국 말기의 국권회복운동과 그 사상』, 연세대 박사학위논문,
　　 1989.

들이 祖先과 선현의 추모・講學之所로서 祠・亭・齋・書堂・精舍를 지었는데 지금도 많이 남아있다.[139]

1910년, 경술국치의 自靖은 을사항쟁의 연장이었다. 이때의 자정 순국은 의병장, 그리고 재야 유림이 가장 많았다. 이런 상황 하에서 유교계는 독립의군부나 민단조합, 그리고 조선국권회복단 및 대한광복회를 결성하여 조직적인 항일독립운동을 전개하였다. 독립의군부의 경우 척사유림의 의병적 독립군으로 황실과 의병장 그리고 유림관료가 일체가 되었다는 점에서 그 역사적 의의를 찾을 수 있다. 그리고 독립의군부의 좌절은 위정척사적 복벽주의세력이 붕괴된 고비였다. 이보다 작은 규모의 민단조합 역시 복벽주의 단체로서 척사의병조직의 마지막에 해당된다.

조선국권회복단과 대한광복회에서 종래의 유림은 혁신유림의 형태로 발전하였다. 조선국권회복단이 의병출신의 인사와 계몽주의자들이 결합된 비밀결사라고 한다면, 대한광복회는 혁신유림이 주도한 혁명단체였다. 그들은 성리학적 민족주의에서 탈피하고 있었다. 그러면서 근대국가 이념인 공화주의를 표방하고 있었던 것이다. 따라서 1900년대의 유림계는 그 사상적 한계에도 불구하고 1900년대 후반에는 근대적 민족주의 존재양식에 근접하면서 3・1운동의 민중성과 결합하고 있었던 것이다. 즉 향촌사회에서 유생의 생활 영향권 안에 포함되어 있었던 서당과 서당 관계자의 3・1독립만세운동 참가에서는 그곳 유림계의 하부 조직체라는 한계에서 벗어나 민족의 기층세력이라는 점을 확연히 드러내고 있었던 것이다.[140]

2) 3・1운동과 영남유림

3・1운동의 재판기록을 통해보면 유림세력 중 직업상 서당을 포함한

---

139) 琴章泰・高光植,『儒學近百年』, 1984, 468쪽 ;『陝川郡誌』, 658~691쪽 참조.
140) 南富熙,『유림의 독립운동사연구』, 범조사, 1994, 305~306쪽.

'유생'이 23.2%나 차지하고 있다. 이처럼 유림계 참가세력은 서당, 유생
으로 많이 나타날 뿐만 아니라 평균 연령이 40.7세로 농민계층의 32.5세
보다 높다. 참가시기에서도 서당교사나 직접적인 유림계 지도층일수록
빠르며 시기가 지날수록 유림계 계층내의 대중 참여도를 확대시키고 있
다.[141] 따라서 3·1운동이 유림세력들과 무관하게 전개되었다는 주장은
재고되어야 한다고 본다.

경남지방의 3·1운동은[142] 타지방에 비해 늦게 점화되었지만 사상자
수, 관공서 파괴 등이 극심했다고 나와 있다. 이는 부산, 마산 등의 개항
장을 중심으로 일본인이 대거 진출하여 토지, 어장, 상업 전반에 걸쳐
일제의 경제적 침탈이 가장 혹심했고, 이로 인해 지역민들의 일제에 대
한 민족적 반감이 높았던 데 기인한 것이다. 참고로 3·1독립만세운동 당
시 각도별 시위장소수, 시위회수, 사상자현황과 경남지역에서 전개된 독
립만세운동 상황에 대해서는 『경남항일독립운동참여자록』 중 <부록
3> '3·1독립만세운동 통계 및 상황보고 발췌'에 잘 정리되어 있다.[143]

경남 지방의 3·1독립만세시위는 3월 중순에서 하순까지 총 173회의
크고 작은 시위가 매일같이 일어났으며, 시위 참가 인원은 약 6만 명에
달하였다.[144] 본 도의 운동은 충청북도 다음으로 전국에서 가장 뒤늦은
시기에 점화되었지만, 삼남 지방 가운데 가장 치열하고 완강한 편이었
다. 173회 시위 중 46회는 일제의 발포에 아랑곳하지 않고 싸움을 벌였

---

141) 南富熙, 『유림의 독립운동사연구』, 범조사, 1994, 307쪽.
142) 경남지방의 3·1독립만세운동에 대해서는 삼일동지회, 『부산·경남 3·1운동사』
1979 ;『3·1민족해방운동연구』청년사, 1989 ; 이대수 편저, 「<부록 3> 3·1독
립만세운동 통계 및 상황보고 발췌」『경남항일독립운동참여자록』, 도서출판고
구려, 2001 참고.
143) 이대수 편저, 「<부록 3> 3·1독립만세운동 통계 및 상황보고 발췌」『경남항일
독립운동참여자록』, 도서출판고구려, 2001.
144) 이같은 시위 횟수는 『한국독립운동사』 2 「각도운동일람」의 114회, 박은식, 『한
국독립운동지혈사』의 128회보다 훨씬 상회하는 수치이며 시위자 수 역시 마찬
가지이다.

으며, 20회는 관공서, 일본인 관공리, 일본인 집, 친일 주구배를 공격하여 일제와 충돌하였다. 그 과정에서 사망자 81명, 부상자 233명, 피검자 754명이라는 희생을 치렀다. 또한 시위 군중에 의한 일제 관공서 파괴 수는 경찰관서 15개소, 헌병분견소 7개소, 군청·면사무소 7개소, 우편소 6개소, 기타 8개소 등으로 일제의 통치기반에 대타격을 가하였다.[145] 지역적으로 볼 때, 하동·합천·진주·사천·김해·동래 등지에서는 모두 10회 이상의 많은 시위를 펼쳐나갔다. 특히 합천·함안·창원·하동 등 농촌 지역의 시위는 매우 치열하고 완강하였다.

3·1운동의 전개과정에서 유림들의 역할을 잘 알 수 있는 지역은 성주와 합천이 대표적이다. 이하에서는 합천지역의 사례를 통하여 3·1운동의 전개과정에서 유림들의 활동을 정리해보고자 한다.[146]

합천지역은 대부분 남인에 속했던 영남 유림의 본거지 가운데 하나였는데, 南人들 중에서도 남명 문하의 서부 경남 48가는 鄭仁弘이 인조반정으로 몰락하자 완전 枯落되고 말았다 한다.[147] 게다가 '李麟佐의 난' 당시 그를 지지함으로써 이 지역은 반역향으로 낙인 찍히게 되었다.

한말 의병운동이 일어났을 때 이곳 유림 가운데 노사문하의 老栢軒, 鄭載圭가 적극적인 참여를 시도했으나 거사에 이르지는 못했다. 노백헌은 1860년 김홍집이 일본에서 구해 온 『조선책략』을 조정에서 따르려는 움직임을 보였을 때도 이를 비판하는 내용의 격문을 성균관 유생들에게 보내고 조정에 올릴 疏를 준비했으나 주위 문인들의 만류로 올리지 못했다. 또한 1905년 을사조약이 늑약되자 그해 11월 조용소·정면규·권운환·진박·송재낙·류원중·송호완·정룡규·류치균·최덕환·

---

145) 박경식, 『朝鮮三·一運動』, 1976, 173쪽.
146) 이 글은 경남 이정은의 「합천의 3·1운동」(『한국독립운동사연구』 34, 1989)을 전적으로 참고하여 작성했다.
147) 『慶尙南道誌』, 1959, 725쪽 및 李在喆, 「18세기 慶尙右道 士林과 鄭希亮亂」 『대구사학』 31, 1987.

정재호·남정우·리교문·정재혁·민치덕·금경문 등 문인과 동지를
이끌고 최익현이 있는 정산으로 달려갔다가 무산되었으며, 면암의 재기
소식에 다시 한번 참여를 시도하다가 면암이 대마도로 잡혀갔다는 소식
에 단념하고 강학에만 전념하게 되었다.[148] 노백헌은 노사 문하에서 수
학하고 그의 학통을 계승, 정립시키는 데 중요한 역할을 하였다. 그는
한주 리진상을 비롯하여 그의 문하 허유·곽종석·리승희 등과 교류하
고 금평묵·최익현·류기일 등 화서학파와도 교류하였다.

한편 유림단 파리장서에 서명한 137인의 유림 중 이 지역 인사로 송
호완·송호곤·박익희·송호기·송재낙·문용·송철수·금동수·전
석구·금석윤이 있다.[149] 이 유림단의 파리장서에 서명한 경남각지의
인사들에 대해서는 다음의 <표 1>에 잘 정리되어 있다.

그런데 합천에서 전개된 3·1운동에 倪宇와는 경향이 조금 다른 성재
허전 문도들 역시 일정한 역할을 했을 것으로 추정된다. 왜냐하면 성재
문도들의 실체를 알 수 있는『냉천급문록』과『조선유현연원록』에 의하
면 성재 문도들이 삼가에 15인, 초계에 11인, 합천에 3인 도합 29인이,
『자암계첩』에는 초계 13인, 합천 9인 도합 21인이 확인되고 있으며, 성
재 문도 즉 노상직으로 대표되는 문도들이 파리장서에도 다수 서명하고
있기 때문이다.[150]『냉천급문록』,『조선유현연원록』,『자암계첩』에서
확인된 이 지역 문도들은 다음과 같다.[151]

『냉천급문록(冷泉及門錄)』『조선유현연원록(朝鮮儒賢淵源錄)』

삼가(15인): 정동하(鄭東夏) 허상호(許相顯) 최정우(崔正愚) 이시화(李時
和) 송근진(宋根震) 송민용(宋民用) 송도명(宋度明) 안효오

---

148) 금장태·고광직, 앞의 책, 326~327쪽.
149) 허선도, 위의 논문 및 리원균, 위의 논문.
150) 허웅,『냉천급문록』; 윤영선,『조선유현연원록』;『자암계첩』.
151) 보다 자세한 것은 졸고,「성재 허전 문도의 의병운동」『전통문화논집』제6집,
경성대 한국학연구소, 1998, 5~9쪽 참조.

(安孝五) 박치복(朴致馥) 박치회(朴致晦) 조해식(趙海植) 문성치(文聖治) 문진영(文鎭英) 문병형(文棅衡) 문찬중(文燦中)

초계(11인): 노응석(盧應奭) 안종대(安種大) 안찬(安瓚) 이대형(李大馨) 안사숙(安思俶) 전두성(全斗成) 안사용(安思龍) 전규환(全奎煥) 박진영(朴進英) 김학노(金學魯) 노응호(盧應祜)

합천(3인): 이영세(李榮世) 윤영종(尹永鍾) 한영석(韓永錫)

『자암계첩(紫巖契帖)』

합천(9인): 정용(鄭鏞) 이시배(李時培) 심학환(沈鶴煥) 전기발(全基發) 진정용(陳廷龍) 차병학(車秉學) 안영휘(安永徽) 이영호(李英鎬) 안준호(安埈浩)

초계(13인): 노응한(盧應漢) 변응주(卞應周) 노수형(盧秀亨) 이종은(李鍾殷) 진기주(陳箕周) 정규보(鄭圭輔) 이병익(李炳益) 이상석(李相錫) 안진민(安鎭民) 노시용(盧時容) 노기용(盧琪容) 노정상(盧正商) 노태용(盧泰容)

  이러한 분위기가 지배하는 합천에서 1910년 국권상실과 1919년 고종황제의 붕거-독살설, 독립선언과 3·1운동의 발발은 이곳 사람들의 예민한 의리관념과 강렬한 항일의식에 비추어 남여노유를 막론하고 분기치 않을 수 없는 상황이 되었을 것으로 생각된다. 그리하여 전 주민은 상복에 백립을 쓰고 면민이 모여 북쪽을 향해 제상을 차려 놓고 망곡을 했으며, 만세시위가 추진되자 어느 지역보다 적극적으로 시위운동을 전개하기에 이른 것이 아닌가 생각된다.

  3·1운동 주도층의 의식면을 보면 유림 가운데 특히 한주학파가 보이고 있는 서구 신문물에 대한 관용성에서 한걸음 더 나아가 이 지역 3·1운동 주도자가 3·1운동 후 신학문의 필요성을 인식하고 신식학교를 각 지역에 설립하고 있는 데서 유림의 의식변화의 일면을 볼 수 있다. 실제 경남 합천군은 전국에서 3·1운동이 가장 대규모적으로 치열하게 일어난 곳 가운데 하나였다. 특히 대병·초계·삼가 시위는 시위 규모나 양상

에 있어서 큰 시위였다. 그 가운데서도 백산·상백과 가회면이 중심이 되어 일어났던 3월 23일의 삼가 시위는 그 절정에 이른 것이었다. 이 지역의 시위는 시위 규모나 양상뿐만 아니라 수개 면의 연합시위의 한 본보기로서, 그리고 유림의 3·1운동 참여 문제와 관련하여 주목해야 할 시위운동이었다.

이렇듯 합천 지역에서 3·1운동이 치열하게 전개될 수 있었던 것은 합천지역은 지리적 조건이 재지 사족의 근거지로서의 적지의 요건을 갖고 있었고, 역사적으로 중앙정계로부터 소외당한 南人들이 주로 거주하면서 이러한 지리·역사적 조건에 의해 재지 토호로서의 성격으로 굳어졌던 점이었다. 따라서 이 지역은 이들 유림의 동향이 주민 전체의 동향을 좌우할 수 있는 상황에 있었다고 보여진다.

또한 시위양상에 있어서 군내 각 시위가 주재소·면사무소에 대한 파괴·방화·전선절단 등의 양상을 보이고 주도자 상호 간에 인적 연관성이 발견되는 점으로 보아 이들 합천, 대병, 초계, 삼가 시위가 하나의 연관된 시위가 아니었나 생각되며, 이들 시위의 주도자들은 20대부터 40대까지의 청장년들로서 유림적 성격을 분명히 확인할 수 있는 인물들이 보이고, 이 지역이 유림 유지층이 아니고서는 지역민 전체를 움직일 수 없다고 볼 때 유림주도의 3·1운동으로 파악할 수 있을 것이다.

3. 파리장서운동과 허전 문도

1) 파리장서운동과 영남유림

3·1독립만세운동의 초기 조직자들은 유림과의 연합도 추진했으나 결국 실패하였다. 최린 등은 처음에 서울의 유림대표격인 김윤식·윤용구 등과 접촉하여 의사를 타진했으나, 김윤식은 '독립선언'에는 찬성

할 수 없고 '독립청원'이면 생각해 보겠다는 반응을 보였으며, 윤용구는
참가를 거절하였다. 뒤이어 한용운은 경상남도 거창으로 지방 유림의
대표 격인 곽종석을 방문하여 유림과의 연합을 추구했으나 결국 실패하
였다.

　이 두 개의 시도 외에 3·1운동의 초기 조직자들은 김창숙에게도 독립
선언 계획을 사전에 알려주고 반응을 기다렸다. 김창숙의 『심산유고』에
의하면, 김창숙이 경상북도 성주의 본가에 있을 때 서울의 성태영으로부
터 온 편지에 이르기를, 고종의 인산이 3월 3일에 있는데 이때를 타서
나라 안 인사들이 일을 일으키려고 하여 기틀이 이미 성숙했으니 즉시
서울로 올라와서 기회를 잃고 후회하는 일이 없도록 하라고 하였다. 김
창숙이 모친의 병환 때문에 양력 2월 그믐날에 서울에 오자 성태영이
이르기를, 3월 1일에 「독립선언서」를 발표하기로 되어 있으니 이미 연
서의 기회를 잃은 것이 한탄스럽다고 말했으며, 김창숙은 이튿날 독립선
언서를 보고 통곡하면서 유림대표가 한 사람도 없음을 개탄했다고 한다.
결국 민족대연합전선에 유림의 참여가 없게 됨에 따라 유림세력이 영향
력을 발휘하는 지역에서의 대규모 국민동원의 가능성이 약간 약화된 것
은 사실이었다.

　제1차 유림단 사건인 세칭 파리장서사건은 金福漢 등의 호서유림과
郭鍾錫 등의 영남유림 137명이 파리강화회의에 한국독립청원서를 보낸
활동으로써 명실상부한 유림의 항일운동이었다. 그런데 이 일은 경북 상
주의 만세운동과 관련하여 1919년 4월 12일 서명자의 한 사람이었던 宋
晦根이 피체되면서 발각되었다. 일제는 이들 유림이 한국인의 존경을
받는 인물들이었으므로 민족감정이 더욱 번질 것을 우려한 나머지 크게
부각시키지 않았다. 파리장서에 서명한 영남유림을 <표 1>로 정리해
보았다.

〈표 1〉 파리장서에 서명한 영남유림의 항일운동 현황(無順)

성 명	본적활동지	출 생	장서서명 전 독립운동	장서서명 후 독립운동	비 고
조재학	의령	1861	면암 의진 독립의군부	조선고사연구회	3. 운동 참가
김재명	거창	1952			
윤인하	거창	(1853)			
윤충하	거창	1855	의열 투쟁 (을사 5적)	태극단	
윤철수	거창	1868			
이승래	거창	(1856)			
변양석	거창	1858			
문 용	합천	1861			이명 문창석
윤중수	합천	1891		한국독립진정서	파리장서 함경도책
김희봉	창녕	1874		3·1운동1주기 만세시도	
곽종석	산청	1846			호 면우
박규호	산청	(1850)			
하용제	산청	1854			고문으로 순국
조현규	산청	1877			
김우림	산청	1896		군자금모집	제2진 황, 호중재
하봉수	진주	1857			
하겸진	진주	1860		군자금모집	김창숙
이수안	진주	1859			
이규린	울산	1856		2차유림단 군자금모집	김창숙
이우락	울산	1875		2차유림단 군자금모집	1926
유진옥	김해	1871			
안효진	김해	1874			
김창탁	마산	1881		2차유림단 군자금모집	이명 창권·창택
이봉로	달성	1902		임시정부참가 군자금	이명 세봉
이영로	고령	1884		군자금모집	김창숙
유연박	안동	1844	의병		권세연 의진 참가
이만규	안동	1845			* 이만도의 아우

이중업	안동	1863			* 이만도의 子
김병식	안동	1856	협동학교장		
송준필	성주	1869			성주 3·1 이명 준필 호 공산
송회근	성주	1877			성주 3·1
송수근	성주	1896		신간회	성주 3·1
이봉희	성주	1880			성주 3·1
이기원	성주	1885		군자금모집	성주 3·1
이정기	성주	1898		의열투쟁 (대구은행)	군자금모집
정재호	영천	1891		임시정부 정의부	
김동진	영주	1867	독립의군부	군자금모집	김창숙
김택진	영주	1874		신간회	
김창백	봉화	1879	대한협회	군자금모집	김창숙
김홍기	봉화	1884		군자금모집	김창숙
권상익	봉화	1886		2차유림단 군자금모집	호 성재, 청산

※ 독립기념관과 국가보훈처 홈페이지와 李大壽 편저, 『경남항일독립운동참여자록』,
　　도서출판 高句麗, 2001에 의해 재구성함.

　즉, 파리장서와 관련한 137명 가운데 독립유공자로 포상 받은 사람이
93명으로 나와 있다. 이들 가운데 경남지역출신은 23명이고 경북지역출
신 53명으로 나머지는 다른 지역출신이다. 그런데 표를 만들 때 경남 지
역 출신에 한정해서 확인되는 사람만을 제시하고 경북출신자는 파리장
서 서명을 전후하여 항일운동경력자들만으로 한정하였다. 왜냐하면 표
의 제작 목적이 파리장서 서명자들과 항일운동과의 연관성을 파악하기
위하여 작성했기 때문이다. 경북지역 출신자들은 53명으로 이들을 지역
별로 살펴보면 <표 2>와 같다.152)

---

152) 이 <표>는 독립기념관 홈페이지(2002년 11월 1일 기준)에 의해 재구성함 ;
　　　( ) 안의 한자는 異名이며 연도는 출생연도이다.

〈표 2〉 파리장서 서명자 가운데 경북출신자 현황

지 역	성명(출생연도)	소 계
달성	권상문(1850) 조석하(1883) 우성동(1861) 우찬기(1861) 우승기(1875) 우경동(경동, 1875) 서건수(1874) 이봉로(1902)	8
성주	이덕후(1855) 이기형(1868) 이계준(1869) 이계원(1871) 송홍래(1866) 성대식(1869) 이만성(1872) 이수인(1880) 이기윤(1891) 정재기(호, 성재, 1851) 이현창(1865) 이봉희(1880) 이정기(1898) 이기원(1885) 송준필(1869) 송회근(1877) 송수근(1896)	17
봉화	김건영(1848) 김창우(1854) 김순영(1860) 권상원(순팔, 1862 ?) 권명섭(1885) 권상위(상도, 1895) 김홍기(1884) 김창백(1879) 권상익(1886)	9
고령	윤양식(1866) 곽걸(1868) 이인광(1878) 곽수빈(1882) 이영로(1884)	5
안동	유필영(1841) 유연박(1844) 이만규(1845) 김양모(익모 양모, 1850) 이중업(1863) 김병식(1856)	6
김천	이석균(1855) 최익길(학광, 1862)	2
의성	권상두(1870)	1
선산	이능학(1841 ?)	1
영천	정재호(1891)	1
영주	김동진(1867) 김택진(1874)	2
영양	이돈호(1868)	1
계		53

이들 인물 가운데 주목되는 사람은 尹忠夏, 金佑林이다. 尹忠夏는 출옥 후 1919년 2월 거창에 있는 郭鍾錫을 방문하여 파리강화회의에 대한 내용과 전망, 서울 儒林들의 독립문제에 대한 동태를 세밀히 보고하면서 파리강화회의에 독립청원서를 제출하여 국제 여론에 호소하는 것이 독립을 획득할 수 있는 기회이므로 이 운동에 곽종석이 대표로 나서 줄 것을 권유하였다.

그 후 곽종석의 지시에 따라 곽윤·김황 등과 함께 상경하여 金昌淑을 만나 파리강화회의에 제출할 독립청원서인 파리장서를 작성하는 데 주도적인 역할을 하였다. 중재는 산청출신으로 영남 학통의 정맥을 잇는 학자로서, 곽종석·김창숙·윤충하 등과 함께 파리장서운동의 실질적 임무를 수행했다. 당시 그는 곽종석의 지시에 의해 서울로 올라가 김창숙과 함께 정세를 파악하면서 파리장서의 계획을 수립하였다.

특히 경북지방에서는 가운데 성주 지역에서 서명자들이 많이 나오게 된 것은 심산 김창숙의 고향, 이현창의 적극적인 활동 때문이라 여겨진다. 이현창은 여러 사람들에게 유림대표로 서명할 것을 권유하고, 이를 여러 매 복사하여, 국내에 배부하여 독립정신을 고취시키는 등 독립운동을 전개하였다. 안동은 의병항쟁과 계몽운동이 갈등하며 합류를 시도하는 과정을 검토하면서 사립학교 설립을 통한 교육구국운동을 주목하였는데, 이를 안동의 혁신 유림과 신민회의 합작품으로 이해하였다.153)

3·1운동과 함께 전개된 제1차 유림단 의거인 파리장서운동은 유림 스스로가 유교체제의 무력함을 일면 자성하면서 복고적 민족주의나 배타적 자주성에까지 커다란 과제를 던진 독립운동이었다. 이 운동은 복합적이고 다양한 유림의식이 합류하고 있었다. 척사적 유림, 탈 척사적 유림, 그리고 혁신 유림 등이 그것이다. 이 운동을 전개한 핵심유림들은 군주보다 국가를 상위 개념으로 규정하면서 忠君的에서 민중적으로 발전하고 있었던 것이다.

제2차 유림단 의거는 몇 가지 점에서 차이를 확인할 수 있지만 제1차 유림단 의거의 연장이었다. 즉 거사 구성원 절대다수가 제1차 유림단 의거에 직·간접적으로 참여한 인물이었으며 유교를 바탕으로 한 항일투쟁과 국권회복이라는 공동목적으로 추구하고 있었던 것이다.154)

2) 성재 허전 문도와 파리장서운동

19세기 당시 영남의 유자들은 대개가 영남학의 전통에 심취해 있었고, 허전155)의 영남지방 문도들도 역시 성재의 고비를 찾기 전에는 대부

---

153) 김희곤, 『안동의 독립운동사』, 안동시, 1999.
154) 南富熙, 「유림의 독립운동사연구」, 범조사, 1994, 309~310쪽.
155) 허전의 일대기와 유학적 업적에 관해선 본 저작 제2부 1, 2항목에서 자세히 언급했기에 여기서는 생략한다.

분 영남의 유향을 입고 있었다. 예컨대, 만성 박치복은 정재 유치명의 문하에서 방산 허훈은 계당 유주목에게서 각기 영남의 학통을 전수 받았다. 이에 성재가 김해 부사로 내려와 회유문을 반포하고 서원에 배향하여 유생들을 모아 향음주례를 시작하자 이들은 성재가 김해에서 도를 창도했음을 알고 그의 문하로 몰려들었다. 이것이 성재가 영남의 학자들과 사제의 인연을 맺게 된 발단이 되었다. 대표적인 문하로는 노필연, 김인섭, 박치복, 허훈, 조병규, 김성탁, 노상직 등이며, 이들은 '취정계'를 조직하여 스승의 가르침에 따라 고례의 재현에 노력하고 고도, 고학, 고경의 학문 세계에도 깊은 관심을 가졌다.[156]

이하에서는 파리장서에 연서한 인물들 가운데 성재 허전 문도들과의 직 간접적인 관계를 살펴볼 것이다. 파리장서에 연서한 유림은 모두 137 명으로 이들 가운데 성재 허전의 대표적인 문도라 할 수 있는 노상직, 송준필, 김동진 등이 확인되고 있다. 참고로 파리장서에 연서한 명단은 다음과 같지만 137인의 연서자는 자료마다 조금씩 다르게 나와 있다.[157] 즉 1961년판의 『면우선생연보』에 서명자가 수록되어 있는데 김창숙이 빠져 있고, 김창숙의 『躄翁一代記』[158]의 95쪽의 註에는 조선총독부의 『警察年鑑』의 서명자를 옮긴 것이라 밝혀 놓았는데 경북경찰국에서 발행한 『高等警察要史』[159]와 또 다르다.

이같은 혼란은 한국유림독립운동파리장서비위원회약사편찬위원회에서 간행된 『자료집』이나 국가보훈처에서 나온 『독립유공자공훈록』은 물론이고 최근에 진행된 '파리장서와 유림의 독립청원'이란 제하의 심포

---

156) 김철범, 「성재 허전의 생애와 학문연원」 『문화전통논집』 제5집, 경성대 한국학 연구소, 1997, 23~24쪽.
157) 이 점에 대해서는 趙東杰, 「巴里長書의 性格과 歷史的 意義」 『한국 근현대사의 이해와 논리』, 지식산업사, 1998, 19~20쪽 참조.
158) 『躄翁一代記』, 太乙出版社, 1965.
159) 慶尙北道警察部, 『高等警察要史』, 1934.

지엄자료집에서조차 반복되고 있다.160) 따라서 본고에서는 필자가 이들
의 자료를 종합하여 다음과 같이 정리한 것임을 밝혀 둔다.

<표 3> 파리장서 聯署人 명부(총 137명)

郭鍾錫(거창) 金福漢 高石鎭 柳必永(안동) 李晚煃(안동) 張錫英(성주) 盧相稷(밀양)
柳浩根 安炳瓚 金東鎭(영주) 權相文(봉화) 金建永(봉화) 金昌禹(봉화) 申稷善 金商
武 金順永(봉화) 李鍾夔(대구) 權相翊(봉화) 高濟萬 徐健洙(대구) 郭守斌(고령) 柳淵
博(안동) 河謙鎭(진주) 崔鶴吉(김천) 李璟均(김천) 李鈺均(김천) 趙顯珪(산청) 河鳳壽
(진주) 李壽安(진주) 河載華(진주) 河龍濟(산청) 朴圭浩(산청) 禹夏敎(달성) 金在明
(거창) 卞穰錫(거창) 高禮鎭 李承來(거창) 尹寅夏 金鳳濟 朴鍾權(거창) 尹哲洙(거창)
金澤鎭(영주) 權相斗(의성) 丁泰鎭(영주) 鄭在夔(성주) 林翰周 裵鍾淳(성주) 柳震玉
(김해) 許坪(김해) 朴尙允(밀양) 金智貞 李寅光(고령) 李學奎(밀양) 安鍾達(밀양) 孫
上鉉(밀양) 李以翊(?) 柳濬根 宋鴻來(성주) 宋浚弼(성주) 成大湜(성주) 李基馨(성주)
李德厚(성주) 安孝珍(김해) 姜信赫(창녕) 田穰鎭李定厚(의령) 盧燾容(창녕) 金泰麟
(밀양) 金定基(청도) 宋喆洙(합천) 文鏞(합천) 宋鎬完(합천) 宋鎬坤(합천) 權命燮(봉화) 李
墩浩(영양) 朴正善(산청) 黃宅性(?) 李相義(고령) 崔仲軾 金漢模(안동) 權禹燮(봉화)
權相元(봉화) 高舜鎭 金澤柱 鄭奎榮(곤양) 宋鎬基(합천) 李吉性 宋哲秀 (합천) 朴
翼熙(합천) 宋在洛(합천) 權相道(봉화) 金秉植(안동) 李能學(선산) 李鉉昌(성주) 李洙
仁(성주) 朴埈(?) 李鳳熙(성주) 朴殷容 鄭根(?) 白觀亨 全錫九 宋柱憲 全錫允 金榮
植(?) 金陽洙(합천) 金相震(합천) 張永九(?) 李來修 曺在學(의령) 金永贊(?) 鄭在浩(영천)
金憲鎭 孫晉昌(경주) 孫秉奎 (경주) 金炳軾 李泰植(의령) 李萬成(성주) 李啓源(성주)
李季埈(성주) 禹成東(달성) 金學鎭 禹纘基(달성) 李柄回(?) 尹亮植(고령) 金容鎬(달
성) 李福來(달성) 郭杰(고령) 禹三夏(달성) 禹涇東(달성) 朴純鎬(달성) 禹升基(달성)
曺錫河(달성) 金東壽(합천) 朴在根(달성) 李鎭春 李麟奎(울산) 李基定(성주)

<제2차 유림단 사건 관련자> 24명

金昌淑 成泰英 兪鎭泰 林敬鎬 李中業 郭奫 金槐 尹忠夏 尹中洙 趙重憲 李得秊
金昌澤 李敎仁 李弼鎬 裵錫夏 安鍾默 李潤 崔海潤 黃佾性 李永珪 田容學 金丁
鎬 金昌淵 李成薰 등

위에 제시한 파리장서에 연서한 명단에는 허전의 대표적인 문도라 할
수 있는 노상직(밀양), 송준필(성주), 김동진(영주) 등이 보인다. 그런데

160) 한국유림독립운동파리장서비위원회약사편찬위원회, 『자료집』, 5~6쪽 ; 국가보
   훈처, 『독립유공자 공훈론』, 935~936쪽 ; 경상대학교 남명학연구소 주최, 「파
   리장서와 독립청원」『자료집』, 2002.

『자암계첩』에 의하면 파리장서에 서명한 인물들이 14명이나 확인된다. 결국 이들의 문도들까지 합하면 파리장서에 연서한 인물들의 숫자는 최소 20여 명을 상회할 것을 추정된다. 이하에서는 소눌 노상직의 생애와 활동을 간략하게 검토해 봄으로써 성재 허전 문도가 의병운동과 애국운동에 이어 3·1운동에서도 적극적인 활동을 벌여나간 사실을 확인해 보고자 한다.

소눌 노상직은 1919년 파리장서가 성재의 학문적 경향과는 사뭇 다른 면우 등에 의해 주도되었음에도 불구하고 그의 문도 배종순, 유진옥, 허평, 박상윤, 이학규, 안종달, 송상현, 안효진, 강신혁, 이정후, 노도용, 김정기, 이돈호, 박정선 등과 함께 이에 가담 서명했다.[161] 이처럼 파리장서에 연서한 소눌의 문도는 도합 14명이나 되었다. 이들 서명자 명단은 『紫巖契帖』에 수록되어 있는 총 798명의 인물 가운데에서 확인한 것이다.

물론 학문적 경향이 다른 면우 등이 주도한 파리장서에 서명하게 되었는지 또는 성재의 학풍이 소눌 단계에 와서 달라졌는지, 다른 지역의 성재문도는 파리장서운동에 어떻게 대응했는지 등의 의문은 여전히 남아있다. 하지만 당시의 사회 정치적 상황을 고려해 보면 소눌로서는 대단한 각오와 용단이 필요했을 것이며, 평소 지론인 실천철학의 구현이라 보아야 할 것이다.

소눌의 부고를 알린 『통부록』에 의하면 그 명단 가운데에 파리장서에 연서한 인물들은 도합 19인이다.[162] 또한 「소눌노선생양례」에서도 파리장서에 연서한 인물들이 다음과 같이 확인되고 있다.[163] 호상에 권상익, 제제문 총 8인 가운데 이정후, 대여배행 총 8명 가운데 안효진, 박상윤,

---

161) 『자암계첩』 ; 부산일보 1986년 2월 19일자. 한국 지성의 부리 소눌 노상직에 의하면 파리장서에 그의 문인 12명과 함께 서명했다고 나와 있다.

162) 『通訃錄』(辛未正月三十日, 1931년 1월 30일).

163) 「소눌노선생양례」(신미삼월십이일, 1930년 3월 12일).

독홀 총 10명 가운데 김정기, 사명정 총 7명 가운데 배종순이다. 물론 파리장서운동이 진행된 시점과 부고를 알린 시점은 10년의 시차가 있다. 따라서 실제 소눌의 교유관계는 이보다 훨씬 더 폭넓을 것으로 보인다.

〈표 4〉『通訃錄』에 나타난 파리장서 연서자

金東鎭(영주) 河謙鎭(진주) 趙顯珪(산청) 河載華(진주) 河龍濟(진주, 산청) 宋浚弼(성주) 李泰植(의령) 李基馨(성주) 金定基(청도) 李鳳熙(청도) 安孝珍(김해) 姜信赫(창녕) 李鳳熙(청도) 金相震(합천) 李泰植(의령) 禹成東(달성) 朴純鎬(달성) 朴尙允(밀양) 裵鍾淳(성주)

이상에서와 같이 영남계열의 한 학파를 형성했던 성재(허전)학파의 문도들은 의병운동과 애국운동에 이어 지속적으로 항일독립운동을 전개했음을 확인할 수 있었다. 즉 소눌과 교유했던 영남 지방의 다수 유림들이 자기거주의 향리 중심으로 3·1독립만세운동을 주도하였다. 특히 1919년의 제1차 유림단 사건인 파리장서 운동에 동참하였고 1925년의 제2차 유림단 사건에도 관여하였다. 이는 성재의 재전문도 단계에 이르면 유림들의 성향이 보수적 전통 옹호를 바탕으로 한 유학의 기반 안에서 새로운 세계질서 속에서 활동해야 한다는 개방성을 보여주고 있음을 시사해주고 있다. 이처럼 성재문도들의 애국운동은 한말부터 일제 강점기까지 침략세력에 대해 지속적으로 저항했지만 특수한 행동양식만을 고수한 것은 아니고 시대의 상황과 개인의 처지에 따라 스승이 보여준 실천철학을 실천하였던 것이다.

4. 맺으며

이상에서 파리장서와 영남유림에 대해 살펴보았다. 이하에서는 이같은 주제와 관련하여 몇 가지 문제제기와 연구 과제를 제시함으로써 결론에 대신하고자 한다.

첫째, 한말 유림들의 항일독립운동을 파악하는 데 있어서 유림들의 정치사회적 경향을 여러 갈래로 나누고 있다. 즉 척사적 의병유림, 척사적 자중론자, 혁신유림, 經學院의 계열이 그것이다. 또한 화서학파, 노사학파, 한주학파 등으로 가르기도 한다. 여러 가지 기준과 잣대로 유림들의 정치사회적 의식변화와 학맥으로 갈라서 유림들의 항일독립운동을 살피는 것도 중요한 의미가 있다. 하지만 무엇보다 더 주목해야 할 것은 이들 유림들의 항일의식과 운동일 것이다. 게다가 인간의 의식은 사회적 존재에 의해서 규정될 수 있음을 염두에 둔다면 유림들의 학맥과 정치사회적인 경향의 갈래를 지나치게 의식하여 도식적으로 접근, 분석해서는 안 된다는 점이다.

둘째, 3·1운동을 전후한 시기 유림들의 항일독립운동을 정리하고자 할 때 '독립선언서'에 서명한 민족대표 33인 가운데 왜 유림 대표가 빠졌을까 하는 의문을 갖게 된다. 물론 유림 대표도 '독립선언서'에 들어 있었으면 더할 나위 없이 좋았을 것이다. 그러나 문제는 '서명'이 아니라 '항일독립운동에 대한 확고한 의지와 실천'이다. 또한 '민족대연합전선'을 형성하면서 당시에 아직도 지방에 상당한 영향력과 세력을 지진 유림을 참여시키지 못한 것은 그들의 노력이 미흡했던 것이다. 물론 일부 유림이 완고하여 다른 종교로부터의 접촉에 기민하게 반응하지 못한 점과 천도교와 기독교측이 유림을 연합전선에 참여시키려는 더 적극적인 노력을 충분히 하지 않았다는 점이 지적, 보완되어야 할 것이다.

셋째, 3·1독립만세운동의 실상과 이 시기 유림들의 활동에 대해서 보다 구체적으로 밝히기 위해서는 사료의 발굴과 합천이나 성주처럼 지역 사례를 더욱 더 구체적으로 연구해야 할 것이다. 이같은 연구는 우리에게 3·1독립만세운동 참여자들의 성격·운동 전파 경로·추진과정·지역의 사회·경제적 및 문화적 배경을 알 수 있게 해 준다.

　넷째, 파리장서에 서명한 성재 허전 문도들이 확인됨으로써 성재에 대한 연구를 1910년대까지 확장할 수 있었다. 물론 파리장서운동은 성재 문도들뿐만 아니라 당시 유림들이 지속적으로 항일독립운동을 벌였음을 알 수 있게 해 주었다. 하지만 파리장서에 주도적인 역할을 한 면우와 성재는 그 경향이 사뭇 다름에도 불구하고 성재의 대표적인 문도인 노상직 이하 여러 유림들이 참가하게 된 이유를 보다 구체적으로 밝혀내야 할 것이다. 또한 파리장서에 연서한 137명에 대한 보다 심도 깊은 연구가 진행될 때 파리장서운동의 총체적인 상이보다 정확히 포착될 것이며, 유림들의 항일독립운동 또한 새롭게 조명될 수 있을 것이다.

　다섯째, 파리장서운동을 파리장서운동 자체만을 조망하거나 3·1독립만세운동이 그 자체만으로 볼 때 그 실상을 올바르게 파악할 수 없을 것이다. 적어도 조선 후기 향촌사회와 그 동향이 임술농민운동기, 갑오농민운동기 등을 거치면서 어떤 양상으로 나타나고 그것이 일제침략기를 거치면서 어떤 변화를 거쳐 3·1운동기에 이르게 되며, 이후 어떻게 변화되어 가는지를 살펴보아야 할 것이다.

제3장

항일의 전통

제1절 백산 안희재의 대동청년단운동

1. 들어가며

白山 安熙濟는 일제의 침략이라는 민족적 위기 상황에서 국내외에서 활동한 민족 독립운동가이다. 국내에서의 활동은 의신·창남·구명학교의 설립·대동청년단 결성·백산상회의 설립·기미육영회 조직·중외일보를 통한 언론투쟁·협동조합운동 등으로 요약될 수 있겠고, 국외에서는 독립운동기지 개척을 위한 발해 농장의 경영에 전념하였고, 특히 말년에는 대종교를 통한 민족운동에 큰 족적을 남겼다.

위와 같은 활동 중 그의 1910년대의 독립운동은 대동청년단운동을 통해 이루어졌다고 볼 수 있다.[1] 대동청년단은 1909년 10월 결성된 뒤 광복을 맞이하는 1945년 까지 해체되지 않고 활동한 독립운동단체로 기록되고 있다. 그러나 대동청년단은 1920년대 중반 이후가 되면 단지 일제에 의해 노출되지 않고, 그 단원으로 인정할 수 있는 인사들이 크고 작은 독립운동사건에 연류되고 있을 뿐, 대동청년단 명의의 뚜렷한 발자취는 찾아볼 수 없다.[2]

그런데도 대동청년단은 한국 독립운동사 연구자들이 매우 높은 관심을 보이고 있으며 또 중요하게 다루어지고 있다. 그것은 대동청년단이 1910년대와 1920년대에 걸쳐 국외의 독립운동세력을 지원하던 비밀결사 단체로서, 항일독립운동의 방략을 국내운동에 두고 독립운동 자금 조달과 인재육성, 그리고 국내외 연락을 목적으로 활동하여, 초기의 한국

---

1) 李東彦, 「白山 安熙濟 硏究」『한국독립운동사 연구』제8집, 1994, 313쪽.
2) 權大雄, 『1910년대 慶尙道 地方의 獨立運動 團體硏究』, 영남대 박사학위 논문, 1993, 79쪽. 대동청년단에 관한 본격적인 연구는 상기 논문이 최초라고 사료된다.

민족독립운동사의 규명에 차지하는 비중이나 역할이 매우 높고 특히 1910년대를 전후한 경상남북도의 선각적인 계몽지식인은 대체로 동단체에 관련되어 있기 때문이다.

그런데 백산의 대동청년단운동에 대한 연구는 상당히 어려움이 따른다. 동단체의 성격상 관련된 구체적 기록을 남길 수도 없을 뿐만 아니라 백산 본인도 자서전을 남겨두지 않았기 때문이다. 단지 그에 관련된 주된 자료로는 그의 행적을 그의 實弟 安國濟가 純漢文體로 기록한 일대기인 『白山公家狀及事略錄』과 백산의 詩가 수록된 『南遊錄』3)이 있지만 대동청년단의 규명에는 도움이 되지 않는다.

따라서 본 연구는 대동청년단에 관련된 인물의 재판기록과 항일독립운동 단체나 운동가에 대한 다양한 기록에 산견되는 단편적인 내용에 의존할 수밖에 없다. 그러므로 본고에서는 위의 자료들을 재구성하고 고증하여 대동청년단의 실체를 밝혀 보고, 그 단체를 통한 안희제의 활동에서 그의 구국이념의 일단을 살펴보고자 한다.

2. 백산의 생애

백산은 1885년(고종 22) 경남 의령군 부림면 립산리 안발과 창령 성씨 사이에서 장남으로 태어났다. 자는 泰若, 호는 白山, 본관은 강진이다. 그의 가계는 소지주 鄕班에 속하며, 안향의 후예로 淸儒 집안이었다. 임진왜란 당시에 의령을 중심으로 곽재우와 더불어 의병운동에서 큰 공을 세운 安起宗은 그의 직계 선조이다.4)

---

3) 名儒 張錫蓋이 1903년 7월 15일부터 10월 10일까지 영남 士林 30여 명과 영남 일원의 명승지를 유람하면서 기록한 日錄인데, 여기에는 당시 19세인 백산이 동행하여 지은 詩 32수가 「白山詩抄」로 남겨져 있다.

4) 安國濟, 「白山公家狀及遺事略錄」『나라사랑』제19집, 1975, 175쪽.

그는 어려서는 고향에서 족형 안익제에게 한학을 수학하고, 1905년 을사늑약의 소식을 접한 후 상경하여 1906년 사립 흥화학교에 다니고, 1907년 보성전문학교 경제과에 입학했다가 1908년 동교의 교주 리종호의 배척운동에 가담하여 퇴학당하고 양정의숙 경제과로 전학하였다.[5]

이 시기 백산은 신학문을 통한 자주독립사상에 고취되어 보성·양정 학우들을 중심으로 한 청년지사들과 교유하면서 계몽운동에 참가하게 되었다. 그는 고향인 의령군에 의신학교(1907)와 刱南학교(1908), 동래 구포에 윤상은과 함께 龜明학교(1907)를 설립하여 교육계몽운동을 실시하는 한편 1908년 3월에 조직된 矯南教育會에 참가하여 평의원으로 선출된 후 영남 각지를 순회하면서 강연회 등을 통한 민중계몽운동을 전개하였다.[6]

그는 1909년 10월 서상일, 김동삼, 남형우, 박중화, 윤세부 등과 영남 지역 청년민족주의자의 결집체인 비밀결사단체 대동청년단을 조직하여 국권회복을 위한 본격적인 활동을 개시하려 했다. 그러나 그가 양정의숙을 졸업한 해인 1910년 국권이 완전히 강점 당하여 그 뜻을 펼 수 없었다.

그러자 그는 국외로 망명하여 민족해방운동의 방략을 구상하면서 3년 간의 세월을 보냈다.[7] 1911년 봄 백산은 일본견학이라 소문을 퍼뜨리고는 두만강을 건너 블라디보스톡으로 가서 6개월간 머물면서 안창호, 리갑, 신채호 등 민족지도자들과 조국광복의 계책을 의논한 후 1912년 정월 다시 모스크바로 가서 결사를 조직하여 활동하다가 고향의 친우 최병찬이 폐병에 걸려 그를 봉천으로 입원시킨 다음 만주로 나와 그곳의 독

---

5) 이귀원, 「백산 안희제선생의 삶과 백산정신」, 백산 안희제선생독립정신계승사업회의 학술심포지움 발표문표문, 1997, 18쪽.
6) 백산 안희제선생기념사업회, 「백산 안희제선생 연보」『백산 육영회지』, 1987, 94~95쪽.
7) 위의 책, 96~97쪽.

립단체를 방문한 후 1914년 9월에 부산항에 도착했다고 한다.

귀국 후 고향 전답을 팔아 1914~1915년경 초량 객주인 이유석, 추한 식과 더불어 부산 동광동에 백산상회를 설립하였다.[8] 그 후 동회사를 확대 개편하여 백산무역주식회사를 설립하여[9] 독립운동자금을 조달하다가 조선국권회복단사건 - 일명 안일암사건 - 으로 백산은 일시 일경에 체포되고, 동회사는 일경의 감시와 주목을 받게 되었다.[10]

백산은 1919년 8월 백산무역주식회사 외에 자본금 10만원으로 송대관, 김종범 등과 조선주 및 누룩을 제조 판매하는 조선주조주식회사를 부산 수정동에 설립 운영하였으며,[11] 동회사는 1928년 백산무역주식회사가 해산된 다음 해에 역시 해산되었다. 1916년 5월 설립된 경남인쇄주식회사의 설립에도 관여하는 등 부산지역의 기업설립운동에 핵심적인 역할을 수행하였으며, 1926년 4월에서 1928년 3월까지 부산상업회의소 부회두(부회장)를 지내기도 했다. 그리고 백산은 1927년 1월경 조선인의 경제적 파멸에 대한 대책을 강구하는 기관으로『경제운동』이란 월간잡지를 창립하려고 시도했다. 이처럼 백산은 부산 경남지역에서 경제적 실력양성운동을 주도하고 실천하였다.

한편 그는 1919년 11월 백산상회 관계자들을 중심으로 한 부산 및 인근지방 유지들을 발기인으로 참가시켜 장차 독립운동에 필요한 인재 양성을 목적으로 기미육영회를 조직하여 국내 및 국외에 유학시킬 우수한 청년들을 선발하였다.[12] 뿐만 아니라 백산은 1919년 12월 부산예월

---

8) 오미일, 「1910~1920년대 부산지역 조선인 자본가층의 존재양상과 민족주의운동의 전개」『항도부산』제12호, 13쪽. 백산상회의 설립 시기는 아직 분명하게 밝혀지지 않고 있다. 백산은 1914년 백산상회를 확장했다고 했으나 당시 백산은 의령에서 제지업을 운영했다고 한다.
9) 백산상회에 관련된 내용은 다음 장에서 상세히 기술하기로 한다.
10) 越東杰, 「大韓光復會研究」『韓國民族主義 成立과 獨立運動史研究』, 知識産業社, 1989 참조.
11) 『매일신보』 1919년 8월 1일자.

회를 조직하여 민족자본가들의 결속을 다지는 한편 민립대학 설립운동
의 발기인으로 각 학교의 설립 및 확장운동, 교육산업개선 청원운동, 조
선인 자본가를 위한 특수금음기관 설치운동 등에 진력하는 등 부산지역
의 사회운동과 민족자본육성에 노력하였다.[13]

그리고 그는 언론활동에도 큰 관심을 가지고[14] 1920년 봄 동아일보
발기인에 참여했으며, 동아일보 부산지국장을 1921년 6월까지 역임함과
동시에 1920년대 부산지역 민족운동의 구심체였던 부산청년회를 지원
하고 재무부 간사로도 활동하면서 관부연락선을 통한 渡日노동자 문제
등의 해결에 앞장섰다.[15]

이처럼 백산은 1920년대 전반의 부산지역 문화운동의 선도적 역할을
수행한 후 1928년 활동무대를 서울로 옮겨 당시 기미육영회를 통해 일
본에 유학한 전진한을 비롯한 이시목,[16] 함상훈[17] 등이 이끌었던 '협동
조합운동사'에 참가하고, 동사의 본부와 각 지방 협동조합과의 연락기관
으로 1928년 4월 경성에서 설립된 '협동조합경리조합'의 이사장에 취임
하여 활동했으며,[18] 자력사라는 잡지사도 경영하면서, 『自力』이라는 월

---

12) 金正明, 『朝鮮獨立運動』 제1권 分册, 原書房, 1967, 394쪽.
13) 拙稿, 「1920년대 동래지역 사회운동」 『慶星大論文集』 17집 1권, 1996, 193쪽.
14) 백산의 최초의 언론투쟁은 1911년 러시아로 망명하여 블라디보스톡에서 최병찬
    과 함께 『獨立旬報』를 간행했다(박원표, 『항도부산』, 1967, 223쪽)고 했으나 현
    재까지 확인되지 않고 있다.
15) 『東亞日報』 1920. 4. 1 ; 1921. 3. 13 및 이귀원, 앞의 발표문, 20쪽 ; 一記者,
    「六月의 世界」 『開闢』 제49호(1924. 7), 03쪽.
16) 이시목은 1896년 의령 출생으로 1928년 중외일보 중역, 1929년 11월 조선어사전
    편찬위원회에 발기인이면서 위원, 1930년 7월 전조선수재구제회 위원으로 안희제
    와 함께 각각 참여하였다. 이후 1932년 4월 의령협동조합 조합장으로서 활동하였
    다(『동아일보』 1929. 11. 2 ; 『조선일보』 1930. 7. 22 ; 『동아일보』 1932. 4. 24).
17) 함상훈은 1904년 황해도 송화군 출생. 신간회 해소운동 당시 『조선운동』그룹으로
    분류되었으며 1930년대 전반기 협동조합운동 관련 다수의 글을 남겼다(『동아일
    보』 1932. 1. 1 ; 『동광』 23호, 1931. 7).
18) 『중외일보』 1928. 4. 25 ; 김현숙, 「일제하 민간협동조합운동에 관한 연구」 『일제

간 잡지를 발행하였다.[19]

　백산이 협동조합운동에 참여한 것은 1920년대 전반기 실력양성운동을 민족자립경제건설과 근로 대중의 실력양성으로 연결하고자 했던 그의 민족해방운동 노선(비타협민족주의 노선)이 한 단계 더 심화된 것이기도 하고, 협동조합운동이 1927년의 신간회운동과 연관 속에서 전개되었다는 점에서 볼 때, 자신의 특기인 경제운동을 통해 정치운동인 신간회운동을 지원하고자 했던 것으로 이해될 수 있을 것이다.[20] 협동조합운동사는 조선의 민족운동이 협동조합이라는 경제운동으로부터 시작하여 정치운동으로 나아갈 수 있다고 주장하면서 1926년 5월 재일 유학생들이 동경에서 조직한 것으로 1928년 4월 본부를 동경에서 서울로 이전, 활발한 활동을 벌였으나 일제의 거듭된 탄압으로 1931년 무렵 해산되어 버렸다.

　또한 그는 1921년 11월 25일 리우식을 비롯한 여러 유지들과 함께 『시대일보』를 인수하고 『중외일보』로 개칭하여 경영하다가 필화사건으로 총독부로부터 무기정간처분을 받은 후 1929년 9월 1일 복간하여 사장으로 취임하면서 당시로서는 최초로 조석간 4면씩 하루에 8면을 발행하는 의욕을 보였다. 이로써 조선일보사, 동아일보사와 치열한 경쟁을 벌리다가 결국 재력 부족으로 1931년 6월 19일 종간되었다.

　그 후 노정일이 이를 인수 『중앙일보』로 게재하여 발행하였는데 이때 백산은 고문으로 추대되었다.[21] 백산은 1930년대 미증유의 대수해로 수많은 사람들이 굶주림에 시달리자 전조선수재구조회를 조직하여[22] 수재

　　하의 사회운동』, 문학과 지성사, 1987.
19) 이 잡지사는 협동조합운동사의 기관지 역할을 수행했는데 현재 1호, 4호, 7·8 합본호가 남아있다.
20) 이귀원, 앞의 발표문, 1쪽.
21) 『중앙일보』 1931. 11. 27 ; 『동광』 제28호(1931. 12), 84~85쪽 ; 「호외의 호외」 『별건곤』 제46호(1931. 12), 26쪽 ; 이동언, 앞의 논문, 328쪽.
22) 신재홍, 「백산선생의 편모」 『나라사랑』 제19호, 1975.

민 구제에 헌신한 후 국내에서의 활동을 청산하고 1931년 그가 평소에 구상해 오던 국외독립운동 기지개척을 실행하고자 중국으로 망명하여 발해의 고도인 동경성에 발해농장을 세웠다.

이 무렵 그는 경북 봉화에서 김정광산 개발로 많은 돈을 번 김태원의 도움으로 토지를 매입하고 개간하여 조선의 남부지방 농민 삼백여 호를 이곳으로 옮겨 자작농제를 시행하여 정착시켰다. 이어서 발해 보통학교도 설립하여 교장이 되고 이들에게 민족정신과 자주독립사상을 고취시켰다.23) 발해농장은 표면적으로는 농지 개간사업을 하는 농장이었으나 사실은 국외독립운동 기지였다.

이 과정에서 백산은 표면적으로 만주국에 대해 온건한 자세를 취하면서 만주지역 이주 조선인들에 대한 거주이전의 자유를 호소하기도 했다.24) 1934년 백산은 민족종교인 대종교 총본사가 이곳 동경성으로 옮겨지자, 동교의 3세 교주 윤세복을 비롯한 간부들을 대동청년단에 가입시키는25) 한편 대동교 활동을 본격적으로 벌리게 된다.26) 즉 그는 1933년 3월 15일 대종교 영계를 지수하고, 1935년 1월 15일 동교의 참교에 피선, 1936년 6월 23일 지교와 경의원 부원장, 대종교서적간행회 회장으로 특임되어 『弘範規制』, 『三一神誥』, 『神檀實記』 등 8가지의 책을 편찬했으며, 또 해마다 4차례 教報도 간행했다.

1941년 정월 尙教로 陞秩되고 총본사 전강을 맡게 된 그는 1942년 4월 신병치료를 위해 일시 귀향했다가 그해 발해 고도지에 天殿 건축이 추진될 때 총무부장을 맡아 동분서주하면서 대종교 교세의 확장운동에

---

23) 김의환, 「백산안희제의 해적이」『나라사랑』제19집, 1975, 29쪽.
24) 「재만 백만 동포의 발전을 위하야, 조선에 온 장총리에 정하는 아등의 서」『삼천리』제9권 제4호(1937. 5), 20쪽.
25) 안상두, 「발해농장시절의 백산」『나라사랑』제19집, 1975, 136~137쪽.
26) 백산의 입교시기는 사료에 따라 다소 차이가 있으나 그가 처음 국외로 망명한 1911년이라고 추측된다.

진력하였다.[27] 그러자 일제는 대종교의 활동이 민족의식 고취와 독립운동세력 확장으로 연결될 것에 위협을 느껴 1942년 11월 19일 국내외의 대종교 간부들을 체포하고 탄압하기 시작했다.

그 결과 당시 21명의 대종교 간부가 체포된 소위 임오교변이 발발하고 그중 10명이 순국하였다.[28] 백산도 일경에 의해 투옥되고 혹독한 고문을 당한 후 1943년 8월 4일(음력) 병보석으로 출감된 뒤 족제 안영제가 그곳 영안현에서 경영하던 영제의원에서 3시간 만에 59세를 일기로 순국하고 말았다.[29]

3. 대동청년단의 결성

일제는 1909년 7월 극비리에 「한국병합 실행에 관한 방침」을 성안하여 각의에서 통과시킨 뒤 오직 그 시기와 기회만을 기다리고 있었다. 그러던 중 1909년 10월 26일 안중근의사의 이등박문 사살 사건이 발생하게 되고, 이를 계기로 일제는 한국병합을 위한 구체적인 실무방안을 검토하기 시작했다. 이와 같은 상황에서 백산 안희제는 그해 10월 말경에 서상일·남형우 등과 함께 대동청년단을 결성하였다.

그런데 현재로서는 조직 경위의 구체적인 사실은 알 수 없는 실정이다. 다만 당시 대동청년단으로 안희제와 깊이 교유하여 백산상회 지배인을 지낸바 있는 윤병호의 회고 메모를 통해 그 단규와 단원만 파악할 수 있을 뿐이다. 단규와 단원은 아래와 같다.

---

27) 이동언, 앞의 논문, 229~230쪽.
28) 대종교 총본사는 1942년 10월 3일(음력) 개천절 경축식을 거행한 뒤 임시협의회를 열고 만주국 정부와 조선총독부에 정식포교 공인을 신청하기로 결의하였다. 이에 대해 일제는 오히려 간부들을 체포해 버렸다. 이 사건으로 순국한 이를 임오십현이라 칭한다.
29) 강천봉, 「대종교와 백산선생」『나라사랑』 제19집, 52~68쪽.

<단규(團規)>

(1) 단원은 반드시 피로 맹세할 것.
(2) 새 단원의 가입은 단원 2명 이상의 추천을 받을 것.
(3) 단명(團名)이나 단(團)에 관한 사항은 문자(文字)로 표시하지 말 것.
(4) 경찰 기타 기관에 체포될 경우 그 사건은 본인에만 한하고 다른 단원에게 연루시키지 말 것.

<단원(團員)>

단 장: 남형우(南亨祐)
부단장: 안희제(安熙濟): 2대 단장
단 원: 서상일(徐相一)·윤현진(尹顯振)·이호연(李浩然)·장건상(張建相)·윤병호(尹炳浩)·이수영(李邃榮)·이경희(李慶熙)·최병찬(崔炳贊)·윤경방(尹璟滂)·차병철(車秉轍)·백광흠(白光欽)·이극노(李克魯)·김갑(金甲)·박영모(朴永模)·윤상태(尹相泰)·오상풍(吳尙楓)·김사용(金思容)·서세충(徐世忠)·신백우(申伯雨)·박중화(朴重華)·윤세부(尹世復)·신성모(申性模)·신팔균(申八均)·민강(閔疆)·최윤동(崔胤東)·송전도(宋銓度)·김관제(金觀濟)·최완(崔浣)·배천택(裵天澤)·신상태(申相泰)·곽재기(郭在驥)·김홍권(金弘權)·이범영(李範英)·이병립(李炳立)·박광(朴洸)·서초(徐超)·김홍양(金鴻亮)·최인환(崔仁煥)·김동삼(金東三)·김삼(金三)·고병남(高炳南)·김규환(金奎煥)·김태희(金泰熙)·임현(林玄)·남백우(南百祐)·김기수(金箕壽)·신채호(申采浩)·이시열(李時悅)·고순흠(高順欽)·이학수(李學洙)·이우식(李祐植) 등[30]

대동청년단의 단명은 자료에 따라 '단'과 '당'으로 혼동되고 있으나 위의 단규에서 볼 수 있는 것처럼 단이란 명칭이 보다 명확한 것 같다. 그리고 동단이 결성된 지역도 대구·부산·만주 중 확실하지 않다. 단지 동단의 구성원이나 활동지역을 고려할 때, 처음 동래에서 결성되었다가 후일 만주에서 확충된 것으로 추측될 뿐이다.

---

30) 金洋佑,「釜山의 先覺者」『釜山日報』, 1981년 10월 22일자.

또한 위와 같이 윤병호는 동단의 단원을 53명만 기억 했지만 실제 동단의 인원은 당시 17세부터 30세 미만의 청장년 80여 명으로 조직된 듯하다. 윤병호의 회고에 의하면 단원은 80여 명 정도였는데 위에서 언급한 바와 같이 현재 파악 가능한 명단은 53명 정도이다. 이처럼 단원의 명단이 명확하지 못함은 단명이나 단에 관한 사항은 문자로서 표시하지 말라는 단규의 규정 때문에 자세한 기록이 남아있지 않기 때문이다.

전형적인 비밀결사로 활동하였던 대동청년단은 1920년대 중반 이후부터 활동이 침체되는 모습을 보였다. 그러나 동단은 서북지방을 조직기반으로 한 신민회(1907년 초~1911년 1월), 1910년대 경상도지방의 조선국권회복단(1915년 음력 1월 15일~1919년 6월)과 대한광복회(1915년 7월 15일~1918년), 그리고 호서·호남지방의 대한독립의군부(1912년 음력 9월 28일~1913년) 등의 독립운동단체와는 달리 일제하 전시기에 걸쳐 노출되지 않고 활동한 단체로 영남지방에서는 최초의 비밀결사 단체라는 점에서 특히 주목된다.[31]

4. 대동청년단의 구성

앞에서 언급한 대동청년단원 53명을 분류해보면, 대체로 1910년을 전후해서 조직된 신민회, 교남교육회, 달성친목회, 조선국권회복단, 백산상회 등에 관련되어 있었다. 그것을 정리해보면 아래와 같다.[32]

    신민회: 남형우·이경희·신백우·박중화·김홍량·김동삼·신채호·
    임현

---

31) 권대웅, 앞의 박사학위논문, 81쪽.
32) 『한국민족독립운동사연구』, 『교남교육회잡지』, 『한민족독립운동사자료집7·8·9』, 『고등경찰요사』 등의 자료를 활용하여 정리한 것이다(권대웅, 앞의 학위논문, 82쪽 재인용).

교남교육회: 안희제·남형우·서상일·최병찬·김사용·박중화·이우식
달성친목회: 안희제·남형우·서상일
조선국권회복단: 안희제·윤상태·서상일·신상태·남형우·박영모·
    박중화·김사용
백산상회: 안희제·남형우·서상일·윤병호·윤경방·윤상태·오상
    근·김동삼·이우식

이처럼 대동청년단원으로 국권회복운동 단체에서 활동하고 있는 인물들은 근대적인 교육을 받은 청년지사이자 선각적 의식을 가지고 현실에 참여한 계몽지식인들이다. 이들 중 동단의 결성에 핵심역할을 수행한 인물은 교남교육회 회원 중 비교적 전투적 성향이 강한 인물인 안희제·서상일·남형우이다.

주지하다시피 안희제는 경남일원에서 계몽운동을 전개하고 의신학교를 비롯한 근대적인 학교설립에 앞장섰고, 백산상회를 설립하였으며, 서상일은 대구를 중심으로 조직된 달성친목회에 참가하여 경상남북도의 동지들을 결속하였다.

서상일과 남형우의 약력에 대해 살펴보면 다음과 같다. 먼저, 東菴 서상일(1887~1962)은 대구 출생으로 대구 달성학교를 졸업한 뒤 1907년 보성전문학교를 입학, 1909년 보성전문학교를 졸업하였다. 교남교육회에 참여하고 국망 이후 만주에서 활동하다가 1913년 9월 하얼빈에서 귀국하여 달성친목회에 가입하였다. 달성친목회는 1908년 9월 이근우, 김용선 등 대구를 중심으로 경상도 일원의 종래 자강운동에 참여해 온 인사와 신지식인을 중심으로 결성된 인물들이 조직한 단체로 유학을 갔다오거나 근대학교에서 신교육을 이수한 지식인들이 주축이 된 조직으로 참가자들 대부분이 경제적으로 대개 도시 서민 또는 중소지주들이 중심이었다.

1915년 대동청년단과 표리 관계를 가졌던 또다른 비밀결사체였던 조

선국권회복단의 같은 단원이었던 윤상태로부터 자본금 1천원을 대여받아 太弓商店이란 미곡상을 운영하여 이때부터 많은 재력을 모으게 된다. 이후 1921년 조선인산업대회에 참가, 1922년 대구곡물신탁주식회사(조일합자회사), 1923년 대구운송주식회사(일본자본) 중역, 그해 대구지역 대자본가들을 중심으로 대구구락부 및 민족운동의 요람지였던 朝陽회관 건립 주도, 1925년 7월 정운해, 서만달(1927년 신간회 대구지회원) 등과 함께 農村社를 창립하여 농촌개발에 앞장섰다.

1927년 11월 대구지역 조선인 상공업자만의 조직체인 대구상공협회에 평의원으로 참가, 1945년 8·15광복 후 송진우, 장덕수 등과 함께 한국민주당 창설, 총무에 선임, 1948년 제헌의회 당선, 헌법기초위원으로 활동, 1956년 진보당 결성 추진위원 12인에 참여, 1960년 제5대 민의원 당선, 4·19 이후 사회대중당 등에서 활동한 인물이었다.[33]

둘째, 남형우(1875~1943)는 고령 출신으로 1903년 상경, 1908~1910년 보성중학교 재학, 이 당시 서상일, 안희제, 김동삼 등과 함께 대동청년단을 결성하여 초대단장을 역임, 1911년~1917년 보성전문학교 법률학 교수로 재직, 1915년 음력 1월 대구의 안일암에서 윤상태, 서상일 등과 함께 조선국권회복단 중앙총부를 조직, 1919년 3·1독립운동이 일어나자 경남 창원 등지에서 시위를 적극 주도, 1919년 3월 해삼위 신한촌에서는 한족회를 근간으로 대한국민의회를 설립하고 손병희를 대통령으로 하는 등 각료를 선출하였는데 그는 산업총장에 선임되기도 하였다.

1919년 4월 조선국권회복단에서 모금한 독립운동자금을 상해로 가져가 대한민국 임시정부 수립에 참여 임시의정원 의원으로서 법무총장에 임명, 1920년~1921년 4월까지 임정 교통총장으로 활동, 1921년 북경의

---

33) 국사편찬위원회, 『한민족독립운동사자료집』 7권, 1989, 4, 120, 129쪽 ; 김일수, 『서상일의 정치·경제 이념과 사상』, 2001, 성균관대학교 박사학위논문 ; 오미일, 『한국근대자본가연구』, 한울아카데미, 2002.

군사통일회와 간도의 額穆縣회의 등에서 의견 차이로 각기 국민대표회의를 계획하게 되자 상해와 북경 사이를 왕래하며 양측의 절충에 노력한 결과 그는 국민대표회의의 주비위원장에 선임, 1922년 5월 "과거의 분규와 착잡한 문제를 해결하고 미래의 완전 확실한 방침을 수립하여 독립운동이 통일적 조직으로 진행할 것"을 선언하는 선언서를 발표하였다.

이와 함께 같은 대동청년단원이었던 배천택과 서동일 등과 북경성 마사묘에서 무언실행을 행동 지침으로 일제 앞잡이를 처단하는 "다물단"을 조직하여 독립운동 자금을 모집하기도 하였다. 1922년 7월 국민대표회의 문제로 임시정부가 혼란에 빠지게 되자 이를 해결하기 위해 안창호, 최창식, 신익희, 차이석, 신숙 등과 함께 시사책진회를 조직하여 분열 극복에 노력하였으나 실효를 보지 못하였다. 1923년 다물단원서동일을 귀국시켜 경북 일대에서 군자금을 모집하였는데, 이때 서동일은 체포되어 옥고를 치르기도 하였다. 1928년 북경에서 만주 하얼빈으로 가족과 함께 이주하여 흑룡강에서 사설학원을 운영하였는데, 그 뒤 1930년 일경에 체포되었다가 수토병으로 귀국하여 고향에서 요양하다가 사망하였다.[34]

대동청년단의 단원을 지방별로 살펴보면, 경남출신이 14명, 경북출신이 15명을 차지하여 영남지방의 인사를 주축으로 하고 있다. 그의 16명과 출신지역이 분명치 않은 8명 등 여타지역의 인사는 신민회계열로 파악된다. 그런데 대동청년단원의 상당수는 조선국권회복단원과 중복되어 있었다.[35]

조선국권회복단은 '단국태황조를 봉사하고 신명을 바쳐 국권회복운

---

34) 국사편찬위원회, 『조선민족운동연감』, 134, 167쪽 ; 경상북도 경찰부, 『고등경찰요사』, 109, 232, 260, 273쪽 ; 송전도, 『기려수필』, 247쪽 ; 국가보훈처, 『독립운동자료집』9권, 49, 58쪽 및 『독립운동자료집』14권, 286, 291쪽 참조.

35) 조선국권회복단에 대한 자세한 설명은 권대웅, 「조선국권회복단 연구」『민족문화논총』 Vol.9 No.1, 영남대학교 민족문화연구소, 1988 참조.

동에 종사할 것을 맹약'한 비밀결사로 1915년 대구 안일암에서 음력 1월 15일 결성되었는데 이 조직과 대동청년단 양쪽에 소속되어 있었던 인물로서 윤상태, 서상일, 신상태, 남형우, 박영모, 안희제, 박중화 등이 기록상 확인되며 이밖에 변상태, 윤창기 등이 양 단체에 깊은 관련을 맺은 것으로 판단된다. 조선국권회복단은 대개 한말 계몽운동에 참여했던 중산층 이상의 혁신유림적 인사와 계몽적 지식인이 주축을 이루었다.36)

경제적 측면에서 보면 경북 농촌지역에 근거한 중소지주와 대구지역의 상인층이 많이 관여하였다. 그런데 조선국권회복단은 국내외 연락망을 대한광복회의 박상진(상덕태상회), 서상일(태궁상점), 윤상태(향산상회, 왜관), 서상호(곡물상, 통영), 이형재(원동상회, 마산), 김기성(환오상회) 등의 상인들이 경영하는 상점을 중요 근거지로 한 특징을 갖고 있었다.37)

이상의 내용들을 감안할 때 대동청년단이 경남의 인물들이 중심이 되어 대구 및 경북 지역 인사와 합세하여 조직했던 반면에 조선국권회복단은 대구·경북 인사들이 주동이 되어 결성한 상태에서 점차 경남지역까지 확대된 양상을 보였다고 하겠다. 이 과정에서 경남의 인사와 경북의 인사들을 연결하는 데 백산 안희제, 서상일, 남형우 등이 큰 역할을 했던 것으로 판단된다. 대동청년단과 조선국권회복단은 비밀결사체로서 1910년대 줄곧 만주지역 무장운동단체와 인적, 조직적 연계를 갖고 활동하였다. 이 과정에서 1915년 7월 의병계열의 인사들로 조직된 풍기광복단과 합세하여 결성되는 대한광복회의 중요한 연계조직으로 활동하였다.38)

여하튼 백산 안희제가 부단장을 맡고 있던 대동청년단의 단원들은 1910년대에는 대부분 국내에서 활동하고 있으나 3·1독립운동을 계기로

---

36) 조동걸, 「대한광복회의 결성과 그 선행조직」『한국민족주의의 성립과 독립운동사 연구』, 지식산업사, 1989, 267쪽.

37) 경상북도 경찰부, 『高等警察要社』, 1936, 267쪽.

38) 오미일, 앞의 책, 258~260쪽.

국외로 탈출하여 상해의 대한민국임시정부나 만주의 독립운동 단체에 투신하였다. 이후 1920년대 곽재기와 같이 의열단의 단원으로서 의열투쟁을 전개하거나, 박중화, 백광흠 등과 같이 1920년대 사회주의운동에서 선구적 역할을 담당한 인물들이 대동청년단의 구성원들이었다.

박중화는 1920년 조선노동공제회를 조직하고 회장이 되어 동단과 조선국권회복단에서 활동하던 안확·이형제·박영모·김사용·이수영·남백우·고순흠·오상근·최완·백광흠 등과 함께 초기 사회주의운동에 있어서 핵심 역할을 하였다.[39] 백광흠 역시 마찬가지이다. 그는 1922년 무산자동지회와 무산자동맹회, 1925년 화요계의 火花社 발기인 및 경남사상단체 동인회 발기인 등으로서 1925년 4월 결성된 조선공산당원으로 활동하여 검거된 뒤 1927년 출옥한 직후인 1927년 34세로 사망하였다.[40] 이외 윤현진, 오상근, 배천택, 김두봉, 최창식, 김명식, 이극로 등은 사회혁명당, 상해파 고려공산당 등에서 활동하였다.[41] 이런 사실들은 대동청년단의 단원들이 1920년대 이후에도 여전히 조국광복을 위해 다양한 활동들을 하였음을 의미한다.

5. 대동청년단의 활동

1) 인재 양성

대동청년단은 국내외의 독립운동세력이 독립운동의 효과적인 수행을 위한 인적자원의 확보라는 측면에서 인재양성을 매우 중시하였다. 그 결과 1910년을 전후해 宜新학교를 비롯한 12여 개의 학교가 대동청년단

---

39) 권대웅, 앞의 학위논문, 94~95쪽.
40) 백광흠의 활동에 대해서는 김승, 「한말·일제하 동래지역 민족운동과 사회운동」 『지역과 역사』제6호, 2000, 부경역사연구소, 93~98쪽 참조.
41) 이현주, 『한국사회주의세력의 형성』, 일조각, 2003, 146쪽.

원이나 관련인사들에 의해 설립되었다.

이 중에서 주목되는 근대학교인 안희제의 宜新·刱南·龜明學校, 김동삼의 協東學校, 윤상태의 日新學校가 丁未七條約 체결 후 설립되었다. 단원들의 근대학교 설립은 일본의 한국강점이 현실화하는 시기에 선각자들의 절박한 민중 계몽운동의 차원에서 기인한 것으로 보아야 할 것이다. 이러한 신식학교의 설립과 교육은 국권회복을 위한 구국운동의 차원에서 이루어졌으며 구포의 구명학교와 안동의 협동학교는 그 대표적인 경우이다.

안동의 협동학교는 이상룡·유인식 김동삼 등의 양반유생들이 전통유학에서 계몽의식으로 사상전환을 한 뒤 1907년 봄에 설립된 학교였다. 경북 북부지역 계몽운동의 효시이면서, 이 지역에 대한 신민회의 교두보 확보라는 의미를 가지고 있었다. 협동학교는 청년들에 대한 신교육론은 물론이고 지역의 지식인들에게 영향을 미쳤다. 나아가 협동학교에 파견된 신민회 관련 교사들을 통해 안동의 혁신유림들이 중앙 계몽운동가들과 교분을 가질 수 있었다.

졸업생은 3·1운동 이후 폐교가 되기까지 3회 80여 명의 학생들을 배출하였는데 이들 학생들은 대다수는 그 뒤 항일운동에 참여하게 된다. 이 학교의 교직원으로 류인식(1865~1928)과 김동삼이 학생들을 가르쳤는데 유인식은 전통 유림으로서 을사의병에 참가하고 그 뒤 신채호를 만나 계몽사상의 영향을 받아 혁신유림으로 전환한 뒤 신민회 안동의 계몽운동에 앞장서 신간회 안동지회장을 역임하였다.

김동삼(1878~1937)은 유인식과 같이 혁신유림으로 박중화와 함께 대동청년단 회원으로 1911년 만주에서 경학사와 신흥강습소를 조직, 민생과 교육, 군관양성에 앞장섰다. 이어서 1913년 이상룡과 함께 부민단을 조직하고 3·1운동에 앞서 만주에서 1918년 김좌진을 비롯한 39명이 선언한 무오독립선언에 참가하였다. 이후 서로군정서 참모장과 1925년

정의부 참모장 등을 역임하였다. 1927년 신민부, 정의부, 참의부를 통합하기 위한 민족유일당촉진회를 조직하는 등 만주에서 항일운동을 하다가 1931년 하얼빈에서 검거되어 10년 형을 선고받고 복역 중 1937년 옥사한 인물이다. 안동 지역 계몽운동에 앞장섰던 협동학교는 1910년 7월 예천지역 의병들로부터 습격을 받아 교감과 교사가 사망하는 사건이 발생했다. 이 사건에 대해 전국의 계몽단체들은 안동의 보수유림들에 대해 비난을 하였다. 이 과정에 백산 안희제는 협동학교에 달려와 사태 수습과 호상에 참여하였다.[42]

동래 구포의 구명학교는 구포의 객주와 경남지역 계몽적 지주들이 재원을 투자하여 설립한 학교였는데 안희제와 尹相殷 등이 적극적으로 관여하였다. 대동청년단의 단원이었던 윤현진 등이 이 학교를 졸업하였다. 협동학교와 구명학교는 국권회복을 위한 교육구국을 표방한 점에서 동일성을 갖고 있었다. 그러나 전자는 의병운동을 계승한 측면이, 후자는 개항 이후 꾸준히 성장한 개화사상을 계승한 측면에서 두 학교의 설립배경은 차이점 또한 갖고 있었다. 이러한 측면은 계몽운동기의 국권회복운동에 찾아볼 수 있는 무장투쟁론과 실력양성론의 맹아로 사료될 수 있을 것이다.

이러한 대동청년단의 교육구국운동은 1919년 3·1독립운동을 계기로 새로운 전기를 맞이하게 된다. 1919년 11월 안희제를 비롯한 백산상회의 관계자, 그리고 영남의 부호, 거상들이 유망한 청소년을 선발하여 해외유학을 시켜 장차 국권회복의 동량을 양성할 목적으로 己未育英會를 조직했던 것이다. 이것은 당시 국권회복의 길이 교육을 보급하여 민중을 계몽하는 데 있다는 민족지도 이념에서 발현된 것으로 계몽운동기 교육구국운동의 정신이 연장 계승된 것이었다.

기미육영회의 창립 당시 간사는 안희제·윤현태·윤병호·최태욱·

---

42) 김희곤 지음, 『안동의 독립운동사』, 안동시, 1991, 105~118쪽.

전병학 등이었고, 평의원은 문상우・송대관・조동옥・이우석・전석
준・윤상은・손영순・최한무・김시구・김존석 등이었다. 기미육영회
는 발족한 지 6개월 되는 1920년 5월 이미 회원 43명이 가입되었고, 회
원 부담금 신청액이 12,000원, 불입금이 5,000원에 달했으므로 제1차 유
학생으로 김정설・이병호・이제만・전진한・문시환 등 5명은 일본으
로, 뒤이어 안호상・이극노・신성모 등은 독일과 영국 등으로 각각 파
견하였다. 해외 파견 유학생으로 이극로와 신성모는 대동청년단원으로
확인되며, 나머지도 민족운동의 전선에서 활동한 인물들이다.43)

2) 상업조직과 군자금조달

1910년 일제의 한반도 병탄 이후 국내의 항일독립운동은 비밀결사체
형태로서 독립운동 자금조달과 국내외의 상호연락을 통해 국외에서 활
동하고 있는 독립운동의 제세력을 지원하는 데 있었다. 그러나 국외에
비해 국내에서의 항일투쟁은 그 존속기간이나 활동에 있어서 많은 제약
과 한계를 가지고 있었다. 따라서 국내의 독립운동가들은 국외에서의 투
쟁은 국내투쟁의 연장이라는 인식하에 내부적인 투쟁의 한계를 보완하
였다. 이것은 궁극적으로 항일투쟁이 국내의 왜적을 구축하고 조국광복
을 쟁취해야 한다는 투쟁방략에 따른 것이었다.44)

따라서 일제강점 초기 대동청년단의 활동 역시 상업조직을 통해서 전
개되었다. 그것은 일제의 끊임없는 사찰 속에서도 독립운동 자금조달과
인재양성, 그리고 국내외의 관련단체와의 상호연락을 위해 가장 효과적
인 방법이었기 때문이다. 따라서 안희제는 국외에서의 항일투쟁과 독립
운동기지 건설을 위해서는 국내의 비밀연락망과 독립운동자금 조달이

---

43) 金正明編, 「己未育英會趣旨書」 『朝鮮獨立運動史』 제1권 분책, 1967, 394~
   396쪽.
44) 권대웅, 앞의 박사학위논문, 99쪽.

절실하다고 판단하고 1914~1915년 백상상회를 설립한 뒤 대구·서울·원산·봉천 등지에 지점 또는 연락사무소를 설치하였다.[45]

초기의 백상상회는 안희제의 소규모 개인상회였으나, 1917년에는 윤병호·최준·윤현태·최완 등에 의한 자본금 14만원의 합자회사로 경영되다가, 1919년 자본금 100만원의 무역주식회사로 변경되었다. 우선 경영진 및 주주의 구성을 보면 다음과 같다.[46]

백산무역주식회사 중역 및 주주

<중　　역>

취체역사장: 최준(崔浚).

전무취체역: 윤현태(尹顯泰).

취　체　역: 안희제(安熙濟), 이종화(李鍾和), 조동욱(趙東玉), 허걸(許杰), 이우석(李愚奭), 윤병호(尹炳浩), 정재원(鄭載源).

감　사　역: 윤상은(尹相殷), 문영빈(文永斌), 김상원(金翔源: 주주) 최준(崔浚: 경주), 안희제(安熙濟: 부산, 의령), 윤현태(尹顯泰: 양산), 이종화(李鍾和: 울산), 윤상태(尹相泰: 달성), 안익상(安翊相: 의령), 최선호(崔璇鎬: 산청), 조동옥(趙東玉: 함안), 허걸(許杰: 동래), 김홍석(金洪錫: 의령), 이우석(李愚奭: 선산), 이우식(李祐植: 의령), 윤병호(尹炳浩: 남해), 김용조(金容祚: 하동), 정재완(鄭在浣: 하동), 김상원(金翔源: 하동), 권오봉(權五鳳: 창원), 김재비(金在泌: 동래), 김기태(金琪邰: 진주), 이현보(李鉉輔: 거창), 문영빈(文永斌: 하동), 주기환(朱其桓: 하동), 남형우(南亨祐: 경성, 고령), 강정희(姜正熙: 의령), 정재원(鄭載源: 천안), 허만정(許萬正: 진주), 윤상은(尹相殷: 부산), 김시구(金時龜: 부산), 지영진(池榮璡: 부산), 최태욱(崔泰旭: 부산), 홍종희(洪鍾熙: 함남, 문천), 김석준(金錫準: 양산)

이처럼 영남의 대지주와 실업인을 망라하여 조직된 백산무역주식회

---

45) 趙璣濬, 『韓國企業家史研究』, 亞世亞問題研究所, 203쪽.

46) 『朝鮮銀行會社要錄』, 東亞經濟時報社, 1921, 175쪽.

사는 그 상업조직을 통해 독립운동 자금을 조달하였다. 뿐만 아니라 국
내의 각 유지들이 기탁하는 자금을 송달하는 일까지 맡아왔으며, 자금의
송달 방식은 항상 장부상 거래의 형식을 취하여 일경의 수사를 피할 수
있었다.

백상상회는 독립운동자금의 공급을 직접적인 목적으로 하고 있으나
외견상 부산 상업계의 대규모의 회사였으며, 또 대구·서울·원산·봉
천 등지에 지점 또는 연락사무소를 개설하고 있었다. 대구의 연락사무소
는 서상일이 부친의 친구 아들인 윤상태의 후원으로 설립된 太弓商會가
맡고 있었다. 이외 윤상태의 香山商會, 통영 서상호의 미곡상(정미소),
원산의 元興商會, 마산의 元東商會와 丸五商會 등이 연결되어 있었다.

그런데 마산의 원동상회와 환오상회는 조선국권회복단의 핵심적인
활동 거점이었다. 환오상회는 일찍부터 김기성이 경영한 곡물상이었으
나 경영 실패 후 배중세와 공동으로 운영되었다. 원동상회는 마산의 청
년들이 합자하여 곡물 및 해산물을 취급한 위탁상으로 부산에 그 사무실
을 두고 있었다. 주주는 옥기환과 김철두, 경영은 명도석과 리형재 등이
맡았는데 전자가 해산물을 후자가 곡물을 각각 담당했다.

이들 상회는 백산상회와 상업적 거래를 통해 연결되고 있었는데 당시
부산·대구·마산 등을 왕래하면서 이들 상회를 연결한 인물은 경북 칠
곡에서 곡물상을 경영한 신상태였다. 그는 역시 대동청년단원이면서 조
선국권회복단원으로서 이들 지역을 왕래하면서 조선국권회복단과 백산
상회를 연결하였다.

한편 백산상회의 서울의 연락사무소는 미곡상 겸 식당을 경영하는 리
수영이 맡고 있었다. 원산의 지점은 국권회복단원 윤창기가 고용되어 있
던 일본인 경영의 해산물 도매상 원흥상회에 개설되었다. 만주의 안동과
봉천의 연락사무소는 신동상회와 해천상회가 담당하였다. 안동의 신동
상회는 박광이 경영하던 곡물상이다. 박광은 고령출신으로 일찍이 도만

하여 안동현에서 신동상회를 경영하면서 독립운동의 안동지역 연락거점
으로 활동하고 있었다. 그 또한 대동청년단원으로 같은 대동청년단원이
었던 서상일, 박영모, 그리고 조선국권회복단원 이시영 등과 상업 활동
을 통해 접촉하고 있었다. 봉천연락사무소는 이해천(본명 李浩然)이 경
영하던 해천상회가 담당하였다.[47]

　이상과 같이 대동청년단의 거점인 백산상회의 독립운동자금조달을
위한 상업조직은 경상도 일원뿐만 아니라 서울·원산 등 전국에 걸쳐
있었고, 만주의 안동·봉천 등 해외의 상업조직까지 포괄하고 있었다.
이것은 당시 국내외의 독립운동단체의 활동조직으로서 상업조직이 광범
하게 운용되었던 실상을 보여주는 대표적인 사례이다.[48] 이처럼 백산의
독립운동방략의 특징은 항일독립운동이 시종 경제운동과 결합되어 있음
을 볼 수 있다.

3) 항일운동의 전개

　대동청년단의 투쟁 방향과 구체적인 실행 방법의 설정은 1910년대
대일투쟁의 방략 속에서 모색되었다. 백산 안희제는 대동청년단의 국내
외에 조직된 연락망을 통해 국내 독립운동세력 상호 간의 연결과 국외
독립운동세력에 대한 군자금의 공급, 무력투쟁에 대한 지원 등을 통해
적극적인 반일투쟁을 모색하였다.

　대동청년단의 국내외 연락은 1910년 이후 꾸준히 전개되어 안희제·
서상일 등의 핵심인사들이 경영하고 있던 상업조직과 이와 관련된 국내
외 인사들이 담당하였다. 그 대표적인 활동은 1919년 이전의 재만 독립
운동단체에 대한 지원, 3·1독립운동기와 그 이후 임시정부 및 의열단과

---

47) 권대웅, 앞의 박사학위논문, 101~105쪽.
48) 국사편찬위원회, 『한민족독립운동사 자료집』 7·8, 1988, 162쪽. 이하 『자료집』으
　　로 표시.

관련된 사건에서 찾아볼 수 있다. 대동청년단은 앞 절에서 살펴본 바와 같이 1919년 이전 백산상회를 정점으로 대구·서울·원산·안동·봉천의 지점 및 연락사무소를 통해 재만독립운동 단체를 지원했다. 주로 만주나 노령 등에서 활동하고 있던 독립운동세력에 대한 지원으로서 군대양성과 무기구입을 위한 군자금조달에 역점을 두고 있었다.

동단의 항일운동은 1911년 도만하여 1914년 귀국한 안희제와 서상일이 백산상회와 태궁상점을 각각 설립하고, 곧이어 대구를 중심으로 조선국권회복단이 조직되면서 본격화된다. 앞서 살펴본 바와 같이 동단과 깊은 관계를 가졌던 상업조직은 독립운동자금의 조달과 연락처로서 기능을 수행하고 대한민국 임시정부 기관지인 『獨立新聞』의 국내 보급 통로로 활용되었다.[49]

3·1독립운동이 발발하여 전국적으로 파급되자, 동단의 모험부장인 변상태가 주동한 三鎭義擧 예에서 살펴볼 수 있는 것처럼 동단은 우선 3·1독립운동의 지방 확산에 주력하였다. 요컨대 삼진의거는 창원의 진동·진북·진전면민이 함께 참여하여, 수원·선천·수안의학과 더불어 3·1독립운동의 4대사건으로 일컬어질 만큼 규모가 컸었다.[50]

안희제는 3·1운동 직전인 1918년 12월 족형 안효제의 상에 참례하기 위해 만주로 건너가 그곳의 동지들과 윌슨의 민족자결주의 선언으로 조성된 새로운 국제정세와 항일 결전의 방침에 대해 의견을 나누고 돌아와 3·1운동 때에는 이시영, 남형우와 함께 삼남 각지로 숨어 다니며 동지를 규합하여 민중 봉기의 기반을 닦고 신성모, 이극로 등의 중국유학생과 일본유학생단의 결성을 비롯한 나라 안팎의 연락 활동을 도우는 한편 族姪 安駿相을 시켜 고향인 의령의 산중에서 독립선언문 수만 장을 등사하여 영남 각지에 배포하여 3·1독립운동의 확산에 노력하였다.[51] 윤

---

49) 권대웅, 앞의 박사학위논문, 106쪽.
50) 변지섭, 『경남독립연동소사』, 1966, 5쪽.

현진은 마산의 3·1독립운동에 연루되었다가 곧 대한민국임시정부로 망명하여 초대 재무차장을 맡아 재정조달의 중책을 맡았다.[52]

한편, 대동청년단과 임시정부와의 관계는 1919년 2월 중순경 대동청년단이 상해에서 잠입한 고한과 접촉하고 있는 것으로 보아 비교적 초기부터 활발하게 전개된 것 같다. 3·1운동 이후 상해에서 대한민국임시정부가 설립되자, 대동청년단의 임정과의 접촉은 매우 활발해졌는데, 특히 남형우와 윤현진의 상해로의 탈출 망명이 커다란 전기가 되었다고 할 수 있다. 남형우는 3·1독립운동이 한창이던 3월 8일경 백산상회의 주식모집을 위해 대구에 머물던 중 만세운동의 혐의로 경찰에 구속 취조를 받기도 하였다.[53] 그 후 부산으로 돌아온 남형우는 국권회복단의 김웅섭과 함께 백산상회가 조달한 독립운동자금과 독립청원서를 가지고 상해로 탈출하여 임시정부 초대 법무차장과 임시정부 의정원 의원이 되었다.[54]

서상일의 경우에도 독립운동자금모집과 임시정부 소식을 국내에 알리는 데 노력하는 한편, 군자금을 모집하여 상해 임정으로 송부하고 상해로의 탈출을 꾀하였으나 실패하고 말았다. 서상일의 이러한 활동은 1920년 1월 소위 문상직사건에서 그 전모를 살펴볼 수 있다.[55]

문상직은 1919년 3월 만주 안동에서 박광이 경영하는 신동상회에서 근무하고 있었다. 이때 平山醫院 사무원이며 상해 임시정부의 통신원 황대벽으로 부터 남한지방에 반포할 선포문과 대한민국임시정부강령

---

51) 조기준, 앞의 책, 205쪽.
52) 『자료집』 8, 98쪽.
53) 『자료집』 7, 29쪽.
54) 『자료집』 8, 254쪽.
55) 文相直(白 또는 相進)은 高靈郡 高靈面 中化洞에서 태어나 20세경 약 1년간 경성에서 수학한 후 渡滿하여 만주 통화현 新興學校 4학년에 수학하였다. 그 후 남경·안동 등지에 거주하여 農商 등을 경영하면서 항일운동을 준비하고 있었다 (권대웅, 앞의 박사학위논문, 108쪽 재인용).

등 각종 인쇄물 50매를 수령하여 이를 전달하는 임무를 부여 받고 경성
으로 잠입하였다. 그는 경성의 金思容을 방문하여 선포문과 강령 40매
를 인계하고, 이튿날 대구에 도착하여 나머지 10매를 서상일에게 전달
하였다.56)

서상일이 문상직으로부터 전해 받은 선포문은 「임시정부령 제2호」이
며, 이 명령은 임시정부의 관성명이 기재된 것으로 일제로부터 재판을
받거나 조세를 바칠 필요가 없다는 내용이다. 서상일은 신상태와 함께
이 명령서를 대구·마산 등지에 배포하는 한편, 지주와 상인 등의 부호
들에게 독립운동자금을 모집하였다.57) 이때 서상일은 신상태를 마산방
면으로, 김재열을 청도방면으로 파견하여 군자금을 모집하였고, 자신은
대구경찰서가 발행하는 여행허가서를 발부받아 탈출을 준비하고 있었으
나, 조선국권회복단의 전모가 노출됨으로써 실패하고 말았다.58) 더욱이
문상직사건에서 주목되는 사실은 대동청년단이 대한민국임시정부의 聯
通制 역할을 수행하고 있다는 점이다.59)

일반적으로 연통제는60) 서북지방을 중심으로 활발히 전개되어 강원
도·경상도·전라도 등지에서는 거의 조직되지 못한 것으로 알려져 있
었으나, 문상직사건을 통해서 보면, 대동청년단이 임정의 국내조직으로
서 기능뿐만 아니라 연통제의 경상도조직으로서의 역할도 수행하고 있
었음을 알 수 있다. 임시정부는 성립과 더불어 국내조직에 힘을 기울이
고 있었다. 더욱이 임시정부의 요인으로 남형우·윤현진 등이 입각하고
있었을 뿐만 아니라, 연통제의 조직인 안동의 恰隆洋行과 박광의 信東

---

56) 慶尙北道 警察部,『高等警察要定』, 1934, 266쪽.
57)『자료집』8, 256~269쪽.
58)『자료집』7, 196쪽.
59) 독립운동사 편찬위원회,『독립운동사자료집』9, 임시정부자료집, 1975, 77~81쪽.
60) 박민영,「도산 안창호와 임시정부 聯通制」『도산사상연구』제7집, 도산사상연구
　　회, 2001 참조.

商會와의 연계, 그리고 신동상회와 대동청년단의 국내 상업조직과의 연계를 고려해 보면, 동단은 임시정부의 지원을 활동목표로 삼고 국내조직으로서의 역할을 수행했음을 알 수 있다.

한편, 대동청년단은 1919년 11월 만주 길림성에서 조직된 의열단과 밀접한 관계를 맺고 있었다. 주로 의열단이 서울을 비롯한 경상도지방에서의 무장투쟁을 전개하는데 국내 연락기관으로서 역할을 수행했음이 확인된다. 양 단체에서 동시에 활동했던 郭在驥·申喆休 등의 활동상을 고려해보면, 그 관계를 어느 정도 추측할 수도 있지만, 밀양 및 進永事件이나 의열단폭탄암살음모사건에서는 양단의 관계가 확연해진다.[61] 1920년 3월의 밀양 및 진영사건의 연루자인 의열단의 곽재기·배중세·신철휴 등은 대동청년단원이었으며, 의열단의 폭탄 국내반입 경로는 대동청년단과 연계되어 있는 이륭양행, 그리고 동단의 활동기반인 진영·부산·김해지방의 상업조직과 연결되고 있었다.[62] 1923년 초 발각된 의열단폭탄음모사건에서 연루자인 장건상과 김사용 역시 대동청년단원이었으며, 동단의 안희제는 이 사건의 중심인물인 경기도 경찰부 한인 경부 황옥을 포섭하였다.[63] 이처럼 대동청년단과 의열단은 인적구성뿐만 아니라 항일활동에서도 동반자적 관계를 유지하였다.

6. 맺으며

백산 안희제는 1900년대부터 1940년대까지 항일구국으로 일관된 삶을 살면서 한국인의 민족자주독립정신과 자력갱생정신의 함양에 역점을

---

61) 의열단에 대한 자세한 설명은 염인호, 『김원봉연구』, 창작과 비평사, 1993 및 김영범, 『한국근대민족운동과 의열단』, 창작과 비평사, 1997 참조.
62) 경상북도 경찰부, 앞의 책, 97~98쪽 ; 박태원, 『약산과 의열단』, 백양실, 1947, 33~42쪽.
63) 권대웅, 앞의 박사학위논문, 110쪽.

두고, 본인은 민족자립경제노선을 충실히 실천하였다. 그는 1910년 이전 민중계몽과 근대민족교육을 위한 학교설립운동에 매진하다가 일제의 한 국강점으로 국내에서의 활동이 어렵게 되자 1911년 러시아로 망명하여 여러 독립운동 지도자들과 국권회복을 위한 대책을 협의하고 독립운동 단체도 방문한 후 중국을 거쳐 1914년 9월 귀국하였다. 그는 망명기간 동안 국외에서의 독립운동을 지원할 것을 결심하고 국내에서의 활동을 전개하게 된다.

국내에서의 활동은 그의 주도로 이미 1909년에 결성된 비밀결사단체 인 대동청년단을 통해 이루어졌다. 대동청년단은 독립운동의 근거지를 국내에 두고 군자금 조달과 인재육성, 그리고 국내외 연락망의 구축을 통한 항일운동을 전개하였다. 우선 대동청년단의 단규에서 단명이나 단 에 관한 사항은 문자로 표시하지 말라하여 전형적인 비밀결사의 모습을 볼 수 있다. 동단의 구성원은 안희제를 비롯한 경상도 출신의 계몽지식 인이 중심이 되었고 단원 중에는 신민회·교남교육회·달성친목회·조 선국권회복단에 참여하고 있는 사람도 있었다. 동단의 활동 중 인재육성 은 국내외의 독립운동세력이 독립운동의 효과적 수행을 위해 추구했던 인적자원의 확보라는 측면에서 중요한 것이었다. 따라서 단원은 각지에 신교육기관을 설립하였으며, 나아가 기미육영회와 같은 단체를 조직하 여 국권회복의 동량이 될 인재를 육성하였다.

한편 대동청년단은 일제의 집요한 사찰을 피하기 위해 부산의 백상상 회를 중심으로 한 상업조직을 활동거점으로 삼았다. 이러한 상업조직은 전국에 걸쳐 연결되었으며, 국내외의 항일독립운동 단체들의 연락망이 되고, 국외독립운동 세력의 자금 지원의 재정기지 역할을 수행하였다.

결국 안희제의 대동청년단운동은 대한제국 말기에 일제의 노골적인 침략 하에서 형성된 국권회복운동의 방략인 실력양성론이 가진 한계를 국권상실 후 해외 독립운동 세력을 지원함으로써 독립운동에 새로운 돌파구를 마련했으며, 1920년대 조국광복운동에 필요한 인적·물적 자원의 확보를 통한 국민적 기반을 조성했다는 데 중요한 역사적 의미가 있다고 하겠다.

따라서 백산 안희제의 독립운동방략은 경제와 교육을 통한 실력양성론만을 고집하지 않고 정치투쟁, 무장 항쟁을 병행하면서 비타협적 민족주의 노선으로 일관한 민족해방운동에서 찾아야 할 것이다.

제2절 장건상의 생애와 항일

1. 들어가며

宵海 張建相은 한말에 지주의 아들로 태어나 개화의 물결을 어느 지역보다 강하게 실감할 수 있는 유년기를 보냈다. 유년기에는 전통교육과 신식교육을 동시에 받았고, 당시로는 아주 생소한 영어교육도 2년간이나 받았다. 그 후 청년기에 접어들면서 신교육과 문화에 대한 강렬한 동경으로 일본유학길에 오르고, 그곳에서 정치학을 수학하였으며, 6개월간 군사교육을 받기도 했다.

여기에 만족하지 못한 그는 다시 험난한 시베리아를 거쳐 미국 유학길에 오르게 되며, 그곳에서는 한국인으로는 처음으로 4년제 대학에서 법학을 전공하여 청년 지식인으로 성장하였다. 그러나 그 지식을 미국에서 활용하지 않고 30대 초반의 나이로 사해로 건너가 항일독립운동에 투신하게 된다. 청년기에 습득한 지식을 바탕으로 1920년대에는 독립기구인 '同濟社'에 가입하고 임정의 요인으로 활약하였으며, 과격단체인 '의열단'의 조직과 활동에 적극 개입하였다.

한편 이르쿠츠크 고려공산당 창당에 참여하고, 독립운동 자금 마련을

위해 모스크바에서 레닌도 만났다. 그리고 임시정부의 민족독립운동노
선에 불만을 품고 국민대표회의에 가담하여 창조파의 일원으로 활약했
으며, 독립운동단체의 대동단결을 목표한 민족유일당운동에도 적극 참
여하였다. 1930년대에는 華北대학 교수로 재직한 경력이 있으며, 혁명
단체대표들이 조직한 '민족혁명당'에도 참여하였다.

　이와 같은 활동을 하면서 두 번 투옥되고, 그의 가정도 역시 고난과
역경을 겪을 수밖에 없었다. 40년대에 다시 임정에 합류하여 무임소 국
무위원으로 활약하면서 좌우익의 완전한 통일전선형성을 도모코자 옌안
(延安)에 파견되고 목표달성 직전에 그곳에서 해방을 맞이하게 된다. 해
방 후에는 임정의 요인으로 환국하여 해방정국의 소용돌이 속에서 분단
을 자주적으로 극복하고 민족의 완전한 독립을 이루기 위해서는 남한 내
의 좌우합작과 한반도 내의 남북 협상이 최선이라는 소신을 가지고 이를
관철시키기 위해 동분서주하다가 양측으로부터 중상과 오래를 받기도
하였다.

　그러나 그는 '조선인민당', '근로인민당' 등의 정당 활동을 통해 민족
주의 중도 좌파노선의 소신을 계속 표방하였다. 자유당 시절에는 무소속
으로 국회의원에 당선되어 의정활동도 했으나 주로 혁신계열의 정당 활
동에 전념하다가 91세로 일생을 마감하였다. 이와 같이 그의 일생의 족
적은 넓고도 다양하다.

　무엇보다 특히 주목되는 것은 그의 청·장년기 전부를 항일독립운동
과 조국통일운동에 바쳤다는 사실이다. 그럼에도 불구하고 그가 지금까
지 저명한 독립운동가로 평가받지 못한 원인이 무엇인지 보면, 대체로
자료부족과 관련이 있는 듯하다. 현재 그의 일대기를 개설적으로 이해할
수 있는 몇 편의 글과 본인이 직접 증언 하거나 회고한 것을 기록으로
남긴 약간의 자료만 남아있을 뿐이다.[64]

---

64) 『事實의 全部를 記述한다 ; 역대 주역들이 실토한 미공개 정치비사』(장건상편),

아울러 독립운동과정에서 한 때 공산주의와 연계되어 있었고, 공산당의 당원으로 활동했으며, 더구나 해방 이후 정치활동에서 중도 좌파 노선을 고수한 것도 한 원인이라고 할 수 있다. 그러나 장건상의 90평생을 평가함에 있어서 한국의 근대화, 민족의 자주독립, 민족의 완전한 통일을 향해 일관된 신념을 가지고 투쟁했던 우국지사였다는 점을 부인할 수는 없다.

마침 1990년에 장건상에 관련된 글과 자료를 집약한『소해 장건상 자료집)』[65)이 발간됨으로써 그에 대한 관심이 고조되었다. 또 최근 학계에서도 좌익노선을 표방하면서 민족독립운동에 헌신한 인물들에 대한 새로운 시각에서 평가하는 작업이 활성화되고 있음은 주지의 사실이다. 이에 본고를 통하여 장건상의 항일독립운동에 대한 나름의 역사적 평가를 시도해 본다.

2. 출생과 성장

장건상은 자본주의 열강의 한국에 대한 침략이 본격화되어 민족적 위기감이 고조되기 시작한 1882년 12월 19일 경북 칠곡에서 그 지방의 부유한 지주로 알려진 부친 인동 장씨 운원과 모친 이윤영의 사남이녀 중 사남으로 출생하였다.[66) 그가 출생했던 시기에는 주지하다시피 임오군변으로 청의 세력이 조정에 강화되면서 개화파인사들은 온건과 급진

희망출판사, 1966 ;「獨立運動 半世紀의 回頭」『雜誌世代』, 1971년 8월호 ; 金學俊, 李정植編,『혁명가들의 항일회상』(張建相編), 민음사, 1988 외에 몇편의 글들이 있다. 이들은 모두『宵海 張建相 資料集』에 수록되어 있다.

65) 이 자료집은 1990년에 도서출판 우당에 의해 발간되었으며, 소해의 가족관계 및 그에 관련된 신문기사, 논설, 증언, 회고 내용 등이 모두 수록되어 있다.

66) 소해는 인동옥산 장씨가계인 장금갑의 31세손이며, 그의 형으로 기상, 우상, 익상이 있으며, 2명의 누이가 있다.

으로 나뉘어 세력 다툼이 노골화되었다. 이로 인해 그가 출생한 다음해
에는 갑신정변이 발발하고 열강의 식민지 획득을 위한 각축전이 시작되
었다.

소해는 그의 나이 19세가 되던 해인 1901년 4월 20일 그보다 한 살
아래인 부산 초량의 이감찰댁 외동딸이 이찬성과 혼인하여 아들 지갑
(1905)과 딸 수원(1912), 수양(1919)을 낳았다. 그의 가족은 소해와 상당
기간 헤어져 부산에서 살다가 소해가 북경을 중심으로 독립운동에 전념
하던 1923년에야 합류하였다. 그 후 소해가 1930년 말 일경에 체포되어
고국으로 압송되던 그 해에 그의 가족 중 부인과 둘째 딸 수양만이 귀국
하여 부산에 정착하였다. 한국의 독립운동가 가족들 대부분이 고난과 역
경 속에서 불행한 일생을 살았듯이 소해의 가족도 마찬가지였다. 아들
지갑은 의열단 간부학교 3기생 출신으로 마세달이란 가명을 쓰면서 의
열단 연락업무를 맡았다. 그러던 중 1933년 상해에서 일본의 헌병대에
잡혀 모진 고문을 당한 끝에 변절하여 의열단 간부학교 2기생인 시천조
를 밀고하고, 그의 부친인 소해의 행선지를 밀고하여 체포케 했다. 이로
인해 그는 부친과 절연한 채 지내다가 해방을 맞게 되고, 결국 조국에도
돌아오지 못하고 일본으로 건너가 살다가 1969년 사망한 것으로 알려져
있다.[67] 첫째 딸 수양은 당시 한국의 독립운동가들이 적을 두었던 남경
의 金陵대학교를 졸업한 인텔리로서 줄곧 소해를 측근에서 보필했다.[68]

소해의 이름을 일부 사료에서는 健相으로 기록해 놓았으나 建相의

---

67) 宵海 張建相先生 語錄碑 建立會編著, 『宵海 張建相 資料集』, 도서출판 우당,
　　1990, 105쪽, 129 이후부터는 『資料集』으로 표기함. 동자료집에는 지갑의 사망
　　일자를 1941년, 1967년 등으로 기록되어 있으나 현재 생존해 있는 그의 직계 자
　　녀들의 증언에 의하면 1969년에 사망한 것이 정확한 것 같다. 그의 가족들의 증
　　언에 의하면 守遠은 6·25때 미혼으로 행방불명되었고, 1988년 2월 4일 부산지방
　　법원에서 사망으로 심판 확정판결을 받았다.
68) 수양은 현재 그의 차녀와 함께 대전에 거주하고 있다. 수양의 증언 및 회고는 소
　　해를 이해하는 데 많은 도움이 되었다.

오기인 것 같고, 독립운동 시절에는 그의 兒名이었던 明相, 혹은 濤山으로 사용하기도 했으며, 호는 消海이다.[69] 그의 집안은 門中이나 동리에서 존경받는 위치에 있었고, 어릴 때부터 그는 부형의 훈계를 듣지 않고 자율적으로 자랐다고 회고하고 있다. 그가 태어난 지 일년 후인 1884년에 그의 부친은 부산의 佐川 마을(현 부산시 동구 좌천동 222번지)로 이사했다. 그의 부친이 경제적 기반을 가지고 있었던 고향을 떠나 부산으로 이사한 이유에 대해서는 밝혀져 있지 않다.[70] 그는 주로 이곳에서 유년기를 보냈다.

그의 나이 12세 되던 해인 1891년부터 그는 전통적인 구식가정의 분위기로 인해 집 근처의 '佐川齋書堂'에서 우선 한문을 익혔으며, 얼마 후 신학문을 도입하여 운영하고 있던 '育英齋'에서 12년간 수학하였다.[71] 이곳에서 그는 新學問에 대해 큰 관심을 가지게 되었다.

그러던 차에 우연히 부산에서 宣敎활동을 펴고 있던 영국인 선교사 엔젤을 만나게 되고 그의 주선으로 長老敎가 운영하던 '英語講習所'에서 영어를 배우게 되었다. 이로 인해 그는 더욱 미지의 세계에 대한 동경심이 깊어졌다. 그는 마침 1903년 서울에 공립영어학교가 세워졌다는 말을 듣고 부모님의 만류에도 불구하고 서울로 올라갔다. 소해는 다행스럽게도 학교가 세워졌다는 말을 듣고 부모님의 만류에도 불구하고 서울로 올라갔다.

소해는 다행스럽게도 『漢城旬報』주필 장지연의 주선으로 서울 '공

---

69) 당시 일본측 사료 및 일부 독립운동관계자료에는 健相, 烽相으로 표기되어 있으나, 그의 호적등본에는 建相으로 기록되어 있다. 해방 이후 그에 대한 글들은 모두 建相으로 기술되고 있다.

70) 소해가 직접 회고한 바에 의하면 그의 집안은 문중이나 동리에서 존경받았고, 부유한 지주였는데 고향을 버리고 왜 부산 좌천으로 이사하게 되었는지는 매우 궁금하다. 현재로서는 그 궁금증을 풀 수 있는 자료를 찾지 못하고 있다.

71) 育英齋는 舊韓末에 부산지방에서 주로 신학문을 교육한 釜山育英學校의 전신이라고 생각된다. 姜大敏, 『韓國의 鄕校硏究』, 경성대출판부, 1992, 297쪽 참조.

립영어학교'에 입학하여 1년간 수학하였다. 그러나 이 학교에서는 그의 기대와는 달리 신학문보다 한문에 치중했으므로 그는 이곳을 떠나 캐나다 사람으로 미국선교부에서 활동하고 있는 선교사 게일(James S. gale)에게 영어공부를 하게 되었다.

당시 게일은 1888년 25세의 弱冠으로 내한하여 奇─이라는 한국명을 가지고 40년여 동안 선교활동을 통해 한국인에게 개화의 눈을 뜨게 하는데 크게 기여했으며 「대영성서공회」 번역위원으로 최초의 한국어 성서를 간행하기도 했다. 또한 그는 『한국의 역사』라는 저서도 남겼다. 게일과의 이같은 인연으로 소해는 그가 미국 인디애나주 발프레이조 대학에 입학하는 데 결정적인 영향을 미친 추천장을 받아낼 수 있었다.[72] 소해가 게일을 만났을 때는 게일이 서울 동대문 근처의 연못골 교회에서 목회활동을 하고 있었다. 이 교회에서는 2개의 일요학교를 운영하고 있었는데, 아마 소해는 이 일요학교에서 게일의 영어지도를 받았던 것 같다.[73]

그가 2년여 동안 서울에서 머무는 동안 일본과 러시아 간의 전쟁이 발발하여, 일본이 승리를 거두게 되었고, 일본은 이러한 기회로 한국정부와 강제로 을사조약을 체결하면서 외교권을 박탈하였다. 이로써 한국은 사실상 일본의 세력으로부터 완전히 벗어날 수 없다는 절망감에 빠져

---

72) 『자료집』 317쪽. 게일 목사는 주로 미국교회에서 일했고, 특히 인디애나의 교회와 인연이 깊었기 때문에 소해에게 교회계통의 학비가 싼 이 학교를 소개했던 것 같다.

73) 조정경, 「J.S gale의 韓國認識과 在韓活動에 關한 一研究」 『漢城史學』 제3차, 한성사학회, 1985, 91, 101쪽. 당시 연못골 교회에서는 蓮洞女學校와 예수교 중학교를 운영하고 있었고, 게일은 이 학교의 교사로 봉직했었다. 특히 예수교 중학교는 1902년에 14~20세 학생 6명을 모아 교육을 시작했으며, 1905년에는 儆新學校로 개명되었다. 소해는 예수교 중학교에 입학하여 공부했을 가능성이 있고, 아니면 연못골 교회의 信者였을 가능성도 있다. 그러나 소해는 뒷날 그의 행적을 보면 교회와 연계된 활동은 찾아볼 수 없다. 그런데 예수교 중학교는 고아학교를 계승한다고 했으므로 소해가 고아로 자처했는지는 미지수이다.

부산으로 귀향해 버렸다. 그러나 그는 결코 좌절감에만 젖어있지 않고 새로운 각오를 굳히기 시작했다.

> 나는 내 뼈가 굵어진 부산에 다시 돌아왔다. 구국하는 길이 무엇인가를 가슴에 새기면서 나는 개화의 선봉에 서야겠다고 결심하여 긴 머리를 삭발하여 버렸다. 머리를 깎고 집에 왔을 때에 완고한 나의 부친은 분노를 참지 못해 결국 아들을 집에서 쫓아내는 결과를 초래했다. 집에서 쫓겨난 나는 누님 댁에 머물며 하루하루 세월을 보냈다. 공상 끝에 갈 곳은 현해탄(玄海灘)을 건너 일본으로 가고 싶은 마음뿐이었다. 호랑이 굴에 가야 호랑이를 잡는다. 일본에서 공부해 보자.[74]

당시 일본에의 유학을 결행한 선각자들이 그러했듯이 그도 일본에 대항하여 국권을 회복하기 위해서는 우선 일본을 알아야 하고, 국력배양에는 근대적인 지식과 기술이 전제되어야 함을 인식하고 있었다.[75] 이리하여 소해는 1905년 러일전쟁이 완전 종결된 시점에 부친 친구분에게 여비를 변통하여 일본으로 유학길에 올랐다. 그가 22세의 나이로 동경에 도착했을 때는 러일전쟁의 주역인 육군대장 오야마(大山巖), 해군제독 도고(東鄕平八郎)의 전승 시가행진이 한창 벌어지고 있었다.

이 광경을 지켜보면서 소해는 오직 조국의 국권회복을 위해 실력을 길러야겠다는 결심을 더욱 확고히 했다. 당시 일본에 유학하고 있는 한국 학생은 국비·사비생을 합쳐 대략 500명에 이르렀다. 이들은 '대한학회'·'태극학회'·'共修學會' 등 학회를 조직하여 친목을 도모하면서 국내의 단체와 연계하여 계몽활동을 전개하였다.[76]

우선 소해는 동향의 친구로 동경상고에 재학하고 있는 김국태를 만나 논의하고 난 후 당시 동경에 망명중인 박영효를 찾아가 조국의 앞날에

---

74) 『資料集』, 121쪽.
75) 위의 글, 51쪽.
76) 拙稿, 「大韓學會에 관한 一考察」第一輯, 1985, 61쪽 참조.

대해 격의 없는 대화를 나누었다. 그 자리에서 그는 장차 한국 해군을
창설하는 기수가 되기 위해 일본의 해군병학교에 입학하겠다는 포부를
밝혔다. 그는 그의 뜻을 관철시키고져 주일공사관에도 방문하고, 유학생
감독관인 한치유를 찾아가 상의했으나 전혀 도움을 받지 못했다.

결국 소해는 와세다 대학 정치경제학부에 입학하여 정치학을 전공하
게 되었다. 학문에 정진하던 중 1906년 동경의 유학생 사회에 하나의 사
건이 발생했다. 즉 천도교 유학생 50여 명이 장차 한국 국방의 주역이
되겠다는 포부로 일본육군사관학교에 입학하려 했으나 일본 당국이 이
를 허용하지 않자 민족차별대우에 분개하면서 혈서를 써서 항거한 사건
이다.

일본의 언론도 이 사건을 크게 보도하였다. 당시 유학생들은 乙巳條
約을 계기로 일본의 식민지정책이 급전하여 종래의 顧問政治에서 保
護政治로 바뀐 국내 정세의 변화를 주시하고 있었다. 그들은 조국의 위
기감을 절감하고 서양학문과 기술습득이라는 유학생 본래 목적을 이탈
하여 동경부립제일중학교 위탁생들이 '동맹휴학사건'을 위시하여 '早稻
日大學模擬國會事件', '菊花展示事件' 등 반일감정을 행동으로 표시하
였다.[77]

이러한 사건에 소해가 주동한 것 같지는 않고 아마 심경의 변화를 느
낀 것 같다. 그는 와세다대에 입학한 지 채 일 년을 못 넘기고 자퇴해
버렸다. 그때 마침 주일공사관의 무관이었던 이스트레이크가 동경에 체
제 중이던 박영효를 찾아와 일본 육사에 지망을 원하는 한국 학생들의
미국유학을 주선하겠다는 제의를 했다. 즉시 박영효는 소해를 소개하게
되고 그의 주도하에 이스트레이크의 집에 한인무관학교가 세워지게 되
었다.[78]

---

77) 위의 글, 53~54쪽. 이러한 유학생들의 抗日民族運動에 소해가 직접 참여하지는
   않았던 것 같다. 특히 早大事件時 소해는 早大를 이미 그만두었다.

이 학교에서 소해는 유학생 50여 명과 더불어 미군복장을 갖춘 채 기
초적인 군사훈련을 받았다. 이 학교의 학생 수가 차츰 불어나 100여 명
에 이르고 체제가 정비되어 가는 것을 지켜 본 일본 당국은 압력을 가해
이 학교를 폐교시켜 버렸다.[79] 이런 짓을 자행하는 데 깊이 관여한 장본
인은 유학생 감독관 한치유라고 소해는 지적하고 있는데, 그 이유에 대
해서는 분명히 밝히지 않았다.[80]

소해는 이 사건을 계기로 일본 유학의 한계를 통감하여 유학 2년 채
인 1907년에 망국의 한을 간직한 채 부산으로 귀향해 버렸다.[81] 고향으
로 돌아온 후 그는 다시 미국사관학교의 입학에 뜻을 두고 1여 년간 준
비를 하면서 우선 부모를 설득했다. 그의 부모는 아들의 간곡한 호소에
굴복하여 미국유학 경비로 당시로는 거금인 2백원을 마련해 주었다. 그
러나 그의 미국 유학길의 여정은 모험에 가까운 것으로 험난하고 어려
웠다.

주지하다시피 당시의 한국은 외교권이 박탈된 상태이므로 통감부의
주선을 통한 정상적인 통로는 전혀 기대할 수 없었기 때문이다. 그리하
여 그는 페테스부르크에 거주하고 있는 이위종에게 전하는 서신을 몸에
지니고 모스크바로 향했다.[82]

---

78) 소해는 일본유학시절에 박영효가 그의 영어실력을 인정하여 많은 도움을 얻은 것
    으로 회고하고 있다. 그런데 일본유학 이후 소해는 박영효와의 연락은 두절한 채
    지낸 것 같다. 그것은 박영효가 일제지배기에 친일인사로 독립운동가들에게 매도
    의 대상이 되었기 때문이라고 생각된다.

79) 아부양, 「旧韓末の日本留學生-資料的 考察」 I 『韓』 3권 5호, 동경: 한국연구
    원, 1974, 77~78쪽. 국비 4명(金永憲, 金基元, 朴榮喆, 金應善), 사비 4명(柳東
    說, 朴斗榮, 南基學, 李甲) 등 8명의 한국유학생이 있었다. 이들은 1903년에 정
    부로부터 소환되었다.

80) 『資料集』, 52쪽.

81) 일본 유학생 단체에서 발간하였던 『大韓留學生會月刊報』 등 다수의 잡지에는
    소해의 이름이 보이지 않는다. 소해는 유학생단체에서의 활동에는 별 흥미를 느
    끼지 않았던 것 같다.

16일 만에 모스크바에 도착하여 그곳에서 다시 열차편으로 페테스부르크에 도착할 수 있었다. 그곳에서 무사히 이위종을 만나게 되고, 이위종은 소해를 그의 부친이자 대한제국 러시아 公使를 역임한 李範晋에게 소개시켜 주었다.[83] 소해는 이범진 집에서 3일 동안 머문 후 그의 소개장을 가지고 독일행 열차를 타고 어려운 고비를 겪어가며[84] 독일 국경을 넘어 프랑스에 도착하였다.

그곳에서 이범진의 소개장으로 그가 대한제국의 프랑스 공사로 근무했을 시 직원으로 있었던 프랑스 인의 집에 2일 동안 머물 수 있었다. 다시 해로로 영국의 런던에 도착했으나 준비한 여비를 거의 다 써버렸다. 마침 그곳에는 한말부산해관의 해관장으로 근무하면서 소해의 형과 친교가 있었던 헌트(Hunt)라는 영국인을 만날 수 있었다.[85]

그의 경제적 도움으로 미국으로 향하는 배에 오를 수 있었다. 천신만고 끝에 1908년 6월 7일 뉴욕에 도착하였으나 여권을 소지하지 못했기 때문에 미국이민관리국에 의해 구치소에 억류되는 신세가 되었다. 그때

---

82) 『資料集』, 91쪽. 시베리아를 횡단하여 유럽을 경유하고 大西洋을 건넌 사람은 한국인으로는 소해가 처음이다. 이 여정은 몹시 험난하기 때문에 柳麟錫, 鄭純萬이 포기할 것을 권유했다. 그러나 소해의 결심이 워낙 확고하자 露語會話책을 비롯한 시베리아 횡단에 필요한 편의를 이들로부터 제공받았다.

83) 이범진은 러시아 駐在 韓國公使로 있던 중 일본의 외교권 박탈로 그 직이 해임되자 본국에 돌아오지 않고 그의 아들과 피터스버크에 살고 있었다.

84) 『資料集』, 92쪽. 독일의 국경을 넘으려 할 때 독일경찰은 여권이 없다는 이유로 입국을 막았다. 그때 소해는 "나라를 빼앗긴 국민이 어떻게 여권을 가질 수 있겠소. 내 조국은 일본에게 주권을 박탈당하고 그래서 나는 유랑하는 사람이 된 것이오"라고 여러차례 哀訴한 결과 무사히 국경을 통과할 수 있었다고 회고하고 있다.

85) 헌트(何文德)는 1988년 李鴻章의 추천으로 부산해관장으로 부임하였다. 그의 관사는 지금은 없어진 營繕山의 남쪽 지금의 동광동 쪽에 위치해 있었다. 소해의 집은 좌천동에 있었으므로 거리상 멀지 않다. 소해의 兄과 헌트가 어떠한 연유로 친교가 있었는지는 모르겠지만 지역적으로는 가교가 있을 수 있는 위치에 있었다. 이 부분에 대한 해명은 소해집안이 좌천동으로 이사한 동기, 부산에서의 생활상들을 밝힐 수 있는 열쇠가 될 수도 있을 것 같다.

마침 친절한 한 간수의 도움으로 헤이그 평화회의에 참석하고 귀국하는 도중 잠시 뉴욕의 호텔에 머물고 있던 이상설에게 연락이 닿게 되고 그의 신원보증으로 석방될 수 있었다.

그는 즉시 인디애나주의 발프레이조로 향했으며, 게일 목사의 추천장에 힘입어 발드레이조 예비학교를 거쳐 발프레이조 대학교 법학과에서 정치학과 법학을 전공한 후 이 학교를 1912년에 졸업하였다.86) 그가 미국 유학 생활을 본격적으로 시작한 2년 후에 한국은 치욕의 한일합방조약이 체결되었고, 졸업할 무렵에는 일제의 무단 정치가 더욱 강하게 자행되고 있었다. 당시에도 미국 신문에는 위와 같은 국내 사정과 중국 시베리아 등지의 한국인 독립운동 기사가 종종 보도되고 있었다. 소해는 이 기사들에 남다른 관심을 가지고 있었으며, 대학을 졸업하면 중국으로 건너가 항일독립운동에 헌신하겠다는 결의를 굳혔다.

그러던 중 당시 로스엔젤레스에서 '흥사단'을 조직하고 한국어 신물을 발간하고 있던 안창호로부터 함께 일하자는 제의를 받았다.87) 그러나 소해는 중국으로 건너갈 일념으로 이 제의를 거절하였다. 그때 마침 상해에서 독립운동을 전개하고 있던 신규식으로부터 함께 일할 것을 희망한다는 연락을 받고 그의 중국행은 더욱 확고하게 되었다. 그는 즉시 출발하지 못하고 선비를 마련을 위해 약 1년간 포도밭에서 노동을 감수해야만 했다. 드디어 1916년 미국의 시애틀에서 선편으로 무사히 상해

---

86) 『자료집』, 316~317쪽. 종래의 소해에 관한 글에는 그가 인디애나 주립대학교 법과대학을 졸업한 것으로 기술되어 있고 본인도 그렇게 주장하였다. 그러나 金學俊氏가 인디애나 대학교에 직접 문의하고 조사한 바에 의하면 소해는 인디애나 대학교 법과대학을 졸업한 것이 아니고 인디애나주에 소재하고 있는 기독교 계통의 발프레이죠 대학교(Volparciso University) 법학과를 졸업하고 법학사 학위를 받았음이 밝혀졌다.

87) 『資料集』, 123쪽. 한국어 신문에는 「미국동부에 있는 대학에서 한국인으로는 처음으로 張建相이 졸업하였다」는 기사가 실렸다. 소해는 한인으로서는 미국의 법과대학을 졸업한 최초의 유학생이라고 생각된다.

에 도착할 수 있었다.[88]

3. 독립운동의 전개

1) 同濟社 가입

　1912년은 소해에게는 중요한 시기였다. 대학을 졸업하고 흥사단의 제의를 받았으며, 상해의 신규식의 초정을 받았다. 또한 소해의 연보에 의하면 그 해 8월 24일 첫딸인 수원이 태어났다고 기록되어 있다. 그리고 1913년 1년간 포도밭에서 노동을 하고 1916년 상해에 도착한 것으로 되어있다. 그런데 여기서 소해의 행적에 다소 의문점이 생긴다. 1909년부터 1912년까지 그가 미국에 있었다면 첫째 딸은 어떻게 태어날 수 있었을까? 또한 1914년부터 1915년까지 2년간 어디서 무엇을 했을까? 이런 의문점은 현재로선 밝혀지지 않고 있다.

　아무튼 소해는 그의 나이 34세가 되던 해인 1916년에 상해에 도착하여 신규식을 방문하고 민족독립운동에 헌신할 것을 서약하였다. 신규식은 당시 '동제사'라는 독립운동 단체를 지도하는 등 민족독립운동에 진력하고 있었다. 동제사은 국권회복을 위한 부국운동체로서 1912년 7월 4일에 신규식 등에 의해 상하이에서 결성되었다. 동제사의 이념은 시민적 민주주의, 대동사상 및 서구의 개량적 사회주의이며, 각 지역에 지사를 설치하여 정보수집과 국내 독립운동의 활성화에 주력하였다.

　동제사의 지도자들은 중국혁명인사와 더불어 '新亞同濟社'를 결성하

88) 소해가 상해에 도착한 해를 1917년, 1916년 이라고 기술된 글도 있으나『資料集』의 年譜에는 1916년으로 기록되어 있다. 그런데 소해가 1912년에 대학을 졸업하고 1913년 포도밭에서 1년 일하고 1916년에 상해에 도착했다면 1914년부터 1915년까지 2년간의 행적에 대해서는 기록도 없고 본인이 회고한 기록도 없다. 차후 밝혀져야 할 점이다.

고 博達學院을 설립하여 독립지사를 양성했으며, 한국인의 유학도 주선
하였다. 그리고 1915년 3월에는 북경거주 독립지사들과 연합하여 '신한
혁명당'을 조직하였고, 1918년 11월에는 여운형을 비롯한 동제사의 소
장 세력들은 '신한청년당'을 결성하기도 했다.[89] 소해는 신한청년당의
결성에는 참여하지 않았던 것 같다.

반면에 소해가 동제사에 가입한 날짜는 현재로선 정확하게 밝힐 수 없
지만 여기에 회원이 되어 활동한 것은 확인된다.[90] 즉 그는 동제사 회원
으로서 만주 안동현에 파견되어 본국으로부터 망명하는 지사들의 길 안
내 역할을 맡았다. 이때 그가 길 안내를 해준 인물 가운데는 후일 좌익
의 거물이 된 김두봉이 있고 의열단의 중심인물인 김원봉도 포함된다.[91]

이곳에서 2년여간 가족과 재회하여 함께 살면서 둘째딸 수양을 낳게
된다. 소해는 1919년 3·1운동 이후 많은 국내의 독립지사들이 만주, 중
국, 시베리아 등 해외로 망명길에 오르자 이들을 도와주기 위해 동분서주
하다가 김두봉과 함께 영국선박을 이용하여 상해에 돌아와 상해임시정부
발족에 참여하게 된다. 당시 동제사의 구성원들은 임정의 수립과 정책결
정에 중요한 역할을 담당했을 뿐 아니라 임정수립 후에도 중요 요직을
역임하면서 임정의 굳건한 배경세력이 되었다. 결국 소해의 독립운동의
출발은 동제사에 가입하여 활동하면서 시작되었다고 보아야 할 것이다.

2) 임시정부의 수립과 소해

국내에서 거족적인 3·1운동이 발발한 후 각지의 독립운동자들이 상
해에 모여들기 시작했다. 무려 그 숫자가 1,000여 명에 이르렀다. 이미

---

89) 金喜坤, 「同濟社의 結成과 活動」『韓國史硏究』 48, 189쪽 참조.
90) 위의 글, 180쪽. 동제사가 조직된 이래 동단체에 관여했던 주요인물 35명의 명단
    에 소해는 여운형과 더불어 포함되어 있다(이 명단은 신규식의 『한국혼』에 기록
    된 인물을 전제한 것이다).
91) 『자료집』, 44쪽.

상해에는 동제사, 조선사회당, 신한청년단이 조직되어 활동하고 있었다. 그 무렵 상해에서는 거류민단이 임시정부 수립을 위한 국민대회를 개최하였고, 이때 소해는 김규식, 이시영과 더불어 준비위원으로 선임되어 활동하였다.92) 이 대회를 계기로 임정수립 운동은 본격적으로 추진되었다.

3월 하순부터는 프랑스 조계 보창로에서 현순을 총무로 한 임시사무소가 개설되었다. 준비위원들 사이에 각료 조직, 국호, 구황실대우 문제 등 몇 가지 기본 문제에 의견이 상충되어 논란이 되기도 했다. 이 문제는 1919년 4월 10일 29명의 애국지사가 프랑스 조계 김신부로에 모여 임시의정원을 발족함으로써 공식적으로 다듬어져 갔다.

의정원에서는 의장에 이동녕, 부의장에 손정도를 선출하였으며, 11일에 국호를 대한민국으로 의결하고 전문 10조로 된 임시헌장을 심의 통과하여 공포함으로써 대한민국임시정부의 수립을 대내외에 선포하였다. 아울러 이승만을 국무총리에 선임하는 등 각료 명단도 발표하였다.93)

이와 비슷한 무렵에 국내 3개, 해외 2개 모두 5개의 임시정부가 수립 공포되었다.94) 소해는 이 다섯 정부의 각료 명단에도 그의 이름이 발견되지 않고 있다. 그리고 상해임정 의정원 29명의 의원 명단에도 포함되어 있지 않았다. 그는 상해임정의 의정원이 구성될 무렵에는 안동에서 망명 지사들의 길 안내를 맡고 있었다고 회고하였다.95)

그런데 상해임정의 태동을 위한 준비단계에서 그 준비위원으로 선임되었다고 했는데, 그때에도 상해에 있지 않고 안동에서 계속 활동하고

---

92) 위의 글, 94쪽.
93) 국사편찬위원회, 『한국사』 21, 탐구당, 1981, 205~206쪽.
94) 위의 글, 205쪽. 국내의 3개 정부로는 朝鮮民國臨時政府, 新韓民國政府 韓成政府가 있었는데 韓成政府외는 傳單(삐라)政府였다. 국외에는 露領에서의 大韓民國會議, 상해에서의 大韓民國臨時政府 등이다.
95) 『資料集』, 325쪽. 안동에서 임정의 중앙위원의 한 사람으로 선임되었다는 통지서를 받고 상해로 왔다고 회고하고 있는데, 중앙위원은 외무위원으로 선암된 것을 지칭한 것 같다.

있었는지는 확인되지 않고 있다. 아무튼 소해가 임정의 임원으로 처음
등장한 것은 1919년 4월 20일 제2회 임시의정원회의의 결의로 차장제를
폐지하고 위원제를 실시하면서 현순, 여운형, 백남규, 이광수, 이광과 더
불어 외무위원으로 선임된 이후부터이다.[96]

당시 외무총장은 김규식이 선임되었는데 그는 5월에 임정의 외교특사
로 '파리강화회의'에 한국독립청원서를 제출하기 위해 파리로 떠났다.
이때부터 소해는 외무위원으로서 총장 김규식을 대리하여 임정의 외교
활동을 맡았다. 그 후 8월 5일에 대한민국 법령으로서 위원제가 폐지되
고 다시 차장제가 부활되었고, 외무차장에는 여운형이 선임되었다.[97] 당
시 임시정부의 형태는 전단정부를 제외하면 워싱턴, 상해, 블라디보스톡
3곳에 있었다.[98]

대통령에 선임된 이승만은 워싱턴에서 업무를 계속하고 있었지만 국
무총리로 선임된 이동휘가 9월 18일 노령에서 상해로 오고, 내무총장 이
동영, 재무총장 이시영, 그리고 4월부터 상해에서 활동하고 있었던 안창
호 등이 참석한 가운데 11월 3일 정식으로 내각 취임식이 거행되었다.[99]
이로써 대한민국임시정부는 일원화된 정부로 그 활동이 개시되었다. 이
때 외무총장에는 박용만, 동차장에는 정인과가 선임되었다.

소해는 임시의정원이 1919년 9월 11일자로 발표한 대한민국임시정부
의 각료명단에는 포함되어 있지 않다. 그런데 그는 외무차장으로서 외무

---

96) 독립동지회, 『한국독립사』, 1983, 143쪽.
97) 『資料集』, 317쪽. 소해는 상해임정의 외무부 책임자로소 워싱턴의 이승만에게 더
   이상 임시 대통령의 이름을 사용하지 못하도록 하는 전보를 8월 25일자로 발송했
   다고 기록하고 있는데, 이 전보의 발송일자는 오기인 것 같다. 8월 5일 임정의 위
   원제가 다시 차장제로 부활되면서 외무차장에는 현순이 선임되었다.
98) 서울에서 조직된 한성정부가 임시사무소 위치를 미국 워싱턴에 두고 있었기 때문
   에 집정관 총재 이승만은 5월 워싱턴에서 집정관 총재사무소를 설치하고 대통령
   의 명으로 외교활동을 개시했었다.
99) 『獨立運動史』, 299쪽.

총장 박용만을 대신해서 그 직을 맡았다고 회고하고 있다.100) 그가 외무
차장으로 임명된 것은 임정이 출범한 이후 당시 외무차장이었던 정인과
가 사직하자 그 후임으로 임명된 것 같다. 그 시기는 1920년 1월 15일자
로 상해에 있는 일본총영사가 外務大臣에게 보고한 글에 의하면 외무총
장 박용만, 동차장에 장건상으로 표시되어 있다.101)

이를 근거해 보면 소해가 외무차장으로 임명된 것은 1920년 1월 15
일 이전이라고 사료된다. 한편 상해임정의 외곽단체로서 1919년 7월 1
일 상해에서 회원 170여 명으로 된 대한적십자회가 조직되었다. 적십자
회에서는 간호원양성소를 설립하고 위생병을 양성하였다.102) 여기서 소
해는 이광수 등과 상의원으로 선임되어 활동하였다.103)

소해는 임정의 활동에 회의를 느껴 1920년 겨울에 임정을 떠나 북경
에 안착하였고, 거기서 의열단 및 고려공산당 일에 전념하였다.104) 그러
다가 다시 그는 독립운동자들 사이에 임정의 침체를 극복하자는 명분아
래 임정의 창조 혹은 개조를 요구하는 움직임이 북경과 만주 등지에서
일게 되자 여기에 동참하게 된다.

그는 우선 박용만·신채호를 중심으로 북경을 거주지로 독립운동을
전개하거나 거기에 뜻을 둔 지사들을 규합하고자 1921년 4월경에 '군사
통일회'란 단체가 조직될 때 발기인 9명 중 일원으로 참여하였다.105) 이
회에서는 1921년 4월 20일에 '군사통일주비회'를 개최하였다. 이 회의
는 이승만과 독립운동 노선을 달리하여 임시정부 활동에 참여하고 있지
않던 인물들이 무력에 의한 독립전쟁을 수행하기 위한 전단계로서 만주

---

100) 『자료집』, 326쪽.
101) 國會圖書館, 『韓國民族運動史料』(中國篇), 1976, 43쪽.
102) 『한국사』 21, 237쪽.
103) 『한국독립사』, 463쪽. 소해는 상해임정의 외무위원으로도 활동하고 있었다.
104) 의열단 활동과 고려공산당 활동에 대해서는 다음 절에서 구체적으로 다루기로
한다.
105) 『한국민족운동사료』(중국편), 355쪽.

의 독립운동단체들을 통합하기 위한 모임이었다. 이 모임도중 이승만의 위임통치청원 문제가 밝혀지자 이승만은 물론 임시정부까지도 만장일치로 불신임하고 '국민대표회의'를 소집하여 군사지휘권 문제를 해결하기로 의결하였다. 이어서 주비위원을 선출하고 선전지 『大同』을 발간하는 등 국민대표회의 개최를 위한 준비를 진행시켜 나갔다. 그러나 소해는 '이르쿠츠크 고려공산당'의 일로 이 모임에서는 더 이상 활동하지 않았던 것으로 사료된다.

한편 상해에서도 안창호와 여운형을 중심으로 1921년 5월 19일 '국민대표회의기성회촉성회'를 조직하는 등 국민대표회의를 은밀히 추진하였다. 그리고 서간도에서도 1921년 5월 6일 여준, 김동삼 등이 중심이 된 이와 비슷한 성격의 비공개회의가 개최되었다. 결국 이들 모임의 대표자들은 연합하여 동년 6월 6일 '국민대표회의주비위원회'를 발족시키고 그 위원으로 상해의 안창호, 여운형, 김규식, 북경의 박건병, 만주의 이진산 등을 선출하였다.[106]

그런데 이 연합회는 121국의 워싱턴에서 개최된 '태평양회의'(1921년 11월 11일~1922년 2월 6일) 및 소련의 모스크바와 페테스부르크에서 열린 '극동인민대표회의'(1922년 1월 21일~2월 2일)의 참가 준비 관계로 그 활동을 일시 중단하였다. 그러다가 1922년 4월 10일부터 국민대표회의 주비위원회는 활동을 재개하였다. 이 위원회는 동년 5월 10일 국민대표회의 소집을 선언하고 각 지역에 초청장을 발송하였다. 그러나 자금난과 대표들의 미도착으로 (동 회의는) 성사되지 못했다.

요컨대, 원세훈 등의 '대한국민회의파'는 신채호 등의 '북경군사통일회의'세력과 합작하여 임정 타도를 주창하는 '창조파'를 형성하였고, 안창호를 중심한 상해 집단과 이진산 등의 만주 대표는 대개 임정의 개조를 주창하는 '개조파'를 형성하고 있었다. 소해는 무장투쟁으로 독립을

---

106) 『資料集』, 179쪽(추헌수, 『大韓民國臨時政府史』).

성취하자는 극단적인 군사통일 일변도 주의를 주장하는 북경군사통일회의 '무단파'로 분류되었다. 이 파는 무저항 내지 외세의존적인 활동에 주력해온 안창호·여운형 등의 소위 '문치파'를 항상 못마땅하게 간주해왔다.[107] 따라서 소해는 이 회의에서 자연적으로 창조파의 일원으로 활동하였다.[108]

결국 이 회의는 개조파 42명의 명의로 이 회의에 더 이상 참석할 수 없다는 통고문이 발표됨으로써 사실상 결렬되어 버렸다.[109] 그 후 이 회의는 창조파 만으로 속개되어 6월 3일 '조선공화국'을 탄생시키고 폐회되었다. 소해는 조선공화국의 외무총장으로 선임되었다.[110] 그런데 이 정부는 소련의 후원을 기대하면서 1923년 8월 20일 상해를 떠나 블라디보스톡의 신한촌에 본부를 설치하였다.

그런데 기대하였던 레닌이 사망하였을 뿐만 아니라 1922년 일로협상으로 소련이 한국의 독립운동을 적극 지원할 처지가 아니었으므로 소련정부가 1924년 2월 동공화국의 임원들을 국외로 추방하는 조치를 내리게 되자 동공화국도 자동 와해되어 버렸다.[111] 그 후 소해는 임정이 침체에 빠져버린 1926년 새로운 독립운동의 통일방안의 활로를 모색하기 위해 구상된 북경의 '한국유일독립당촉성회'가 창립되자 7인의 집행위원 중 일원으로 참여하였다. 이 회의는 1926년 10월 16일 창립되어 『독립당촉성보』라는 기관지를 발행하고 독립단체의 통일운동을 촉진하기

---

107) 김정명편, 『조선독립운동』 Ⅱ, 원서방, 1980, 448쪽.
108) 위의 글, 447쪽.
　　　『한국민족운동사료』(중국편), 275쪽.
109) 『자료집』, 282쪽.
110) 『조선독립운동』 Ⅱ, 480쪽.
　　　이 정부의 각료명단은 다음과 같다. 대통령: 이상룡, 국방총리: 신숙, 외무총장: 장건상, 학무총장: 한진산, 내무총장: 김대지, 재무총장: 김갑, 군무총장: 비팔무, 교통총장: 박용만 등이다.
111) 『자료집』, 172쪽.

위해 중국 각지에 집행위원들을 파견하였다.[112] 소해도 조성환의 요청
으로 남중국에 특파되어 독립당촉성회의 선전 활동에 주력하였다.

그러다가 1927년 봄 상해에서 김성숙을 만나 '한국독립유일당 광동
촉성회'를 조직하도록 권유하였다.[113] 동단체의 활동은 소기의 목적을
거두어 1927년 11월 14일 상해에서 북경, 상해, 광동, 무한, 남경 촉성회
대표들이 '한국유일당 촉성회대표연합회'를 구성하였다.[114] 그러나 소
해는 다음 절에서 구체적으로 언급할 북경대학 강연 내용 문제로 중국경
찰에 체포됨에 따라 동단체에서의 활동은 중단되었다. 한편 소해는 위와
같은 활동 와중에서도 1923년 북경에서 김성숙, 장지락, 이락구, 양명
등과 '창일당'을 조직한 것으로 사료된다.[115] 그런데 이 당의 활동 내용
이나 성격 등은 관련된 구체적 사료의 미발견으로 언급하지 못했다.

3) 의열단에서의 활동

의열단은 1919년 11월 9일 만주 길림성 파호문 밖 중국인 번모씨의
집에서 독립지사들이 밤을 새워가면서 독립비밀결사의 결성을 숙의한

---

112) 경상북도 경찰부, 『고등경찰요사』, 1934, 조선인쇄주식회사, 110쪽.
113) 위의 글, 108쪽. 동기록에는 소해가 김성숙을 상해에서 만난 것이 1927년 봄이
    라고 했는데, 소해 본인은 자기가 중국경찰에 체포된 해를 1926 쌍십절(10월 10
    일)의 북경대학 강연 후라고 회고하고 있다. 양자 간에 시간상 오차가 생긴다.
    북경촉성회가 1926년 10월 16일 창립되었고, 그 후 남지나에 파견되어 활동하
    고 1927년 김성숙을 상해에서 만났다면, 소해가 중국경찰에 체포된 해는 1926
    년 말경이 아니고 1927년 중순경이라고 사료된다.
114) 『한국독립사』, 465쪽.
115) 『자료집』, 176쪽(김준엽, 『장정』중). 그런데 『한국독립사』, 76쪽에는 1921년에
    「창일사」를 조직했다고 기록하고 있다. 그리고 『자료집』, 117쪽에서 이상두씨
    는 소해가 1925년 북경에서 혁명결사인 창일사를 결성하고 혁명잡지 발행의 임
    무를 수행했다고 적고 있다. 위와 같이 창일당(사)의 조직 연대가 각각 다르다.
    아마 창일당은 『혁명』잡지의 간행과 깊은 연관이 있는 것 같다. 추후 상세한 검
    토를 요하는 부분이다.

결과 11월 10일 창단되었다.[116) 최초의 조직구성원은 13인으로서 신흥
무관학교 졸업생을 주축으로 국내외 비밀결사 활동 및 3·1운동 참여 경
력의 망명 청년들이다.[117) 단원 중 단장격인 의백은 담력이 크고 의리가
두터우며 단원들을 자기 같이 아꼈다고 하는 김원봉이 추대되었다.

초기의 의열단원은 대체로 김원봉의 동향출신들로 구성되었는데 그
중 김원봉, 이종암, 한봉근, 김상윤 등은 경남 밀양 출신의 동향인으로
길림에서 동거하고 있었다. 이들은 당시 각지에서 성립된 독립단체들의
미온적인 활동을 개탄하고, 급진적인 독립운동을 표방하여 헌신적 독립
운동단체로서 혹은 대한민국임시정부의 무장부대로서 의열단을 조직한
것이다.[118)

의열단원들은 조선독립의 목적을 촉진하기 위해서 많은 폭발물과 총
기 등을 조선에 반입하여 이것을 가지고 조선총독부 요인, 주요 조선인
친일파를 살해하고 중요 관공서 및 동양척식회사 등 건조물을 파괴함으
로써 조선인 일반의 인심을 자극하여 조선 독립에 온 정신을 경주시키고

---

116) 김창수, 「의열단의 성립과 투쟁」『한민족독립운동사』4, 국사편찬위원회, 1989,
   471쪽.
117) 金榮範,「義烈團의 創立과 초기 路線에 대하여」『韓國學報』第六十七, 1992,
   174쪽. 氏는 의열단 창단일 회합에의 참석여부에 관계없이 창립을 전후해서 단
   조직에 참여하거나 관련을 맺었으면서 아울러 재차 의거 계획의 수행에 참여하
   였던 인물들은 일단 의열단의 최초 조직자로 보아야 한다고 주장하면서 그 명단
   으로 17명을 제시하고 있다. 그 명단은 黃尚奎, *金元鳳, *李成宇, *李鐘岩, *
   姜世宇, *徐相洛, *韓鳳根, *金上潤, 申喆休, 李洛俊, *郭在驥, 尹世曺, 尹致
   衡, 李壽澤, 裵重世, 金治熙, 李炳喆 김창수씨는 앞 논문에서 위에서 표시한 *
   표 인물외에 한봉인, 권준을 포함시켜 13인을 의열단 창단 단원으로 규정하고
   있다. 김영범씨의 주장대로라면 소해도 최초의 의열단 조직원에 포함시켜야 할
   것이다.
118) 김창수, 앞 논문, 472쪽 ; 김영범, 앞 논문, 18쪽. 의열단은 1919년 12월 제1차
   거사를 준비할 때 먼저 상해임정을 찾아가 협의했으며, 제반 준비나 연락이 상
   해를 주무대로 이루어졌다. 이런 사실을 감안해보면 의열단은 임정에의 강한 귀
   속의식과 친화력을 느끼면서 일정한 연계하에 활동하려고 한 것 같다.

나아가 친일파에게 위협을 주기 위해 폭탄류를 입수한 뒤 동지들이 함께 국내로 잠입하여 그 목적을 수행할 것을 결의하였다.

소해는 의열단이 창단될 무렵 단원 13명의 명단에는 분명히 포함되어 있지 않았다. 그러나 소해는 의열단이 정식으로 창단을 선언하기 이전부터 임정의 박용만과 더불어 의열단 창단의 주역인 김원봉과 수시로 연락하였으며, 동단의 조직과 활동방향에 대해 깊이 관여한 것으로 사료된다.119) 특히 소해가 항상 가깝게 모시고 존경했던 이시영도 의열단의 투쟁에 지원했던 사례가 있고, 동단의 창단 이전부터 이러한 성격의 단체 결성에 호감을 표하고 재정적 지원을 약속했던 점으로 미루어 보면 소해가 동단의 창단에 직·간접으로 깊이 개입하였을 가능성이 높다.120) 그리고 소해가 안동에서 김원봉의 길 안내를 했던 점, 동향인이라는 점 등 인간적 유대 관계를 가질 수 있는 기반이 형성되었다. 아무튼 소해는 독립운동 전 기간을 통해 김원봉과는 동지적 관계를 유지하였다.

그런데 의열단이 창단될 시점에는 소해가 임정의 외부차장이라는 직을 맡고 있었기 때문에 창단모임에는 직접 참여하지 않았던 것으로 짐작된다. 대신 소해는 전재희, 이소산, 김대지 등과 더불어 의열단의 후원자로서 중요한 위치를 차지하고 있었던 것은 분명하다.121)

1922년 4월 22일 자로 상해의 일본총영사가 외무대신에게 다나카 육군대장 살해 미수 및 조선총독부에 폭탄투척사건의 신문조서 요지에는 소해가 의열총장으로서 단장인 김원봉보다 앞 서열에 기록하고 있다.122)

---

119) 김정명편, 『조선독립운동』 II, 9쪽.
120) 金榮範, 앞 논문, 181~192쪽. 소해가 회고한 바에 의하면, 그는 李始榮을 항상 가깝게 모시고 매사를 그와 상의하여 행동하였다고 했다.
121) 『조선독립운동』 II, 443쪽.
　　김대지는 의열단의 인장을 고안하는 등 의열단의 지도적 위치에서 활동하였다.
122) 『韓國民族運動史料』(中國編), 383쪽. 소해는 40世이며, 北京北成安定門大街에 거주하고 있다고 기록되어 있다. 義烈團 조직은 一. 暗殺部, 二. 財務部, 三. 敎育部, 四. 飛行機部, 五. 爆彈部, 六. 銃器製造部, 七. 宣傳部로 나누는데

이를 미루어 보면 일경측은 의열단 초기 활동에 있어서 소해를 김원봉보다 더 큰 비중을 두고 있는 듯 느낌을 받게 된다. 다음에는 소해의 의열단 활동에 대해 살펴보자. 그가 언제 의열단에 정식으로 입단하여 단원이 되었는지는 분명하지 않으나 의열단의 제1차 암살, 파괴 계획부터 적극적으로 참여하고 있다. 그 사건의 개요를 정리해 보면 다음과 같다.

1920년 3월 곽재기와 김원봉은 폭탄 3개를 만들 쇠붙이 및 놋쇠 탄피 3개와 여기에 장전할 약품 부속품을 중국인으로부터 구입하였다.[123] 이것으로 포탄 3개를 만들고 상해의 김대지 집에서 포장하였다. 이들은 당시 임정의 외무차장으로 있던 장건상에게 이들을 국내로 반입할 수 있도록 의뢰하였다. 소해는 즉각 그 제의를 수락하고, 그가 1919년 3·1운동 이후 안동현에 거주하면서 친하게 지낸 이륭양행의 안동지사장인 영국인 쇼오(George L. Show)에게 폭탄을 국내에 반입해 줄 것을 요청해 동의를 얻었다.[124]

一, 二, 三은 哈爾賓, 四, 五, 六은 블라디보스톡, 七의 선전부는 北京에 각각 所在地를 두고 있었다

123) 국가보훈처,『독립운동사자료집』제1집, 663쪽.

124)『資料集』, 99쪽 ;『독립운동사자료집』제11집, 663쪽. 위의 자료에는 2가지 상이한 기록이 발견된다. 우선 영국 쇼우는 소해가 회고한『자료집』에는 이륭양행 안동지사장으로 기록되어 있으나 일본측의 재판자료 및 극비문서에서는 쇼우는 중국안동현의 세관에 근무한 것으로 기록되어 있다. 그는 당시의 정황으로 보아 세관직원이라기보다 영국의 상선 회사인 이륭양행 지사장으로 보는 것이 타당할 것 같다. 왜냐하면 이륭양행 소속의 배가 안동에서 상해로 자주 왕래하였고, 이 것을 소해가 이용한 적이 있으며, 독립운동가들이 이 사무실을 자주 이용했다는 것을 감안해 보면 그렇게 판단된다. 한편, 日本外務省 아시아局에서 1962년에 편찬한『現代朝鮮人名辭典』에는 1919년에 소해가 中國上海稅關에 근무한 것으로 기록되어 있다. 이 기록이 사실에 근거하여 기록되었다면 쇼우도 안동세관에 근무했을 가능성이 있다. 혹 소해의 행적 중 1914년부터 1915년까지가 불투명한데, 이와 관련 있는 것이 아닌지 궁금하다. 차후 검토를 요하는 부분이다. 두 번째로 소해는 자기가 의열단 고문으로 추대되었으며(1928년), 폭탄의 반입 경로에 대해 1차로 崔用德이 안동현으로 운반하였고, 여기서 쇼우가 중국인을 통해 仁川港의 중국인에게 小包로 가장하고 반입시켰다고 회고하고 있다. 이

그리하여 소해는 이 폭탄을 崔用德으로 하여금 소포우편으로 쇼우에 게 부치게 했다. 곽재기는 4월 초순경 안동현에서 쇼우에게 소포우편을 받아 그곳 元寶商會 주인 이병철에게 교부하였다. 이병철은 이 폭탄을 수수 20가마 속에 포장하여 안동현 역전 운송점 義信公司에게 위탁하여 밀양 역전 大運送店 주인 김인환 앞으로 부쳤다. 그 후 이병철은 대운송 점으로부터 폭탄이 들어 있는 수수 20가마를 찾아내어 이것을 밀양면에 있는 김병완 점포로 운반하고 그 점포의 마루 밑에 폭탄 3개를 감추어 두었다.125) 그런데 이 폭탄을 사용할 계획이 실행에 옮겨지기도 전에 일 경에 탐지되어 소기의 목적을 달성하지 못한 채 실패하고 말았다.

제1차 암살·파괴계획이 좌절되었지만 의열단의 파괴 행위는 계속되 었다. 예컨대, 1920년 9월 14일 의열단원 박재혁에 의한 부산경찰서 투 탄의거사건, 1920년 12월 27일 단원 최수봉이 던진 밀양경찰서 폭탄세 례사건, 1921년 9월 21일 단원 김익상의 조선총독부 투탄의거 사건이 발발하였다.126) 그런데 의열단은 1922년 3월 의열단이 일본군 육군대장 타나카 기이치(田中義一)를 암살코자 기도한 상해 황포탄 의거시 임시 정부측이 이번 사건에 대하여 임시정부는 하등의 관계가 없으므로 그들 의 행동에 절대 책임을 지지 않는다는 공식 성명을 발표함으로써 임정과 의 관계를 스스로 철회하였다.127) 그 대신에 의열단은 '고려공산당'과의 제휴를 통해 자금과 인원을 지원받는 길을 모색하고 자기 노선의 정당성

부분은 일본의 재판기록이 더 구체적이고, 앞뒤의 연결로 보아 정확한 것으로 사료된다. 결국 쇼우는 폭탄의 국내반입이 탄로나자 신의주에 사업차 들렀다가 일경에 체포되어 1921년 7월에 본국으로 추방되었다.

125) 『독립운동사자료집』 제11집, 663~664쪽.
126) 김창수, 앞 논문, 481~486쪽 참조.
127) 『東亞日報』, 1922년 4월 7일자. 1920년 후반부터 의열단은 본거지를 북경으로 옮기면서, 임정과의 관계도 疎遠해지기 시작했고, 임정과의 관계없이 독자적인 활동을 전개하였다. 이 시기는 소해가 임정을 떠나 북경에 안착하여 활동한 시 점과 일치한다.

과 이념적 근거를 신채호의 「조선혁명선언」을 통하여 찾았다.[128]

한편 의열단의 제2차 암살파괴계획이 1923년 초부터 조선총독부를 비롯한 관공서의 파괴 및 사이토 총독 등 주요인물의 암살 계획 등으로 진행되고 있었다.[129] 이 계획을 본격적으로 추진하기 전에 1922년 4월경에 의열단 김지섭은 당시 고려공산당원으로 의열단원인 소해와 거사에 대해 상의하고 러시아 공산당으로부터 막대한 추진비를 얻어내고자 10월경 우선 조선 내에서 파괴적 사업을 실행하기로 하고 국내로의 폭탄 반입에 대한 결정을 보았다.[130]

요컨대 상해 조계 내에 비밀 폭탄제조공장을 두고 외국인 폭탄 기술자를 초빙하여 고성능폭탄을 다량 제조하여 이것을 신채호가 작성한 「조선혁명선언」 및 「조선총독 관공리에게」라는 전단과 더불어 국내에 반입하는 계획을 실행에 옮기는 일을 추진한 것이다. 그 실행을 담당한 핵심 인물은 의열단원 김시현과 당시 경기도 경찰부 한인 경부 황옥이었다. 이 계획은 잘 추진되어 1923년 3월 12일에 김시현 등이 폭탄 18개와 권총 5정을 가지고 천진을 출발하여 서울을 향했으나 동행했던 김재진이 배반하여 일경에 밀고함으로써 모두 검거되고 폭탄도 압수되어 실패로 끝났다.

이 계획을 추진하는 데는 소해가 주도적인 위치에 있었던 것 같다. 즉 소해는 김시현에게 밀명을 내리고 황옥 등에게 국내 사정을 보고 받았다. 물론 이 계획의 착수에는 소해가 김원봉과 충분한 협의를 거쳐 이루어졌겠지만, 당시 소해는 고려공산당원으로써 활동하고 있었고, 의열단으로서 고려공산당과의 가교 역할을 했을 것이고, 따라서 소해는 이번 계획의 핵심 인물로 활동하였을 가능성은 충분히 있었다고 생각된다.[131]

---

128) 김영범, 앞 논문, 185쪽.
129) 『韓國民族運動史料』(中國編), 425~429쪽 참조.
130) 『독립운동사자료집』, 282쪽.
131) 위의 글, 742~748쪽. 이 사건에 연루된 이현준의 재판기록을 살펴보면, 이현준

고려공산당측이 이 계획을 후원한 목적은 공산당의 국내 활동의 교두보를 마련하고자 한 데 있었을 것이다.[132]

이 거사의 실패로 황옥 등 13명이 체포되었지만 다행히 장건상, 김원봉, 김지섭은 상해로 도피할 수 있었다. 여기서 그들은 금번 계획의 실패를 거울삼아 일본의 수도에서 다시 그 계획을 실행하기로 합의하였다. 1923년 11월 말 의열단 기밀부는 김지섭, 김자영, 김옥을 의열단 특파원으로 선발하고, 이들을 중심으로 특별 결사대를 조직하였다. 김지섭은 의열단 기밀부로부터 여비 1백원을 받아 1923년 12월 20일 상해를 떠나 일본으로 향했다.

1924년 초에 도쿄에서 열리는 '제국의회'에서 조선총독을 비롯한 일제의 고관들이 참석한다는 소문을 듣고 이곳에 폭탄 세례를 가하기 위한 목적이었다.[133] 그런데 그가 일본에 도착한 후 日比谷공원에 도착하여 실행을 위한 준비를 하였으나 마침 제국의회가 유회 중임을 알게 되었다. 그러자 그는 폭탄을 지닌 채 도쿄 시내를 배회할 수 없다는 판단아래 폭탄 3개를 일본 궁성의 니주바시(二重橋) 사쿠라다몽(櫻田門)에 투하했으나 불발되고 그도 체포되었다.[134]

당시 소해는 의열단의 기밀부 요직을 맡고 있었기 때문에 이 사건의 실행에도 깊이 관여하였다고 생각된다. 그리고 1924년 의열단의 활동자금을 국내에서 모집하려고 의열단의 이종암이 국내로 입국하려할 때 소해는 임정외교총장의 위임장과 혁명선언서 신임장을 교부해 주었다.[135]

은 상해의 장건상과 국내의 황옥과의 편지전달 의무를 수행하고 있었다. 편지내용에는 황옥이 국내의 공산주의 선전 시기는 아직 이르다는 것이 담겨있다.

132) 위의 글, 283쪽.
133) 김창수, 앞 논문, 490~492쪽 참조.
134) 위의 글.
135) 위의 글, 394쪽. 소해는 1920년 후반 이후 임정을 떠났으므로 이 당시 본인이 임시정부의 외무총장 명의의 위임장을 교부했다는 것은 오류인 것 같고, 아마 1923년 6월에 임정을 부인하는 朝鮮共和國이라는 단체가 조직되었는데, 소해

또한 소해는 1924년 1월 의열단 제3차 폭동계획 및 경북의열단 사건에
도 관여했을 것으로 사료되나 구체적 자료를 발견하지 못했다.

그런데 의열단의 비밀결사를 통한 암살·파괴 활동은 1925년, 26년
을 고비로 점차 방향 전환을 하게 된다. 그동안의 의열단 활동은 일제의
중추부에 타격을 가하고 그들에게 충격을 준 바 컸으나 한편 단원들의
많은 희생도 수반하였다. 여기에 의열단장 김원봉은 폭력에 의한 수단과
방법으로는 결코 독립과 혁명이 이루어질 수 없다는 반성 위에서 신채호
의 「조선혁명선언」에서와 같이 민중직접혁명을 통해서만 가능하다는 목
표를 세웠다.[136]

그리하여 그는 1925년 자기 자신부터 무장해야한다는 생각 하에 군
사교육을 받기 위해 황포군관학교 군사과에 입학하였다. 한편 소해는 그
동안 의열단 활동에 동참하면서도 고려공산당, 국민대표회의, 한국유일
독립당 촉성회의 활동과 병행하였다.[137] 그러다가 1926년 중국 독립기
념일인 쌍십절 북경대학교 초청강연회에서 '중국인민을 선동하여 국권
을 혼란시켰다'는 죄명으로 일경의 사주를 받은 장작림의 중국정부경찰
에 의해 체포되고 2년의 옥고를 치르게 되었다. 그는 2년의 형기를 마치
고 1928년 가을에 출옥한 후 김원봉을 만나 의열단 고문에 추대되어 의
열단 활동을 재개하게 된다.[138]

이때 의열단은 중국 국민당 정부와의 연결을 유지하면서 1928년 11
월 10일 조선의열단 중앙집행위원회의 명의로 격문을 발표하고 항일
민족적 협동전선을 주장하였다. 그리고 1929년에는 의열단장의 공산주

가 외무총장으로 임명되었다. 그렇다면 이 당시 소해가 교부한 위임장은 조선공
화국의 외교총장일 것으로 사료된다.
136) 김창수, 앞 논문, 495~496쪽 참조.
137) 『조선민족운동사료』(중국편), 162, 299, 423쪽 참조.
138) 『資料集』, 65, 99쪽. 소해는 감옥에서 출옥한 후 김원봉과 손을 잡고 의열단 고
문으로 추대되어 영국인 쇼우의 도움으로 국내에 폭탄을 운반하는 일에 종사하
였다고 회고하고 있다. 이것은 1920년의 일을 착각한 것 같다.

의와의 제휴로 의열단원 중 다수의 민족주의자가 이탈하는 사건이 발생
했다.

이로 인해 의열단의 잔류 세력은 소수에 불과하게 되자 의열단은
1929년 12월 2일에 해체 성명서를 내고 스스로 해체해졌다. 그 후 1932
년 만주사변을 계기로 김원봉은 북경에서 남경으로 활동무대를 옮기면
서 중국과의 합작에 의한 항일독립운동을 달성코자 의열단을 부활하였
다.139) 의열단은 공산주의와 관계를 끊고 중국국민정부와 협조 하에 혁
명투사 내지 독립운동의 지도자를 양성하고자 1932년 10월에 '조선혁명
간부학교'를 설치하였다.140)

소해가 『조선독립운동』 Ⅱ141)에는 조선혁명간부학교 3기생이라 기
록되어 있으나 동학교의 3기생 명단에는 찾아볼 수 없다.142) 당시 同學
교의 연령 분포는 10대 후반에서 30대 초반에 이르는 청년층으로 20대
가 주류를 이루었다는 점을 감안한다면143) 54세인 소해가 입교했다는
것은 오기인 것 같다. 아마 소해의 아들 志甲이 馬世達이란 가명으로
3기생으로 입교한 것을 잘못 파악하고 기록한 것으로 사료된다.144) 혹
소해가 同學교에 관여했다면 담당교관으로 정치과목을 강의했을 개연성

---

139) 김창수, 앞 논문, 500쪽.
140) 한상수, 「김원봉의 조선혁명군사정치간부학교운영(1932~35)과 그 입교생」『한
    국학보』제57집, 1989, 160~162쪽 참조.
141) 『조선독립운동』 Ⅱ, 610쪽. 「불정조선인검거일람표」에서 소해를 의열단삼기간
    부훈련소에 입소했고, 민족혁명당원으로서 상해에서 활동하고 있으며 나이는 51
    세라고 잘못 기록하고 있다.
142) 한상도, 앞 논문, 181~182쪽 참조. 그는 3기생 신상을 「金勝坤先生의 證言」
    『思想情勢視察報先集』1·2·3, 『社會運動의 狀況』등 비교적 사료가치가 높게
    인정되는 것을 근거하여 분석한 것이므로 정확하리라 보여진다.
143) 위의 글, 177쪽.
144) 『資料集』, 351쪽. 의열단 출신으로 「獨立同志會」대표로 있었던 金勝坤의 증
    언에 따르면 張志甲은 의열단 간부학교 3기생 출신이며 馬世達이라는 가명을
    쓰면서 의열단의 연락업무를 맡고 있다고 했다. 그리고 한상도의 앞의 논문의
    3기생 명단에 마세달의 이름이 확인된다.

이 높으나 현재로선 담당교관의 명단에도 발견되지 않고 있다.

1935년 의열단을 중심한 '한국독립당', '신한독립당', '조선혁명당', '대한독립당'이 합쳐 '민족혁명당'이 발족됨으로써 의열단은 사실상 해체되었다.[145] 소해는 이 당시 회원이 되어 활동을 계속하였다. 소해는 민족혁명당원의 자격으로 계속 활동하다[146] 1937년 4월 27일 한국인 형사 4명에게 체포되었다.[147] 이후 소해의 민족독립운동은 중단되었다가 1942년부터 재개된다. 1943년 2월 중경의 제7차 민족혁명당 대표회의에서 간부진영이 확대개편될 때 소해는 중앙집행위원으로 선임되었다.[148]

4) 고려공산당 창립과 활동

1919년 3월 이후 상해에서 임시정부의 수립이 본격적으로 추진될 때부터 임정 내부에는 '西道派'인 안창호 계열과 '기호파'인 이승만 계열이 서로 대립하고 있었다.[149] 당시 이승만은 자기가 임정의 대통령으로

---

145) 김창수, 앞 논문, 501쪽.
146) 『朝鮮獨立運動』 Ⅱ, 160쪽.
147) 『資料集』, 35쪽. 소해는 1939년 어느날 새벽 프랑스 조계내 공원에서 의열단에게 지령을 하달하고 귀로 중 뜻하지 않던 5, 6인의 私服일경에게 체포되어 불시에 일본영사관으로 압송되었다고 회고하였다. 한편 소해의 둘째딸 守養은 소해가 체포된 곳은 공원이 아니고 1939년 4월 자기 집안에서 프랑스 경찰 1명과 조선인 형사 4명에 의해 연행되었다고 적고 있다. 그런데 『朝鮮獨立運動』 Ⅱ, 61쪽에는 1937년 4월 27일 체포되었다고 기록되어 있다. 결국 약 2년간의 오차가 생긴 셈이다. 『韓國獨立運動史』 下, 「憂國之士略傳」에서는 1937년으로 기록해 놓고 있다. 소해는 『資料集』, 349쪽에서 자기가 체포된 지 4~5년 후 중경에 다시 갔고 3년 후 해방을 맞이했다고 증언한 것으로 추측해 본다면 1937년에 체포된 것이 다소 신빙성이 있어 보인다.
148) 추헌수편, 『資料韓國獨立運動』 2, 연세대학출판부, 1972, 246~249쪽. 조선혁명당의 주석은 김규식이고 총서기는 김원봉이다. 중앙집행위원은 소해를 비롯해 16명으로 구성되어 있다.
149) 『朝鮮民族運動史料』(中國編), 351~355쪽. 한국의 독립운동가를 畿湖派, 平安派, 北京派, 過激派로 분류하고 있다. 지역적으로 분류하면, 平安道와 黃海道

추대된다면 미국인들로부터 하사받은 원조금을 임정으로 보내겠다고 공언하였다.

이에 반해 안창호의 서도파는 이승만이 미국 윌슨에게 국제연맹의 위임통치를 청원하였기 때문에 그를 결코 대통령으로 추대할 수 없다는 주장을 강하게 피력하였다. 이 문제로 의정원에서 격렬한 논쟁이 일어났으나 결국 기호파의 세력이 서도파를 누르고 이승만이 대통령에 선출되었다. 그런데 대통령에 선출된 이승만은 상해에 부임하지도 않았으며, 임정이 기대하였던 지원금도 보내지 않았다.

그러자 임정 내에서 이승만에 대한 신임은 떨어지고 비난의 소리가 거세지기 시작했다. 외무총장으로 선임된 박용만은 임시 대통령으로 이승만이 선출되자 이에 불만을 품고 사임해 버렸다. 이런 어수선한 분위기에 극도의 재정난이 겹쳤다. 그러자 임정에서는 이 재정난을 타게해보려고 당시 임정의 국무총리이며 '한인공산당' 위원장인 이동휘의 제안을 받아들여, 소련의 레닌정권의 재정지원을 요청하기 위해 여운형, 안공근, 한형권 등 3명을 소련에 파견하기로 결정하였다. 그런데 이동휘는 1920년 4월 그의 심복인 한형권만 임정 몰래 모스크바로 보내 레닌과 교섭하여 2백만 루불의 지원약속을 받아 냈다. 한형권은 그 중 1차분 40만 루불을 가지고 모스크바를 떠나게 되고, 이동휘는 공산당 비서장인 金立으로 하여금 인수케 했으나 김립은 이 돈을 개인의 사생활에 탕진해 버렸다. 한형권은 다시 모스크바로 가 독립운동자금이라고 칭하고 2차분으로 20만 루불을 받았으나 이것 역시 상해 임정에 전달되지 않고 공산당 활동에 유용해 버렸다.[150]

이런 상황에서 이동휘는 재정난의 책임을 이승만에게 전가시켜 공격하고, 반면 이동휘는 독립운동자금 불법 유용에 대해 임정요인들로부터

___

출신을 西道派, 京畿道 以南의 출신자를 기호파로 분류하였다.
150) 『資料集』, 149쪽.

비난을 받게 되는 등 임정은 내분의 소용돌이에 휩싸이게 되었다.

이로 인해 결국 이동휘는 국무총리직을 사임하게 되었고, 이승만은 1920년 12월 8일 미국으로부터 상해에 도착하여 임시 대통령에 취임했으나 6개월도 못된 채 하와이로 떠나 버렸다. 그러자 3·1운동 이후 임정을 중심으로 모여들었던 독립지사들은 제각기 상해를 떠나게 되었다. 소해도 1920년 겨울 상해를 떠나 북경에 안착했다. 그는 당시의 상황을 다음과 같이 회고하였다.

> 3·1운동의 열기에 흥분해 상해까지 왔던 사람들이 뒷걸음치기 시작했으며 임정에 남은 사람은 얼마 되지 않았는데, 그나마 생활고가 심했어요. 임정의 사무보다는 밥먹기가 바빴어요. 1919년만 해도 세계적으로 무슨 큰 파동이 날 것 같더니 1920년에 들어와서는 그런 것을 찾아볼 수가 없었어요. 독립운동에 대한 외국의 동정도 거의 없어졌습니다. 이렇게 되니 임정은 막 흩어져 나갔어요. 직원들도 사무실에 나와 보아야 책상하나 제대로 없고 입에 풀칠하기 바빠 막말로 중국호떡 하나로도 더 빌어먹으려고 했어요. 내 스스로도 몹시 궁했어요. 나는 마음먹으면 서양 사람들 회사에 취직할 수 있었으나 임정의 일을 본다는 체면 때문에 그만 두었습니다.[151]

비록 그는 상해를 떠나 북경에 체재하였지만 임정과의 관계는 한동안 계속 유지하였다. 그러던 차에 1921년 3월경에 러시아 볼세비키당 산하의 이르쿠츠크 공산당 한인지부 간부인 조훈으로부터 이르쿠츠크에서 해외독립운동자의 모임이 있으니 참여할 것을 수차에 걸쳐 권유받게 되었다.

소해는 이 권유를 받아들여 이르쿠츠크행을 결심하였다. 그 동기에 대해 北京에서의 생활은 궁핍하고 고독하기 이를 데 없는데다가 단 젊은 나이라 그의 말에 솔깃하지 않을 수 없었다[152]고 회고하면서 이 모임

---

151) 위의 글, 329쪽.
152) 위의 글, 95쪽.

의 실상이 제1차 한인공산주의자대회라는 것을 전혀 몰랐다고 했다.[153] 그런데 다른 한 회고에서 그는 당시 해외의 많은 독립운동가들이 3·1운동 이후 여러 가지 정치적 사태에 비관하고 실망한 나머지 공산주의 쪽으로 기울어지는 경향이 나타나자 그도 공산주의의 맹주국인 소련의 힘을 빌려 보려는 그런 경향에 편승하여 이르쿠츠크행을 결심했다고[154] 회고하고 있다.

후자의 회고가 진실에 더 가깝다면 그가 이르쿠츠크행을 결심할 때에는 그 모임의 성격을 어느 정도 파악하고 있었다고 보아야 할 것이다. 그런데 여기서 다소 의문이 가는 것은 조훈이 왜 장건상을 동행의 대상으로 삼았느냐 하는 문제이다. 소해는 해외의 독립운동가 가운데 어느 누구보다도 미국에서 유학하는 민주주의 체제에 익숙해 있는 인물이라는 것을 조훈이 알고 있었을 것이다.

이 점에 대해 소해는 조훈이 『혁명』이란 잡지의 배후 인물이 자기란 것을 알고 이 잡지의 성격상 자기도 모스크바에 오고 싶은 생각이 있는 인물이라고 짐작이 갔을 것이라고 회고하고 있다.[155] 그러나 『혁명』의 잡지 발행은 1920년대가 아니고 1923년 겨울부터 격월제로 출간했기 때문에 그의 회고 내용은 시기적으로 맞지 않는다. 그렇다면 양훈이 북경에서 우선 소해를 찾은 이유는 소해가 평소 공산주의에 관심을 가지고 있었다는 사실을 양훈이 감지하고 있었다고 추측해 볼 수 있고, 소해가 이르쿠츠크행을 결심할 당시에 그의 회고와는 달리 이 모임의 성격을 알고 있었다고 보아야 할 것이다.

이 모임을 주도한 인물은 김철훈, 남만춘, 오하묵, 이정, 조훈 등인데, 이들은 러시아 2세 계통을 중심으로 1918년 1월 22일에 이르쿠츠크 공

---

153) 위의 글, 60쪽.
154) 위의 글, 333쪽.
155) 위의 글, 330쪽.

산당의 한인 지부를 조직하였고, 그 후 1919년 9월 5일에 전 러시아 한
인을 조직기반으로 한 '전로한인공산당'을 조직하였다.156) 그 뒤 1920년
7월에는 이르쿠츠크에서 러시아 공산당(볼세비키)내의 '고려공산단체
제1차 대표회의'를 개최하고 당명을 '전로고려공산당'이라 변경하였다.

한편 이 당과는 그 계기와 근원을 달리한 이동휘를 중심한 상해의 '고
려공산당'이 존재하고 있었다. 이 당은 1918년 6월 26일 하바로프스크
에서 이동휘 일파가 '한인사회당'을 조직한 것을 1921년 1월 10일에 당
명칭을 변경한 것이다. 흔히 이 당을 고려공산당이라 칭한다.157) 이 당
은 1920년 4월부터 여운형을 비롯한 임시정부 관계자 다수를 당원으로
가입시키면서158) 그 세력을 신장시켜 나갔다. 따라서 전로고려공산당은
당세의 확장을 통해 상해파 고려공산당 조직에 대항하려고 전력투구하
였다.

이런 상황의 연장선에서 생각해 본다면 전로고려공산당 일파들이 상
해임정에 실망에 있던 소해에게 접근한 것은 충분히 예견될 수 있는 일
이다. 이러한 추측이 옳다면 소해는 결국 전로고려공산당의 전략에 의해
이르쿠츠크 공산당 대회에 참석할 것을 권유받게 된 것이고, 한편으로는
소해 자신이 독립운동의 새로운 돌파구를 찾기 위해 이 권유를 받아들였
다고 보여진다. 결국 소해의 이르쿠츠크행 결심은 자의반 타의반에 의해
이루어 졌다고 사료된다. 아무튼 소해는 조훈의 주선으로 1921년 봄 북
경을 출발하여 코민테론에서 파견한 김만겸을 상해에서 만나게 되고 그
와 동행해서 만리장성을 넘고 몽고의 수도 올가에 거쳐 시베리아 횡단철
도를 이용하여 3주 만에 이르쿠츠크에 도착할 수 있었다.159)

---

156) 김준엽, 김창순 공저, 『韓國共産主義運動史』 1, 청계연구소, 1986, 220~230쪽
　　참조.
157) 위의 글, 161~177쪽 참조.
158) 위의 글, 179쪽. 이때 가입한 임정 관계자는 다음과 같다. 呂運亨, 趙琬九, 申采
　　浩, 安秉瓚, 李春璧, 趙東祜, 崔昌植, 梁憲, 鮮于赫, 尹琦燮, 金枓奉 등이다.

전로고려공산당은 제1차 한인공산주의자 대회를 1921년 5월 4일 소집하여 17일에 폐막하였다. 대회의 소집 발기인은 이정, 남만춘, 한규선 등 3인이었다. 이 대회에서 유일 정통의 고려공산당을 선포하게 되었는데, 이른바 이것이 '이르쿠츠크 고려공산당'이다.[160] 이 대회에는 1,000여 명의 한인들이 참석한 규모가 큰 행사였다. 여기서 소해는 남만춘, 한명세, 서초, 안병찬 등과 더불어 7인의 정치부원으로 선출되었으며, 최고려, 김동삼, 유동설, 이청천 등 5인은 군사부원으로 선출되었고 김철훈과 이정 등은 조직의 책임을 맡았다.[161] 그리고 소해는 중앙위원회 위원도 겸하였다.

이 회의에서 결정된 중요 사항은 임원의 선출 외에 선출된 임원 등이 모스크바에서 열리는 '코민테른 3차대회'(국제공산당대회)에 참석하고 아울러 레닌에게 독립자 체제한 후 모스크바를 떠나 신변의 위험을 피하기 위해 개별적으로 하얼빈을 거쳐 북경으로 돌아왔다.

그 후 그는 북경에서 의사 개업을 하고 있던 한흥교(진산), 김철훈, 이정 등과 함께 고려공산당의 대외활동의 책임을 맡아 본국과 중국각지에 사람들을 파견하는 등 항일운동에 종사했다고 회고했다.[162] 이때의 활동을 그는 공산당 활동이 아니고 독립운동이라고 주장한 것이다. 그 활동의 구체적 내용이 밝혀지지 않아 설명하기 어려우나 '제1차 극동피압

---

159) 『資料集』, 125쪽.

160) 『한국공산주의운동사』1, 227쪽. 소해는 1966년 7월 20일 인터뷰에서 이 대회에 참석하기 위해 상해를 떠나 이르쿠츠크까지 갔으나 그곳에 당도에 본즉 역시 동족의 단결을 해치는 동향이 엄연하므로 동대회에 참석하지 않았다고 증언하였다.

161) 『자료집』, 125쪽. 『한국공산주의운동사』1, 229쪽에는 이 대회에서 선출된 이당의 중앙집행위원 명단을 이정의 증언 부분을 기록하고 있다. 즉 안병찬, 한명서, 남만춘, 한규선, 이정(이재복). 그런데 여운형의 증언에는 한명세, 최고려, 안병찬, 류동설, 김하석이라고 언급하고 있다. 결국 장건상, 이정, 여운형 세 사람의 증언이 약간씩 차이가 있다.

162) 『자료집』, 97~98쪽.

박민족회의'(FCTFE)에 대비하기 위한 연락관계 일에 몰두하였을 것 같다. 이 회의는 1921년 11월부터 1922년 4월 사이에 이르크추크에 개최될 예정이었다.

당시 상황으로 보아 소해가 북경을 비롯한 화북·만주 등지의 여러 독립단체와의 연락 업무의 책임을 맡았다고 생각된다. 결국 이 회의는 장소가 모스크바로 변경되고 1922년 1월 21일부터 2월 2일까지 모스크바와 페트로그라드에서 개최되었으며, 일본의 참여로 대회명칭도 '극동인민대표회의'로 바뀌었다. 한국 대표단은 23개 단체에서 뽑은 52명으로 구성되었다. 이 숫자는 이 대회의 대표총수 144명의 3분의 1을 훨씬 넘었다. 이들을 분류해보면, 장건상을 비롯한 사회주의 계열이 민족주의 계열보다 수적으로 훨씬 우세했으며, 특히 사회주의 계열 가운데 이르쿠츠크파가 다수를 차지하였다.

한국대표단의 수석대표는 민족주의 계열의 김규식이 맡았으며, 여운형은 이 대회의 의장단의 일원으로 선임되었다.[163] 이 회의에서 한국문제에 대해 논의가 있었다. 그 내용을 요약하며, 임시정부의 중심으로 한 광범한 민족연합전선의 형성이 제시되고, 볼세비키당의 이론가 사하로프로부터 한국독립운동에 대한 지원을 약속 받았다. 이와 같은 결과에 대해 그동안 여러 국제회의에서 한국의 독립문제에 대해 기대를 걸었다가 실망한 독립운동가들은 다소 만족감을 표시하였다.

이 회의에 한국대표단이 참석하는 데 큰 역할을 한 소해는 여기에 관련된 문헌 등에 그가 참석한 것으로 기록되어 있는데도[164] 불구하고 그는 대표단의 연락업무를 차질 없이 수행하기 위해 마지막까지 동분서주하다 보니 이미 중국경찰의 경비가 삼엄하여 결국 참석하지 못했다고 증

---

163) 『資料集』, 127쪽(金在明, 「장건상선생 파란의 歷程」)에서는 한국대표단의 의석이 57석이며, 이들 중 42명은 사회주의자이고, 12명은 민족주의자로 분류해놓았다. 그리고 한국대표단의 수석대표는 金奎植이었다고 기술하고 있다.
164) 『朝鮮民族運動史料』(中國編), 423쪽 ; 『독립운동사자료집』 제11집, 734~768쪽.

언하고 있다.[165] 코민테른이 1922년 10월 20일 상해파와 이르쿠츠크파 공산당을 합치기 위해 베르프네우딘스크에서 개최한 고려공산당 합동대회에 소해는 이르쿠츠크파의 대표 중의 일원으로 참석하였다.

이 대회는 대표자격 문제로 파탄되고, 이르쿠츠크파가 어떠한 결론도 도달하지 못한 채 철수하였다.[166] 그런데 소해는 이 대회가 개최된 베르프네우딘스크까지 갔지만 참석은 하지 않았다고 증언하고 있다.[167] 그후 코민테른은 양파의 지도자를 모스크바에 불러 조정을 시도했으나 실패하자 양파가 조직한 공산당을 해산할 것을 명령하고, 조선 안에 통합된 단일 '조선공산당'을 세울 것을 지시하였다. 이로써 양당은 공식적으로 해체된 셈이다.

고려공산당이 해체된 이후 코민테른의 극동총국에 소속되고 한국문제의 코민테른 기관인 '꼬르뷰르'(高麗局)가 대치되었다.[168] 극동총국의 본부는 모스크바에 있었고 그 지부가 블라디보스톡에 있어서 꼬르뷰르는 블라디보스톡 지부의 지시를 받았다. 꼬르뷰르는 1922년 12월 이르쿠츠크파 위원으로 장건상, 한명서, 김만겸을 임명하였다.[169] 그러나 소해는 이때에 한명서로부터 위원에 임명되었다는 연락을 받았지만 블라디보스톡에 가지 않고 오히려 상해로 직행했으며, 꼬르뷰르 일도 보지 않았다고 증언하고 있다.[170] 꼬르뷰르가 조직된 후 그곳에서 활동한 간

---

165) 『資料集』, 343쪽.
166) 『韓國共産主義運動史』 1, 396쪽. 이 대회에는 한인의 주요 공산주의자들이 대부분 참석했다. 상해파에서는 李東輝, 玄鼎建, 尹滋瑛, 이르쿠츠크파에서는 韓明瑞, 金萬謙, 張建相, 姜景善, 국내에서는 鄭在達, 曺奉岩, 鄭泰信 등이다. 이 내용은 이 대회에 국내대표자격으로 참석한 정재달이 직접 증언한 기록을 옮긴 것이므로 비교적 사실에 가깝다고 사료된다.
167) 『資料集』, 344쪽.
168) 『韓國共産主義運動史』 1, 401~402쪽 참조.
169) 위의 글, 402, 404쪽. 당초의 꼬르뷰로의 성원은 이동휘, 윤자영, 한명서, 장건상 등 4인이며, 고문에는 정재달이며, 보이틴스키가 의장이었다. 김만겸은 뒤에 추가로 임명되었다.

부로는 상해파의 이동휘, 이르쿠츠파의 한명서, 국내파의 鄭在遠 등 3인
이었으나 이들은 시종 반목과 논쟁만을 일삼게 되자 코민테른에서는
1924년 2월에 꼬르뷰르를 해체시켜 버렸다.[171] 1924년 3월에 그 대신으
로 블라디보스톡에 '오르그뷰르'(組織局)가 설치되었는데 소해는 6인의
준비위원에 선임되었다.[172] 그러나 소해는 꼬르뷰르의 위원으로 선임될
때부터 이미 공산주의 운동과 결별을 선언[173]했으므로 오르그뷰르에서
도 활동하지 않았다.

이로써 소해는 고려공산당과의 관계를 완전히 청산한 것으로 사료된
다. 꼬르뷰로와 결별한 후 소해는 북경에 머물면서 1923년 겨울부터 김
성숙, 장지락, 차응준과 더불어 급진적인 잡지『혁명』을 간행하였다. 이
잡지의 주필은 김성숙, 편집 대표의 책임은 소해가 맡았다.[174] 이 잡지
는 격월로 발간되었고 1926년까지 3년간 계속되었다. 이 잡지의 정치적
성격에 대해 소해는 이론면에서는 모스크바의 혁명이론을 많이 도입했
지만 우리 독립운동 세력들의 통일을 많이 부르짖었다고 증언하고 있

---

170) 위의 글, 404쪽 ;『資料集』, 344쪽.
171)『韓國共產主義運動史』1, 409쪽.
172)『韓國共產主義運動史』1, 247쪽. 위원으로 張道政, 張建相, 李亨建, 朴應七,
    南萬春, 金鐵勳 등 6人이다.
173)『資料集』, 344쪽. 소해는 공산주의와 결별한 배경에 대하여 다음과 같이 증언하
    고 있다. "내가 꼬르뷰로의 위원으로 모스크바에 의해 임명된 것은 사실입니다.
    블라디보스토크에 있던 한명서를 통해 연락이 왔어요. 위원들은 블라디보스토크
    로 부르니 모두 오라고요. 그러나 나는 답장도 안해 주고 가지도 않았어요. 이때
    부터 내 머리가 달려졌습니다. 우리 주변에서는 공산주의가 곧 실현될 것처럼
    야단법석이었지만, 내 생각으로는 꿈에라도 그것이 도저히 올 것 같지가 않았어
    요. 내 생전에 볼 희망도 없고 자손대에 가서도 안될 것이라는 생각이 들었어요.
    내 딴에 의견이 바로 섰지요. 그래서 블라디보스토크를 가지 않고 꼬르뷰로 일
    도 보지 않은 겁니다."
174)『資料集』, 347쪽. 이 잡지에는 장건상, 김성숙외에 범어사 승려 김봉환이 참여
    하였다. 그런데 소해는 1926년부터 서너해『혁명』잡지를 간행했다고 했는데, 이
    것은 그가 연대를 잘못 기억하고 증언한 오류이다.

다.175) 『혁명』은 양명에 의해 국내에서 대중적으로 출판하기 위해 국내로 옮겨졌으나 한 차례로 출판되지 못했다.176) 그 뒤 소해는 앞절에서 살펴 본바와 같이 중국경찰에 체포됨으로써 그의 활동은 2년여간 중지되고 말았다.177)

5) 1940년대 임정에서의 활동

소해는 1928년 가을 감옥에서 출옥한 후 의열단 고문 자격으로 의열단 활동에 합류하고,178) 1930년 한때 북경의 화북대학 영어교수로 재직했으며,179) 30년대 전반까지 '반제동맹'이라는 급진적 단체를 이끈 것으로 알려졌다.180) 그 외는 구체적으로 어떤 활동을 했는지 기록이 분명치 않으며, 소해 본인도 약 10여 년간의 활동에 대해서 세세하게 증언한 것이 없다.

1939년 프랑스 조계내에 있는 공원에서 어느 날 새벽 의열단에게 지령을

---

175) 위의 글.
176) 『資料集』, 346쪽.
177) 위의 글, 348쪽. 張作霖의 농간에 의해 소해가 중국경찰에 체포되자 북경의 언론이 거세게 비판기사를 쓰게 되었고, 그로 인해 소해는 일경에 넘겨지지 않고 중국법에 의해 재판을 받은 결과 2년형을 선고 받아 북경의 제1감옥에 수감되었다.
178) 『자료집』, 99쪽.
179) 『자료집』, 766쪽. 위의 기록들에는 소해가 대학교수로 재직했다고 했으나 소해 본인은 이 부분에 대해서는 회고한 글이 없을 뿐만 아니라 그것에 관련된 사료도 구체적인 것을 발견 못하고 있다.
180) 『자료집』, 344, 330쪽. 소해는 『혁명』의 발행에 대한 증언에서 자기들의 모임을 「혁명동지회」라고 했으며, 『혁명』에는 「북경반제화북동맹」이라고 박아 넣어 세상에는 그 이름이 더 널리 알려졌다고 했다. 그리고 『자료집』, 349쪽에서 그는 그가 상해에서 1939년 체포되기 전 중국학생들의 비밀조직 클럽과 관계한 듯한 내용을 증언하고 있다. 이런 사항들을 종합해 보면 그가 「반제동맹」이란 단체를 조직하여 활동했거나 조종했을 가능성이 있다.

하달하고 귀로 중 뜻하지 않던 5·6인의 사복(私服)일경에게 체포되어 불시에
일본 총영사관에 압송(押送)되고 말았다.[181]

고 했다. 사실 의열단은 1929년 이후부터 점차 활동이 침체되었다. 1932
년에 이르러 김원봉, 박건웅, 한일래 등 간부가 남경에 모여 동단의 활동
을 재개했으며, 1935년 2월 20일에 민족혁명당의 결성에 결정적인 역할
을 수행하고 거의 해체되어 버렸다.[182] 이후 소해는 민족혁명당원으로
활동하였다.[183] 민족혁명당은 처음부터 무장독립노선을 택하고 화북·
만주·상해·조선 등지에서 선전활동과 일만요인의 암살 및 철도, 관공
서의 폭파 등 군사 활동을 전개하였다.[184]

　소해가 그의 회고에서 의열단원에게 지령을 내렸다고 한 것은 민족혁
명 당원으로 오인했거나 의열단 소속의 민족혁명당원일 가능성이 높다.
그리고 소해가 민족혁명당원으로 활약하던 중 체포된 것은 1939년이 아
니고 1937년 4월 17일이라고 사료된다.[185] 그는 상해 일본 총영사관에

181) 『資料集』, 100쪽.
182) 盧景彩, 「일제하 독립운동정당의 성격」『한국사연구』 47, 1984, 130쪽. 그는 金
　　正明編, 『朝鮮獨立運動』 II, 540쪽을 인용하여 民族革命党은 편의에 따라 党
　　名 앞에 "韓國", "朝鮮", "高麗"의 명칭을 붙여 사용하기도 하며, 초기에는 주
　　로 韓國을 붙여 사용하고 1937년 이후부터는 조선을 사용하였으나 이글에서는
　　편의상 민족혁명당으로 사용한다고 전제하고 1937년 3월에 金元鳳과 李靑天
　　간의 알력이 점차 격화되어 이청천파는 민족혁명당에서 이탈하여 朝鮮革命党을
　　조직하였다. 그 결과 김원봉은 명실공히 민족혁명당의 전권을 장악하였으나, 동
　　당은 결성 당시의 民族大党으로서의 성격을 상실하고 좌파적 색채가 농후한 정
　　당이 되었다고 기술하고 있다. 그런데 「大韓民國臨時政府史年表」에는 李靑天,
　　柳東說 등 민족혁명당은 1937년 2월에 全党非常代表大會를 열어 김원봉등 좌
　　파계열을 제적하고 韓國民族革命党이라 개칭했으며 이때 이탈된 김원봉일파는
　　朝鮮民族革命党을 조직하였다고 기록해 놓았다. 당시 소해의 성향으로 보아 조
　　선민족혁명당에 가담했을 가능성이 높다. 그가 1940年代 임정에 참여했을 때 그
　　의 당적은 조선민족혁명당으로 기록되어 있다.
183) 『朝鮮獨立運動』 II, 610쪽.
184) 위의 글, 571쪽.

감금되어 있으면서도 그가 관계했던 비밀문서를 딸 수양으로 하여금 소
각케 했다.186) 그는 일본 영사관에 6개월간 감금되어 있으면서 고문과
악형을 받기도 하였고, 혹은 좋은 학벌 때문에 일본측으로부터 유혹을
받기도 했다.

결국 국내로 압송되고, 일경은 1년 반 동안 서울 · 부산 등지의 유치
장으로 끌고 다니며 그의 항일 투쟁의 물적 증거를 찾으려 했으나 30여
년 전 고국을 떠난 그의 행적을 구체적으로 밝힐 수 없었다. 그러자 그
의 건강도 극도로 악화될 수밖에 없었고, 또 더 이상 일경이 起訴할 법
적 근거를 찾지 못했다. 그는 기소 유예로 석방되었다.187) 출옥 후 가족
들의 극진한 보살핌으로 건강이 회복되자 그는 다시 국외로 탈출할 기회
를 기다렸다. 마침 그를 감시하고 있던 형사가 김원봉을 체포하기 위해
그의 도움을 요청하자 그는 이 기회를 역이용하여 1941년 가을에 임정
이 있는 중경에 무사히 도착할 수 있었다.188)

사실 소해가 삼엄한 일경의 감시를 피해 탈출할 수 있었던 과정에 대
해 다소 동지들 사이에 오해를 받기도 했다. 소해는 김구를 만나 그동안
의 행적 및 탈출 과정을 소상히 설명하여 오해를 풀었다. 소해는 중경에

---

185) 위의 글, 610쪽.
186) 『資料集』, 387쪽. 둘째딸 守養의 회고에 의하면, 소해는 혀 밑에서 마이신 캡슐
　　크기만한 조그만 종이말이를 그의 손에 쥐어주었고, 그 종이에는 비밀 아지트의
　　주소가 적혀 있었으며, 그곳을 찾아가 비밀문서를 불태우라는 내용이 적혀져 있
　　었다고 했다. 아울러 그녀는 그대로 실행했다고 했다.
187) 『資料集』, 100쪽.
188) 그런데 소해가 중경에 도착한 시기는 『資料集』의 각 기록이 상이하다. 1. 1941년
　　12월 30일 상해로 출발(131쪽). 2. 1941년 10월 임정 의정원에 보선됨(163쪽).
　　3. 1941년 가을 중경에서 소해를 만남(151쪽). 그의 일반 기록에는 소해가 1942
　　년에 중경에 도착했다고 되어 있다. 소해가 의정원 의원으로 보선된 시기는
　　1943년 11월25일 이므로 2번째 기록은 오기인 것 같다. 3번째 기록은 당시 여자
　　독립군이었던 정정화가 직접 소해를 중경에서 만나 국내 사정을 들었다고 회고
　　한 것이므로 비교적 신빙성이 높다고 보아진다.

서 우선 김구를 중심으로 한 민족주의 우파와 김원봉을 중심한 민족주의
좌파 사이의 갈등이 심함을 인지하고 중간 입장에 서서 양파를 화해시키
는 일부터 착수하였다.189) 그가 중경에서 활동을 재개하면서 임정과 처
음으로 공식적인 관계를 맺게 된 것은 1942년 8월 4일 제35차 국무회의
에서 외교연구위원으로 선임된 이후부터이다. 위원회는 동년 4월 20일
임정 내에 외교위원회를 설치하기로 결의된 이후 4개월 만에 장건상, 신
익희, 이현수, 이연호 등 연구위원 4인을 갖추게 되었다.190) 그 후 그는
외무부 소속 외교연구위원으로 활동하던 중 임시의정원 34회 회의에서
국무위원 4인을 증선하기로 의결됨에 따라 김규식, 유동설, 황학수 등과
더불어 국무위원으로 1942년 11월 28일에 당선되었다.191) 그리고 1943
년 4월 2일에는 임정의 학무부장이란 요직을 맡게 되었다.192)

　한편 소해는 1943년 10월 30일 '조선민족혁명당'이 '중국국민당'에게
인도파유 공작원 16명의 신분 보증을 요구하는 공문을 발송한 적이 있
었는데 그 명단에 포함되어 있다. 이 공문서는 조선민족혁명당 중앙집합
위원 주석 김규식과 총서기 김원봉의 명의로 발송되었다.193) 그런데 소
해가 인도 공작원으로 파견되어 무슨 일을 수행했는지는 아직까지 밝히
지 못했다. 아마 인도에 파견되지 않았을 가능성이 높다. 왜냐하면 동년
11월 28일에 소해는 임시의정원 보궐선거에서 경상도 선출의원으로 당
선되어194) 활발한 의정활동을 전개하고 있었기 때문에 시간상으로 인도

---

189) 위의 글, 67쪽.
190) 한국사편찬위원회, 『일제침략하 한국삼십육년사』 십삼, 209쪽.
191) 『자료집』, 635~643쪽.
192) 위의 글, 113, 13쪽. 1. 소해가 임정의 국무위원 겸 학무부장이 된 것을 1942년
　　10월이라 기록되어 있다. 그러나 필자가 조사한 바에 의하면 소해가 국무위원으
　　로 선임된 것을 통보받은 것이 동년 11월 19일이고, 학무부장에 선임된 것은
　　1943년 4월 2일로 확인되었다(『일제침략하 한국36년사』 13, 472쪽).
193) 『일제침략하 한국36년사』 13, 540~541쪽.
194) 『資料集』, 131쪽. 소해는 중경에 도착하자 議政院 의원으로 임정에 합류했다고
　　했는데 이것은 오류인 것 같다. 필자가 조사한 바에 의하면 소해가 의정원 의원

에 파견되어 활동하기에는 무리가 따른다.[195] 그 후 임시의정원에서는 당시의 정치적 상황 변화에 능동적으로 대처하기 위한 개헌론이 강하게 대두되었다.

요컨대 1942년 4월 조선민족혁명당의 '조선의용대'가 '광복군'에 가담하게 되고, 동년 7월에는 광복군에 대한 임정과 중국정부와 타협이 원만히 이루어져 동군의 활동이 활성화되었으며, 1943년 12월 7일 카이로 선언으로 미·영·중으로부터 한국의 독립이 보장받게 되었다.

한편 임정내부에서도 1939년 5월 민족연합전선으로 임정에 합류했다가 이탈했던 조선민족혁명당이 1941년 11월 제6회 전당대표회의에서 임정에 참가를 결의함으로써 독립운동자 단체는 대부분 임정에 집결하게 되었다.[196] 그러자 임시의정원은 1944년 4월 22일 제36회 임시의정원 회의를 개최하고 제5차 개헌을 단행하였다. 그 개헌의 주된 골자는 주석의 권한강화, 부주석제 신설, 행정부를 국무위원회와 행정연락회의로 구분하는 것 등이다. 이 약법에 따라 20여 명의 국무위원이 선출되었는데 소해는 조선민족혁명당 소속으로 무임소국무위원에 선임되었다.[197]

이들 국무위원들의 소속 정당을 분류해 보면, '한국독립당', '조선민족혁명당', '조선민족해방동맹', '조선무정부주의자총연맹' 등 당시 각 정당의 대표들이 거의 다 포함되어 있다. 새 헌법에 의해 임정의 국무위

이 된 것은 경상도를 대표하는 의원에 1명의 결원이 생겨 그것을 보충하기 위한 1943년 11월 28알 임시의정원의 보궐선거 결과에 따른 것이다.

195) 『大韓民國臨時政府議政院文書』, 604~635쪽 참조. 제36차 임시의정원에서 소해는 많은 要件의 發案人으로 서명하고 있다.

196) 「大韓民國臨時政府史年表」 참조.

197) 『資料集』, 174쪽(金俊燁, 『長征』 中). 그런데 『독립운동사자료집』 별집3, 293쪽에는 국무위원수가 14명으로 기록되어 있고, 『韓國獨立史』, 356쪽에는 21명으로 「大韓民國臨時政府史年表」에는 10명, 『大韓民國臨時政部史』(李炫熙著)에는 19명으로 각각 상이하게 기록되어 있다. 위의 모든 기록에 소해의 명단은 포함되어 있다.

원이 된 소해는 김구와 시국관을 논하던 중 독립운동단체의 대동단결의
필요성을 공감하고, 이를 수행하기 위해 소해는 김구의 요청으로 1945
년 4월경에 연안으로 떠나게 되었다.[198] 그는 중경을 떠나 기차로 서안
까지 갔고, 그곳에서 광복군 제2지대의 지대장으로 활약하고 있던 이범
석을 만나 연안까지 갈 길을 의논하였다. 다시 서안에서 3일후 연안까
지 도보로 출발했다. 연안은 모택동과 주은래 세력의 집결지이며, 최창
익, 김두봉, 무정 등의 좌익계 인사들이 '조선독립동맹'과 '조선의용군'
을 결성하여 항일투쟁을 전개하고 있는 곳이었다. 그는 우선 김두봉을
만나 대표자를 선정하여 중경에서 통일전선형성에 관해 협의할 것을 제
의하였다. 김두봉은 그의 제의에 찬성하고 중경으로 떠날 것을 약속하
였다.

그런데 마침 일제가 연합군에 패배하여 그곳에서 8·15 해방을 맞이
하게 되었다. 그러자 그곳의 독립지사들은 평양행을 준비하면서 소해에
게 동행할 것을 권했다. 그러나 그는 임정의 대표로 파견된 만큼 신중히
처신할 수밖에 없었다. 그는 이 이후의 행적에 대해 다음과 같이 증언하
였다.

> 우선 김두봉에게 상의했더니 "가겠다고 해놓고 안 간다면 신용문제이고,
> 그렇다고 간다고 해도 임정에 대한 체면이 말이 아니니 참 진퇴양난이군요,
> 형님, 내일 주은래와 상의해 결정합시다"라고 말해요. 김두봉의 말대로 이튿
> 날 주은래와 상의했어요. … 주은래가 금방 생각 못하고 한참 생각하더니 "중
> 경으로 가라"고 해요. "연안에 대한 보고도 하지 않고 그냥 평양으로 가면 누

---

198) 『자료집』, 67, 131쪽. 소해는 그가 연안으로 출발했던 시기에 대해서는 구체적으
　　로 언급하지 않았다. 염인호, 『김원봉 연구』, 창작과 비평사, 1993, 271쪽. 그는
　　1945년 4월 11일 개최된 임시 의정원 38차 회의가 열리기 전에 김구가 장건상
　　을 연안으로 비밀리에 전회기에 참가할 수 없다는 참가서를 제출하였고, 4월 22
　　일에 개정된 헌법에 의해 국무위원에 피선된다. 그가 연안으로 출발한 것은 이
　　무렵이라고 생각된다.

가 좋은 말을 하겠느냐? 그러니 우선 중경으로 가고, 중경의 임정이 서울로 간다고 하면 그냥 서울로 가라. 서울과 평양이 그리 멀지 않는 거리이니 서울로 갔다가 평양으로 오라"고 해요. "그러나 연안에 있는 사람들에게는 아무 말도 하지 않고 있다가 그들이 평양으로 떠난 직후 중경으로 떠나라"고 해요. 주은래가 나에게 진심으로 대해 준 것이지요.199)

그는 주은래의 주선으로 서안을 거쳐 중경으로 돌아와 김구를 다시 만났다. 김구는 소해가 그동안 연락이 없어 평양으로 간 줄 알았다가 그가 돌아오자 매우 반갑게 맞아 주었다. 소해는 임정과 조선독립동맹의 통일전선을 채 보지도 못하고 해방이 된 데 대해 아쉬움을 간직한 채 귀국하였다. 만약 이와 같은 양측의 노력이 일찍 이루어져 통일전선이 형성된 후 해방을 맞이했다면 남북분단의 비극이 초래되지 않을 수도 있다는 일말의 기대도 해볼 수 있었을 것이다.

6) 귀국 직후의 활동

소해는 근 30여 년간 국외에서의 민족독립운동을 마감하고 1945년 12월 1일 임정요인 환국 행렬 2진으로 20여 명의 임정요인과 함께 그의 나이 61세로 고국에 도착했다. 그는 귀국하자 정치인으로서는 제일 먼저 여운형을 만났다. 당시 여운형은 1945년 11월 12일 '조선인민당'을 조직하여 활동하고 있었다. 소해는 이 당의 부위원장에 추대되어 국내정치에 처음으로 참여하게 되었다.200) 이 당은 비록 혁신적 성향을 띠고 있

---

199) 『資料集』, 355쪽. 소해는 그가 상해와 북경에서 항일투쟁할 때 주은래와 가끔 만난 처지이고 중경에 있을 때는 자주 만나 중국의 장래와 조선의 장래는 물론 동양의 평화를 함께 논할 정도로 주은래와는 아주 절친했다고 증언하였다.

200) 『자료집』, 357쪽. 소해는 자신이 '조선인민당의 당적을 가진 일이 없으며, 단지 조선인민당과 가깝게 지냈으며, 당적을 갖고 활동한 것은 근로인민당 때부터'라고 증언하고 있다. 그러나 당시의 자료에는 소해가 조선인민당 부위원장에 취임한 것으로 나와 있다. 그는 조선인민다의 부의원장 자격으로 동아일보사와 대담도 가졌다(동아일보, 1946년 9월 1일자 및 7일자). 조선인민당은 1944년 8월 10

었지만 당시 박헌영이 중심이 된 '조선공산당'의 극좌 모험주의와는 노선을 달리했다. 즉 극좌·극우의 편향성을 극복하고 중간좌파의 노선을 지향한 것으로 평가되고 있다.

한편 소해는 좌·우 정당대표자의 소집을 통한 비상정치회의를 준비하기 위한 임정의 독자적인 기구인 특별위원회 중앙위원 7인 중 1인으로 선출되었다.[201] 그 후 각 정당과의 막후 접촉을 벌인 결과 1946년 1월 7일 '한민당', '국민당', '조선인민당', '조선공산당' 등 4대 정당의 대표들과 임정요원들이 경교장에서 회의를 갖고 공동성명서를 채택했다. 그러나 신탁통치문제를 위시한 기본 시각의 차이로 한민당과 국민당이 공동선언문 파기를 선언해 버렸다. 그 후 다시 '신한민족당'이 추가된 5당 회의가 열렸지만 역시 신탁통치 문제로 의견의 대립이 생겨 아무런 결실 없이 끝났다.

소해는 1946년 1월 7일 개최된 4당 대표회의에 임정측 옵저버로 참석하는 등 이 모임의 주선에 깊이 관여한 것으로 사료된다.[202] 비록 5당 회의가 아무런 소득 없이 끝났지만 임정측은 1946년 1월 20일 '비상정치회의 주비회'를 개최하였다. 여기에는 조선공산당과 조선인민당 등 좌익계열을 제외한 18개 단체만이 참석하였다.

1월 22일에는 이승만이 주도한 '독립촉성중앙협의회'가 참여함으로써 이 주비회는 우경파의 색채가 더욱 강하게 되었다. 그러자 임정국무위원이며 조선민족해방동맹 총서기장 김성숙, 조선민족혁명당의 김원봉, 성주식 등 3인이 1월 23일 주비회를 탈퇴하였다. 그 뒤를 이어 소해도 유림과 더불어 탈퇴하였다.[203]

일 여운형에 의하여 조직된 비밀결사단체로소 건국동맹을 모체로 고려국민동맹, 인민동지회의 제단체를 흡수하여 조직되었다.

201) 『資料集』, 221쪽(남상헌, 『解放三年史』). 특별위원으로는 소해외에 趙泰昂, 金明예, 金星淑, 柳林, 金元鳳, 崔東祜 등 7인이다.

202) 『資料集』, 359쪽.

그럼에도 불구하고 임정은 비상국민회의주비회를 1946년 2월 1일 '비상국민회의'로 정식으로 발족시키고 28명의 최고정무위원을 선출했다. 결국 이 기구는 2월 14일 미군정청의 요청에 따라 미군정청의 자문기관으로서의 '남조선대표민주의원'(민주의원)으로 그 명칭이 변경되고 성격도 변질되었다. 그러자 소해는 5월 2일 위의 동지들과 함께 임정마저 떠나고 말았다.[204]

한편 1946년 2월 15일 좌익 진영은 비상정치회의에 맞서 '민주주의민족전선'(民戰)을 결성하였다. 소해는 민전의 부의장이자 서울시 위원장으로 민전에 참여하게 되고, 민주주의 단체와 협력하여 좌·우 양익의 통일과 단결로 자주적 통일정권의 수립을 위해 열정적으로 활동하였다. 그런데 민전은 미군정청의 좌익세력에 대한 탄압의 가중으로 그 활동이 크게 위축되어 버렸다.[205]

이런 와중에도 1946년 5월부터 민주의원에 속한 우익의 김규식과 민전에 속한 여운형 간에 좌우 합작운동이 시작되었다. 소해는 이 운동의 초창기에는 직접 참여하지 않고 막후에서 활동하다가 1946년 10월 7일 좌우합작 7대원칙이 발표될 때 좌익 수석대표인 여운형을 대신해서 삼청장에서의 좌우합작 회담에 참석하였다.[206] 결국 이 합작운동은 조선공산당과 한민당의 반대로 무산되어 버렸다. 소해는 이 회담에 무척 기대를 걸고 있었던 모양이다.[207]

---

203) 위의 글, 360쪽.
204) 위의 글. 미군정의 자문기관으로 변질된 '재남조선대한민국대표민주의원'에 임정측 5명이 참여하게 되자 소해는 임정을 떠나 버렸다.
205) 『資料集』, 249, 362쪽. 民戰은 1945년 8월 15일 여운형 등이 중심으로 급작스레 발족된 建(國)準備委員會 내에 공산주의자에 의해 조직된 朝鮮人民共和國(人共)의 後身이다(스칼라피노·이정식 공저, 『한국공산주의운동사』 2, 돌베개, 1986, 311~314쪽 참조). 소해는 민전을 잘 발전시키려고 서울과 시골 등지에서 미군정을 끝내고 우리 정부를 세우기 위해 합심해서 일하자는 취지로 열정적으로 강연을 했다고 증언하고 있다. 소해는 아주 달변가라고 전해지고 있다.
206) 『資料集』, 364쪽.

한편 소해는 정당 활동과 병행하여 문화언론 활동에도 관여하였다. 즉, 1946년 6월 23일 시천교당에서 500여 명이 참석한 한미문화협회 결성대회에서 회장으로 피선되었다.[208] 그리고 46년 7월에는 조중문화 교류를 목적으로 창설된 '동방문화보도사'의 사장에 선임되었다.[209]

민전의 쇠퇴 후 8월초부터 조선인민당과 백남운을 주축으로 한 '조선신민당' 및 박헌영을 주축으로 한 조선공산당 사이에 합동운동이 일어나기 시작했다. 이 운동에 대해 각 당 내에서 양분현상이 일어나게 되고, 이 합당 운동에 참석하는 세력들은 1946년 9월 4일 3당 합동회의를 개최하고 11월 23일 '남조선노동당'(남로당)을 결성하였다.[210]

한편 3당의 합당에 반대한 세력들은 여운형과 백남운을 중심으로 1946년 11월 12일 '사회노동당'을 발족시켰는데, 소해는 이 당의 중앙위원으로 선출되었다.[211] 이로써 조선인민당은 사실상 해체되었고, 사회노동당도 남로당의 끈질긴 와해 공작으로 1947년 2월 27일 해체되었다.[212] 그러나 여운형 노선을 일관되게 지지한 세력들은 다시 그를 중심으로 '광범한 민주세력의 집결'이라는 기치를 내 걸고 1947년 5월 24일 '근로인민당'을 창당하였다. 동당의 위원장에는 여운형이 선출되었고,

---

207) 위의 글, 365쪽. 소해는 좌우합작을 열렬히 지지했고, 1946년 8월부터는 좌우합작을 힘있게 밀었으며, 그 신념 하나로 남북협상에도 참여했다고 중언하였다.

208) 『민주중보』 1, 1946년 6월 26일자, 부회장에는 李泰俊氏가 피선되었다.

209) 『민주중보』, 1946년 7월 14일자. 同社에서는 중국문 잡지 『東方世紀』와 그것의 조선판 발행 및 중국뉴스 『東方報道』를 발행할 것이라고 보도되어 있다. 그리고 동사에는 총무부, 출판부, 영화부, 사업부 등 4부로 조직되어 있었던 것 같다.

210) 『資料集』, 366쪽. 조선공산당 내에서도 양분되었는데, 찬성하는 세력은 박헌영을 중심으로 한 火曜會系, 正統派와 콤그룹 계열로서 幹部派라 칭하고, 반대세력은 서울파 즉 長安派 계통으로서 反幹派라 칭했다. 조선인민당 내에서는 찬성세력을 四七派, 반대세력은 여운형, 장건상을 비롯한 조선인민당의 핵심간부 세력으로서 三一派로 칭해졌다.

211) 『資料集』, 274쪽.

212) 위의 글, 131쪽.

소해는 백남운, 이영과 함께 부위원장에 선출되었을 뿐만 아니라 31명으로 구성된 중앙상임위원이자 선전국장을 겸했다.[213]

> 우리 근민당의 종국 목표는 무계급 사회의 실현에 있으나 현실에 있어서는 애국적인 자본가나 지주까지도 손을 잡아서 완전한 자주독립 민주주의 국가를 건설하자는 것이다.[214]

즉 근로인민당은 노동자, 농민, 소시민, 자본가, 지주까지도 포괄한 전 인민을 토대로 한 대중정당인 것이다. 따라서 근민당은 형식적으로는 좌·우익의 중간당이라고 할 수 있으나 현실 과업 수행 과정에 있어서는 전위적인 정당으로 성격지울 수 있을 것이다.

그런데 근민당은 창당한 지 채 2달도 되기 전인 1947년 7월 19일 동당의 위원장 여운형이 피습 사망함으로써 구심점을 상실하여 정상적인 활동을 하기 어렵게 되었다. 그 원인은 자금조달의 어려움, 미군정의 비협조, 타정당의 지지 부족 등이며, 해체의 직접적인 동인은 내부의 파쟁의 노골화에 있었다.

따라서 소해는 여운형의 사망 이후 동당의 위원장대리로 선출되어 근민당을 이끌었으나 더 이상 존속하기 어려워 1949년 12월 당 간부들의 서명을 받아 당 해체를 선언하였다.[215]

한편 소해는 근민당 위원장 대리의 자격으로 1948년 4월 19일 평양에서 열린 '전조선정당사회국체대표자연석회의'에 참석하였다. 그는 그

---

213) 위의 글, 369쪽.
214) 위의 글, 371쪽.
215) 위의 글, 373쪽. 근민당내의 파쟁은 소해를 중심으로 한 조선인민당 재건파와 사회노동당 잔류파 간에 일어났다. 前者는 소시민적인 정당을 조직하면서 동시에 원래 좌익의 통일 전선으로 출범했던 민전에도 적극 참여하여 남로당의 독무대가 되어버린 민전을 개조하자는 입장을 견지하였다. 後者는 근민당을 중간당이나 제3당이 아닌 제1당, 즉 계급정당으로 키우면서 남로당과 정면 투쟁하자는 주장을 펴고 있다.

자리에서 "우리 겨레는 공산주의를 가지고는 살 수 없다. 우리가 근로인
민당 운동을 하는 까닭은 공산사회를 만들려는 데 있는 것이 아니라, 평
등의 이념으로 평화롭게 살려는 데 있다"라는 문제 발언으로 한때 연금
당하기도 했다. 당시 북로당 위원장으로 있었던 김두봉의 배려로 무사히
귀국할 수는 있었다.216)

그때는 이미 남한의 제헌의원을 선출한 5·10선거가 끝난 뒤였다. 사
실 소해는 이렇게 어려운 정국의 소용돌이 속에서 고난의 길을 걷지 않
고 해방정국의 권력의 핵심에 임명되어 일신의 영달을 가질 수 있는 기
회가 있었다. 예컨대, 1947년 미군정청 사령관 하지가 미군정청의 민정
장관을 맡아 줄 것을 요청했고, 1948년 이승만 초대 내각의 입각 요청도
있었다. 그러나 소해는 명분에 맞지 않는다고 모두 거절해 버렸다.217)

결국 소해는 통일 정부를 자주적으로 세우는 길은 남한 안에서는
좌·우 합작을 성사시키고, 한반도 안에서는 남북협상을 성사시키는 길
밖에 없다는 신념 때문에 정부의 요직에 입각하기보다는 좌우합작 운동
과 남북협상 운동에 정열을 쏟았다. 그러나 역사는 소해가 추구하는 방
향으로 흐르지는 않았다.

---

216) 『資料集』, 376쪽.
217) 위의 글, 347쪽. 소해는 귀국 이후 미군정청 사령관 하지와 꽤 가까웠다고 회고
하였다. 소해가 미국에서 대학을 다닌 인디애나주와 하지의 고향이 가까웠던 관
계로 하지는 그를 상당히 친밀하게 대했던 것 같다. 그런 인연으로 그를 민정장
관으로 임명코자 했는데, 소해는 당시 임정측과 미군정이 의견을 달리하고 있는
형국이었으므로 이를 거절해 버렸다. 이로 인해 하지는 소해를 비난하며 멀리했
다고 한다. 이승만의 초대내각의 입각을 거절하게 된 배경에 대해 그는 수도청
장 張澤相이 그의 임각 사실을 전하려 방문했을때 "벼슬도 좋지만 국민이 모두
바라는 벼슬이라야 영광이지 백성이 원하지 않는다면 무슨 벼슬인가"라고 이승
만의 입각 요청을 거절했다고 회고하였다. 결국 그는 남한만의 단독정부 수립은
그가 추구하고 있는 남북합작에 의한 독립정부수립에 정면으로 배치되는 것이기
때문에 입각을 거절한 것으로 사료된다. 이외에도 그는 1946년 12월 12일에 개
원된 과도입법의원 45명에 포함되었으나, 피선을 거부한 적이 있었다(『資料集』,
366쪽).

그러자 그는 1950년 5월 30일 국회의원 선거에서 부산시 을구에서 무소속으로 출마하여 전국 2위로 당선됨으로써 현실정치에 참여하게 된다.[218] 국회의 외무위원회에 소속되어 활동했으며, 휴전대책특별위원, 차기미대통령 아이젠하워 내한에 대처할 특별위원 등을 역임했다. 그러나 그는 국회에서 항상 좌익이라는 사상문제로 활동에 많은 제약을 받았다. 그 후 혁신계열의 정당에서 활동하였고, 이로 인해 구속·사면 등의 고난을 겪다가 1974년 5월 14일 91세의 나이로 파란에 찬 생애를 끝마쳤다.[219]

국내외에서 수차례의 옥고를 치르면서도 오직 조국의 독립과 통일을 염원했을 뿐 일신의 편안함이나 물질에의 탐욕을 거부한 채 강직하고 청렴을 생활신조로 삼으면서 실천에 옮긴 소해에게 상당히 늦은 감은 있지만 그래도 1986년에 대통령장이 추서되었다.[220]

4. 독립노선

소해는 그의 항일독립운동에 관련된 정치적 사회적 견해를 체계적으로 담은 저서를 남기지 않았다. 그의 활동에 관한 기록은 단지 독립운동

---

218) 『資料集』, 378쪽. 당시 부산 乙區에는 14명이 입후보하였는데, 소해는 무소속으로 출마하였고 그것도 옥중에서 2만6천7백20표를 획득하여 2위인 김국태보다 1만7십6표나 차이를 냄으로써 압도적으로 당선되었다. 그는 득표면에서 조소앙에 이어 전국 2위를 차지했다.

219) 위의 글, 380~386쪽 참조.

220) 『資料集』, 86쪽. "나는 민족을 위해 옳다고 생각되는 소신대로 살아왔고, 또 욕심이 없는 까닭에 마음이 편하다. 나는 아직까지 남에게 궁색한 사정을 말해 본 적도 없을 뿐만 아니라, 있으면 있는대로 또 없으면 없는대로 살아가는 것이 생활신조처럼 되어 있다. 그저 그날 굶어죽지 않을 정도에서 所信대로 살아가는 데 만족한다. 일찍부터 돈을 모아 자손에게 財物을 물려줄 구차한 생각을 해본 일도 없으며 남을 中傷謀略한 일도 없고 그저 民衆의 생활이 향상되고 민족의 앞날이 밝았으면 그것으로 족할 뿐이다."

사 사료 속에 부분적으로 산견되고, 1960년대에 그가 노후한 상태에서 회고한 항일독립운동 비사, 증언 등이 있을 뿐이다. 따라서 그의 철학이나 신념을 바탕으로 한 항일독립운동 노선을 규명하기는 일정한 한계가 있다. 대체로 기왕에는 소해를 다음과 같은 운동가로 보고 있다.

먼저, 상해에 거주하는 독립운동자들을 러시아의 후원 하에 과격급진주의를 주장한 무단파(이동휘파)와 문화적 과격진주의를 주장한 온건파 즉 문치파(안창호파)로 구분할 때 소해는 무단파로 분류되고 있다.221) 또한 임정의 요원을 이상파와 무력파로 구분할 때 소해는 신채호, 이동휘와 더불어 무력파로 분류된다.222)

둘째, 독립운동가들을 출신지역을 중심으로 기호파, 평안파, 북경파로 구분하는데 소해는 북경파로 분류되었다.223) 소해는 출신이 경남이므로 국내 출신지역으로만 분류한다면 기호파(京畿以南의 출신자)에 속하지만 당시 기호파는 임정 내에서 이승만을 옹호하는 세력이 주축을 이루었으므로 이 파에 분류되지 않았다.

일경은 이 외에도 공산주의단체에 가담했거나 접촉하고 있는 지사를 과격파라 지목하고 있다. 소해도 역시 이 파에 포함되어 있다. 이 과격파를 다시 이동휘파와 문창범파로 구분하는데 소해는 직접 분류 대상에서 포함되어 있지 않지만 문창범파에 가깝다고 볼 수 있다.224) 그리고 소해는 임정요인 가운데 신진청년들을 조직하여 위험 수단으로 폭탄을 사용하고 이것을 국내로 반입하자고 주장하는 계열로 분류하고 있다.225)

위의 분류를 정리해보면 소해는 독립운동가 중에서 무단파, 무력파,

---

221) 『조선독립운동』 II, 447쪽.
222) 『韓國民族運動史料』(中國編), 243쪽. 理想派에는 李承晩, 安昌浩, 金奎植, 金九 등이 포함되어 있다.
223) 위의 글, 354쪽.
224) 『조선독립운동』 II, 144쪽. 과격파들은 천도교 신숙일차와도 연계되어 있고 문창범 일파와도 서로 기맥이 통한다고 분석하고 있다.
225) 위의 글, 144쪽.

과격파로 분류되거나 지목되고 있음을 볼 수 있다.

임정이 상해에서 많은 우여곡절 끝에 조직되고 출범했을 당시 임정요인 중 주류는 임정의 독립운동노선을 외교독립론, 실력양성론에 두고 있었음은 주지의 사실이다.226) 이에 반해 이동휘를 비롯하여 일부 요인은 무장독립을 주창했다.227) 소해의 민족독립운동 노선은 넓은 의미에서 무장독립론 계열로 분류될 수 있을 것 같다. 이러한 성향을 가진 소해가 자기의 노선을 무장독립운동의 계열로 가닥 잡아간 시기는 아마 의열단의 창단에 관여한 이후부터라고 사료된다.

소해의 무력에 의한 독립 쟁취의 집착은 이미 그가 일본유학시절부터 나타나고 있다. 즉 와세다대학 정치과보다는 해군사관학교에 더욱 매력을 느끼고 있었으며, 미국의 발프레이죠대학 법학과를 졸업한 후 흥사단에서 일할 수 있는 기회가 있었는데도 이를 거절하고 상해행을 택했다.

의열단 창단의 핵심인물인 김원봉이 의열단을 창단하기 전 당시 임정의 의무차장이었던 소해와 긴밀한 연락관계를 유지하고 있었다.228) 따라서 과격한 의열단 투쟁에 소해가 깊이 관여한 사실을 감안해 보면 의열단 창단 이후 의열단의 진로 및 투쟁방법도 소해와 김원봉 사이에 충분한 논의가 있었다고 사료된다. 그렇다면 소해의 독립운동노선을 이해하기 위해 의열단의 강령에 나타난 사상을 간략히 검토해 볼 필요가 있겠다. 의열단의 사상은 사회 경제적 측면에서 사회주의 이념으로 경도되고 있는 듯한 느낌을 받을 수 있다.

그러나 엄밀한 의미에서 마르크스주의에로의 이데올로기적 전화를 하였다고는 볼 수 없다. 의열단은 민중직접 혁명을 통한 폭력과 파괴를

---

226) 신채호의 「조선혁명선언」에도 이와 같은 조선의 문제점을 강렬히 비판하고 있다.
227) 위의 글, 357쪽. 일경에서는 이와 같은 세력은 임정보다 두려운 것이며 今後嚴重注意를 요한다고 지적하고 있다.
228) 위의 글, 9쪽. 김원봉은 상해, 북경, 길림을 왕래하면서 임정의 박용만 및 소해와 수시로 연락하고 의열단을 조직하였다고 지적하고 있다.

전술적 무기로 하면서 독립을 쟁취하여 민중을 기조로 하는 자유민주주의 국가의 건설을 이상으로 하고 있다.[229] 따라서 의열단은 민족주의도 좌파의 노선으로 자리매김할 수 있을 것이다. 그런데 의열단 활동에 큰 비중을 두고 활동을 전개했던 소해를 해방 이후 정계에서는 공산주의자로 낙인찍고 경원시 했으며, 이로 인해 엄청난 고통과 수난을 감당했어야 했다.

사실 그는 이르쿠츠크 고려고산당 창당에 참여했고, 동당의 대외 연락관계 일을 맡아 활동한 것도 사실이다. 그리고 1920년 이래 수차의 폭탄사건에 실패한 의열단이 자금조달 문제로 곤경에 처했을때 1921년 말경부터 공산당과 제휴하여 계속 폭력에 의한 파괴화동을 계속할 수 있도록 가교 역할을 한 장본인이 소해였다고 사료된다.[230] 그러면 그가 공산당의 권유를 받고 이르쿠츠크 행을 결심한 동기에 대해 '내가 예전 것만 생각해서는 안 되겠고 새 길을 찾아 가야겠다'[231]고 회고하였다. 여기서 그가 회고하고 있는 예전 것은 무엇이고, 새 길은 무엇을 의미하는지 구체적으로 언급하지 않고 있었지만 아마 임정에 연연하지 말고 새로운 독립운동의 방법을 찾아야겠다고 생각한 것으로 사료된다. 새로운 독립운동의 방법이란 바로 러시아 혁명을 단행한 공산주의의 힘을 이용하겠다는 것이라 생각된다.

그는 이르쿠츠크행 이후 모스크바에서 레닌을 만나고 난 후의 심경을 다음과 같이 토론하고 있다.

> 나는 젊은 혈기로 사회주의에 대한 막연한 관심을 가졌던 사실을 상기하며 공산주의야말로 선전과는 달리 매우 번거롭고 복잡한 것이로구나 하고 구체적으로 실감했다.[232]

---

229) 김창수, 앞 논문, 447~449쪽 참조.
230) 앞 절의 의열단에서의 활동 참조.
231) 『資料集』, 330쪽.

　사실 소해가 모스크바행을 결심한 배경에는 이르쿠츠크 회의에 참석
한 결과 이 회의의 주동자들인 이성, 최고려 등이 임정의 노선을 반대하
고 항일투쟁을 위해서는 새로운 노선이 요구된다는 주장에 공감을 가진
데 있다고 사료된다.

　그들은 우선 항일 투쟁을 위해서는 새로운 노선이 요구된다는 주장에
공감을 가진 데 있다고 사료된다. 그들은 우선 항일투쟁을 위해서는 民
衆을 뒷받침한 완전한 조직이 필요함을 인식하고 이르쿠츠크 고려공산
당을 창당하였다. 다음에는 이 조직을 움직이기 위해서는 정치적 배경의
필요성을 공유하고 러시아 혁명 이후 레닌이 약소민족의 해방을 지원해
줄 것을 믿고 모스크바에서 개최되는 세계피압박민족대회에 참가하기로
결의하였다.

　소해는 모스크바에 다녀온 소감을 다음과 같이 회고하였다.

　　혁명러시아는 사회주의건설 과정에 있어 희귀한 현상을 선전 과시하려는
　독재자 레닌의 표면적 조작술이었을 뿐, 모든 것이 피상적인 전시효과에 불과
　했다. 돈 대신 소금이면 무엇이나 바꿀 수 있는 이사회란 알고 보면 복잡한
　소속과 절차로 불편하기 짝이 없는 제도로 운영되고 있음을 실감하고 큰 환
　멸을 느끼지 않을 수 없었다.[233]

　여기서 소해는 소련식 공산주의의 현실을 직시하고 그 문제점까지도
정확히 파악하고 있음을 볼 수 있다. 소래가 모스크바의 정경을 일병하
고 실망했음에도 불구하고 레닌을 만난 것은 조선독립을 쟁취하기 위해
고려공산당을 조직한 사실을 알리고 조선을 침략한 일제를 몰아내기 위
한 운동자금 원조에 있음을 분명히 하고 있다.[234]

　당시 해외에서 약소민족의 비애를 절실히 체험한 그로서는 항일투쟁

---

232) 위의 글, 336쪽.
233) 위의 글, 96쪽.
234) 위의 글, 97쪽.

을 지속하기 위한 최선의 방책은 소련의 원조를 받는 길밖에 없다는 판
단을 했을 것이다. 그런데 소해는 공산주의 노선에 의한 독립투쟁방법을
기도했던 상해파고려공산당 세력과는 완전히 그 성향을 달리하고 있다.
한인사회당의 후신으로서 1921년 상해에서 조직된 고려공산당이 독립
후에 수립할 민족국가의 정치체제를 프롤레타리아 독재에 의한 소비에
트 정부로 규정하였다.235)

이 당에 대해 소해는 다음과 같이 언급하였다.

> 그동안 김립(金立) 일당은 공산당의 주도권을 잡고 소련의 배경을 잡기위
> 해 조선공산당(朝鮮共産黨)을 조직한 뒤 고려공산당과의 통합을 요구했으나
> 그들은 성공하지 못했다. 당시 노선상으로 볼 때 공산당은 이동휘, 김립 등을
> 비롯한 세칭 상해파와 앞서 말한 이르쿠츠크파로 갈라져 대립만 격화되고 있
> 었다. 나는 처음부터 공산당에 대한 이념이나 조직에 큰 회의를 느끼고 일체
> 공산당식 행동과 결별(訣別)하기로 결심하게 되었다.236)

결국 그는 조국의 완전한 독립, 절대적인 독립의 쟁취를 목표로 할
때 항일공산사회주의 이론을 도입하기로 하고, 단 공산당으로부터 인적
물적 지원을 받아 민족독립운동에 전념했으나 곧 공산당에 더 이상 기대
할 것이 없게 되자 결별을 선언한 것이다. 그러므로 소해를 공산주의 사
상의 신봉자로 혹은 소련식 공산주의자로 간주함은 부당한 것이다.

그는 고려공산당과 관계를 맺고 활동할 때나 의열단 활동을 전개할
때나 임정의 독립운동노선에 대해서는 일관되게 반대 입장을 견지해왔
다. 즉 1921년 4월 무렵에 무력에 의한 독립전쟁을 수행하기 위한 전단계로서
의 만주의 독립운동단체를 통합을 기도한 군사통일회의 발기인으로 참
여하고,237) 상해임정의 문제점을 논의하기 위해 개최된 1923년 1월의

---

235) 宋建鎬, 姜萬吉編, 『韓國民族主義論』, 창작과 비평사, 1982, 109쪽.
236) 『資料集』, 98쪽.
237) 『朝鮮獨立運動』 Ⅱ, 355쪽.

국민대표회의에서도 상해임정을 전복하고 급진적 방법으로 독립운동을 추진해야 한다고 주장하는 창조파의 일원으로 활동하였다.[238] 소해는 독립운동을 전개하면서 남달리 민족의 단합과 통일을 주창하였고 그와 같은 모임에 그가 구속된 기간을 제외하고 거의 동참하였다.

그는 1935년 7월 전민족의 역량을 통일적 지도하에 집중하고자 모든 정당이 연합하여 결성된 민족혁명당에 의열단의 일원으로서 참여하였다.[239] 민족혁명당의 독립운동 방책은 국내의 무장부대를 조직하고 국외 무장부대를 확대 강화하여 무력독립을 고수하고, 국내의 혁명대중을 중심으로 하여 해외에 있는 우리 민족의 총단결로서 전민족적 혁명전선을 결성하고자 한 것으로 집약된다.[240]

소해는 의열단에 가담하여 활동하면서 조국의 독립혁명을 달성하기 위한 유일한 무기는 폭력이며, 파괴는 곧 건설이라는 신념하에 공산당과도 결탁하고 테러나 국부적인 파괴행위를 주도하거나 후원했다. 그러나 이러한 투쟁방법만으로 조국의 해방이 달성될 것이라고 판단하여 결행한 것은 결코 아니었다. 조국의 완전한 독립은 대규모의 조직된 무장독립전쟁만 가능할 것이란 신념을 가지고 있으면서 당시 상황으로는 이러한 일제와의 전면전쟁이 불가능했기 때문에 선택한 최선의 방책이었다고 사료된다.

소해는 1935년에 국내외의 상황이 급변하여 이제는 무장독립운동 노선이 실행될 수 있다는 판단 하에 민족혁명당에 참여하여 활동하였다. 그 후 소해는 그가 1920년에 독립운동노선 차이로 떠났던 임정에 1942년부터 다시 참여하게 된다.

그가 임정에 참여한 배경에 대해 다음과 같이 증언하고 있다.

---

238) 위의 글, 447쪽.
239) 위의 글, 610쪽.
240) 노경채, 앞 논문, 137쪽.

일본이 미국을 상대로, 전 세계를 상대로 전장을 걸었기 때문에 머지않아 망하고 만다. 일본이 망하는 날 우리는 독립하는 것이다. 여기에 우리가 대비해야 한다. 그 대비란 결국 해외의 우리 항일 단체들이 모두 단합을 해서 통일된 조국을 갖추는 것인데 그 통일된 조직은 그래도 임정이 기둥이 될 수밖에 없다.[241]

소해가 임정에 다시 가담한 시절인 1942년경에는 임정이 독립운동노선을 무장 독립으로 선회했고, 효과적인 무장항일투쟁을 수행하기 위해 민족연합전선을 구축하고 있었다. 이러한 임정이 독립운동노선은 소해가 항일투쟁운동을 전개한 전 기간 동안 강한 의지와 집념을 가지고 주창하고 행동으로 실천했던 노선과 일치한 것이다. 그러므로 소해는 김두봉의 조선독립동맹까지 임정에 합류시키고자 자청해서 연안까지 교섭의 임무를 띠고 달려갔던 것이다.

5. 맺으며

소해는 우천제, 육영제, 관립영어학교, 조도전대학, 한인무관학교, 발프레이죠대학교 등에서 한학, 영어, 정치학, 군사학, 법학 등을 수학한 한국인으로는 보기드문 학력을 갖춘 지식인으로 성장하였다. 그는 1917년 동제사에 가입하면서 항일독립운동 전선에 뛰어든 이후 대한민국임시정부, 의열단, 북경군사통일회, 국민대표회주위원회, 고려공산당, 조선공화국, 한국유일당촉성회, 창일당, 반제동맹, 민족혁명당 등의 다양한 단체에서 민족의 독립을 쟁취하기 위해 투신하였다. 그리고 『혁명』잡지 발간 화북대학교수 역임, 코민테른 제3차 대회 및 제1차 극동인민 대표회의에 참석하는 등 화려한 경력을 소유하고 있다. 그의 인상은 다양한 학력과 경력에 걸맞게 학자적·신사적 풍모를 지녔으며, 행동은 대단히

---

241) 『資料集』, 353쪽.

세련되었다고 한다.

그런데 이와 같이 그의 다양한 학력과 경력은 어느 독립운동가 못지 않은 강점을 가졌음에도 종래까지 저명한 항일투사로 잘 인식되지 않고 있는 것도 사실이다. 그렇게 된 원인은 넓은 의미에서는 어느 특정단체를 중심으로 독립운동을 지속적으로 전개하지 않고 당시의 상황 변화에 따라 여러 단체에서 활동하다보니 두드러진 업적이 부각되지 않았고, 좁게는 사회주의운동 및 단체에 가담했던 경력이 분단시대의 이데올로기에 의해 정당한 평가를 받지 못한 데 있다고 생각된다. 특히 후자의 측면에서 그의 행적은 식민지시대의 총체적인 항일민족독립운동가라는 입장과 분단시대를 극복하기 위한 통일지향적 시각에서 재평가됨이 마땅하다고 생각된다.

그러면 항일독립운동이란 일념으로 다양한 활동을 전개한 그의 업적들을 재구성하여 그에 대한 몇 가지 특징을 추출해 보고자 한다.

첫째, 그는 독립운동가이자 혁명투사로 평가되어야 한다. 소해는 임정초기 임정이 요인으로 활동하면서 조국의 광복을 찾을 수 있는 현 단계에서의 유일한 길은 우선 소수의 비밀결사대를 조직하여 암살, 파괴, 폭동을 감행함이 일제에 위협을 가하고 민중폭동을 유발하는 데 최대의 효과를 거둘 수 있다는 판단 하에 의열단 활동을 주도하거나 후원하였다. 그 후 국내외의 분위기가 성숙하자 일제와의 전면전을 대비하기 위한 무장독립운동노선을 표명하면서 독립운동단체의 통합과 세력규협은 임정을 모체로 만족연합선의 구축에 있다는 신으로 좌우익 성향의 모든 단체의 통합하는 작업에 전념하였다. 그러나 독립운동 전 기간을 통해 어떠한 경우에도 일제와는 비타협과 불복종으로 일관했다.

둘째, 진보적 민족주의자로 평가받아야 한다는 사실이다. 주지하다시피 아시아 민족주의의 전개는 일반적으로 20세기에 접어들어 민족주의적인 반식민지운동이 나타나면서 시작되고 민족주의를 주도한 계층은 소수의 지식인 집단이다. 한국의 민족주의도 일제시기에 접어들면서 논리적으로 정비되고 운동 주체 또한 체계화되었다. 특히 대외적으로 한국의 운동주체 집단의 중심은 상해임정이라 볼 수 있을 것이다. 그런데 상해임정요인은 운동추진과정에서 진보파와 보수파로 구분되어진다. 보수파 민족주의자들은 반공반소를 항일운동과 함께 핵심 내용으로 삼았음에 비해 진보파들은 사회주의 정세관, 계급관도 항일독립운동 차원에서 수용하였다. 그러나 진보파 사회주의자들은 사회주의자들의 지나친 친소 친중국공산당의 편향성에 대해 강력히 비판하였다. 소해는 진보적 민족주의 입장에서 민족혁명당에 참여하여 일관되게 민족 발전의 주체를 민족으로 설정하면서 민중의 역량 증대를 통한 민족독립의 길을 모색하였다.

셋째, 사회민주주의자라는 평가를 받아야 한다는 점이다. 소해는 당시 독립운동단체의 침체를 탈피하고 독립운동에 활력을 불어넣기 위한 방편으로 이르쿠츠크 고려공산당 창당에 참여하고, 그 당의 대외연락 임무 책임자로 활동하면서 독립운동가들의 사회주의 회의에 참석시키는 역할을 수행한 것은 사실이다. 그리고 그는 민족혁명당의 기본강령인 토지 및 생산기관의 국유화, 국비교육, 철저한 사회보장제도 등에 의견을 같이 하였다. 그러나 소련식 사회주의 국가 건설은 전적으로 부정하였으며, 그것은 하나의 이상일 뿐이라고 비판하였다. 그는 단지 공농 소자산계급의 적극적인 육성을 통한 사회민주주의 국가 건설을 이상으로 추구하였다. 그러한 증거는 해방 정국 속에서 극좌적 공산당 활동을 전개한 남로당을 반대했을 뿐만 아니라 월북이나 부역을 거부한 사실에서 나타나고 있다. 그는 극단적 좌우익 세력을 배제하고 온건한 민족주의 및 사회주의 세력의 합작으로 완전한 통일 정부를 세워야 한다는 입장을 끝까지 고수하면서 임종하였다.

제3절 김대지의 항일

1. 들어가며

一峰 金大池가 의열단과 관련하여 주목받게 된 것은 1976년에 발표된 감창수 교수의 논문에서이다.[242] 그는 1976년 9월 10일 국회도서관에서 발간된 『한국민족운동사료』[243]의 기록을 바탕으로 의열단이 단장 김원봉을 중심으로 조직된 것은 주지의 사실이겠으나 실제로 그 배후 조종자로 고문의 역할을 한 것은 밀양 출신의 김대지이며,[244] 김대지는 의열단에 있어서 「조선혁명선언」을 기초한 신채호와 함께 양대 지주 역할을 담당하였음은 물론 도리어 신채호보다 먼저 의열단의 지도노선을 제시하였다는 점에서 주목된다는 견해를 제시하고, 다만 이 인물의 내역, 생애에 대해서는 현재로서는 전혀 밝힐 길이 없음이 매우 유감이라고 표현했다.[245]

그 후 김창수 교수는 1989년에 김대지의 손녀, 金珠英이 쓴 「푸른 얼」[246]을 제공받은 후 월간잡지 『통일』에 김대지에 관한 비교적 소상한 글을 발표하였다.[247] 나아가 김교수는 1990년 8월 『제3차 조선학 국제

---

242) 김창수, 「1920년대에 있어서 민족 운동의 일양상」 『아세아학보』 12, 1976.
243) 동사료는 국회도서관에 소장하고 있는 일본외무성 및 육해군성문서 마이크로필름을 직역하여 발간된 것이다. 국회도서관에서는 1975년에 제일집으로 『간도영유권관계 발취문서』, 1976년에 제이집으로 동문서, 1977년에 제삼집으로 『한국민족운동사료』(삼·일운동편 일·이·삼)을 발간하였다. 의열단에 관련된 사료는 제이집에 비교적 상세히 수록되어 있다.
244) 김창수, 앞의 논문, 4쪽.
245) 위의 논문, 5쪽.
246) 金珠英, 「푸른 얼-반일독립투사 김대지선생」 『장백산』, 길림성민족사무위원회, 1989년 5호. 金珠英은 김대지의 孫女(金哲俊의 子)로서 父親인 김철준의 회고담을 기초로 위의 글을 작성했으므로 비교적 현장감이 있다.

학술토론회 논문요지』에서 의열단 조직에 있어서 김대지가 중요한 역할을 담당하였다는 종래의 주장을 재차 강조하였다.[248] 근자에는 천화숙 교수가 의열단의 인물 중심으로 본 제창단설을 검토하면서 의열단 창단을 주도한 인물은 적어도 창단 초기에는 김대지, 황상규, 이종암 중심이었다는 주장이 설득력이 있다는 견해를 피력하였다.[249] 위와 같은 김대지에 관한 글들은 의열단의 창단과 활동에 김대지가 중심적인 역할을 맡고 있었다는 문제제기일 뿐 그의 독립운동 전반에 관해 체계적으로 기술된 것은 아니다. 다만 의열단 실상을 규명하는 데 활력소가 될 수 있을 것이다.

의열단은 비밀결사적 조직으로 창단된 독립운동단체였기 때문에 관련된 자료는 일제정보기관에서 작성된 첩보문서[250]나 해방 이후 당시 생존인물들의 구술에 따른 것이 대부분이다.[251] 이러한 사료에 의존한 의열단에 관한 종래까지의 연구로 의열단의 조직과 활동은 김원봉의 중심 하에 이루어졌다는 사실이 이의 없이 받아들여졌을 뿐 조직 당시의 구체적 사정을 비롯한 구성원, 자금 확보, 상호연락체계 문제 등 그 진실이 분명히 밝혀지지 않고 있다. 따라서 필자는 새로운 자료의 발굴로 김대지가 의열단의 조직과 활동에 깊숙이 관여했다는 사실이 입증된 이상 그의 생애와 독립운동전반을 규명하는 것은 독립운동사정립이라는 측면에서도 중요할 뿐만 아니라 의열단 연구를 심화시키는 데 일조할 수 있을 것이라는 기대를 가지고 있다.

요컨대 김대지의 전생애를 상세하게 기술한 전기도 없고, 그는 자서

---

247) 김창수, 「독립운동 막후지도자 김대지」『통일』, 1990년 1월호.
248) 김창수, 「의열단의 조직과 김대지」『제3차 조선학 국제학술토론회 논문요지』, 1990년 일본 대판.
249) 천화숙, 「의열단 성립과 인물중심으로 본 제창단설」『경원대인문논총』창간호, 1992.
250) 慶北警察局刊, 『高等警察要史』, 1934.
251) 朴泰遠, 『若山과 義烈團』, 白楊堂, 1947.

전을 남기지도 않았으며,[252] 그의 주장이나 생각을 피력한 글·연설문
등을 집약한 문집류도 없는 실정이다. 단지 그의 차남 철준의 증언이 일
부 전할 뿐이다. 그러므로 필자는 일봉에 관한 기존의 글을 참작하고 독
립운동관련 사료에 산견되는 내용들을 수집 분석하여 김대지의 생애와
항일 독립운동을 재구성하고자 한다.

2. 출생과 성장

김대지는 제국주의 열강의 한국에 대한 침략이 본격화되어 민족적 위
기감이 팽배한 1891년 10월 7일 경남 밀양군 밀양읍에서 그 고을의 빈
한한 儒生인 부친 景守와 모친 丁羅 사이에서 출생하였다. 그의 호는
一峰이며, 독립운동시절에는 仁埴, 丁昌, 子重 등의 異名을 사용하기도
했다.[253] 그의 본명은 大池인데 사료에 따라서는 大地, 大智 등으로 기
록되어 있다. 그의 부모가 천한 이름을 지으면 장수한다는 옛말에 따라
'돼지'라는 음에다 큰 못이라는 뜻으로 '大池'라고 지었다고 한다.[254]

일봉은 동향의 부호인 박노인의 이남삼녀중 장녀인 박선이를 아내로
맞이하여 철수, 정숙, 철준, 철중, 화숙, 철우 등 4남2녀를 낳았다. 그의
부인은 용모가 출중하고 예의범절에 밝아 향리의 가문있는 집안으로부
터 청혼이 쇄도하였다고 한다. 그런데도 그의 부친은 비록 빈한하게 자

---

252) 일봉은 『발해의 옛 도시 녕안성』을 저술할 만큼 필력이 뛰어났으며, 많은 장서
　　를 보유하고 있었다는 후손들의 전언으로 미루어 짐작건대 자서전을 남겨 놓았
　　을 가능성이 전혀 없는 것은 아니다. 그러나 현재로는 그의 저서뿐만 아니라 장
　　서도 전혀 찾을 길이 없는 실정이다.
253) 金珠英, 앞의 글, 63쪽. 김대지는 1926년 寧古塔에 정착한 이후 치환, 자중이란
　　異名을 사용했으며, 그의 집에 드나드는 독립투사들은 평소 그를 子重이라 불렀
　　다고 한다.
254) 金珠英, 앞의 글, 48쪽.

랐지만 학식 있고 몸가짐이 반듯한 일봉의 전도가 유망할 것이라는 생각
에 그를 선뜻 사위로 맞이하였다.

박노인은 일봉이 국내외로 넘나들면서 독립운동에 전념하여 가정을
돌보지 않아 그의 딸이 엄청난 고통을 겪고, 결국에는 이역만리에서 젊
은 나이로 운명하였는데도 사위를 원망하지 않으며 끝까지 경제적인 도
움을 준 위인이었다.[255] 일봉의 가족은 그와 상당기간 헤어져 향리인 밀
양에서 살다가 그가 만주 영고탑에 정착해 독립운동을 모색하고 있던
1926년경에야 합류할 수 있었다. 한국의 독립운동가 가족들 대부분이 고
난과 역경 속에서 불행한 일생을 살았듯이 일봉의 가족도 예외는 아니었
다. 그의 부인 박선이는 남편과 헤어져 밀양에 남아 일경의 감시 속에서
3남매를 기르면서 숱한 곤경과 시련을 겪어야 했으며, 남편과 합류한 이
루에 3남매(철중, 화숙, 철우)를 낳고, 가난의 굴레를 벗어나지 못한 채
1933년 아성현에서 난산으로 세상을 하직하고 말았다. 더욱 불행한 일은
1931년 만주사변 와중에 병든 딸 화숙을 치료하지 못해 잃었고, 철중마저
도 부인의 사망 후 병고로 운명을 달리하였다.[256] 이는 모두 가난 때문에
정상적인 치료를 받지 못해 당한 일로 보는 이의 가슴을 애타게 하였다.

장남 철수는 1931년 만주사변 때 공산당 계열이 조직한 영안현 항일
유격대에 참가하여 전과를 세운 후 동상으로 치료를 받았다.[257] 현재 그
의 자손들이 북한에 거주하고 있다는 사실 외에 그의 행적에 대한 구체
적인 사실은 파악되지 않고 있다. 차남 철준은 일봉이 영면하기 일년 전
에 결혼하여 분가한 후 흑룡강성 파언현에 거주하면서, 1943년 이곳에
'조선독립동맹제12지부'가 결성되자 이 조직에 가맹하여 선전위원으로
임명되면서 지하반일투쟁을 전개하였다. 해방 후 연변자치주의 고위급

---

255) 위의 글, 67쪽.
256) 같은 글, 67쪽.
257) 김대지의 이남 철준의 증언.

간부직을 역임했으며, 1991년에 별세하였다.[258] 그의 가족은 현재 중국 연길시에 거주하고 있다. 사남 철우와 장녀 정숙은 해방 이후 부산에서 줄곧 살았으며, 철우는 연전에 별세했고, 정숙은 현재 부산 대연동에 유일한 직계 후손으로 생존하고 있다.

일봉은 부친의 엄격한 훈도 아래 어려서부터 한학을 익혔다. 그의 부친은 아들에게 학문뿐만 아니라 유생의 절개와 지조도 가르쳤다. 이런 영향으로 일봉은 어려서부터 강직하고 의분심이 강한 성품을 지녔다고 전해지고 있다. 그는 집주변의 서당에서 줄곧 한학에 전념하여 유학에 대한 식견을 갖추었고, 1905년 전홍표가 향리에 근대적 신식학교인 同和學院을 설립하자[259] 이곳에 입학하여 1911년까지 수학한 후 모교에서 후학을 양성하기도 했다.

당시 동화학원은 사립으로서 밀양지역의 반일독립투사를 배양하는 요람으로 그 명성이 널리 알려졌다. 후일 의열단의 핵심인물이 된 황상규, 최수봉, 고인덕, 김상윤 등도 이 학원 출신들이다. 일봉은 동화학원에 입학하여 신식학문을 익히던 중 을사조약이 체결되고, 그 결과 조선은 일제에게 외교권을 박탈당했다는 비보를 접하게 되었다. 남달리 의분심이 강한 15세의 젊은이 일봉은 비분강개하여 동료들과 남천강 백사장에 뛰어가 청천을 향해 소리 높여 외쳐보기도 하고 땅을 치며 통곡도 했다. 울분과 비통에 잠겨 있는 그에게 큰 감명을 준 것은 『황성신문』에 게재된 장지연의 「시일야방성대곡」이라는 글이었다. 동화학원 학생들은 이 글을 집독하였다. 일봉은 몇 번이나 정독하면서 가슴에는 뜨거운 피가 솟아오름을 느낄 수가 있었다.[260]

258) 철준의 회고담.
259) 密陽郡, 『미리벌의 얼』, 1983, 254쪽. 조선시대 밀양군의 軍務를 통리하던 軍官廳의 장소에 광무년간(1897~1906) 全弘(鴻)杓가 同化(和)學校를 설립하여 신교육을 실시하였다. 많은 독립지사의 배출로 합방 이후 폐쇄되었다.
260) 김주영, 앞의 글, 48~49쪽.

각지의 상소항쟁, 순국열사의 속출, 침략주모자의 저격사건 등의 소식을 계속 접하면서 일봉은 조국의 국권회복에 신명을 바치겠다는 결심을 굳혔다. 동화학원을 졸업한 후 상경하여 신문물·신학문을 익히기 위해 영어와 일어 공부에도 주력하였다. 그리고는 밀양에 청년회관을 건립하여 청년들의 가슴에 애국심을 불어넣고, 본격적인 독립운동에 이바지할 결사조직의 준비 장소로 활용하였다. 지금도 이 청년회관의 전해가 밀양읍 내이동에 남아있다.261)

3. 독립운동의 전개

1) 1910년대의 활동

김대지가 밀양에서 동화학원을 졸업하고 본격적인 독립운동 대열에 뛰어든 것은 '일합사'라는 비밀결사단체를 조직한 이후였다. 이 단체는 1910년 경술국치를 전후하여 망국의 비애를 통감하고 국권회복에 청춘을 바치겠다는 비당한 결의를 품은 20세 전후의 밀양지방 청년들이 조직하였다. 이 단체는 외견상 친목단체로 위장하고 있으나 실은 조국독립을 위해 청춘의 일편단심을 합한다는 결연한 의지를 표방한 항일투쟁단체였으며,262) 핵심인물은 김대지를 비롯한 안곽, 이각, 이영재, 명도석, 황상규, 윤치형263) 등이다.

김대지는 이들 동지들과 밀양청년회관을 거점으로 독립운동의 전개방법을 모색하는 한편 의기가 투합한 대구·마산 등지의 독립투사들과

---

261) 위와 같음.
262) 김주영, 앞의 글, 49쪽 ;『미리벌의 얼』, 167쪽 ; 박태원,『약산과 의열단』, 1947, 11쪽.
263) 김승학,『한국독립사』하, 독립문화사, 1970, 205쪽. 상기의 책에서는 이각의 명단이 빠져 있다. 이각이 황상규와 더불어 풍기광복단에서 핵심적 인물로 활동한 것으로 보아 일합사에도 관여했을 것으로 추측된다.

긴밀한 연락을 취하면서 항일 투쟁의 기회를 고대하고 있었다. 그 후 의
병적 기질의 인사로 결성된 광복단이 풍기에서 조직되자 일봉은 이각·
황상규와 더불어 여기에 가입하여 운동에 전념하였다.[264] 풍기광복단은
영주의 대동상점(곡물상)이나 안동의 이종영가를 거점으로 재만 독립군
과 연락하며 일본인 광산이나 부호가를 대상으로 군자금을 수합하는 활
동을 전개하였다.[265]

　이 무렵 일합사의 동지인 안확은 일본에 유학하여 일본대학 정치학과
에 다니면서 유학생의 사명감과 국학의 중요성을 누누이 강조하는 문필
활동을 전개한 후 1915년 초에 대구지방의 중산층 이상의 혁신 유생적
명사들을 중심으로 결성된 비밀결사단체인 '조선국권회복단' 마산지부
장의 직임으로 독립운동에 참여하였다.[266] 동 단체는 安逸庵에서 대보
름날의 시회를 가장하여 모인 인사들에 의해 조직되었으며 대구의 尙德
泰상회, 칠곡의 香山상회, 부산의 백산상회 등 곡물상의 상인조직을 통
하여 재만 독립군을 지원한 구국경제활동을 전개하였다.

　이들 두 단체는 곡물상의 성업조직을 활용하고 재만 독립군과 연락하
여 군자금 모집 등의 공통점을 가지고 있으나 활동의 성격면에서는 풍기
광복단이 자산가에 대한 모금을 계획한 반면 국권회복단은 자신의 재력

---

264) 김주영, 앞의 글, 49쪽 ; 김창수, 앞의 글, 106쪽. 풍기광복단에 대해서는 조동걸,
　　「대한광복단의 결성과 그 선행조직」『한국민족주의의 성립과 독립 운동사연구』,
　　지식산업사, 1989, 262~265쪽 참조.
265) 國史編纂委員會, 『韓國獨立運動史』 資料二, 탐구당, 1972, 496쪽.
266) 李泰進 外 共著, 「自山安廓國學論著集」 六, 여강출판사, 1994, 21쪽. 안확이
　　일본으로 유학 간 정확한 시기는 현재까지 알려지지 않고 있다. 다만 그가 1913
　　년에 발족한 全日本留學生學友會의 기관지 「學之光」(1914년 4월 창간) 3호
　　(1914년 12월)에 「偉人의 片影」이란 글을 싣고 있는 것으로 미루어보아 안확은
　　1914년말 이전에 일본 유학길에 오른 것 같다. 그리고 그가 당시 敎帥로서 재직
　　한 적이 있는 昌信學校의『창신60년사』68쪽에는 國權回復團의 慶南支部장으
　　로 활약한 것으로 되어있다. 국권 회복단에 대한 것은 趙東杰, 앞의 책, 265~
　　268쪽 참조.

을 희사하여 자금을 확보한다는 계획 하에 조직되었다는 차이점이 있다. 그러나 당시 양 단체의 대표격인 채기중과 박상진이 접촉하여 보다 강력한 독립운동단체의 설립을 모색하게 되었다.[267] 그 결과 양 단체는 발전적으로 해체되고 대신 1915년 7월 15일 '대한광복회'가 설립되었다.

동 단체의 창설 명단은 풍기광복단의 채기중·유창정·한훈·강병수·류장열·김병열·정만교·김상옥·정운홍·정진화·황상규·이각과 국권회복단의 박상진·정운일 및 양 단체에 관여하지 않았던 우재용·량제안·권영만·김한종·엄정섭·김경태 등이다.

한편 그해 12월 만주 길림성에서도 광복회가 우재용·손일민·주종수·양재훈·이홍주 등에 의해 조직되고 1916년 대한광복회의 조직이 서울을 중심으로 크게 확대되면서 노백린·김좌진·신현대·윤홍중·신현두·김정호·권태진·임병한·윤영중·김홍두·윤치성·이현·박성태·명기섭 등이 가입하였다.

이후 대한광복회의 조직은 풍기광복회의 의병적 맥락을 강하게 계승한 80여 명의 회원이 가담하여 함경도를 제외한 전국적 조직망을 가질 정도로 규모가 확대되었으며, 동회는 만주에도 연락단체를 두고 국내와의 연락체계를 구축하였다.[268] 이러한 조직체를 갖춘 대한광복회는 독립군을 양성한다는 목적 아래 군자금모금과 무기구입에 초점을 두고 활동을 전개하는 한편 일제 통치 속에 안일하는 친일부호의 처단 등 의열투쟁을 당면과제로 삼고 있었다.

이와 같은 목적 하에 항일운동을 추진하던 중 1918년 봄에 동회의 핵심인물들이 피검되면서 조직이 거의 파괴되어 버렸다. 그 후 만주로 망명했던 일부 인사가 1920년 주비단 및 암살단과 합류하여 그 명맥을 계

---

267) 조동걸, 앞의 책, 267~269쪽 참조.
268) 權大雄, 『1910年代 慶尙道地方의 獨立運動團體硏究』, 嶺南大學校大學院博士學位論文, 1993, 53쪽.

승하였고, 암살단은 다시 의열단으로 이어지면서 동회의 의열투쟁은 이론화되고 독립운동의 중요한 방략의 하나로 정착하게 되었다.[269]

지금까지 풍기광복단, 조선국권회복단, 대한광복회의 내력을 일별하면서, 일합사의 핵심인물들이 각기 새로 조직된 독립운동단체에 가담하였음을 확인할 수 있었다. 따라서 일합사는 이러한 단체들에 흡수 통합되거나 해체되었던 것으로 사료된다.

그러면 풍기광복단이 대한광복회로 확대되는 기간 동안의 활동에 대하여 살펴보자. 그는 1914년 광복단의 동지들과 군자금 모금을 위해 충청남도 천안군 직산면 삼곡리 연안에 소재한 직산사금광을 찾아갔다. 그는 이곳에서 임노동자로 취업하여 군자금을 확보하려는 의도를 가지고 있었다. 그런데 막상 저임금에다 엄청난 고통을 겪고 있는 그곳 노동자를 지켜보고는 실망하여 처음의 계획을 포기해버렸다. 대신 일봉은 동지들에게 대담한 제의를 했다.

> 온종일 모래를 일고 있어도 금가루를 한 홉도 얻을 수 없다. 이렇게 모아서야 언제 군자금을 마련하노? 저 아래 큰 집들을 좀 보소. 저 부자집들이 바로 큰 금덩어리가 아니겠나? 우리가 수많은 모래알에서 한 알의 금가루를 얻기보다 저 큰 금덩어리들을 안아가는 게 낫겠소이다.[270]

이러한 일봉의 제의는 동지들의 동의를 얻게 되면서, 광복단 군자금 확보의 기본방향이 되고, 대한광복회가 실천에 옮겼다.[271] 대한광복회는

---

269) 獨立運動史編纂委員會, 「독립운동사자료집」 10, 1975, 1108~1120쪽(이하부터는 「자료집」이라고 약칭함). 大韓光復會會員中 朴尙進・蔡基中・李觀求・金漢種・張斗煥은 1918년 봄에 체포되었고, 韓焄은 1920년 金相玉의 暗殺團과, 禹在龍(異見)과 權寧萬은 池永澤의 疇備團과 각각 합류하여 활동 중 피검되었다(趙東杰, 앞의 책, 313쪽).

270) 金珠英, 앞의 글, 49쪽.

271) 국사편찬위원회, 앞의 책, 496쪽. 독립운동사편찬위원회, 「자료집」 11, 684쪽. 상기 기록에는 풍기광복단의 채기중이 영월의 상동에 소재한 일본인 경영의 중

전국의 부호들에게 도별로 각자의 형편을 감안하여 특정배당금을 적시한 문서와 포고문을 발송한 후 단원을 파견하여 군자금을 수합했다.[272) 그런데 결과는 지극히 부진했다.[273) 이는 1910년대 후반기에 국유지를 확대하여 조선총독부의 토지를 최대한 확보해주고, 농민이 가지고 있던 전통적인 경작권, 입회권과 근대화속에 태동한 도지권 등의 권리가 묵살당한 채 식민지 지주의 권익을 보호해준 '토지조사사업'이 거의 마무리되면서 많은 대지주들이 식민권력에 안주하고 독립운동을 외면하는 기세가 심화되고 있었기 때문이다.[274)

그러자 대한광복회는 친일부호들을 처단하여 지주들에게 경각심을 불러일으킬 계획을 세워 추진하는 한편 철저하게 강제모금의 방법을 채택했다. 이러한 계획에 의해 칠곡군의 부호 장승원, 아산군 도고면장 박용하, 보성군 박곡의 양재학, 벌교의 서도현 등 친일파 수인이 처단되고 다소의 자금도 수합되었다.[275)

이와 같은 대한광복회의 의열투쟁은 1918년 초에 주동자들의 피검으로 오래 지속되지는 않았지만 후일 암살단과 의열단의 의열투쟁으로 연결되면서 이론화되고 체계화되어 갔다. 그런데 풍기광복단과 대한광복

석광과 직산사금광을 습격하려는 계획을 세웠던 대목이 발견되고 있으나 그 성과는 없었던 것 같다.

272) 「자료집」 11, 676쪽. 姜德相, 「現代史資料」 25, みすず書房, 1966, 34쪽. 포고문은 다음과 같다. '우리나라 千年의 宗社는 灰燼이 되고 우리 2천년래의 민족은 노예가 되어 島夷의 惡政暴行은 일증월가하여 이것을 생각하니 血淚泉湧하여 조국을 恢復하고자 하는 念을 금할 수 없다. 이것이 本會가 성립된 所以이며, 각 동포는 그 지닌바 능력을 다해 이것을 도우고 앞날 본위의 義旗를 東指할 것을 기대하라. 그리고 각 자산가는 豫蓄을 하여 본회의 요구에 응하여 出金하기 바란다. 만일 우리 會의 기밀을 누설하거나 그 요구에 불응할 때는 본회에는 자체 定規가 있어 이에 따라 조처하리라.'

273) 「자료집」 11, 679~731쪽.

274) 신용하, 「일제하의 조선토지조사사업에 대한 고찰」 『한국근대사론』 1, 지식산업사, 1978, 676~731쪽.

275) 「자료집」 11, 679~731쪽.

회의 항일투쟁과 관련된 사료에는 현재까지 김대지의 활동에 관한 것은 발견되지 않고 있다. 이는 비밀결사조직의 생리상 당시 일경에 발각된 인원만 기록에 나타나는 사례로 짐작해 보면 김대지도 비밀리에 잠입하다 일경에 체포되어 보안법 위반이라는 죄목으로 징역 4개월을 언도받아 모진 옥고를 치렀다.[276]

당시 일경은 김대지의 심문을 통해 대한광복회의 비밀조직의 내막을 밝히는데 혈안이 되었고, 김대지는 여덟 개의 손톱까지 뽑히는 고초를 겪으면서도 함구하는 필사의 항거로 일관하였다. 그러자 그들은 보안법 위반이라는 죄목을 씌운 것이다.

김대지의 평양복심법원 판결문[277] 내용을 알 수 없지만 정황상으로 보아 풍기광복단과 초기 대한광복회의 항일투쟁역량의 집결과정에서 김대지가 일정한 역할을 했다고 여겨진다. 다만 대한광복회의 의열투쟁이 본격적으로 추진되던 1917년 말에서 1918년 초에 김대지는 만주지방에서 활동하고 있었기 때문에 국내에서의 의열투쟁에는 직접 가담하지 않았다고 보여진다. 김대지는 국내에서의 항일운동단체의 한계성을 절감하고 1917년 10월 이후 만주지방(길림·봉천)을 왕래하면서 국권회복운동에 투신한 지사들과 새로운 비밀결사 지하단체조직을 모색하였다.

이때 그가 주로 접촉한 인물로 동향인 손일민·이종암·구영필 등이 확인된다. 손일민과 김대지는 동향이면서 절친한 친구임을 감안하면 김대지가 만주에서 광복회와 연관된 활동을 하였을 것으로 추측된다.[278] 현재로는 차후의 과제로 남겨둘 수밖에 없다. 이종암과 구영필과는 1917년 12월경 봉천역에서 상봉하였으며, 김대지는 이들과 독립운동을 위해 미국으로 건너가기로 뜻을 모았다.

---

276) 국가보훈처, 「독립유공자보훈록」 제5권, 1988, 483쪽.
277) 평양복심법원의 판결문은 법무부부산지방검찰청기록관리과 보존문서 및 부산 형무소에 보관되어 있지 않다.
278) 「자료집」 10, 1110쪽 ; 「자료집」 11, 703쪽.

당시 이종암은 그가 근무하고 있었던 대구은행에서 1만 9천원의 거금을 인출하여 소지하고 있었기 때문에 이러한 논의가 가능했다. 그런데 그때 1차세계대전중이라 소기의 목적을 이룰 수 없게 되었다. 그러자 이종암과 구영필은 상해로 가고[279] 김대지는 군자금을 더 확보하기 위해 국내로 잠입하다가 1918년 5월경에 친일주구들에 의해 피검되어 버렸다.

김대지는 출옥 후 고향인 밀양으로 잠입하였다. 그는 2가지 목적을 가지고 있었다. 하나는 일제에 대항하여 독립을 쟁취하기 위해서는 해외에 독립운동 기지구축과 무기구입이 당면의 선결과제이므로 이의 수행에 필요한 군자금의 확보이다. 다른 하나는 기존의 대한광복회 조직이 거의 와해되었으므로 새로운 비밀결사 조직의 동지 규합이다. 그가 이러한 뜻을 품고 비밀리에 암약하던 시기는 3·1독립운동이 발발하기 직전이다. 일경의 감시 또한 만만치 않았다.

결국 그는 일경의 감시망에 포착되어 피신하지 않을 수 없게 되었다. 그동안 그의 재산을 처분하여 비축해둔 자금과 일부 친지들의 의연금을 가지고 아직 어린 두 남매, 임신 중인 부인, 그동안 뜻을 모아왔던 동지들의 따뜻한 전송도 받지 못한 채 야밤에 고향을 떠나 해외로 망명길에 올랐다.[280]

2) 임시정부와 일봉

김대지가 일경의 경계망을 피하고 본격적인 해외망명길에 올라 당도

---

279) 송상도, 『기려수필』(한국사료총서)국사편찬위원회, 1955, 300쪽. '이종암자대구부남산정인 일명종정 초학공보우인농교 오년수퇴학 년십구위대구은행견습생아 조출납계주임 정이십월 동지유왕래만주자 내상흥모복국 조비밀결사 복흥밀양구영비·김대지등위동지 십이월취행금일만구천원 여구·김양인미왕 미주유학 시 구미대전 불가직항 인왕상해경불과….'

280) 김주영, 앞의 글, 50~51쪽.

한 곳은 중국의 동삼성이었다. 그는 그곳의 독립투사들과 의논하여 길림
성·영고탑(현재 흑룡강성 영안현)에 토지 수십만 평을 구입하여 농장을
건설하는 일에 주력하는 한편 독립투쟁 방법을 모색하였다. 그가 국내에
서 마련해온 대부분의 군자금도 여기에 투입되었다.[281]

그러던 중 그는 1919년 3월 하순경에 중국 동삼성의 독립운동자대표
의 일원으로 김동삼, 이시영, 조소앙, 이회영 등의 지사들과 임시정부수
립준비를 위해 상해로 갔다.[282] 이 무렵 상해에서는 각 지역의 독립운동
자들이 집결하여 그 숫자가 1,000여 명에 이르렀다.

그러자 거류민단을 중심으로 임시정부 수립을 위한 국민대회가 개최
되고, 김규직, 이시영 등 30여 명이 준비위원으로 선임되었다.[283] 이를
계기로 프랑스 조계 보창로에서 현순을 총무로 한 임시 사무소가 개설되
면서 임시정부수립운동은 본격적으로 추진되었다.[284] 준비위원들 사이
에 관료조직, 국호, 구황실대우 등 몇 가지 기본문제에 의견이 상충되어
논란이 되기도 했다. 이 문제는 1919년 4월 10일 29명의 애국지사가 프
랑스 조계 김신부로에 회합하여 임시의정원을 발족시킴으로써 공식적으
로 다듬어져 갔다.

의정원에서는 의장 이동영, 부의장 손정도를 각각 선출하였으며, 11
일에 국호를 대한민국으로 의결하고 전문 10조로 된 임시헌장을 심의

---

281) 김주영, 앞의 글, 51쪽. 농장의 이름, 구체적 설립목적, 운영상태, 나아가 구영필
   및 안희제(1933년 이후)가 각각 운영했다고 전해지는 발해농장과의 연계문제 등
   에 대한 연구가 요망된다.
282) 위의 글. 김대지가 동삼성에서 상해로 간 시기를 1919년 2월경이라 했는데 다소
   착오가 있었던 것 같다. 각 지역의 독립운동대표자들이 임시정부 수립을 위해
   상해에 집결하게 된 것은 국내의 3·1운동 이후이며, 그 시기는 대개 3월 하순경
   이 옳다고 생각된다(김승학, 『한국독립사』상, 233쪽).
283) 졸고, 「소해 장건상의 생애와 민족독립운동」『문화전통논집』창간호, 1993,
   493쪽.
284) 김승학, 앞의 책, 233쪽.

통과시켜 공포함으로써 대한민국임시정부의 수립을 대내외에 선포하였다.[285] 아울러 이승만을 국무총리로 선임하는 등 각료 명단도 발표하였다. 이와 비슷한 무렵에 국내 3개, 해외 2개 모두 5개의 임시정부의 공포가 있었다.[286] 김대지는 이러한 대한민국임시정부가 수립되는 과정에서 의정원 의원으로 참여하여 활동하면서 임정과 인연을 맺게 된다.

제1차 대한민국 임시정부 의정원 회의는 4월 10·11일 양일간에 개최되었는데 당일 출석한 의원의 명단은 다음과 같다.

> 김대지·현순(玄楯)·손정도(孫貞道)·신익희(申翼熙)·조성환(曹成煥).이광(李光)·이광수(李光洙)·최근우(崔謹愚)·백남칠(白南七)·조소앙(趙素昻)·남정우(南亭祐)·이회영(李會榮)·이시영(李始榮)·이동영(李東寧)·조완구(趙琬九)·신채호(申采浩)·김철(金撤)·선우혁(鮮于爀)·한진교(韓鎭敎)·태희창(泰熙昌)·신철(申鐵)·이영근(李渶根)·신석우(申錫雨)·조동진(趙東珍)·조동우(趙東祐)·여운형(呂運亨)·여운홍(呂運弘)·현창운(玄彰運)·김동삼(金東三)[287]

이들 의원들의 면면을 살펴보면, 국내 3·1독립운동을 추진한 49인이 보낸 현순·손정도, 시베리아 만주 등지에서 '勤業會', '耕學社', '韓族會', '新興武官學校' 등을 세워 독립군을 양성하고 해외 독립군기지를 구축했던 김대지·이동녕·이회영·이시영·조완구·김동삼·신채호, 일본에서 2·8독립선언을 선포하고 온 이광수, 미국에서 독립운동을 전개한 여운홍, 상해에서 신한청년당을 결성하여 독립운동의 기틀을 마련

---

285) 국사편찬위원회, 『한국사』 21, 탐구당, 1981, 205~206쪽.

286) 위의 책, 205쪽. 국내의 3개 정부는 조선민국임시정부, 신한민국정부, 한성정부이며, 이중 한성정부 이외에는 전단(삐라)정부이다. 국외에는 노령에서의 대한민국회의, 상해의 대한민국임시정부이다.

287) 독립운동사편찬위원회, 『독립운동사』 4, 159쪽 ; 『자료집』 7, 1135쪽 ; 金承學, 앞의 책, 233쪽. 초대임시의정회의 의원은 1919년 4월 11일 孫貞道·李光洙의 提議로 各地方代表會를 열어 선임되었다.

한 여운형 등 당시 각 지역에서 독립운동을 주도한 인물들이 망라되어
있다.

제1차 임시의정원의 결의에 의해 국무원(국무총리 1인, 내무·외무·
재무·법무·교통 6부의 총장·차장 각1인 합13인)의 선임 시 김대지
는 선우혁과 함께 교통차장으로 추천되었다.[288] 투표 결과 선우혁이 비
록 당선되었지만 당시 김대지는 최초의 국무위원의 물망에 오를 정도로
대한민국임시정부에서 비중 있는 인사로 부상하였다.

김대지는 4월 22일, 23일간에 개최된 제2차 의정원 회의에도 의원으
로 참석하였는데, 이 회의에는 제1차 회의의 29명보다 40명이 많은 69
명의 의원이 참석하였다. 이 제2차 의정원회의에서 결의된 중요한 사항
은 차장제의 폐지와 위원제 사용, 각 부 위원의 선정, 임시의정원 성립
발표 등이었다.[289] 김대지는 의정원의 결의에 따른 국무위원 선임을 위
한 15인의 선거위원의 일원으로 활동하였다. 선거 결과 김대지는 신익
희·윤현진·서병호·한위건·조동진·배정식·김구·최근우·박승
업과 더불어 내무위원으로 선임되었다.[290]

임시의정원이 임시정부 관제 중 차장제를 폐지하고 위원제를 채택하
게 된 것은 제1차 의정원 회의에서 선임된 국무총리 이하 각 부서의 총
장이 현지에 거의 부재한 상황에서 차장의 전결만으로 중차대한 업무를
집행하기에는 난점이 많았기 때문이다. 따라서 각 부서의 위원을 선임하
여 집단지도 체제를 채택한 것이다. 당시 선임된 각 부서의 국무위원은
49명이었으며, 대개 신시대에 걸맞게 실무를 수행할 수 있는 신진기예의
인사들이 선정되었다.

이 위원제는 동년 8월 5일 폐지되고 다시 차장제가 부활되었다.[291]

---

288) 『독립운동사』 4, 173쪽 ; 김창수, 앞의 글, 106쪽. 김창수씨는 김대지가 1919년
　　　11월 이후 임정의 교통차장과 내무위원을 역임했다고 했는데 오기인 것 같다.
289) 위의 책, 162~163쪽.
290) 위의 책, 177쪽.

동년 4월 25일에 개최된 제3차 임시의정원 회의에도 김대지는 참석하여 여러 가지 법안이 제안되고 토의되는 과정에 동참하였으며, 이 회의에서 의정원법 기초안의 마련을 위한 심사위원 5인의 선출과정에서 후보로 추천되기도 했다.[292] 이처럼 김대지는 대한민국임시정부가 태동하는 과정에서 의정원 의원과 국무원 위원을 겸임하여 적극적인 활동을 전개하였다.

김대지를 비롯한 초창기 임정 요인들의 노력에 의해 대한민국임시정부가 일원화된 정부로 그 활동이 개시될 무렵인 1919년 11월을 전후하여 김대지는 임시정부의 조사원 자격으로 그의 고향인 밀양에 파견되었다. 당시 임정은 교통국이나 연통제의 조직망을 활용하여 국내의 독립운동을 지도하고 통활하였으며 경우에 따라서 이들 기구의 활동 상황을 점검하는 등 특수임무를 위해 임정요인 중 적임자를 선장하여 파견하거나 현지인에게 그 임무를 부과하기도 했다.

김대지는 이러한 임정의 정책에 의해 신채호·김구를 비롯한 다수의 요인들과 같이 자기고향의 조사원으로 임명된 것이다.[293] 조사원은 국내 각 지방의 유력자·재산가·학교·종교 등의 실태를 조사하여 임정에 보고하는 임무를 수행하였다. 김대지가 임정의 조사원으로 밀양에 잠입한 것은 1919년 12월 말에서 1920년 1월 초경이었다. 그에게 1년여 만에 다시 찾은 그리운 고향이지만 그의 행동은 지극히 부자연스러울 수밖에 없었다.

이미 그는 일경의 주구들에게 임정요인으로서 요시찰 인물로 지목되어 있었기 때문이다. 따라서 김대지는 야밤을 이용하여 그곳 독립운동가들과 접촉하여 밀양의 사회실태를 조사하는 한편 독립운동자금조달에

---

291) 『자료집』 7, 1157쪽.
292) 『자료집』 9, 144쪽.
293) 『독립운동사』 4, 299~300쪽 ; 『자료집』 7, 1200쪽.

온 힘을 기울였다. 이러한 그의 활동은 비밀리에 이루어졌지만 결국 부호들과 직접 상대해야 했기 때문에 그들의 밀고에 대한 엄청난 부담을 안고 있었다. 그러므로 그는 애타게 기다리던 가족, 친지들과 상봉하여 정담을 나눌 겨를도 없이 일견 후 바로 떠나야 하는 고통을 감내해야만 했다. 그는 밀양에서의 실태조사를 서둘러 종결짓고 1920년 이른 봄에 고향과 작별을 고한 것이 영원한 이별이 되어 버렸다.[294]

3) 北京軍事統一會의 발기

김대지가 밀양에서 의무를 무사히 마치고 상해로 돌아온 것은 1920년 봄경이었다.[295] 그런데 당시 임정은 그의 기대와는 달리 극심한 재정난에다 독립투쟁의 방법과 이념상의 갈등으로 침체에 빠졌을 뿐만 아니라 독립운동가들 사이에도 심각한 분열상이 노정되고 있었다. 따라서 그가 혼신의 힘을 기울여 작성한 국내실태보고서도 사장되어 버렸다.[296] 그러자 김대지는 임정의 활동에 대해 회의와 갈등을 느끼게 되면서 우울한 날을 보내고 있었다.

그때 마침 북경에서 옛 동지들로부터 항일독립운동의 활로를 위한 대사를 논의하자는 연락을 받게 된다. 이즈음 북경에서는 신채호·박용만 등이 이승만·안창호를 중심한 임정의 외교독립론이나 실력양성론의 독립노선에 반대하여 독립군의 급진적인 무력투쟁을 통한 독립전쟁론을 주장하고 있는 각지의 독립운동가들을 모우고 있었다.[297]

---

294) 金珠英, 앞의 글, 53~54쪽.
   社團法人三·一同志會,『부산·경남 3·1운동사』1979, 241쪽. 밀양의 丁銅漢
   은 400섬분의 전답을 저당하여 17,000원의 거금을 김대지에게 주어서 상해임정
   에 헌납하게 하였다.
295) 金珠英, 앞의 글, 54쪽.
296) 위의 글.
297) 위의 글.

따라서 북경에는 상해를 떠난 독립운동가들이 상당수 집결하였으며, 한국의 새로운 독립운동기지로 활용되었다.[298] 여기에 모인 독립운동가의 대부분은 군사적인 무력항쟁만이 민족독립운동의 가장 효과적인 수단이라는 데 서로 의견을 일치하고 있었다. 그리고 이들은 그동안 중국이나 만주지방에서 독립군의 항일무장항쟁은 다소 전과가 있었지만 독립군의 통일적인 지휘체제가 확립되지 않아 보다 강력한 전투력을 발휘하는 데는 한계점이 있다는 점을 공감하고 있었다.[299]

이러한 분위기에 편승하여 박용만·신숙·신채호·배달무·김대지·김갑·장건상·남공선 등을 비롯한 9인은 1920년 9월경 국내외를 망라한 각지에서 무장독립투쟁을 전개하고 있는 독립운동단체의 단일화를 통한 새로운 통일독립운동단체의 구성을 모색코자 '북경군사통일회'를 발기하였다.[300] 동회는 발기모임이 있은 후 각 지방에 산재한 독립지도자들의 동조를 얻고 통합을 실현하기위해 대표자를 파견하였다.

김대지는 신채호와 같이 만주지방을 담당하게 되었다. 그는 1920년 10월초에 신채호의 뒤를 이어 변복장하여 봉천을 거쳐 서로군정서가 소재한 서간도 통화현으로 향했다.[301] 그가 봉천을 지날 무렵 일제의 조선군과 포호군, 그리고 관동군이 합동으로 남북만주 각지의 항일단체와 독립군단을 침입한 이른바 경신참변이 발발하였다.[302]

이로 인해 만주지방의 독립운동단체와 한인거주자들은 엄청난 시련을 겪어야만 했다. 김대지가 유하현을 지날 무렵에는 서로군정서는 일제의 토벌을 피해 본부를 북만주 액목현으로 이동하였으며, 소속부대는 이

---

298) 『韓國民族運動史料』(中國編), 354쪽.

299) 金承學, 『韓國獨立史』 上, 441쪽.

300) 위의 책. 『한국민족운동사료』(중국편), 354~355쪽. 위의 사료 등에서 8명은 확인되나 1명은 확인되지 않고 있다.

301) 김주영, 앞의 글, 55쪽.

302) 윤병석, 『국외한인사회와 민족운동』, 일조각, 1999, 104쪽.

청천의 인솔 하에 1920년 7월 오랜 본거지인 유하현을 떠나 安圖縣 大
甸子에 있는 삼림지대로 옮겨 갔었다.[303] 서로군정서에서는 비상시에
사용하려고 천연림이 가득한 백두산 기슭에 제2의 군사기지를 마련해두
었다. 이곳이 신흥무관학교를 이은 안도현 대전자무관학교인 셈이다.[304]

김대지는 장사꾼 옷으로 변복장하여 며칠간의 백두산 삼림을 헤맨 천
신만고 끝에 귀틀집에서 이청전을 만날 수 있었다. 두 사람은 독립운동
동지인 김동삼을 통해 서로의 경력과 활동상을 들은 바 있었기 때문에
쉽게 친숙해질 수 있었다. 김대지는 상해의 독립운동정세와 북경군사통
일회의 발기인의 주장을 상세하게 이청천에게 전했다. 즉석에서 이청천
은 북경군사통일회의 발기를 적극 옹호하며 독립군사단체의 통합도 적
극 지지하였다. 김대지가 이청천과 밀림 속에서 독립운동문제로 격의 없
는 대화를 나누면서 며칠을 머무를 무렵 연락원이 급보를 전해왔다.

청산리전투에서 참패한 일군들이 보복하기 위해 대부대를 동원하여

---

303) 『독립운동사』 5, 372~373쪽 ; 식박휘, 『만주한인민족운동사연구』, 일조각,
    1995, 53쪽. 일제는 3·1독립운동 직후 만주지역에서 활동하고 있는 독립군을 토
    벌하여야만 조선에 있어서의 지배체제의 안정을 도모할 수 있다는 판단하에서
    만주지역에 일본군을 출동시켜 독립군을 토벌하고자 하는 계획을 세우고 중국
    관헌에 압력을 가하여 한국인의 독립운동을 방해하고자 했다. 그 결과 일제는
    1920년 5월 상순에 동삼성 순민사 장작림으로부터 봉천, 길림에서 한국독립군
    에 대하여 중일간에 합동 수사를 전개할 것을 허락받았다. 이를 계기로 봉천성
    내의 일본인 경찰간부를 수사반장으로 하는 중일 합동수사반을 편성, 서간도 일
    대에 대한검거 행위를 시작하였다. 이를 시발로 일군경의 한국독립군 토벌작전
    은 개시되었다. 이에 서로군정서 독립군도 유하현을 떠나 안도현으로 이동할 수
    밖에 없었다.
304) 蔡根植, 『武裝獨立運動秘史』, 大韓民國公報處, 1949, 51쪽 ; 國會圖書館, 『韓
    國民族運動史料』(3·1運動編其三), 732쪽 ; 金承學, 앞의 책, 54쪽 ; 金珠英,
    앞의 글, 55쪽 참조. 일제의 만주독립군 토벌과 마적의 습격, 尹致國 致死事件
    등으로 인하여 1920년 8월에 신흥무관학교는 폐교되고 최후 수단으로 이청천이
    敎成隊를 조직하여 이들을 이끌고 長白山 지역으로 이동하여 재기를 모색했으
    나 결국 실패한 것으로 전해진다. 안도현 대전자 무관학교의 정확한 설치 연대
    나 규모 등은 현재로서 밝혀지지 않고 있다.

백두산 밀림을 수색하면서 대전자를 향해 오고 있다는 전보이다.305) 당
시 일군의 독립군 소멸을 위한 만주침략으로 백두산 삼림지대에는 서로
군정서를 비롯한 김좌진의 북로군정서, 홍범도의 대한독립군 등 다수의
독립군단이 은거하면서 독립군 진지를 구축하고 있었다.306) 김대지는
서로군정서 독립군에 합류하여 재빨리 이곳을 빠져나와 북만주의 액목
으로 향했다. 일행은 도중에 일군을 만나 위기를 당하기도 하고 혹한과
기근으로 상상을 초월한 고통을 겪으면서 무사히 액목에 도착할 수 있
었다.

이때 마침 홍범도가 대한독립군을 이끌고 이청천을 찾아왔다. 김대지
는 홍범도에게도 북경군사통일회의 발기인의 주장을 전할 수 있었다. 홍
범도는 일찍부터 군대통합을 모색해오던 터라 즉석에서 양부대의 무조
건 통합을 제의하였다. 김대지는 현장에서 양부대가 통합되는 흐뭇한 광
경을 목격할 수 있었다.307)

그런데 액목도 일군의 한인대학살작전의 여파로 현지인들이 독립군
의 식량과 피복을 지원해줄 수 있는 형편은 아니었다. 그러자 며칠 후
김대지는 서로군정서 기관의 도움으로 액목을 떠나 길림과 봉천을 거쳐
북경에 돌아왔고, 홍범도와 이청천의 독립군은 천만리의 험산설원을 행
군하여 소만국경지역인 밀산을 지나 노령 자유시로 이동하였다.308)

김대지의 이와 같은 활약은 결실을 맺어 서로군정서는 1921년에 개

---

305) 김주영, 앞의 글, 55~56쪽.
306) 姜德相,『現代史資料』28, 東京みすず書房, 1972, 384~408쪽 참조. 홍범도가
    인솔하고 있는 대한독립군은 1920년 8월 하순 본영을 떠나 백두산을 향해 출발
    하여 9월 20일경 안도현과 접경인 和龍縣 二道溝漁郎村 부근에 진지를 구축하
    였다. 김좌진의 북로군정서군은 9월 17일에 본영을 두고 백두산록 서남쪽의 화
    룡현 삼도구에 진지를 구축하였다. 이외 軍務都督府軍・義軍府・新民團・光
    復團・義民團 등도 안도현이나 羅子溝 방면으로 이동하여 은거하였다.
307) 김주영, 앞의 글, 56~57쪽.
308) 위의 글 ; 김상용,「행장」『석주유고』, 고려대학교출판부, 1973, 236~237쪽.

최된 북경군사회의에 이진산·송호·성준용 등의 대표를 파견하였
다.[309] 군사통일회 발기인들의 노력으로 서북간도를 비롯한 남북만주와
연해주 및 그 밖의 각지에 산재한 독립군단의 군사 통일을 논의하기 위
한 제1차 회의가 1921년 4월 17일 북경에서 개최되었다. 이 회의에 참
가한 단체와 대표를 살펴보면 아래와 같다.

> = 국내: 國民公會(朴容萬), 布哇 國民軍(金天浩·朴承善·金世晙), 北
>   間島 軍政署(宋虎), 布哇 國民團(權承根·金鉉九·朴健秉)
>
> = 국외: 朝鮮靑年團(李光東·李章浩), 俄領 大韓民國議會(南公善),
>   國內光復軍(權敬止), 國內 勞動黨(金甲), 國內 統一黨(申肅·
>   黃孝秀·申達模)[310]

10개 단체 대표 17명이 참석하였다. 이 중에도 핵심인물은 박용만과
신숙이었다. 박용만은 1910년대 하와이에서 항일독립운동을 전개할 때
부터 임정의 초대대통령인 이승만과는 독립운동의 노선과 방략을 달리
하여 심한 정쟁을 벌려왔다. 즉 박용만은 독립전쟁론에 바탕을 둔 무력
항쟁을 주창한 반면 이승만은 외교중시의 독립론을 전개하면서 점진적
방략의 항일운동을 주창하였다. 이러한 양인의 대립은 결국 하와이 한인
사회의 분열을 몰고 오기까지 했다. 신숙 또한 천도교인으로서 임정의
항일 노선을 용납하지 못했으며, 휴일 국민대표회에도 참석하였을 뿐만
아니라 임정을 부정하는 창조파에 가담하였다.[311]
　이 회의에 참석한 대표들은 그들의 독립운동 노선과 방략이 독립전쟁

---

309) 김상용, 위의 책, 236쪽.
310) 金承學, 앞의 책, 441쪽 ; 尹炳奭, 앞의 책, 107쪽. 김대지는 이 모임에 참석하지
　　않은 것 같다.
311) 조선총독부경무국, 「한국대표회の개황」『대정11년 조선치안상황(국외)추가』1934
　　(한홍구·이재화편)『한국민족해방운동사자료총서』3, 경원문화사에 수록.

론에 있음을 분명히 하면서 다음과 같은 「선언서」를 채택·공포하였다.

아(我) 독립문제는 군사(軍事)가 아니면 해결이 불능이요, 군사(軍事)운동
은 통일(統一)이 아니면 성공은 난망(難望)일세. 어시호(於是乎) 군사통일(軍
事統一)의 절대 필요에 감(鑑)하여 내외지(內外地) 각 단체의 연합으로 성립
된 본회의(本會議)는 기(其) 목적이 실로 차(此)에 불외(不外)하여 기(其) 정
신(精神)이 관한 차(此)에 재(在)할뿐이로다.312)

동 회의에서 대표들은 위와 같은 목적을 달성하기 위한 방략으로 상
해의 임시정부와 임시의정원을 부정, 그를 즉각 해제하고 대신 1919년
4월 23일 국내외에서 국민대회의 명의로 선포된 한성정부의 법통인 '대
조선공화국'을 건설하여 항일독립운동의 최고기관으로 삼아 국내외의
군사 통일을 이룩하자는 데 의견일치를 보았다.

따라서 동회의에서는 대통령 이상용을 비롯한 대조선공화국의 조각
인선 작업도 병행하였다. 김대지는 내무총장에 선임되었다.313) 이어 군
사통일의 방안으로 대조선공화국 정부 산하에 국내외 각지의 독립군을
통일한 '대조선민국군'으로 편성하는 계획도 세웠다. 이 계획에는 박용
만이 대조선국민의 총사령이 되고, 각지 군인은 징집, 군적부를 작성하
는 한편 국내외 각지의 각종 군직을 임명하고 군사비를 징수하는 내용
등이 포함되어 있다.314)

군사통일회의는 이와 같은 계획을 추진하기 위해 앞의 「선언서」 외에
임정타도용 「성토문」을 채택, 내외에 홍보하였을 뿐만 아니라 임정과

---

312) 尹炳奭, 앞의 책, 107쪽에서 재인용.
313) 『한국민족운동사료』(3·1운동편 기1), 660쪽. 대조선공화국의 직명과 인물은 아
래와 같다. 대통령: 이상용, 국무총리: 신숙, 외무총장: 장건상, 학무총장: 한진산,
내무총장: 김대지, 재무총장: 김갑, 군무총장: 배달무, 교통총장: 박용만, 일제관
헌의 보고에는 박용만이 그의 지위에 불만을 품고 있었기 때문에 분열이 초래되
었다고 기록되어 있다.
314) 김정주편, 『조선통치사료』 8, 한국사료연구소, 1970, 389~390쪽.

의정원에 대표를 파견하여 불신결의문과 3일 이내에 해체하라는 최후
통첩문을 전달하였다.[315] 그리고 동 회는 국민대표회를 소집하여 군사
기관 문제를 해결하기로 하고 이의 준비위원으로 박용만·신숙·박건
채·배천택 등 5인을 선출하였으며, 이를 선전촉진하기 위해 신채호 주
간으로 주보인 『대동』을 발간하였다.[316]

그런데 이와 같이 군사통일회의의 성급하고 격정적인 조치는 그곳 동
포사회에서 임정의 객관적 지위와 권위를 일방적으로 무시하고 유린한
처사라는 비난과 반동을 야기시키고 말았다.[317] 그러자 임정은 내부령
12호로 군사통일회의를 규탄하고 각 단체에 대하여 경계를 촉구하는 공
문을 발송하였다.

결국 군사통일회의는 소기의 목적을 달성하지 못한 채 내외의 비등하
는 비난 속에 유회되고 말았다.[318] 그렇지만 군사통일회의는 임정의 존
폐문제와 관련하여 국내외 독립운동의 방향과 방략을 재정립하는 국민
대표회의 소집 계기를 마련하고, 이후 독립군이 실존하는 남북만주와 연
해주에서의 실질적 독립군단의 통합운동을 촉진시키는 데 큰 영향을 미
쳤다.[319]

4) 의열단의 창단과 활동

종래의 의열단 연구에서 분명하게 해명되지 않았던 부분은 의열단 결
성전의 준비과정과 이를 주도한 인물에 관한 것이었다. 김대지의 손녀인

---

315) 『한국민족운동년감』, 1921년 5월 ; 김승학, 앞의 책, 441쪽.
316) 위와 같음.
317) 위의 책, 441쪽. 천진 재유동포들은 민중대회를 열고 「아조국광복운동의 일대
    위기에 제하여 동족부모형제의 앞에 읍고함」이란 격문을 살포하며 군사통일회
    의의 주동자들을 '국적'·야욕한으로 규정, 국민이 일치단결하여 토벌하자고
    나섰다.
318) 채근식, 앞의 책, 92~93쪽.
319) 윤병석, 앞의 책, 110~111쪽.

김주영이 그의 가족들의 증언을 토대로 작성한 「푸른 얼」의 글은 이 부분을 비교적 소상히 언급하고 있다.

김대지는 옥고를 치른 후 국내의 고향 밀양을 중심으로 폭력혁명을 수단으로 하는 비밀결사조직의 결성을 추진했으나 당시 사정으로 인해 그 뜻을 이루지 못한 채 재산을 처분하여 중국의 동삼성에 이주하였다. 이곳에서 그는 '대동청년단'의 초대단장이며 후일 임정의 법무부위원이 된 남정우를 비롯한 안희제·윤세복·김동삼·윤현진·곽재기 등의 동지들과 수차례 만나 비밀결사조직의 창설을 논의하는 한편 이성우·강세우·이종암·한봉근·신철휴·서상락·권준·김상윤 등 젊은 동지들을 신흥무관학교에 입교토록 주선하였다.

이러한 과정에서 동지들에게 주장한 내용은[320] 독립운동을 위한 활동의 방향과 지침은 이론적인 구호와 행동은 지양하고 오직 왜적고관을 저격 살해하고 국내의 주요 공공건물을 파괴하는 실력행사에 목표를 둔 비밀결사단체를 새로이 창설하고 실행해야만 우리 민족의 관심을 일으키고 왜적의 시민정책을 짧은 시일에 포기 중단시킬 수 있다는 것이다. 폭력투쟁을 전제한 비밀결사조직을 창설하여 의열투쟁을 전개해야 한다는 그의 주장은 많은 동지들의 지지를 받았다.

그러자 그는 비밀결사단체의 창설을 서둘렀다. 우선 그는 1919년 5월경에 임시정부의정원 의원으로 활동하면서 그의 비서격인 고인덕을 대동하여 길림군정원[321]의 재정을 담당하고 있는 황상규와 길림에서 광복

---

320) 김주영, 앞의 글, 51쪽. 김대지가 주선한 동지들의 신흥무관학교에 입교한 시기가 각각 다르다. 예를 들면 서상락의 경우 1918년 10월에 입교하였으며, 그때는 김대지가 감옥에 구금되어 있을 시기이다. 이들 동지들의 신흥무관학교 입교에 대한 문제는 재검토를 요한다.

321) 김대지가 비밀결사조직 문제로 황상규를 만났을 때 그는 북로군정서에서 활동한 것이 아니고 대한독립의군부의 후신인 길림군정원에서 재무를 담당하였다. 길림군정사는 1919년 12월 북로군정서로 개칭되었다. 김철준의 증언에 의하면, 고인덕은 김대지의 비서로 활동한 지식인이며, 그의 부인은 지식여성이며 작가이고

회322)를 조직하여 활약하고 있는 손일민을 만나 구국의열투사의 배양과 독립운동자금조달책을 협의하였다. 3인은 독립운동의 동지이자 동향의 친지라 각별히 친근하게 지내는 사이였다.

이미 3자는 1년여 전에 북만주에서 만나 비밀결사조직의 결성에 대해 서로 의견을 나눈 적이 있었으므로 상당히 깊이 있는 논의를 가질 수 있었다.323) 특히 평소에 자기 경험으로 군대조직은 가망이 없다는 생각을 품고 있었던 황상규324)와 비밀결사단체 창단에 관한 구체적인 논의를 진행하였다. 이 과정에서 신흥무관학교를 졸업했거나 현재 적을 두고 있는 이성우, 강세우, 이종암, 한봉근, 신철휴, 서상락, 권준, 김상윤 등도 동참시켰다.

이들의 가세로 비밀결사조직의 결성은 6월경에 가시화될 수 있었다.325) 김대지는 젊은 동지들에게 상해 독립운동지사들의 동태와 실정을 알리고 무기와 폭탄 구입제조의 가능성도 시사하면서 비밀결사단체를 통한 무력혁명의 정당성을 역설하여 그들의 동의를 얻어냈던 것이다. 김대지는 그가 1919년 4월 동삼성 대표의 자격으로 임정의 제1차 의정원회의에 참석하면서 그의 친구 김동삼에게 부탁하여 신흥무관학교에 중국인 주황을 초빙하여 학생들에게 폭탄제조법을 익히도록 조치한 바 있었다.326)

그러나 이직 비밀 결사단체의 이름을 제정하지는 않았다. 이 무렵 한

김대지의 부인을 많이 도와주었다고 한다.

322) 『자료집』 10, 1109쪽. 손일민은 우리견, 주진수, 양재훈, 이홍주와 더불어 길림에서 광복회를 조직하여 활동하면서 당시 국내에서 조직된 대한광복회와 연계하여 활동하고 있었다.

323) 김주영, 앞의 글, 51쪽. 김대지, 황상규, 손일민은 '삼결의'를 맺은 형제여서 각별히 친근했다고 한다.

324) 사단법인 광복회, 『의열단부단장 이종암전』, 1970, 62쪽.

325) 국사편찬위원회, 『대한독립운동사』 자료 2, 1972, 386~392쪽.

326) 김주영, 앞의 글, 52쪽.

의열청년이 길림군정사를 방문하였다. 그가 바로 차후에 김대지의 추천으로 의열단의 단장이 된 황상규의 처조카인 김원봉이었다. 김대지는 여기서 김원봉을 처음 대면하여 독립운동의 방향에 대해 대화를 나누었을 가능성이 높다.[327] 김원봉은 이 대화 과정에서 그의 독립운동 노선 변화의 심중을 굳혔다고 보여진다.

> 무력항쟁을 위한 군대 양성이란 적어도 오늘에 있어서는 현실과 너무나 沒交涉인 한 개의 망상일 뿐이다. 여기서 若山은 마침내 폭력혁명을 계획하기에 이르렀다. 조국과 동포를 위하여는 참으로 목숨을 아끼지 않는 열혈지사를 규합하여 적의 군주 이하 각 대관과 일절의 관공리를 암살하자. 적의 일절의 시설물을 파괴하자. 동포들의 애국심을 환기하고 배일사상을 고취하여 일대 민중적 폭력혁명을 일으키도록 하자. 끊임 없는 폭력만이 강도 일본의 통치를 타도하고 마침내는 조국광복의 대업을 성취할 수 있는 것이다.[328]

여기서 김원봉이 군대 양성 노선을 포기하고 암살, 파괴노선을 선택한 것을 볼 수 있다. 그는 국내에서 학업을 마치고 중국 천진의 덕화학원과 남경의 금릉대학을 다닐 때까지만 해도 독립달성을 위한 무력투쟁을 위해서는 하루빨리 군대를 조직하고 양성해야 한다는 일념을 가졌었다.[329]

그런데 국내의 3·1운동 소식을 접하고는 생각의 변화를 가져왔다고 한다. 소수의 결사를 조직해 암살, 파괴활동을 전개함으로써 동포들의 애국심을 환기해 민중폭동을 유발시켜야 한다는 그의 견해는 김대지의 평소 지론과 거의 상통하였다. 이후 김대지는 이 담대하고 침착한 김원봉이

---

327) 朴泰遠, 『若山과 義烈團』, 白楊堂, 1947, 21쪽. 약산이 중국의 淸南에서 동지 金若水, 李如星과 國內의 3·1독립운동 소식을 접하고, 그 운동이 武力抗爭이 아님에 실망하여 두 동지와 헤어져 길림으로 향하여 「義軍府」를 방문했다고 했는데, 대략 그 시기는 6월경이라고 추측된다. 의군부는 길림군정사를 착각한 것 같고, 당시 김대지는 군정사의 일을 맡고 있지는 않았지만 동향의 황상규, 손일민과 비밀결사조직의 결성문제로 그곳에 머물고 있었다고 사료된다.

328) 朴泰遠, 앞의 책, 22~24쪽.

329) 위와 같음.

마음에 들어 그를 지도하면서 차후 결성될 비밀결사조직의 일선에 세우기로 작심하였다. 김대지와 황상규는 김원봉이 아직 나이가 어려서 의열단의 役員으로 대우하지 않고 시종 모험가로만 사용하였다고 한다.[330]

김원봉과 의기가 투합한 김대지는 1919년 7월에 김원봉·이종암과 같이 길림을 떠나 폭탄제조법과 그 사용법을 배우려는 목적으로 상해로 갔다. 그때 상해에는 임정의 부속기관으로 구국모험단이 있었는데 김성근·림득산의 주재하에 폭탄제조와 사용법을 습득하고 있었다.

김대지는 김성근을 비밀리에 만나 협의한 후 김원봉·이종암이 구국모험단 단원들과 함께 폭탄제조법과 사용법을 배우도록 주선하였다. 한 달 후 쯤 김원봉은 길림으로 돌아가 곽재기를 상해로 보내어 폭탄제조기술자가 된 김성근을 길림으로 초빙, 이곳에 남아있는 동지들도 폭탄제조와 사용법을 익히게 했다고 한다. 이처럼 김대지는 차후 결성될 의열단의 인원구성과 무기구입 및 제조에 이르기 까지 주도면밀한 준비를 진행시켰던 것이다.

이 과정에서 김대지를 가장 측근에서 보필한 인물은 고인득과 한봉근이며, 한봉근은 의열단 창단 이후에도 김대지의 지시를 단원들에게 전달하는 일을 전담했다고 한다.[331] 그런데 의열단 결성 준비과정문제에서 김원봉일대기를 기록한 『약산과 의열단』과 이종암의 일대기를 기록한 『의열단부단장 이종암전』에는 위에서 언급한 중요 대목이 없을뿐더러 내용이 상반되는 경우도 있다. 우선 『약산과 의열단』의 기록부터 검토해보자.

　　그로서 수개월 지나 약산(若山)은 새로 얻은 몇몇 동지(同志)들과 더불어 길림을 떠나 서간도(西間島)로 향하였다. 일행 가운데는 한 명의 중국인이 끼

---

330) 『韓國民族運動史料』(中國編), 484쪽. 役員으로 대우하지 않았다는 것은 同團의 결성을 전후하여 핵심요원으로 참여시키지 않았다는 의미인 것 같다.
331) 김철준의 口述.

어 있었다. 그는 호남(湖南)출신의 주황이라는 사람으로 폭탄제조기술교관이
었다. 약산(若山)은 자기의 새로운 설계(設計)를 위(爲)하여 동지들과 함께 우
선 폭탄제조부터 배우려 한 것이다. 주황(周況)은 단순한 기술가(技術家)가
아니었다. 그도 저의 나라를 근심하는 혁명가의 한 사람이었다. 당시의 그의
나이 41. 멀리 상해로부터 그를 초빙하여 길림(吉林)에 이른 것은 김동삼이란
이다. 그도 동지(同志)였다. 당시 서간도에는 조선인자치기관으로 부민회(扶
民會)라는 것이 있어 정부행사를 하고 있었다. 이 부민회에서 신흥학교(新興
學校)를 경영한다. 합방 후에 창립된 무관학교(武官學校)였다. 뜻있는 청년
들이 많이 이 학교를 찾아와서 군사교육을 받았던 것이다. 그때의 신흥학교장
은 이천민(李天民)—충무공의 장손이었다. 약산은 이곳에서 여러 동지와 만
났다. 그리고 그들과 더불어 폭탄제조법을 주황에게서 배운 것이다.[332]

『약산과 의열단』에 기술된 내용을 참작하여 추측해보면, 김원봉이 몇
몇 동지들과 함께 길림을 떠나 서간도로 향한 것은 대략 1919년 6월경
이며[333] 그와 함께 간 인물로 폭탄제조기술교관 주황 외에는 언급이 없
다.[334] 그는 신흥무관학교에 입교하였고[335] 그곳 학생들에게 지금의 상
태는 우리가 신흥무관학교에서 공부만 하고 있을 수가 없는 즉 속히 독
립의 목적을 이루려 하면 직접행동을 하지 아니하면 안 된다고 설득하여
이종암, 신철휴, 서상락, 한봉인 등이 무관학교를 불신하고 그를 따라 길
림으로 나오게 하는 일에 종사하였다.[336] 이를 다시 정리해 보면 1919
년 6월 이후 김원봉은 신흥무관학교에 있는 셈이며, 그 외 동지들은 중

---

332) 朴泰遠, 앞의 책, 34쪽.
333) 염인호, 『김원봉 연구』, 창작과 비평사, 1992, 36쪽.
334) 金珠英, 앞의 글, 25쪽. 중국인 주황을 고빙한 인물은 김동삼이라 했는데, 이는
    김대지의 주선에 의한 것이라고 적고 있다.
335) 朴泰遠, 앞의 글, 25쪽 ; 『의열단부단장 이종암전』, 61쪽. 김원봉이 신흥무관학
    교에 입교한 사실은 양측의 기록에서 확인되고, 신흥무관학교 졸업생 명단에도
    김원봉이 포함되어 있다(朴桓의 앞의 책, 101쪽). 그런데 그의 입교시기·목
    적·활동상에 관한 기록은 없는 실정이다. 단지 同志를 구하기 위해 입교한 것
    으로 사료된다(염인호, 앞의 책, 38쪽).
336) 염인호, 앞의 책, 38쪽 ; 『동아일보』 1921년 3월 5일자.

국인 주황에게 폭탄제조기술을 배운 것이 되고, 이종암을 비롯한 동지들
은 김원봉의 설득에 의해 신흥무관학교를 떠나게 되는 것이다.

그러면 『의열단부단장 이종암전』의 내용을 살펴보자.

> 1919년 9월 어느 날 밤이다. 각방에서는 모두 불을 끄고 잠이 들었는데
> 중국(中國) 마적대들이 학교를 털러 왔던 것이다. 마당 한복판에 화투목을 집
> 혀 놓고 몇 녀석이 섬총(譫銃)을 하고 지키면서 다른 녀석 몇 놈은 교관실로
> 들어가 숙식하던 교관을 깨워 이웃에 살고 있던 교관들까지 모조리 잡아 가
> 지고 저희들 소굴로 데리고 가 버렸다. 이런 소동에 잠이 깬 수백 명 학생들
> 은 겁에 질려 하나 둘 슬금슬금 달아나기 시작해서 모두 달아나 버리고 말았
> 다. … 이때부터 한 방에 같이 있던 이종암, 신철휴, 서상락, 한봉인 등과 그
> 외의 몇 사람 동지(同志)들은 부끄러움과 실망에 스스로를 채찍질하며 십일
> (十日) 장교반 필업식(畢業式)이 끝나기를 기다려 그곳 고산자를 떠나고 만
> 것이다. … 동지(同志)들은 길림(吉林)으로 갔다. 길림성 파호문(巴虎門) 밖
> 중국인 반모(潘某) 씨의 집을 종암이 세(貰)로 얻어 동지(同志)들의 거처 및
> 연락소로 정해 두었던 것이다. 이 집 주인 반씨는 농민인데 자기들은 다른 데
> 로 가서 살고 이집 전체를 세놓았던 것이다. 며칠을 두고 동지(同志)들이 여
> 러 가지로 의견교환도 하고 연구도 했다. 북로군정서(北路軍政署) 회계(會
> 計) 책임을 지고 있는 황상규(黃尙奎)도 와서 좋은 의견을 제공해 주었다. 자
> 기의 경험으로는 군대조직은 가망이 없다는 것이었다. 동지(同志)들의 의견
> 은 대개 일치가 되었다. 이때 김원봉도 여기에 왔다. 곽재기(郭在驥)도 왔다.
> 모두 지가상통(志氣相通)하는 동지(同志)들이었다. 김원봉은 얼마 전에 신흥
> 무관학교에도 온 적이 있었는데 그때부터 종암은 좋은 동지(同志)라고 생각
> 했었다.[337]

이종암이 신흥무관학교를 떠나게 된 계기는 1919년 9월 마적단의 침
입사건으로 실망한 데 있었으며, 김원봉은 신흥무관학교에서 상면하여
좋은 인상은 받았지만 그에게 설득당하여 신흥무관학교를 떠나 길림으
로 간 것은 아니고, 신흥무관학교 출신들을 중심으로 길림에서 의열단
결성의 준비과정에서 김원봉이 합류하였다는 것이다.[338] 결국 의열단

---

337) 『의열단부단장 이종암전』, 60~62쪽.

창단의 핵심인물은 김원봉에 의해 규합된 것이 아니고, 이종암이 신흥무
관학교를 다닐 때부터 신념으로 같이한 동료들이며 김원봉은 단지 여기
에 동참했을 뿐이라는 것이다.

그리고 폭탄제조에 대해 다음과 같이 쓰고 있다.

> 그런데 김원봉은 연전에 북로군정서에 갔을 때 중국인 주황(周況)에게서
> 폭탄 제조법을 배운 일이 있다. 이 주황이란 사람은 호남(湖南) 출신인데 그
> 당시 김동삼(金東三)씨가 만주(滿洲)로 데리고 와서 여러 곳에서 제조법을 가
> 르친 일이있다. 그래서 이종암(李種岩)은 김원봉·곽재기·이성우 이렇게 세
> 사람과 함께 상해로 가서 무기를 구해 오기로 하고 1919년 12월 하순에 길림
> 을 떠났다. 그러는 한편 두 달 동안 이종암과 김원봉 두 사람은 임시별동 구국
> 모험단장의 집에 유숙하면서 김성근(金聲根)한테서 폭탄제조법을 배우기로
> 했다. 그때 김성근은 한창 폭탄을 만들고 있을 때다. 그래서 김성근을 대동하
> 고 이성우와 함께 탄피 제조기와 약품 등도 가지고 모두 길림으로 돌아왔던
> 것이다. 그래가지고 길림성 밖 모처에서 실탄 장치법 등을 二주간에 걸쳐 전
> 단원이 김성근한테서 배웠다. 그래서 자신이 생긴 단원들이 손수 만든 것을
> 폭발시험까지 해 보았다. 그래서 자신이 생긴 단원들은 기고만장해서 일거에
> 서울로 들어가 총독부 기타 관공서를 무찔러 버릴 기세로 야단들이었다.339)

위 기록에 의하면 김원봉이 주황으로부터 폭탄제조기술을 배운 곳은
신흥무관학교가 아닌 길림의 북로군정서이며, 김성근에게 이종암과 김
원봉이 폭탄제조법을 익힌 곳은 상해의 김성근 집이며, 시기는 1920년
초반인 셈이다. 이 부분에 대한 일제관헌의 자료인 『고등경찰요사』의
기록을 검토해 보자.

> 대정 팔년(大正 八年)(1919) 4, 5월경 양건호(梁健湖)(이종암: 李種岩)는
> 길림(吉林)에서 김원봉과 동거 중 한봉근(漢鳳根)·김옥(金玉)(김상윤: 金相

---

338) 위의 책, 63쪽. 이종암은 김원봉이 혼자 길림에 머물고 있을 때부터 그를 도와
　　길림에서 동거하면서 의열단조직에 가담시켰다고 적고 있다.
339) 『의열단부단장 이종암전』, 79~80쪽.

潤)이 상집(相集)하여 급진적 독립운동을 모의하였다. 그 방법으로써 선내중
요건물, 친일선인의 피습암살을 급무로 삼아 선폭탄제조급사용법연구의 목적
으로 동년 7월 양건호는 김원봉과 함께 상해에 이르렀을 때 마침 상해에서
여운형이 주재하는 가정부(假政府)(臨政)의 별동대라고 할 수 있는 구국모험
단(救國冒險團)에서 흉폭계획의 목적으로 폭탄제조 조작을 연구 중이었다.
특히 김성근(金聲根)이 가장 열심이었는데 여기에 양건호, 김원봉도 함께 습
수(蓹修)했고 김원봉 약 1개월 만에 길림으로 돌아와 동지 곽재기(郭在驥)로
하여금 상해에 파견하여 김성근을 길림으로 초빙(招聘) ….340)

위의 기록에 의하면, 이종암과 김원봉이 폭탄제조법을 익힌 시기는
1919년 4, 5월경이며, 구국모험단의 대원들과 함께 익혔으며, 김성근을
길림으로 초빙하여 동지들도 배우게 한 것으로 이해될 수 있겠다. 위의
내용은 시기만 약간 다를 뿐 김주영이 쓴 「푸른 얼」의 기술과 거의 일치
하다. 단지 김원봉과 이종암이 여기서 폭탄제조기술을 배울 수 있도록
주선한 인물이 김대지라는 기록이 빠져있다. 위의 기록이 정확하다면,
김대지는 1919년 4, 5월경 당시 상해임정에서 활동하고 있었으므로 김
원봉과 이종암을 구국모험단에 폭탄제조기술을 배울 수 있도록 주선해
주었을 개연성은 높다고 보여진다.

반면에 『의열단부단장 이종암전』의 기록은 그 연대를 잘못 기입한 것
으로 사료되며, 김성근과 주황이 독립운동 동지들의 폭탄제조기술 습득
에 깊이 관여한 것은 분명한 것 같다. 김대지는 1919년 10월 말경 임시
정부 조사원으로 임명되어 국내로 잠입하기 전 길림으로 가서 황상규를
만나 비밀결사 단체의 이름을 정의의 의와 맹렬의 열자를 따라 '의열단'
이라고 명명하는 등 동 단체 결성의 최종적인 합의를 보았다.341) 그리고

340) 『高等警察要史』, 97쪽.
341) 김영주, 앞의 글, 59쪽. 김대지가 1919년 황상규를 만나 의열단의 명칭외에 현재
    전하고 있는 「공약10조」, 「강령」 등도 논의하였는지 분명하지 않다. 『의열단부
    단장 이종암전』, 68~69쪽에서는 창당 당일에 밤을 밝히면서 동지들이 숙의하던
    일인데 그때는 성문이 없었고, 1928년경에 김원봉이 단사를 꾸며둘 필요에서 유

김대지는 의열단의 인장도 고안하였다고 일제관헌의 기록에는 전하고
있다.

　　　의열단의 인장(印章)에는 양(羊) 형체가 그려져 있다. 이것은 의열단의
　　'의(義)'의 글자에 기인한 것으로서 '의'는 '양(羊)'과 '아(我)'로 구성되며 한
　　편으로는 희생이라는 의미도 포함시킨 것으로 김대지의 고안을 따른 것이라
　　고 한다. 그리고 단원(團員)과 비단원과는 우선(于先)위의 설명을 요구하고
　　그 당부(當否)를 실험하여 판정한다고 한다. 고로 해(該)설명이 적중(適中)한
　　자에 대하여는 곧 악수를 청하는 관례라고 한다.[342]

　이 인장이 고안되고 사용된 시기는 정확하게 알 수 없으나 김대지의
작품인 것은 분명한 것 같고, 이는 의열단 창단에 김대지가 깊이 관여했
다는 확실한 증거중의 하나가 될 수 있을 것이다. 그는 의열단이 정식으
로 결성된 1919년 11월 9, 10일에는 임정의 조사원으로 밀양에 있었다.
그러면 의열단의 창단에 관해 잠시 살펴보자.

　의열단은 1919년 11월 9일 만주 길림성 巴湖門 밖 중국인 潘某氏의
집에서 독립지사들이 밤을 세워 가면서 독립비밀결사의 결성을 숙의한
결과 11월 10일 창단되었다.[343] 최초의 조직구성원은 金元鳳, 尹世復
(小龍), 李成宇, 郭在驥(郭敬), 姜世宇, 李種岩(梁健浩), 韓鳳根, 金相
潤(玉), 申喆休, 裵東宣(中世), 徐相洛, 權晙(重煥) 등 13인으로서 新興
武官學校 졸업생을 주축으로 국내외 비밀결사 활동 및 3·1독립운동 참

　　　자명에게 부탁해서 작성한 것이라고 적고 있다. 그런데 의열단이란 이름은 창단
　　　이후 일제 관헌의 자료에서 분명하게 등장하는 것으로 보아 창단 이전에 이미
　　　결정되었다고 보여진다. 그리고『약산과 의열단』, 27~29쪽에는 본인이 의백으
　　　로 선출되었으며 단의 명칭, 암살대상이나 공약을 모두 작성하였다고 기록되어
　　　있다. 이 부분은 당시의 정황이나 김원봉의 위치를 볼 때 무리가 있는 주장이다.
342)『韓國民族運動史料』(中國編), 489~490쪽.
343) 김창수,「의열단의 성립과 투쟁」『한민족독립운동사』4, 국사편찬위원회, 1989,
　　　471쪽.

여경력의 망명청년들이다.[344]

단원 중 단장격인 의백은 담력이 크고 의리가 두터우며 단원들을 자기같이 아꼈다고 하는 김원봉이 추대되었다. 초기의 의열단원은 대체로 김원봉의 동향출신들로 구성되었는데 그 중 당시 각지에서 성립된 독립단체들의 미온적인 활동을 개탄하고, 급진적인 독립운동을 표방하여 헌신적 독립운동단체로서 혹은 대한민국임시정부의 무장부대로서 의열단을 조직한 것이다.[345]

이는 의열단 창단과 관련하여 종래까지 연구된 글들을 요약한 것인데, 이와 같은 입장은 일제관헌의 사료에 의존하여 김원봉 중심으로 의열단을 분석해온 시각이며, 대체로 현재까지 주류를 이루고 있다.

한편『의열단부단장 이종암전』에는 이종암을 중심으로 한 신흥무관학교 출신들이 재학 당시부터 뭉쳐서 움직일 때 이를 격려하고 의견도 제시해준 북로군정서 총재정권을 장악하고 있던 황상규라고 주장하고 있다. 그 근거로 연령, 독립운동의 경험, 학식, 열의, 위계관계 등을 제시하고 있다. 다만 창단 혈맹을 굳히던 그 날 군정서 일 때문에 자리를 같이 하지 못했을 뿐 이미 동지들 사이에는 황상규를 의백으로 모셨다는

---

344) 김영범, 「의열단의 창립과 초기 노선에 대하여」,『한국학보』, 제67집, 1992. 씨는 의열단 창단일 회합에의 참석여부에 관계없이 창립을 전후해서 단조직에 참여했거나 관련을 맺었으면서 아울러 제1차 의거계획의 수행에 참여하였던 인물들은 일단 의열단의 최초 조직자로 보아야 한다고 주장하면서 17명을 제시하고 있다. 그가 제시한 명단은 위의 13명 외에 황상규, 윤치형·이수택·배중세·김태희·이병철·이낙준(배중세·한봉근·권준 제외). 배동선과 배중세는 동일 인물이다. 씨의 논리라면 장건상과 김대지도 포함시켜야 할 것이다. 이들중 신흥무관학교 출신은 이종암·김원봉·신철휴·서상락·이성우·강세우·한봉근이며, 윤세주·김상윤은 밀양, 배동선은 창원에서 각각 3·1운동을 주도하였다.
345) 김창수, 앞의 논문, 472쪽 ; 김영범, 앞의 논문, 18쪽. 의열단은 1919년 12월 제1차 의거를 준비하면서 먼저 임정을 찾아가 협의했으며, 제반 준비나 연락도 상해를 주무대로 이루어졌다. 이런 사실을 감안해 보면 의열단은 임정에의 강한 歸屬意識과 親和力을 느끼면서 창단되고 활동하였다. 그러나 1920년대 이후부터는 임정의 독립노선에 분개하여 독자적인 활동을 전개하였다.

것이다.

그러므로 의열단의 1차 의거 시 황상규는 직접 국내에 입국하여 활동했다는 것이다. 김원봉이 후세에 의열단 단장으로 널리 전해진 것은 1차 의거 시 왜경에 검거된 단원들이 법정진술에서 자기들의 독립운동 활동 비중을 감소하기 위해 국외에 유일하게 남아있던 김원봉을 단장이라고 해버렸고, 그 후에도 김원봉은 계속 해외에 있었으므로 부지불식간에 김원봉이 자타가 공인하는 단장이 된 것이라고 주장하고 있다.

그리고 의열단의 창단동지들 가운데 끝까지 검거되지 않은 사람은 김원봉을 비롯한 강세우, 김상윤, 서상락 등 소수에 지나지 않는 것도 김원봉단장설이 나오게 된 이유 중의 하나가 되었다는 것이다.[346] 이와 같은 주장은 상당히 설득력이 있다고 보여진다. 사실 김원봉은 의열단 창단 시 만 21세에 불과하며 민족해방운동의 경력 또한 거의 전무한 반면 8살 위인 황상규는 계몽운동에서 일합사, 광복단, 대한광복회, 대한독립의군부, 북로군정서에 이르기까지 풍부한 활동경험을 가졌다. 그러므로 황상규가 창단모임에서 단장을 선출되었다고 보는 것은 상당한 설득력이 있다고 보여진다.

『약산과 의열단』에서 박태원이 약산이 단장(의백)이라고 한 것은 이 책의 집필 당시 민주주의민족전선(민전)의 공동의장의 중책을 맡고 있던 약산을 의도적으로 높이려 한 데서 나온 것이 분명한 것 같다.[347] 그런데 의열단 창단 시에 황상규가 단장으로 비록 추대되었지만 앞에서 살펴본 바와 같이 동단의 창단 준비과정에서 실질적인 중심역활을 수행한 인물은 김대지였다고 사료된다. 김대지는 의열단이 창단되기 전에 이미 자기가 직접 경험했던 국내의 대한광복회의 투쟁노선을 제시했고 의열단의 이름 및 인장을 고안했을 뿐만 아니라 의열단을 임정의 예하 기관으

---

346) 『의열단부단장 이종암전』, 72~74쪽.
347) 염인호, 앞의 책, 41쪽.

로 조직케 했다.[348]

단지 그가 당시 임정의 요원으로 활동하고 있었기 때문에 의열단 창단의 전면에 나서지 않았던 것이다. 의열단이 창단된 후 1920년 전반기에 제1차 파괴계획인 밀양폭탄사건으로 황상규를 비롯한 선배급 단원들이 체포됨으로써 김원봉이 위치가 격상되어 단장이 된 후에도 김원봉은 김대지의 지도를 받으며 활동하고 일제 관헌 기록은 밝히고 있다.

> 한편 그들 동지의 계획은 착착 진행하였으므로 이에 의열단의 명칭을 붙이게 되었으나 따로 통재자(統裁者)를 정하지 않고 오로지 선배의 지도에 의해 동지들이 서로 협력(協力)하여 한국혁명에 노력하기로 하고 우선 최초의 시금석(試金石)으로 동지(同志) 곽경(郭敬)이라 별칭하는 곽재기(郭在驥)등 십수명은 폭탄 십수개를 휴대하고 1920년 봄과 여름 사이에 한국 내에 잠입했으나 드디어 관헌에게 발견되어 일당이 전부 체포되었으므로 동단의 사업으로는 실패의 제1 페이지를 남기었으나 당시 길림에 잔류한 김원봉은 도리어 김대지 등의 지도에 의해 그의 자질을 발휘하여 능히 그 담력이 크고 사려가 주밀함으로써 당연히 단원 중에 두각을 나타내어 자연 단장으로부터 일반의 추칭(推稱)을 받게 되었다. 이러한 제종의 록고(綠故)로 인하여 김원봉은 지금도 오히려 김대지에 사사(師事)하며 매사에 그의 의견을 징청(徵聽)하고 있다고 한다.[349]

김원봉이 김대지의 지도를 받고 행동하고 있는 실질적인 사례도 보인다. 요컨대 1923년 1월 상해에서 개최된 국민대표회의에서 이른바 창조파와 개조파로 분립하였을 때 의열단이 중립적인 태도를 견지하여 대표자의 파견을 거절한 것은 김원봉이 김대지의 지시를 따른 것이었다.[350] 이외 일제관헌의 기록에는 김대지를 장건상, 김재희, 이소산과 더불어 의

348) 의열단의 핵심인물 중 임정의 요인은 김대지밖에 없었으며, 의열단과 임정과의 문제는 그가 맡고 있었다. 장건상도 의열단과 임정 모두에 관여했으나 창단과정의 핵심인물은 아니었다.
349) 『韓國民族運動史料』(中國編), 484쪽.
350) 위의 책, 486쪽.

열단의 후원자351)로 기록하고 있으며 요주의 인물로 분류하고 있다.352)

　이와 같은 기록에서 확인되었듯이 김대지는 의열단의 창단 후에도 의열단의 막후 중심세력으로 활약하였으며, 특히 밀양폭탄사건으로 황상규가 구검된 이후에는 의열단에서의 김대지의 비중은 더욱 높았다고 보여진다. 김대지는 김원봉을 지도하였을 뿐만 아니라 同團의 폭력투쟁의 실행에도 직접 관여하였다. 의열단 창단과 활동에 관여한 바 있는 尹致衡은 '의열단 밀양폭탄사건 회고'라는 제하의 기사에서 다음과 같이 증언하고 있다.

> 의열단을 조직했다. 이의 구성 멤버는 주로 밀양사람들이 있었는데 한봉근, 윤세주, 신철휴, 김대지, 김원봉, 윤치형 등이었다. 각자가 맡은 부서는 결의에 따라 길림군정서에는 황상규(黃尙奎), 상해임정에는 김대지(金大池)가 파견되었고 … 1920년 3월 우리 의열단원들은 국내에 잠입하여 총독부를 비롯한 주요관서를 폭발하고 일인고관(日人高官)을 암살할 것을 결의하였다. 그리하여 김대지가 상해에서 폭탄을 비롯하여 무기를 구입하고 필자(윤치형: 尹致衡)가 그것을 국내까지 운반하는 책임을 맡았다. 폭탄 13개와 권총 5정을 김대지로부터 넘겨받은 필자는 그것을 봉천까지 무사히 가지고 갔다.353)

　밀양폭탄사건에 연류되어 구검된 이성우의 재판기록에도 1920년 3월 폭탄 3개분의 탄피와 약품 및 부속품을 중국인에게서 구입한 후 상해 불조계 보창로 보강리 김대지의 집에서 김원봉·곽재기·김기남 등과 함께 이를 포장하고 임정의 당시 외교차장이던 장건상에게 부탁하여 안동현 세관에 있는 영국인 '인보'에게 소포로 우송하게 했다고 하여 김대지와 폭탄관계를 언급하고 있다.354)

　김대지는 1920년대에 의열단이 수차례 전개한 암살·파괴운동에 사

351) 김정명편, 『조선독립운동』 Ⅱ, 원서방, 1967, 443쪽.
352) 『독립운동사자료집』 9, 952쪽.
353) 『국제신문』, 1962년 6월 26일자.
354) 『독립운동사자료집』 11, 663쪽.

용된 무기와 폭탄 구입의 일을 전담하였으며, 기밀부에 소속되어 의열단의 극비 중요사항을 결정하는 과정에 큰 영향력을 행사한 것으로 사료된다.[355] 의열단은 1924년 1월 김지변의 동경 니주바시(二重橋) 폭탄 투척 사건 이후 그 활동이 일시 중단된 후 단원들 간에 민주주의와 사회주의로 내부분열이 생기고 극도의 자금난으로 서서히 해체의 길을 걷고 말았다.[356] 이때를 전후하여 김대지는 김원봉을 멀리하였고 의열단 일에도 관여하지 않은 것 같다.[357]

그런데 의열단의 연락망 혹은 연락기지에 대한 부분은 언급하지 못했다. 단지 「미리벌의 얼」에는 구영필이 1918년에 봉천에 삼광상회, 안동현에 원보상회를 이병철과 같이 위장경영하면서 독립운동하는 연락처로 삼았다고 기록된 것이 참고가 될 뿐이다.[358] 이 두 상회가 의열단의 비밀 연락처로 활용되었다고 사료되나[359] 현재로서는 자금의 부담자, 운

---

355) 김주영, 앞의 글, 62쪽 ; 『독립운동사료집』 11, 137쪽. 1923년대의 의열단은 왜경과 밀정의 감시를 회피하고 비밀누설을 방지하며 조직의 엄밀성을 보존하기 위하여 기밀부와 실행부로 나누었다. 그 이전에는 암살부, 재무부, 교육부, 비행기부, 폭탄부, 총기제조부 등 7로 조직되었다(『한국민족운동사료』(중국편), 383쪽). 그 당시 의열단의 기밀부에는 김대지, 장건상, 이충, 김찬, 침천, 왕백초 등의 동지들이 있었다. 실행부에 소속했던 보통단원은 의열단의 주요 간부와 배후 조종자 및 동단의 고문 등 여러 인사들의 정체를 정확히 알 수 없었다고 한다. 다만 김원봉 한 사람의 지시만인 것으로 알게끔 하였다. 김원봉이 김지섭의 동경거사 전에 김대지와 협의한 비밀전문이 일제관헌에 포착되고 있다(『독립운동사자료집』 11, 951쪽).

356) 염인호, 앞의 책, 69~72쪽.

357) 『독립운동사자료집』 9, 951쪽. 일제관헌은 이 시기를 전후한 김원봉에 대한 김대지의 평을 수록하고 있다. 즉 김원봉의 진실한 단원은 경우 20여 명에 불과하며 김원봉은 나이 겨우 27세인 청년으로서 한눈으로 볼 때는 훌륭한 인물인 것 같으나 내실 그의 성격은 광폭한 인물로서 김덕이라는 자가 더욱 훌륭하다고 한다. 이러한 일제 관헌의 정보가 정확했는가는 의문이지만, 사실이라면 이때부터 김대지와 김원봉의 사이가 멀어지기 시작하였다고 보여진다.

358) 『미리벌의 얼』, 162쪽.

359) 『독립운동사자료집』 11, 663쪽. 의열단 제1차 의거사건의 공판기록에는 원보상

영자금 내력, 연락체계 등 그 내막이 전혀 밝혀지지 않고 있다. 차후 의열단과 관련하여 이 부분이 해명되어야 할 것이다.

5) 만주지역 민족유일당 운동에 진력

의열단은 1924년에 접어들어 세계적인 사회주의운동의 성장과 국내의 대중운동 및 사상운동의 발전에 부응하는 활동을 전개하지 못하였다. 그리고 이 무렵 국내 서울청년회의 유력한 성원이었다가 상해에 와 활동하면서 의열단에 입단하여 고위간부가 된 윤자영이 김원봉과 노선상 차이로 동단내 개조파 계열의 다수의 사회주의 단원들과 함께 탈당하였다.360) 따라서 의열단의 활동은 급격히 침체하고 사실상 기존의 파괴, 암살 노선은 폐기상태에 빠졌다. 1925년 8월 24일자 일제관헌의 보도에도 의열단의 침체상을 아래와 같이 표현하고 있다.

> 의열단장 김원봉은 지난해 봄 간부 윤자영과 의사의 소격이 생긴 이래 기세가 갑자기 침체되고 거기다 자금까지 결핍한 까닭에 하등의 활동할 여력이 없어 헛되이 상해(上海)에 칩거하고 있는데 최근 믿을 만한 정보에 의하면 간부 김옥(金玉)(상윤: 相潤)은 하문(廈門)에, 주부칠(朱富七)은 길림에, 송호(宋虎)김우진(金宇震)은 북경에, 김동식(金東植)은 중동선에서 휴양하고 있고 목하 상해에 있는 자는 10명으로서 그들은 신국면을 타개하기를 바라고 있으나 목하의 상태로는 도저히 활동할 여지가 없을 것이라고 한다.361)

그러자 약산은 1926년 1월 황포군관학교 제4기생으로 입학해 버렸다.362) 김대지는 이 무렵 의열단 활동을 중단하고 북만주지역의 독립운

회의 이름이 종종 발견되고 있다. 그리고 삼광상회를 김대지가 배후 조종하여 운영하였다는 주장도 있다(김대지의 四男 哲祐의 편지글).

360) 염인호, 앞의 책, 85쪽.

361) 『韓國民族運動史料』(中國編), 480쪽.

362) 황포군관학교는 1924년 광동의 국민당 정부가 강력한 혁명군 양성을 위해 설립한 육군사관학교이며, 교장에는 장개석이 취임하였다. 의열단의 핵심요인인 金

동 정황을 살핀 뒤 러시아령에 건너가 독립운동을 전개하려는 계획을 세
우고 있었다. 이런 차제에 마치 김대지는 영안현 영고탑에서 옛 동료인
구영필로부터 영안에 대한 책의 집필과 그의 개인 사정을 해결해달라는
서신을 받게 되었다.[363]

그때 구영필은 三光商會를 처분하여[364] 영고탑에 토지를 구입하여
발해농장을 경영하면서 독립군 가족들과 한국 이주민을 보살피고 있었
는데 변절자라는 누명을 쓰고 있었다.[365] 김대지는 이 서신을 받은 후
1926년 봄에 영안에 도착하여 우선 구영필의 문제를 해명해 보려고 노
력했으나 그 실마리를 찾지 못했다. 대신 현지답사를 실시하고 자료를
수집하여 『발해고도영안성』이란 책자를 집필하여 발간하였다.[366]

1926년 말경 이 작업이 완료되자 그는 처음 계획대로 러시아령에서
활동하고 있는 문창범을 찾아갈 준비를 서두르고 있었다. 그런데 뜻밖에
도 구영필이 암살당하는 사건이 발생했다. 그러자 그는 떠날 시기를 미
룬 채 구영필의 사후처리와 범인색출작업에 주력하였다. 범인색출작업
은 그곳의 복잡한 사정으로 쉽게 실마리가 잡히지 않았다. 그러던 중 이
번에는 생각지도 않았던 그의 부인과 아들의 방문을 받게 되었다.[367]

相潤은 약산이 일개 군관학교 생도가 됨은 조선독립운동에 관심을 가지고 있는
해내의 모든 사람의 기대를 저버리는 것이라 극구 만류하였다고 한다(『若山과
義烈團』, 206쪽).

363) 金珠英, 앞의 글, 63쪽.
364) 『의열단부단장 이종암전』, 53, 280~283쪽. '삼광상회'는 1918년 이종암이 국내
   에서 가지고온 1만 5백원 중 7천원으로 운영되었으며, 경영은 이종암의 고향선
   배인 구영필이 맡고 있었다고 한다. 그런데 구영필이 이종암의 동의 없이 임의
   로 처분하였고, 그로 인해 많은 동지들의 비난을 받았다고 한다.
365) 위의 책, 283쪽에서는 정반대의 내용을 기록하고 있다.
366) 金珠英, 위의 글, 63쪽. 현재 이 책은 국내에 전하지 않고 있다. 이 책에는 영안
   의 역사·정치·경제·지리·풍경·기후 등의 내용이 수록되어 있다고 한다.
   만약 이 책이 남아있다면 발해사 연구에 상당한 도움이 될 수 있을 것 같다.
367) 金珠英, 앞의 글, 64쪽. 부인 朴仙伊는 둘째 아들 哲俊을 데리고 연락도 없이
   영고탑에 김대지를 찾아온 것이다.

결국 김대지는 가족들의 생계를 위해 러시아령에서의 독립운동계획을 포기하고 이곳에 머무를 수밖에 없었다. 당시 영고탑에서 경신참변과 흑하사변 후 이곳으로 피신해 정착한 독립군들이 많이 있었다. 김대지는 이곳에서 옛 동료들인 김좌진, 권일우, 김월송 등과 종종 회합하여 현시국을 분석하고 조선독립운동의 전도를 탐색하면서 새로운 독립운동의 길을 모색하며 시간을 보내고 있었다.[368] 이들의 수차 만남에서 공감대가 형성된 것은 민족의 단합문제였다. 김대지는 동료들 앞에서 이 문제로 아래와 같은 울분을 토하기도 했다.

> 악독한 왜놈들의 손아귀에서 벗어나자면 우리 민족이 한 몸같이 단합하고 통일된 투쟁목표와 치밀한 투쟁 강령이 서야 하는데 임시정부기구는 공중루각 일뿐 허무한 명성만 가지고 실제효과도 없는 활동만 하고 거듭되는 오류와 실패, 무의미한 희생만 낼뿐 민족의 희망을 저버리고 있어 이천만 조선백성은 실망과 환멸 속에서 암담한 세월을 보내야 하니 이 어찌 가슴 아픈 일이 아니겠는가? 우리 만주에 있는 조선사람들 만이라도 단합해야 할 게 아니겠는가.[369]

수차례의 토의 결과 김대지와 동지들은 다음과 같은 합의에 도달하였다. 우선 김대지의 연락망을 통해 상해에 있는 김두봉, 김원봉과 러시아령에 있는 이동휘, 문창범 등과 연락하여 그들의 의견을 들은 후 옛 친우인 정운해, 이백파 등 공산주의자들과도 의견을 교환하고 상의하여 견해를 일치시킨 다음 '조선민족유일당북경촉진회'의 이름으로 만주에 있는 각 당파를 통일단합하고 일치단결하여 일제에 대항하자는 것이다.[370] 김대지가 이와 같은 독립운동단체의 통합을 모색하고 있을 무렵에

---

368) 金珠英, 앞의 글, 64쪽.
369) 위의 글.
370) 위의 글, 65쪽. 현재까지 전해지는 시료에는 '조선민족유일당'이란 이름은 발견되지 않고 있다.

1926년 북경에서 '대한민족유일당북경촉진회'가 조직되었고, 상해·남경·광동 등지의 중국본토 및 국내에서도 민족유일당이 조직되었거나 조직을 위한 노력이 계속되고 있었다.[371] 물론 만주지역에서도 정의부의 주도로 정의부·참의부 외에 군소독립운동단체를 총망라한 '전민족유일당북경촉진회'를 조직하려는 시도가 있었으나 그 조직방략상에 있어 개인본위조직론과 단체본위조직론이 대립되는 바람에 실패로 끝나고 말았다.[372]

김대지는 독립운동에 필요한 재만한인 모든 역량을 하나로 결집하여 일제와 항전하기 위해서는 남북만주에 활동하고 있는 삼부(신민부·정의부·참의부의 통합만이라도 조속히 이루어져야 한다는 생각으로 1927년 여름 정의부의 핵심인물인 김동삼과 이청천을 해용현과 오상현에서 각기 만나 통합문제를 구체적으로 상의하였다.[373] 특히 김대지의 옛 친구인 김동삼은 일찍부터 독립운동의 협동전선을 주장해온 터라 주의와 사상 여하를 불문하고 항일하려는 모든 역량과 단결하여 유일당을 결성해야 한다는 김대지의 의견에 적극적인 찬동을 표했다.

다음으로 김대지는 신안진에서 신민부 핵심인물인 김좌진·정신을 만나 이 문제를 상의하고 김좌진과는 영고탑에서 다시 만나 구체적인 토의를 했다. 오래전부터 독립전선의 구축을 열망해온 김좌진도 3부 통일안을 적극 수용하는 한편 공산주의 진영과의 통합도 희망하였다.[374] 여기에 고무된 김대지는 폐병의 고통도 감수하면서 당시 조선공산당의 만주총국에서 신민부에 대한 공작책임을 맡고 있는 김찬[375]과도 아성

---

371) 박영석, 『재만한인독립운동사연구』, 일조각, 1988, 183~191쪽.

372) 채근식, 앞의 책, 146~148쪽. 독립운동사편찬위원회, 『독립운동사』, 568~571쪽.

373) 윤병석, 앞의 책, 133~153쪽. 당시 만주에는 신민부·정의부·참의부 등 3단체가 일정한 지역을 경계로 삼아 민정과 군정을 실시하고 있었다.

374) 김주영, 앞의 글, 65쪽.

375) 이광훈, 『항일독립운동사』, 정음사, 1974, 58쪽 ; 김창순·김준엽, 『한국공산주의운동사』 2, 청계연구소, 1986, 292~293쪽. 김찬은 화요계로서 조선공산당 창

과 동경성에서 만나 수차례의 상의 끝에 유일당결성에 대한 동조를 얻어냈다.376)

이러한 김대지의 부단한 노력의 결과 재만독립운동자들 사이에 제2단계 삼부 통합운동이 시작되었다.377) 정의부의 김동삼은 1928년 4월 신민부의 김좌진을 방문하여 이 문제를 논의하게 되고 그로부터 5개월 후인 동년 9월에 길림성 영길현 삼구은가촌내 신안에서 삼부통일회의가 열렸다.378) 그런데 이 회의는 각 단체내의 내분이 가열되어 오히려 '민족유일당재만추진회'379)와 '국민부'로 재조직되면서 대립상을 노정하게 되었다.

설상가상으로 1929년 5월경에 그래도 기대를 걸고 있었던 김동삼이 하얼빈에서 밀정의 고발로 일본영사관경찰에 체포되고,380) 12월경에는 김좌진이 공산주의자 박상실이 쏜 총에 피살되어 버렸다.381) 이 소식은 만주지역 민족유일당 결성에 온 정열을 쏟고 있었던 김대지에게 엄청난 충격과 고통을 안겨주었다. 더욱이 이 충격은 그의 지병인 폐병과 기관지염을 악화시켰다. 이후 그의 정신적 육체적 기력은 쇠잔해 버렸고, 술과 담배로 분통을 삭히면서 나날을 보냈다.

그런데 김대지의 항일독립운동의 재기에 발목을 잡은 것은 그의 가정

당의 주역이었다.

376) 김주영, 앞의 글, 65쪽. ML과 한진과도 만났다고 했는데, 현재까지 한진이란 인물은 확인이 안 되고 있다. 아마 한빈이라 사료된다.

377) 지금까지 발견된 사료에는 김동삼이 김좌진을 방문하게 된 내막에 대해 언급된 부분이 없다. 김대지의 노력에 의해 성사되었다는 것이 밝혀진 셈이다.

378) 박영석, 『한민족독립운동사』, 일조각, 1982, 3~51쪽 ; 김주영, 앞의 글, 66쪽. 1929년 5월에 열렸다고 했는데 오기인 것 같다.

379) 윤병석, 앞의 책, 156~161쪽.

380) 朴永錫, 『在滿韓人獨立運動史硏究』, 一潮閣, 1988, 202쪽. 김동삼은 책진회의 중앙집행위원장을 맡고 있었고, 김좌진은 중앙집행위원이었다. 책진회가 1929년 5월 해체되자 김좌진은 同年 7월에 그를 기반으로 韓族總聯合會를 조직하여 활동하던 중 그해 말경에 피살되었다.

381) 蔡根植, 앞의 책, 155~156쪽.

형편이었다. 1920년 중반 영고탑에서 처음 가정을 꾸렸을 때는 동지들의 도움과 밀양 처가의 지원으로 겨우 생계를 지탱해나갈 수 있었다. 20년대 후반 이후에는 더 이상 재원 확보가 막혀 병든 자식을 병원에 데리고 갈 수 없을 정도로 빈궁하였다. 김대지는 유상툰, 빈현, 하르빈 난민소 등지를 전전하다가 아성현에 정착하여 어린 시절에 조금 익혀 두었던 한의로 겨우 생을 보전하였다. 그래도 지하 활동은 계속하였다고 한다.382) 이 과정에서 아내와 2명의 자녀를 잃는 고통과 불행을 겪었다.383)

결국 그는 오랜 병마로 고생하다가 1942년 10월 26일 이역만리 빈강성 파언현에서 그토록 열망했던 조국의 광복을 보지 못한 채 51세의 나이로 영안하였다. 국내외를 오가면서 오직 우리 힘에 의한 조국의 완전한 독립을 쟁취하겠다는 일념으로 풍찬노숙을 마다하지 않고 평생을 항일독립운동에 헌신한 일봉에게 정부가 그의 공훈을 인정하여 1980년에 건국훈장 국민장을 추서하였다.384)

4. 맺으며

일봉은 밀양에서 태어나 어릴 때는 한학을 익히고, 성장하면서 당시 경남일원에서 항일투사의 요람이라고 일컬어진 동화학원을 다녔고 여기서 신식학문을 습득함과 동시에 항일독립정신의 신념을 군혔다. 그는 동화학원에 만족하지 않고 서울에서 영어·일어 등을 익혀 실력을 쌓았으며, 밀양에 청년회관을 건립하여 비밀결사 조직의 터전을 마련하였다. 이곳을 중심으로 '일합사'란 비밀결사단체를 조직하였고, 광복단, 대한

---

382) 金珠英, 앞의 글, 66쪽. 김대지는 阿城에서 의료업에 종사하면서 지하활동을 하였다는데 그 구체적인 내용은 현재로서는 알 길이 없다.

383) 그의 부인과 二女 和淑, 三男 哲中을 잃었다.

384) 國家報勳處, 『獨立有功者功勳錄』第5卷, 1988, 494쪽.

광복회 등의 비밀항일독립단체에 참여하여 항일운동 전반기를 보냈다. 그는 1910년대 후반부터 국내에서의 항일 운동의 한계를 절감하고 중국·만주 등지를 왕래하면서 해외에서의 활동을 모색하다가 일제에 검거되어 평양복심법원에서 복역하기도 했다.

복역 후 밀양을 중심으로 강력한 비밀결사조직을 추진하다가 여의치 않자 만주로 영원히 이주하여 본격적인 독립운동에 투신하였다. 그는 임정 태동시부터 의정원의원과 국무위원을 겸임하여 활동하면서 대한민국임시정부의 탄생에 일정한 기여를 하였다. 그런데 그가 정작 구상하고 설계했던 것은 폭력혁명을 전제로 한 비밀결사단체의 조직이었다. 그는 1919년 국내의 3·1운동을 전후하여 중국으로 이주하여 동삼성, 북경, 상해를 왕래하면서 비밀결사조직의 구성원, 연락기지, 무기, 자금 등의 확보를 위해 동분서주한 결과 1919년 11월 드디어 의열단의 탄생을 보게 되었다.

일봉은 의열단 탄생 당시 임정의 요원으로 활동하고 있었기 때문에 의열단의 전면에 나서지 않고 막후에서 김원봉을 지도하고 고인득, 한봉근 등의 심복을 통해 동단의 활동을 조정하고 계획 추진하였다. 이는 의열단의 암살, 파괴활동에 필수적인 무기와 자금의 공급 일부를 그가 맡고 있었기 때문에 가능하였다. 따라서 김원봉을 중심으로 의열단이 창단되고 활동이 추진되었다는 종래까지의 통설은 최근 일제관헌측의 자료에 의해 그 전모가 밝혀졌으므로 재고되어야 할 것이다.

의열단은 1924년경부터 한국의 독립운동사상의 중요한 흐름을 장식한 사회주의계통의 활동을 능동적으로 수용하지 못해 결국 와해되었고, 일봉은 김원봉과의 사이가 멀어지면서 의열단 관계 일을 청산하고 1926년 영고탑으로 옮겨 1929년까지 만주지역의 독립운동단체통합운동에 전념했으나 결실을 맺지 못했다. 결국 그는 믿었던 동료 김동삼의 체포, 김좌진의 암살, 지독한 가난에 의하여 처자식의 죽음 등으로 항일독립운동단체의 재통합운동의 동참에 좌절하였으며, 1930년 이후 지병인 폐병과 기관지염으로 고통을 겪으면서 지하활동을 통한 독립운동을 전개하다가 꿈에도 그리던 조국해방을 3년여 남겨둔 채 1942년 10월 중국에서 영어의 몸이 되었다.

제4절 박차정의 생애와 항일

1. 들어가며

부산은 우리나라에서 일본에 가장 가까운 곳에 위치한 항구로서 일본 침략세력의 한국진출을 위한 교두보이기도 했다. 1910년 한국의 국권을 빼앗은 일제는 부산 지방의 문화재 파기, 민속행사의 금지, 토지약탈, 민족자본의 성장 저지 등의 식민지 수탈정책을 자행함으로써 부산 지방민의 항일의식을 촉발시켰다. 특히 부산지역은 지리적으로 일본에 가장 가까운 지점에 위치하여 일본문화의 침투가 급속히 진행되었기에 부산지방민은 민족 문화의 위기감마저 절감하였다.

더구나 30년대 이후 일제의 무모한 대륙침략이 자행되던 시기에 이르러 부산지방은 병력, 군수물자 등이 대륙전선에 수송되기 위해 선편으로 실려 오고, 또 열차편으로 수송되는 중간지점에 위치하여 침략기지로서의 중요성이 확대되었다. 따라서 부산 지역은 전쟁 발발에 대한 피해 의식도 강했다. 이런 지역적인 요인에 의해 일제침략상을 예리하게 목격한 부산지방민은 어느 지방민보다 민족자주독립의식이 고양되어 일제강점기 전반을 통해 중단 없는 항일 투쟁을 전개하였다.

이러한 부산지방민의 민족해방운동에 대한 관심은 80년대 이후 고조되면서 다방면에 걸친 연구 성과물이 나왔다.[385] 그중에서 독립운동가에 대한 인물 연구도 다소의 진척을 보게 되었으나 여성독립운동가에 대한 연구는 전무한 실정이었다. 그것은 여성들의 항일투쟁이 제대로 평가받지 못한데도 그 원인이 있었을 것이다. 그 일례로 독립유공자로 인정받아 공훈 록에 기록된 1995년까지 부산지방의 인물 106명 중에서 여성은 6명에 불과하다.[386] 이것은 전국적인 현상이겠지만 한국민족해방운동사의 올바른 역사상을 복원하기 위해서도 시급히 해결해야 할 과제이다. 이런 면에서 1995년 광복 50주년을 맞이하여 부산 출신의 여성민족해방운동가 박차정의사가 건국훈장 독립장의 서훈을 받은 것은 대단히 주목되는 일이다.

이 점은 여성에게 독립장이 추서된 것도 관심거리지만 지금까지 사회주의 계열의 인물로 간주되어 민족해방운동의 공훈에서 논외로 취급되었던 인물이기 때문이다. 정부측의 이러한 조치는 한국민족해방운동사 연구의 새로운 지평을 여는 계기가 될 것으로 기대된다. 따라서 본고에서는 박차정의 민족해방운동을 재조명함으로써 그에 대한 정당한 평가는 물론 부산여성독립운동사의 정립에 도움이 되었으면 한다.

2. 출생과 항일가정에서의 성장

朴次貞은 일제가 한국의 국권피탈 음모를 본격화한 1910년 5월 9일

385) 1988년까지의 연구성과물은 『부산시사』 1~4(1989)에 대부분 수렴되어 있다. 졸고, 「소해 장건상의 생애와 민족독립운동」 『문화전통논집』 창간호, 경성대학교 향토문화연구소, 1993 ; 이귀원, 「1920년대 전반기 부산지역 민족해방운동의 전개와 노동계급의 항쟁」 『한국근현대 지역운동사』 I(영남편), 역사문제연구소, 1993 ; 졸고, 「1920년대 동래지역 사회운동」 『경성대 논문집』 제17집 1권, 1996.
386) 부산지방보훈청, 『부산독립운동사』, 1996 참조. 박차정(독립장), 백신영(애족장), 김반수(대통령 표창), 김애연(대통령 표창), 김응수(대통령 표창), 심순의(대통령 표창).

경남 동래 복천동 417번지(현재 복천동 319)에서 부친 밀양 박씨 容翰
과 모친 김씨 孟蓮의 3남(문희, 문호, 문하) 2녀(수정, 차정) 중 넷째로
출생하였다. 민족해방운동시에는 朴哲愛, 林哲愛, 林哲山 등의 가명을
사용하기도 했다. 그의 부친은 일찍부터 신문물에 눈떠 한말 동래지방의
신식학교인 開揚學校와 서울의 普成專門學校를 졸업한 후 純宗朝에
度支部 主事를 역임한 측량 기사였다. 일제 강점 후에는 일제의 무단정
치에 비분강개하여 1918년 1월 유서 한통을 남기고 자결하였다 한
다.387) 그는 개화된 인사이며 우국지사임을 알 수 있다.

  남편의 자결로 엄청난 경제적 고통을 감래하면서 5남매를 훌륭하게
키운 그의 모친은 경남 동래 기장의 명문가 출신으로 김두봉과는 사촌,
김두전(김약수)과는 육촌이고, 1920년대 기장 출신으로 동래 지방에서
청년운동을 주도하면서 사회주의 성향 인물들의 대부격인 박일형은 고
종사촌이다.388) 주지하다시피 이들은 항일투사이면서 일제하 한국의 사
회주의 운동에 큰 족적을 남긴 인물들이다. 이러한 가계를 볼 때 박차정
은 어릴 적부터 민족의식이 강한 집안 분위기 속에서 성장했음을 알 수
있다.

  큰오빠 문희는 1910년대에 동래사립고등보통학교에 입학하여 동맹휴
학을 주도하는 등 항일학생운동에 투신한 후 서울 경성신학교를 졸업하
고 서울과 지방을 순회하면서 수년간 목회활동을 통해 반일사상 운동을
전개하였다. 1920년대에는 일본대 경제과를 2년 수료 후 동래에서 '동래

---

387) 박용한의 본명은 常烈이며, 祥昱으로 改名했다가 다시 용한으로 개명하고 호는
    晩華였다. 그는 김맹련과의 3남 2녀 외에 李氏와의 사이에 文杓를 두었다. 최근
    의 일부 신문 기사에 선산 군수를 역임했다고 기록되어 있으나 족보와 가족들의
    증언을 참고하면 선산군수를 역임한 것은 아닌 것 같다.
388) 박일형의 본명은 박공표로 기장의 3·1독립운동을 주도한 죄목으로 징역 3월과
    집행유예 2년을 선고받았으며, 동래청년동맹집행위원장을 역임하는 등 1920년
    대 동래 지방 청년운동의 주동 인물 중의 한 사람이다.

청년연맹과'와 '신간회 동래지회' 결성에 주도적 역할을 수행한 후 신간
회 중앙집행위원을 역임하면서 민족독립운동에 헌신하였다. 1930년대에
는 의열단 단원으로서 국내외를 왕래하면서 의열단 활동을 전개하다 일
경에 체포되어 2년여의 감옥생활을 했으며, 출옥 후 해방이 될 때까지는
일경의 감시 하에서도 동아일보 동래지국을 맡아 항일운동에 전념한 항
일독립투사로서, 그 슬하에 2남 3녀를 두었다.[389]

언니 수정은 부산진 일신여학교를 졸업한 후 양산 보육원과 산청·옥
천 등지에서 교편을 잡다가 병사하였다. 이남 문호는 동래사립보통하교
출신으로 '동래청년동맹'의 집행위원과 '신간회' 회원으로 활동하다 북
경으로 밀입국하여 북경화북대학을 수료한 후 의열단에 입단하여 의열
투쟁에 진력하다 일경에 체포되어 서대문 경찰서에서 1934년 미혼인 채
옥사하였다. 남동생 문하는 부산상업고등학교 출신으로 동래에서 의료
사업에 종사하면서 가문의 경제적 뒷바라지를 책임지면서 부산의 대표
적인 수필가로 활동하다 1960년대 병사하였고, 그 슬하에 1남3녀를 두
었다.[390] 박차정의 가족은 1918년에 설립된 동래성결교회에 출석한 교
인이었다. 박차정은 위와 같은 가정환경에서 성장하면서 남다른 민족의
식과 남녀평등사상을 체득할 수 있었다고 보여진다. 그가 민족의식에 눈
을 떠 처음으로 조직체에 가담한 것은 1924년 '동래기독교소년회'의 가
입이었을 것으로 짐작된다. 당시 동래 지방에서는 소년단체의 활동이 꽤
활발하였다.[391]

---

389) 박차정에 관련된 자료의 대부분은 박문희의 子인 義貞과 義榮에 의해 수집되었
다. 본고 작성에 필요한 기본 사료는 이 분들의 자료제공에 의존하였음을 밝혀
둔다. 박문희는 의열단원 모집의 국내 책임자로 활동하였다.
390) 가족들의 행적은 주로 족보에 의존하여 작성하였다. 박문하의 글(「옥샘」 20,
1967)에서는 박차정이 북경화북대학을 졸업한 것으로 되어 있으나 족보에는 박
문호가 다닌 것으로 기록되어 있다. 당시 정황으로 보아 박문호가 다녔을 가능
성이 높다.
391) 『미주독립신문』 1944년 11월 29일자에 의하면 '소년동맹 동래지회'에 가입한

박차정은 1925년 호주장로교 선교부에서 운영하던 동래일신여학교 고등과에 입학하여 1929년 3월에 졸업하였다. 당시 일신여학교는 부산지방 여성교육의 산실이며, 항일여성운동을 선도한 구심체였다. 박차정이 동래일신여학교에 입학할 무렵 동래지방은 항일의 기세가 전국의 어느 지방 못지않게 충만해 있었다. 특히 동래청년회관은 부산지방 항일운동의 온상이었으며 젊은 항일투사들의 집합소였다. 박차정의 항일의식은 이러한 동래지역 사회와 학교 분위기로 더욱 견고해지면서 일신여학교에 동맹휴교를 주동하는 등 행동으로 표출되기도 했다.[392]

그리고 문학 작품을 통해 그의 의지를 표현하기도 하였는데, 동래 일신여학교의 교지인 『日新』 2집에 소설 「철야」는 자신을 모델로 한 자전적인 단편소설로서 일제하 우리 민족의 고난을 상징화하면서 해방을 기필코 달성하겠다는 본인의 강한 의지를 담은 사회고발적 성격을 띤 글이다.[393] 박차정은 사회와 민족에 대한 불같은 열정과 숭고한 이상을 소설과 시를 통해 대변하였다. 그는 위와 같은 글로 문학적 기질을 인정받아 문단의 등단을 권유받기도 했으나 결국 민족해방을 위한 여전사의 길을 택했다.[394]

것으로 되어 있으나 당시 그런 단체는 존재하지 않았던 것같다. 朝鮮總督府警務局, 高等警察關係年表, 1929년 자료에 의하면 1920년대 부산지역에는 아래와 같은 소년단체들이 설립되어 있었다. 東萊佛敎少年會(1922. 8), 多大里少年團(1923. 3), 東萊基督敎少年會(1923. 9), 釜山少年軍本部(1924. 8), 釜山少年斥候隊(1924. 9), 東萊少年會(1925. 8) 박차정이 1925년 이전 소년단체에서 활동했다면 그 성향으로 보아 동래기독교소년회에 가입했을 가능성이 높다.

392) 박차정의 동생 문하가 동래여고에서 발간한 「옥샘」 20(1967)에 기고한 누님 박차정에 의하면, 박차정은 늙은 노파로 변장까지 하여 학생집을 방문하며 동맹휴학을 주도하였다고 한다. 그의 학적부에 의하면 3학년 때 가장 결석이 빈번한 것으로 보아 1927년도의 동래지역 동맹휴교에 깊이 관여한 것 같다.

393) 「일신」 2집에 박차정의 3편의 글이 실렸다는 것은 확인되나 현재까지 그 책을 찾아내지 못하고 있다.

394) 박차정은 문학적 소질이 탁월했음에도 문학 서적보다는 도리어 베벨의 「婦人論」이나 사회과학 서적을 더 많이 탐독했다고 박문하가 전하고 있다.

3. 근우회 지도자로서의 활동

박차정이 항일독립의식을 가지고 조직체에서 활동을 시작한 것은 1924년 5월 '조선소년동맹동래지부'에 가입하면서 부터라고 전해진 다.[395] 그런데 이 단체에 대한 기록은 현재로서는 전하지 않고 있다. '소년조선동맹'은 1928년 3월 '조선소년연합회'가 잠시 총동맹으로 개칭된 적이 있을 뿐이고[396] 1927년도에는 '동래소년동맹'이 활동하기도 했다.[397] 그렇다면 박차정이 가입한 단체는 1922년 9월 8일 설립된 '동래기독교소년회' 또는 1925년 8월 13일 설립된 '동래청년회'일 가능성이 높다. 박차정에 관련된 사료와 글에는 '동래청년동맹', '동래노동조합', '신간회 동래지회', '근우회 동래지회' 등의 단체에서 활동한 것으로 기록되어 있다.[398]

당시 언론에 보도된 기사에는 '근우회 동래지회'를 제외하고는 박차정의 명단이 보이지 않고 있다. 그러나 박차정에게 사상적인 큰 영향을 준 것으로 알려진 그의 외5촌 당숙 박일형이 '동래청년동맹'과 '동래노동조합'을 주도한 것으로 유추해 볼 때, 이러한 단체들에 참가했을 개연성은 충분하다. 예컨대 1929년 5월 경북지방에 기근이 심해지자, 동래에서 '신간회 지회', '청년동맹', '노동조합', '근우회 지회'의 4단체가 동년 5월 17일 '경북기근구제회'를 결성하여[399] 활동하면서 박차정은 재무, 박일형은 서무를 담당하고 있는 것으로도 박차정은 박일형과 상당 부분 활동을 같이 한 것으로 여겨진다.

---

395)『미주독립신문』1944년 11월 29일자.
396) 金正義,『韓國少年運動史』, 민족문화사, 1992, 311쪽.
397) 慶尙南道警察部,『高等警察關係摘錄』, 1936, 62, 75쪽.
398)『미주독립신문』과 공판기록 및 각종 신문의 기사.
399)『중외일보』1929년 5월 27일자.

박차정이 1920년대 후반 동래지방에서 항일민족운동을 본격적으로 주도한 것은 근우회 동래지회로 사료된다. 동회는 1921년 5월 설립된 '동래여자청년회'가 사회주의 성향을 띤 여성들의 주도로 자진 해체됨으로써 설립을 보게 되었다. 동래여자청년회는 1927년 5월 당시 국내민족주의 계열과 사회주의 계열의 여성들이 민족운동단체인 '근우회'를 창립하고 그 세력을 전국으로 확대하고자 각 지방에 지회를 설치하였다.

동래에서는 이 운동에 호응하여 1928년 4월 20일 동래유치원에서 정기총회를 개최하여 자진해산함과 동시에 조선여성의 단일동맹인 근우회에 가입하기로 결의하여[400] 근우회 동래지회 설치준비위원으로 권복해, 김수선, 김계년, 송말순, 이가우, 구필순, 장갑수, 이영희를 선출하였다. 그 결과 1928년 5월 19일 근우회 동래지회가 창립되었다. 동회는 창립목적에서 반제반봉건을 궁극적 과제로 삼고 여성의 정치적 의식계발을 통해 여성의 지위향상을 도모한다고 밝히고 있다. 이러한 목적 달성을 위해 동회는 1931년 4월 해체될 때까지 여성교양운동과 노동운동을 전개하였다. 동회를 주도했던 김수선과 박소수는 1925년 11월 창립된 '동래청년연맹'에서 박문회와 더불어 집행위원으로 활동했으며[401] 1926년 11월 여성해방운동에 필요한 지식의 보급과 훈련을 목적으로 여성들만으로 조직된 사상단체인 赤洸會 창립회원들이다.[402] 따라서 근우회 동래지회의 성격은 사회주의 성향을 가지고 출범하였다고 보아야 할 것이다. 당시 전국적인 측면에서도 근우회 지회의 창립은 대체로 사회주의 단체들과 운동가들이 주도하여 이루어졌는데, 동래지회도 이와 맥을 같이한 셈이다.

동회의 창립에 따른 여성운동 역량의 토대는 조직적인 면에서 보면

400) 『조선일보』 1928년 4월 24일자.
401) 『동아일보』 1925년 11월 26일자.
402) 『동아일보』 1926년 12월 27일자, 1927년 1월 9일자.

송죽회 동래여자청년회, 적광회의 계통을 잇고 있다고 볼 수 있다. 송죽회는 1913년 9월 평양 숭의여학교를 중심으로 조직된 비밀결사단으로서 1916년 지방조직에 착수하고 부산지방 조직책임자로 서매물이 파견되어 활동했으며, 대개 장로교 계통 여학교를 중심으로 회원을 확보하고 조직을 확대했기 때문에[403] 부산에서는 일신여학교가 그 대상이 되었던 것으로 짐작된다.

근우회 동래지회의 창립 초 명단에는 박차정의 이름이 나타나지 않는다. 그것은 동회가 창립될 무렵에 박차정은 동래일신여학교의 학생신분이었기 때문이다. 박차정이 근우회와 관련하여 그 이름이 보도된 것은 그가 1929년 3월 9일 동래일신여학교를 졸업하고 난 후인 1929년 7월 27일부터 29일까지 서울에서 개최된 근우회 제2차 전국대회였다. 이 대회에는 각 지역별 대의원 55명이 참석하였는데 이때 동래지회의 대의원으로 박차정과 김계년이 출석하였다. 그런데 중앙집행위원에 박차정, 중앙집행위원 후보에 당시 동회의 집행위원장인 김수선이 선출되었다. 1929년 7월 30일 박차정은 중앙집행위원회에서 중앙상무위원으로 선임되면서 선전조직과 출판부의 책임을 맡았으며,[404] 지회와 도연합회 규칙세칙 제정위원으로도 선출되었다.[405] 이후부터 박차정은 근우회의 핵심요원으로 활동하게 된다.

이러한 사실을 미루어 볼 때 박차정은 여학교를 졸업하자마자 근우회

---

403) 『韓國現代史』4, 新丘文化史, 1969, 321~323쪽. 徐梅物이 일신여학교와 연관하여 활동한 기록을 현재까지는 발견하지 못했다. 同團體는 일제말기까지 존속하였고 해외까지 세력이 확장된 것으로 보아 부산지방에서도 활동했을 가능성이 높다. 단지 조직체계가 점조직화되어 일경에 발각되지 않았기 때문에 그 활동이 알려지지 않았을 수도 있다. 이러한 점들을 고려해 볼 때 송죽회는 일찍부터 일신여학교의 3·1운동을 비롯하여 뒤이은 박차정의 동맹휴교 사건과도 밀접한 연관을 지녔을 것으로 보인다. 향후 송죽회에 대한 조직적 위상 파악이 필요하다.

404) 『동아일보』 1929년 7월 31일자.

405) 독립운동사편찬위원회, 『독립운동사자료집』 제14집, 1978, 417쪽.

동래지회의 핵심인물이 되어 지도자로서의 활동을 했음을 확인할 수 있다. 박차정의 근우회 활동을 중앙과 지방으로 나누어 살펴보면, 그는 1929년 광주학생운동의 연장으로 서울에서 전개된 여학생시위운동을 배후에서 지도하고 있었다. 당시 서울에서는 1929년 12월 2일부터 3일까지 서울시내 학교에 격문이 뿌려지고 학생들은 만세시위행진을 감행했다. 박차정은 동사건의 배후 조종세력으로 지목되어 근우회의 중심 간부인 허정숙과 신간회 소속의 오빠 문희와 함께 일경에 피체되었다가 풀려났다.[406]

이 사건 후 그는 제2차의 시위를 전개하고자 여학교의 핵심인물들을 재차 지도하였다. 그 결과 1930년 1월 15일 이화·숙명·배화·동덕여고보·근화·실천·정신·태화여학교·여자미술학교·경성여자상업·경성보육학교 등 11개의 여학교가 일제히 '광주학생석방만세', '피압박민족만세', '약소민족만세' 등의 구호와 격문을 살포하면서 시위를 전개하였다.[407] 시위직후 일경은 근우회를 배후조종세력으로 지목하고 간부의 검거에 착수하여 박차정, 정종명, 허정숙 등을 구속하였는데, 이 중 보안법위반으로 박차정과 허정숙이 검거되었다. 그 후 박차정은 서대문경찰서에서 병보석으로 석방되었지만 1930년 2월 초에 동래에서 재차 검거되었다. 그 후 3차의 심문 후 2월 15일 기소되지 않고 풀려났다.[408]

한편 광주학생운동을 계기로 학생대중의 반일시위, 맹휴운동이 고양되자, 이것을 항일폭동으로 연결시키기 위해 사회주의자들은 각 공장의 개별파업을 전국적 범위의 폭동으로 전환시키려 했다. 이러한 맥락에서 부산의 조선방직파업에 일부 사회주의자들이 침투하여 동맹파업을 유도했으나 영향력은 크게 미치지 못했다.[409] 조공의 파업은 1930년 1월 10

---

406) 『조선일보』 1929년 12월 4일자 ; 光州學生獨立運動同志會, 『光州學生運動史』, 362~418쪽 참조.
407) 서대문경찰서 심문조서 참조.
408) 『동아일보』 1930년 1월 18일자, 同 1월 31일자, 同 2월 11일자.

일부터 21일까지 조방내의 '중락회'라는 모임이 주도하여 남녀 직공 2,000여 명이 참가한 큰 파업이었다.410) 이 파업에 박차정이 참가하여 주도한 것으로 보도된 기사가 있으나411) 그 당시 정황으로 볼 때 과장된 것으로 보여진다. 왜냐하면 앞에서 살펴본 바와 같이 이 시기는 박차정이 서울학생시위문제에 적극 개입하고 또 그 문제로 구속, 석방되는 시기와 맞물려 있기 때문에 조방파업을 주도할 만한 시간도 없었고 여건도 못 되었다.

당시 근우회 동래지회는 노동운동에 적극적인 관심을 표방하고 있었던 시기였으므로, 동회는 부산지방의 제단체와 더불어 즉시 현장에 조사원을 파견하여 그 실태를 조사하고 원조, 지도하려 했으나 소기의 성과는 거두지 못했다.412) 동회는 이후 여성의 노동운동에 대한 확고한 이념을 바탕으로 여성교양운동, 농민운동, 노동운동을 전개하여 대중적 기반을 확대하는 데 주력하였다.

4. 중국 망명과 의열 활동

1) 조선혁명군사정치간부학교 교관

박차정은 2번의 구금 시 당한 모진 고문으로 건강이 극히 악화되었다. 서울 큰오빠의 집에서 휴양 중일 때, 중국에서 이미 의열단 활동을 전개하고 있었던 둘째 오빠의 연락을 받게 된다. 박차정은 더 이상 국내에서

---

409) 김정희, 「일제하동래지역여성독립운동에 관한 소고」, 경성대 석사학위논문, 1966, 46쪽.
410) 박재화, 「1930년대 조선방직노동자들의 파업투쟁」 『부산여대사학』 10·11합본호, 1993, 9~14, 35~37쪽.
411) 『미주독립신문』 1944년 11월 29일자.
412) 『중외일보』 1930년 1월 21일자. 일경과 회사측의 강경탄압과 지도부의 분열에 그 원인이 있었다고 보도하고 있다.

의 민족해방운동은 불가능하다고 판단하여 중국으로 망명하였다. 박문호는 당시 의열단의 '조선공산당재건동맹'의 중앙위원으로 활동하고 있었다. 1929년 10월에 조직된 동 동맹의 7인 중앙위원 명단에 박차정도 포함되어 있다.[413]

그런데 박차정은 이 무렵 국내에서 민족해방운동에 전념하고 있었고 그가 중국 북경에 도착하여 의열단에 합류한 것은 1930년 3월~4월경이다. 이때는 동 동맹이 김원봉의 주도하에 레닌주의 정치학교를 개교할 무렵이다. 그렇다면 박차정은 이미 의열단과 교감이 있었다고 보아야 할 것이다. 동 학교는 1930년 4월부터 1931년 2월까지 두 차례에 걸쳐 21명의 졸업생을 배출하였다. 이들은 국내로 파견되어 도시노동자, 농민, 진보적 학생층을 상대로 조선공산당 재건을 위한 비밀결사조직과 대중운동교양을 시도했으나 대부분 1934년에 체포되었다.[414]

동 학교의 운영과 교육에 박차정은 깊이 개입하였고 그 과정에서 의열단으로부터 투쟁성과 혁명성을 인정받게 되어, 1931년 3월 의열단 단장인 약산 김원봉과 결혼하게 된다. 결국 동 학교는 자금난과 만주사변으로 더 이상 운영이 불가능하게 되었고 박차정은 남편 김원봉을 따라 활동무대를 1932년부터 북경에서 남경으로 옮겼다. 그곳에서 그는 일제의 중국대륙침략에 따른 고양된 중국민의 항일 의식을 배경으로 항일투쟁노선을 재정비하기에 이른다.

그 복안은 국민당정부의 재정적, 군사적 지원을 토대로 독자적인 투쟁역량을 강화하기 위해 조선혁명군사정치간부학교(이하 간부학교)를 운영하는 것이었다. 이 복안이 결실을 맺게 되자,[415] 의열단은 우선 학

---

413) 조선총독부 경무국, 『최근にぉける 조선치안상황』, 1933, 299쪽.
     박문호는 북경지부에서 주로 활동하였다.
414) 한상도, 『韓國獨立運動과 中國軍官學校』, 문학과지성사, 1994, 229~227쪽.
415) 金勝坤, 「조선의열단의 창립과 투쟁」『軍事』 5, 국방부전사편찬위원회, 1982, 126쪽.

생모집에 착수하였다. 이 일에는 박차정의 오빠 문희도 적극 동참하였다. 박문희는 1932년 8월 북경에서 박차정 부부와 상봉하였다. 이때 김원봉은 박문희에게 간부학교의 1기생 모집을 요청하였고, 입교생 집결지 및 연락장소로 상해 프랑스 조계 여반로 소재 민신의원의 한위공(한일래)방으로 지정해 주었다.

박문희는 9월 4일 귀향한 후 서울, 부산을 무대로 입교생을 모집한 결과 10월에 신병원, 김영배, 이무용, 문길환, 최장학 등 5명을 민신의원으로 보냈다. 이들은 간부학교 제1기생이 되었으며, 박문희는 계속 학생 모집에 진력하다 1934년 2월 3일 검거되어 3월 16일 치안유지법으로 기소되고 6월 19일 징역 2년을 언도 받고 복역하였다.[416]

의열단은 1932년 10월부터 1935년 9월까지 3년여 동안 간부학교를 운영하였는데 학교의 정식 명칭은 중국국민정부군사위원회 간부훈련반 제6대이며, 약칭해서 조선혁명간부학교로 불렀다.[417] 교장은 김원봉이 맡고 1기생 26명, 2기생 55명, 3기생 44명 등 125명에 이르는 청년투사가 양성되었다. 훈련장소로는 보안유지를 위해 남경교외 湯山縣 소재 善祠廟라는 사찰이 이용되었다. 이곳은 중국 군사위원회 간부훈련반 통신대 관리 하에 있었고 간부훈련반은 6개 대로 한인이 각각 수용되었다. 이곳에서는 1기생만 배출되고, 2기생은 강소성 江寧鎭, 3기생은 上方鎭 天寧寺에서 각각 배출되었다.[418]

박차정은 이곳 간부학교에서 임철애, 임철산 등의 가명을 쓰면서 여자부 교관으로 활동한 것으로 기록되어 있으며,[419] 교가도 작사하였다

416) 조선총독부경무국,「軍官學校事件 眞相」(韓洪九・李在華編)『韓國民族解放運動史資料叢書』2, 京沅文化史, 1988, 所收, 249~252쪽.
417) 경상남도 경찰부,『高等警察關係摘錄』, 1936, 110쪽 ; 大韓民國國會圖書館編, 『한국민족운동사료: 중국편』, 1974, 827쪽. 同校를 '武裝同盟會'라고 칭했다고 한다.
418)『한국민족운동사료: 중국편』, 810~862쪽.
419)『社會問題資料叢書』第1輯, 사회문제연구회, 東洋文化社, 1976, 252쪽 ;『韓

고 전해진다.[420] 그리고 그는 남경 胡家花園 안의 胡大海의 저택에서 김원봉을 비롯한 당시 의열단의 지도자인 양기탁, 김규식 등과 함께 거처한 것으로 전해진다.[421] 그런데 간부학교에서 여자부가 별도로 편성된 것 같지는 않고 관련 사료의 교관명단에도 박차정의 이름은 보이지 않고 있다. 그렇다면 박차정은 여자부 교관이 아니라 여자교관이며, 정치, 군사과목을 담당한 것이 아니라, 단체생활수칙, 혁명정신 및 인생관 배양에 치중한 정신교육을 담당하고, 연락 공작에 관련된 일에 종사한 것으로 사료된다.[422]

당시 간부학교 학생들이 불렀던 노래에는 교가, 전기가, 3·1가, 추도가, 군가 등이 있었는데 이들의 작사 작곡가는 현재까지 정확히 전하지 않고 있다.[423] 아마 박차정의 문학적 소질과 적극적인 성질로 보아 교가를 작사하였을 가능성이 높다고 보여진다. 간부학교 학생들은 졸업 후 특무활동을 통한 의열단의 항일투쟁 역량 과시와 함께, 민족혁명당 및 조선의용대의 중추적 역할을 수행함으로써 1930~1940년대 한인독립운동 과정에서 김원봉과 의열단의 활동 공간 확충을 가능케 한 기간세력이 된 것으로 평가된다.[424]

2) 남경조선부인회 조직

1930년 초 세계공황으로 자본주의 열강이 심각한 경제난에 빠져 있을 무렵 일부 국가에서는 가장 반동적인 파쇼운동이 대두되었다. 한편

國獨立運動史』자료 3 임정편Ⅲ, 국사편찬위원회, 1973, 577~578쪽.
420) 가족들의 증언에 의하면 박차정은 교가를 작사했다고 한다.
421) 조동걸, 『독립군의 길따라 대륙을 가다』, 지식산업사, 1995, 236쪽.
422) 「軍官學校ノ眞相」에서 담당교관 명단에는 정치와군사 과목의 담당자만 기록되어 있다.
423) 염인호, 『김원봉 연구』, 창작과비평사, 1992, 163~167쪽.
424) 한상도, 앞의 책, 295쪽.

이러한 국제정세에 위기감을 느낀 약소국가들은 반제민족통일 전선운동
을 활발히 전개하였으며 이러한 맥락에서 중국관내 한국인들의 통일단
결운동도 강화되었다. 그리하고 1932년 11월 상해에서 의열단을 비롯한
4개 단체가 통일전선을 표방하여 '한국대일전선통일동맹'이 결성되어
중국관내 한국인 민족해방운동가들의 연대틀이 만들어졌다.[425]

그러나 통일동맹은 각 단체 간의 연락 기구에 불가했기 때문에 민족
해방투사의 통일단결을 완성하는 데는 일정한 한계가 있었다. 이 무렵
혁명간부학교를 통해 청년혁명간부를 양성해서 본격적인 민족해방운동
을 전개해 보려는 원대한 포부를 가졌던 의열단은 중국관내 한국인 민족
주의자들의 협조가 절실히 필요하여 통일 단결운동에 매우 적극적이었
다. 의열단의 김원봉은 통일동맹의 한계를 극복하여 강력한 대동단결 조
직체 결성운동에 주력하였다.

그 결과 1935년 6월 20일 의열단을 비롯한 조선혁명당, 한국독립당,
신한독립당, 재미대한독립단, 뉴욕대한민단, 미주국민회, 하와이국민회,
하와이 국민동지회 등 9개 단체 18명이 남경의 금릉대학강당에서 예비
회담을 개최하여 논의를 거듭한 끝에 마침내 7월 5일 역사적인 민족혁
명당(가칭 민혁당)을 창당하였다.[426] 민혁당은 김구의 한국국민당이 동
참하지 않았고 창당 직후 조소앙계열의 인사가 탈당하여 만주로 돌아가
한국독립당을 재건함으로써 통일전선에 한계를 보였으나 만주에서 50여
명의 인사가 참여하였을 뿐만 아니라, 이듬해인 1936년에는 한국에서
망명해온 최창익, 허정숙, 한빈 등의 사회주의 계열 젊은이가 입당함으
로써 상당한 세력을 구축할 수 있었다.[427] 민혁당은 창당 즉시 의열단의
조선혁명간부학교 제3기생을 인수하여 훈련을 계속시키는 한편 정예인

---

425) 내무성 경보국, 『社會運動の狀況』 6, 三一書房, 1972, 1631쪽.
426) 고등법원검사국 사상부, 『思想彙報』 5, 1934, 70쪽.
427) 林隱, 『北韓金日成王朝秘事』, 圖書出版韓國良書, 1982, 394~397쪽.

원은 남경의 중국중앙군관학교에 입교시키고, 1937년 중일전쟁이 발발
하자 83명의 인원을 모집하여 군관학교 성자분교에 위탁하여 교육시키
는 등 고급 전투인력을 양성하였다.[428]

박차정은 이와 같은 과정을 거쳐 민혁당이 창당되자 부녀부 주임의
직함을 가지고 동당의 활동에 참여한 것으로 전해진다.[429] 한편 그는
1936년 7월 16일 이청천 장군의 부인 이성실과 함께 민혁당 남경조선부
인회를 결성하여 활동하였다. 동회는 민혁당이 조직 확대의 일환으로 당
원가족을 중심한 부녀자의 규합에 목적을 두고 결성되었다. 동회의 활동
상은 구체적 기록이 없어 詳考할 수 없으나 창립선언문을 통해 박차정
의 여성해방에 대한 인식을 읽을 수 있어 퍽 다행스럽다.

> 이제 우리들의 출발은 재래와 같이 지식층부녀에 한하지 않고 전국적 부
> 녀대중에 굳게 뿌리 밝힌 단결이 아니면 안 된다. 또 부녀의 특수이익을 위한
> 부분투쟁은 전국적 민족해방운동과 일치한 보조로 나가지 않으면 안 된다.
> … 우리 조선부녀를 현재 봉건적 노예제도하에 속박하고 있는 것도 일본제국
> 주의이며 또 우리들을 민족적으로 박해하고 있는 것도 일본제국주의이다. 우
> 리들이 일본제국주의를 타도하지 않고서는 우리 부녀는 봉건제도의 속박, 식
> 민지적 박해로부터 해방되지 못한다. 또 일본제국주의가 타도된다 하더라도
> 조선의 혁명이 정치, 경제, 사회 등 각 방면에서의 진정한 자유, 평등이 아니
> 라면 우리 부녀는 철저한 해방은 얻지 못한다.[430]

---

428) 『사상휘보』 5, 158쪽.
429) 『미주독립신문』 1944년 11월 29일자. 『사상휘보』 7, 47쪽에는 민혁당의 주요임
   원의 명단이 기록되어 있으나 박차정의 이름은 보이지 않고 있다. 그러나 『사회
   문제 자료총서』 제1집, 19~24쪽에는 1936년 5월 중순 현재 재상해 일본영사관
   경찰부 제2과의 조사보고서에 의하면 민혁당원의 동정을 간부와 당원으로 구분
   하여 보고하고 있는데 박차정은 간부난에 기록되어 있다. 당시 민혁당은 『우리
   들의 생활』, 『민족혁명』, 『반도』 등의 기관지를 발행하였다. 여기에 박차정이 관
   여했을 가능성이 있다.
430) 『한국민족운동사료: 중국편』, 897~898쪽.

민족해방운동을 전면에 내세우면서 부녀 해방운동도 동시에 이루어
져야 함을 주창하고 있다. 이를 위한 실천방안은 동회의 구호에서 찾을
수 있다.

요컨대 전국의 조선부녀자는 단결하고 민족혁명전선에 무장하여 직
접 참가하여야 하며, 조선부녀의 해방을 위해서는 남녀차별을 철폐하고
각국 부녀해방운동과 연결되어야 한다는 것이다. 위와 같은 인식을 바탕
으로 박차정은 민혁당 가족부인의 단결과 훈련에 노력하면서 「앞길」431)
이라는 잡지에 여성문제 해결을 위한 글을 기고하였던 것 같다.

3) 조선의용군 창군요원으로 항일전 전개

1937년 7월 11일 노구교 사건을 계기로 중일전쟁이 발발하면서 중국
관내에 있던 한국의 독립운동단체들은 두 갈래로 체제를 통합·정비하
였다. 그 하나는 김구의 한국국민당을 중심한 '한국광복운동단체연합회'
이고 다른 하나는 1937년 11월 김원봉의 민족혁명당을 중심한 '조선민
족통일전선연맹'이다. 이 양 단체는 모두 남경에서 결성되었으나 그해
12월 31일 남경이 일본군에게 함락되자 중국정부가 이동한 한구로 본부
를 옮겼다. 그런데 광복연합회는 다시 상해임정과 함께 장사로 옮기고
여기에는 민족전선만 남게 되었다. 민족전선은 우선 「조선민족전선」이
라는 기관지를 발행하면서 활동을 개시하였다. 동지의 발행은 유자명과
김성숙이 맡았으며 대내적인 사상 강화에 목적이 있었다.432) 박차정은
한구에 머무르면서 여기서 개최된 만국부녀대회에 한국대표로 참석하는
등 국제적인 모임에서 민족해방운동에 대한 우리의 입장을 전했다.433)
그리고 그는 장사에 머물고 있는 임시정부에 민족전선의 특사로 파견되

431) 『미주독립신문』 1944년 11월 29일자.
432) 秋憲樹編, 『資料韓國獨立運動』 2, 연세대출판부, 1971, 257~259쪽.
433) 박차정의 족보에 기록이 남아있다.

어 대일라디오 방송을 하였으며 안창호의 추도식에도 참석하였다.[434]
이외 한구에서 박차정의 두드러진 활동은 「조선민족전선」에 글을 기고
하는 일이었다.

그는 창간호(1938. 4. 10)에 임철애란 가명으로 장사에서 행한 대일방
송원고를 중국어로 번역하여 '경고일본적혁명대중'이란 제목으로 게재
하였다.[435]

위의 글을 통해 박차정은 일본제국주의는 중국과 조선내지 일본민중
의 적이며, 이 때문에 우리들은 반드시 긴밀하게 연합하여 공동의 적을
타도하고 진정한 동아시아의 평화를 건설하자고 호소하고, 나아가 이번
중일전쟁에서 일본제국주의는 반드시 멸망할 것이고 아울러 동방의 피
압박대중들은 해방될 것이니 일본혁명민중들이 국내의 혁명전쟁을 일으
켜 파쇼군벌세력을 제거하는 것이 자유와 해방을 얻는 길이라고 역설하
였다. 그리고 제3호(38. 5. 10)와 5·6호(38. 6. 25)에서 '朝鮮婦女與婦女
運動'이란 제목의 장문의 글을 게재하였다.[436]

박차정은 위의 글에서 일본제국주의 식민지 착취단계를 열악한 대우
를 받고 있는 공장여공의 노동현실과 일제의 노예화 교육정책 아래 참담
한 여자들의 교육현실을 통계자료를 통해 고발하면서 조선여성들의 항
일투쟁과정을 5단계로 나누어 설명하고 있다. 결론적으로 혁명부녀자는
일치단결하여 신성하고 위대한 민족해방전쟁에 참가하여 조국의 자유회
복, 동아의 화평, 인류의 정의를 위해 싸우자고 역설하고 있다. 위의 글
들은 상당한 식견과 논리적 체계를 갖춘 글이었다.

민족전선은 기관지를 계속 발간하는 한편 일본군에 의해 한구가 공격

---

434) 추헌수, 『자료한국독립운동』 2, 259쪽.
435) 독립기념관 한국독립운동사연구소, 『한국독립운동사자료』 제2집, 1988, 160~
    161쪽. 가족의 증언과 족보의 기록에 따르면 당시 박차정은 북경과 남경에서 틈
    틈이 외국어학교를 다녔기 때문에 일본어와 중국어에 능했다고 한다.
436) 『한국독립운동사자료총서』 제2집, 189~190, 229~230쪽.

받게 되자 중국군사위원회와 협의하여 1938년 10월 10일 '조선의용대'
를 창설하였다. 의용대의 창설은 비록 조직, 예산, 작전 등이 중국군에
예속되긴 했지만 우리 독립군이 중국정부의 공식적인 공인을 받아 작전
활동을 시작했다는 점에서 중요한 의미를 지닌다. 의용대는 대본부와 제
1·2구대로 편성되었으며, 각 구대는 3개 분대로 조직되었다. 총대장은
김원봉이 맡고, 제1구대는 민족혁명당원으로 구성되었고 구대장은 박효
삼이며, 대원은 43명으로, 중국군의 제9전구인 장사를 중심한 호남성과
강서성에 배치되었다. 제2구대는 전위동맹원으로 구성되었고, 구대장은
李益星이며, 대원은 41명으로 중국군 제5전구인 노하구 등의 호북성과
낙양을 중심한 하남성에 배치되었다. 그리고 본부인원은 김원봉과 부대
장 신악을 비롯한 14명이었다.

위와 같이 창립 시에는 100여 명 규모로 출범했으나 차츰 300여 명으
로 증원되어 3대로 편성되면서 구대는 지대로 명칭이 바뀌었다.437) 이
당시 박차정은 주로 본부에서 활동한 것 같다. 본부는 무한이 일군에 함
락되기 직전인 1938년 10월 22일 광서성 계림으로 이전하여 동령가 1호
에 위치했다. 지금 이곳은 1958년 공산혁명 10주년을 기념하여 칠성공
원이 조성되어 있다.438)

사실 본부는 각 구대가 중국군의 관할 하에 있었으므로 각 구대에 대
한 작전지휘보다는 한인 포로 공작, 중경한인에 대한 교육, '한국광복진
선청년공작대'와의 협상을 추진하면서 국민당지구 한인을 의용대로 포
섭하는 데 주력하였다. 그 결과 호남성 지강 인근 국민정부군 포로수용
소의 한인포로에게 민족교육을 실시하여 그 일부를 의용대에 편입시켰
으며, 중경의 민족전선계 한인부녀자들을 교육시켜 의용대에 흡수시키
는 전과를 올렸다. 1939년 10월경에는 대원이 155명으로 늘어났다. 이

---

437) 염인호, 『김원봉 연구』, 219~221쪽.
438) 조동걸, 『독립군의 길따라 대륙을 가다』, 215쪽.

처럼 본부는 대원확대에도 노력하는 한편 의용대 후원세력을 확보하는 작업에 주력하였다. 이 활동은 민족전선을 통해 직접 후원회를 조직하는 방법과 기관지 「조선의용대통신」(순간)과 「조선의용대」(월간)를 통한 선전활동으로 간접적인 확대방식을 취했다.

그 결과 '재중경조선부녀회'와 '재중경소년단'이 조직되었고, 특히 미주지역에서는 '조선의용대후원회'가 결성되어 의용대의 위상이 국제적으로 인정받게 되었다.[439] 본부는 이와 같은 활동으로 그 세력이 강화되자 차츰 조직 확대와 아울러 유격전 기능을 대폭확대하면서 구대를 지대로 대본부를 총대로 개명하였다. 그리고 본부 산하에 기요, 정치, 총무, 통신편집위원회, 훈련반, 부녀복무단을 두었다.[440] 박차정의 의용대에서의 공식적인 직함은 부녀복무단장이었다. 이 직함 이전의 그의 구체적 활동상은 현재로선 알 수 없고 단지 앞에서 살펴본 본부 요원들과 활동을 같이 하였을 것으로 추측된다.

부녀 복무단은 22명의 대원으로 구성되었으며, 주요 구성원으로는 박차정 외에 제1지대장 박효삼의 처 장수정, 제3지대 정치지도원 양민산의 처 장위근, 본대 유동선전대장 김창만의 애인 이화림 등이 확인된다. 부녀복무단은 전선의 의용대원들을 방문하여 물품과 가족들의 소식을 전하여 대원들의 사기를 진작시키는 일과 전단이나 표어, 팜플렛 등을 살포하는 선무활동을 수행하였다.[441]

---

439) 염인호, 『조선의용대연구』, 국민대 박사학위논문, 1994, 32~52쪽.
440) 『조선민족독립운동』 II, 685~688쪽 ; 『미주독립신문』 1944년 11월 29일자 ; 한상도, 「김원봉의 생애와 항일역정」 『국사관논총』 제18집, 1990, 212주 332쪽. 상기의 미주신문에서는 박차정이 3·1소년단을 영도하였다고 기록했고, 한상도는 박차정이 3·1소년단 단장으로 활동했다고 기술하였다. 그런데 관련 사료에 의하면 3·1소년단은 조선의용대의 예하기관임은 분명하나 그 단장은 당시 17세인 최동선이 맡았고, 단원은 23명이었다. 최동선은 박차정의 사후 김원봉과 결혼했으며, 박차정과는 독립운동의 동지이다. 따라서 박차정은 3·1소년단의 창설과 활동에 깊이 관여했을 가능성은 있으나 단장직은 맡지 않았다고 보여진다.

4) 죽 음

1939년 말부터 의용대본부는 새로운 활로의 모색을 위해 화북 진출을 결정하고 호남과 광서의 의용대부터 차례로 북상시켰다. 이 중 엽홍덕이 이끄는 남로공작대원들이 북상하면서 곤륜관 전투에 참여하고 적의 진지 앞에서 메가폰을 이용해 반전선전활동을 전개하였다.[442] 현재 관련된 사료에는 기록이 없지만 박차정 가족의 증언에 의하면, 그는 1939년 2월 곤륜산 전투에서 큰 부상을 입었고, 그 후유증으로 1944년 5월 27일 순사했다고 한다. 아마 이 증언의 내용이 이 곤륜관 전투를 지칭한 것이 아닌가 한다.[443] 그 뒤 의용대 본부는 1940년 3월 중국정부의 피난수도이며, 임시정부와 광복군 사령부가 위치한 중경으로 옮겼다. 이때 의용대 본부는 중경의 남안구 탄자석 주보촌 倪家院子 마을에, 민혁당은 바로 옆의 孫家花園 大佛團 720에 위치하였다.[444]

조선의용대는 1942년 5월 중국측의 일방적 편입명령으로 그 해 12월 광복군 제1지대로 편입되었으며, 김원봉은 부사령관 겸 제1지대장에 취임하였다. 제1대 본부는 의용대 본부자리를 그대로 이어 받았다. 의용대 본부가 이곳으로 옮긴 이후 박차정은 건강이 악화되어 대외적인 활동은 거의 할 수 없었던 것 같다. 그는 병상에서 그의 원대하고 미려한 이상을 실현하지 못하고 있음을 통탄하면서 불같은 열정과 숭고한 이상을 시와 소설로 표현하였다. 그런데 이때의 작품들을 접할 수 없음이 안타까

---

441) 염인호, 박사학위논문, 66쪽, 주255 참조.
442) 『한국독립 운동사료총서』 제2집, 5~7쪽(葉鴻德,「朝鮮義勇隊在南路戰線」『朝鮮義勇隊通訊』 32기)).
443) 필자가 중국현지에서 조사한바에 의하면, 중국에는 곤륜산은 없고 곤륜산맥이 있는 것으로 확인했으며, 가족들이 증언한 곤륜산 전투는 곤륜산맥의 깊숙한 계곡을 지칭한 곤륜관으로 보는 것이 타당할 것 같다. 차후 충분한 검토를 요한다.
444) 『독립군의 길따라 대륙을 가다』, 263~264쪽.

울 뿐이다. 결국 박차정은 곤륜관 전투에서의 상처와 지병인 관절염으로 건강을 회복하지 못한 채 1944년 5월 27일 조국해방을 얼마 남겨두지 않고 당년 34세로 유명을 달리하였다.

그 유해는 잠시 중경의 강북구 상황가 망진문 남쪽 화상산 공동묘지에 안치되었다. 그의 유골은 남편 김원봉이 환국 시 피 묻은 군복과 군모와 더불어 그의 유족들에게 전달되었고, 김원봉의 고향인 경남 밀양 감천동 뒷산에 반장되었다.[445] 그와 김원봉 사이에는 자손이 없고, 김원봉은 48년 남북협상 시 월북하여 북한에서 58년 숙청되었으며, 그의 큰오빠 문희는 6·25 전쟁 중 사망하여 현재까지 국가적인 차원에서의 공적을 인정받지 못하고 있다.

5. 맺으며

박차정의 활동은 국내와 국외로 대별할 수 있는데, 국내에서의 활동은 대부분 일신여학교의 학생신분과 맞물려 있었기 때문에 언론보도에서조차 부각되지 않았고, 학교 졸업 후 약 1년간의 근우회에서의 활동상은 당시 보도된 언론기사에 의존하여 파악했으나 언론보도자체가 상세하지 않아 그 진위를 판별하기가 쉽지 않았다.

박차정은 김원봉의 아내에 안주하지 않고 직접 항일투쟁의 대열에 참가했으나 대부분의 기록이 김원봉의 활동에 치중되어 박차정 개인에 관련된 것은 일천하여 국외에서의 활동상도 파악이 어려운 실정이다. 그나마 관련된 사료의 기록도 일본경찰측의 첩보자료이기 때문에 그 신빙성을 확인하기가 곤란한 경우가 많았다. 따라서 관련사료들을 대조하고 분석하여 사료의 고증작업에 중점을 두면서 사료의 부족분은 가족들의 증

---

445) 후손의 증언.

언에 의존하여 박차정의 민족해방운동 전반을 정리하였다. 그러므로 구체적인 사실의 천착과 그의 민족해방 운동 전반에 대한 평가 작업은 소홀할 수밖에 없었다. 차후 충분한 시간을 가지고 발굴 가능한 사료의 보충을 통해 미진한 부분은 보충하려 한다. 단지 그가 남긴 몇 편의 글과 민족해방운동 전개과정에서 나타난 사실을 토대로 그에 대한 간략한 평가의 시도로서 맺음말에 대신하려 한다.

그는 항일독립운동가 집안에서 출생하여 성장했으며, 가정과 학교에서 기독교 정신을 이어받아 민족의식이 충만했고, 당시 사회주의 성향을 띤 인물과 단체의 영향을 받으면서 사회활동을 시작했다. 이런 그의 성장배경은 그의 민족해방운동 전개과정에서도 그대로 반영되고 있다. 그는 국내외에서 반제반봉건의 기치 아래 민족해방운동을 전개하면서 남녀평등에 입각한 여성해방을 일관되게 주장하고, 이를 달성하기 위한 방편으로 부녀대중들의 대중투쟁을 강조한 이론가이며 실천가였다.

따라서 그는 한국여성해방운동의 선구자의 한 사람으로 평가받아야 할 것이다. 그런데 종래까지 남북분단으로 인한 이데올로기의 극한적인 대치상황이 팽배했던 한국의 정치현실 속에서 그는 사회주의자로 낙인찍혀 그의 운동노선에 대한 평가도 제대로 받지 못했다. 이점에 대해 결론부터 말하면, 그는 우리가 흔히 사회주의자는 곧 공산주의자라는 등식 관계로 볼 때 공산주의자는 아니었다는 것이다. 그가 민족해방운동의 전개과정에서 단지 대중운동이나 노동운동의 중요성을 강조하고 동조했다고 해서 바로 사회주의자로 볼 수는 없기 때문이다. 당시 기독교 단체들도 대중을 장악하기 위해 이런 운동을 전개하였다. 그는 국내의 항일운동과정에서 절친한 동료였던 허정숙이 국외에서의 민족해방운동을 민족투쟁보다는 계급투쟁을 우선시하자 결별해 버리기도 했다. 그는 여성해방운동을 비롯한 대중투쟁, 노동운동도 결국 일본 제국주의로부터 완전한 민족해방을 위한 전단계로 설정하고 있다.

따라서 그는 항일독립운동차원에서 사회주의 정세관, 계급관도 필요에 따라 수용했을 뿐이다. 하지만 사회주의자들의 친중국공산당에 대한 편향성에는 강력히 비판하고 대처하였다. 결국 그는 민족발전의 주체를 민족으로 설정하면서 대중의 역량증대를 통한 민족해방의 길을 모색한 진보적 민족주의자로 평가함이 마땅할 것이다.

제5절 양정욱의 항일

1. 들어가며

부산지역은 예로부터 바다와 인접하여 항구가 발달하고 해외의 물건이나 사상이 한반도에서 제일 먼저 들어오는 관문과도 같은 역할을 하였다. 이러한 사정은 일제 강점기에도 마찬가지여서 일제는 이러한 지리적 이점을 지닌 부산을 식민지 수탈의 전초기지로 사용하였다. 이런 지리적인 이유로 인하여 부산은 타 도시보다 더욱 심한 핍박과 수탈을 당하였고 이로 인해 부산은 애환과 한이 서린 도시로 인식되고 있는 것이 사실이다. 하지만 이러한 이유로 인하여 부산은 항일세력의 중심지로 부각되어 수많은 독립투사를 배출한, 독립운동의 중심지가 될 수 있었다. 현재에도 이러한 사건이나 인물들에 대한 연구와 학술 활동이 활발히 진행되고 있다.

하지만 상대적으로 사회주의계열 인물들에 대한 연구 활동이나 조사는 매우 저조한 현실이며 국가적으로도 이에 대한 연구 지원이 뒷받침되고 있지 않은 상황이다. 이러한 연유로 수많은 인물들이 그들의 공적을 인정받지도 못한 채 역사의 뒤안길로 점차 잊혀져가고 있다. 본고에서 재조명하게 될 양정욱 역시 부산 제2상업학교(현 개성고등학교) 재학시

기인 1928년, 학생신분으로 동지들을 규합하고 독서회활동과 민족해방
에 기반을 둔 사회주의사상교육을 통해 애국심을 고취시키고 독립을 위
한 반일활동을 벌이다가 일경에 체포되어 22세의 젊은 나이에 고문후유
증으로 순국한 인물이다.446)

양정욱의 이러한 활동은『동아일보』및『서울신문』의 1949년 3월 31
일자 기사의 노덕술 공소문447)을 통해서도 잘 알 수 있는데 여기에서
혁조회는 약 150여 명 가량의 대규모 집단으로 학원 내에서 사회주의
사상을 바탕으로 하여 항일운동, 사유재산제도의 폐지 등을 주장하며 활
동하다가 치안유지법 및 출판법 위반으로 검거되었음을 알 수가 있었다.
또한 노덕술이 관련부서가 다름에도 불구하고 적극적으로 그들을 구속
하고 고문하는 만행을 저질렀음을 알 수가 있는데 이는 당시 혁조회사건

---

446)『獨立有功者功動錄』第13卷, 국가보훈처, 1996.

447) 김연수에 뒤이어 12시 50분 노덕술(31)을 입정시키고 徐成達 검찰관 입회 아래
심리를 개시하였다. 먼저 徐검찰관으로부터 "피고가 소학을 중퇴한 후 적치 大
正 9년 일본경찰에 입적하여 사법주임으로 역임한 후 평남보안과장으로 승진하
여 29년 동안 고등경찰로 근무하는 동안 東萊사건 당시 고문을 함으로써 관계
자 金・尹 등을 사망케 하고 역시 東萊高普 맹휴사건 당시 학생검거에 당하여
활약하였고 적치 소화 4, 5년경 동래 한인 일본유학생의 강연내용이 불온하다하
여 관계자를 검거하는 등 사법주임의 권한이 아닌 고등경찰의 직책까지 다해가
며 신간회원 및 ML당원의 검거 등등 민족사상운동자 살육과 박해에 몰두한 과
거 죄상에 대한 기소사실 낭독이 있었다(『동아일보』 1949. 3. 31).
◇노덕술 공소문
1. 단기 4260, 1년경(일자 미상) 金圭直을 회장으로 하고, 동래군 동래면 교동
230번지 거주 金鎭興을 부회장으로(김진흥은 당시 21세), 회원 동면 거주 梁
正彧・魚小雲・尹昊權・尹兌潤 외 약 150명을 擁하고 반일투쟁 독립운동
을 목적으로 배일투쟁사와 조선역사를 기록한 排日誌集을 작성 배부하고 사
유재산제도 부인을 목적으로 비밀결사를 조직한 革潮會사건에 그간 동래경
찰서 사법주임으로 있는 피고인은 동 사건이 고등계사무에 속함을 知悉함에
도 불구하고 직접 담당하여 가혹한 고문으로 인하여 전기 김진흥・김규직을
사망케 하고 그 관계자로 하여금 3년 혹은 2년간 복역케 하고 …(『서울신문』
1949. 3. 31).

이 사회에 끼친 영향이 매우 컸음을 보여주는 것이다. 이후 김규직과 유진흥, 양정욱은 고문후유증으로 사망하고 말았는데, 양정욱의 외조카인 경성대학교 박헌목 교수 역시 출소 후 외삼촌이 일제의 혹독한 고문으로 손발톱이 모두 빠져 있었다고 증언해주었다. 이는 노덕술을 위시한 친일 경찰들의 횡포가 얼마나 악랄하였는지 보여주는 증거라고 할 수 있을 것이다. 정부에서는 1995년 그의 공훈을 기리어 건국훈장 애족장을 추서하였지만, 현재 그의 행적과 공훈을 기억하고 기리는 사람은 기실 전무하다는 사실은 매우 유감스러운 일이라고 하겠다.

그가 활동한 1920년대는 3·1운동의 영향으로 학생들의 민족문제에 대한 책임의식이 그 어느 때보다 고조되었던 시기이며 일제의 노선이 강경진압에서 문화통치의 형식으로 변화하면서 각종 친목회·학우회·유학생회·상조회·학생회·독서회 등 다양한 학생조직이 전조선적으로 일반화되던 시기였다. 또한 신사상인 사회주의 사상이 보급되면서 민족운동과 반일세력의 한 형태를 취하면서 식민지 해방에 중점을 두는 사상으로 등장했고, 민족해방운동에서의 활력소로 등장하면서 이러한 사회주의 영향아래에서 집회결사가 활발해지고 다양한 단체가 결성되었다. 이러한 시대적 배경 하에 양정욱은 민족문제에 대한 강한 책임의식을 지니고 독서회라는 조직을 통하여 사회주의사상을 통한 민족해방운동에 뛰어들었던 것이다.

본고에서는 우선 3·1운동의 전반적 배경을 살펴봄으로써 당시 조선 학생항일운동의 시대상을 이해하고, 여러 논문과 수집된 자료 등을 통해 그의 생애와 학력 등을 재구성해볼 것이다. 그리고 이를 종합하여 부산2상시절, 그의 혁조회 활동을 살펴보고 결국 실패로 끝난 동회의 활동내용을 비롯한 당시 학생운동조직들이 지녔던 성격상의 한계를 검토해보려 한다. 마지막으로 양정욱과 복천사의 관계를 중심으로 그의 항일운동의 성격을 되짚어 보고자 한다.

2. 생 애

1) 출생과 가족

양정욱에 관한 자료의 부족으로 그의 생애와 활동에 대하여 자세하게 서술된 것이 없으나, 다행이 불교 미술계에서 거장으로 알려진 그의 부친 梁玩虎[448]에 대한 미술계의 논문[449]과 영도구청에 남아있는 '등본' 과 양완호의 외손자인 경성대학교 박헌목 교수의 증언과 소장 자료 약간, 그리고 양완호가 주지로 있었던 영도소재 복천사의 약간의 자료, 그리고 1997년부터 복천사 주지를 맡고 있는 경호스님의 증언을 참고로 할 수밖에 없는 현실이다. 또한 양완호에 대한 자료라도 보존이 되어 있다면, 자료를 연구하여 양정욱과 연관된 부분을 추론[450]이라도 할 수 있을 것인데 양완호에 대한 자료마저도 복천사의 증·건축과정에서 관리 부주의로 인해 모두 유실된 것으로 보인다. 특히 1996년도 새 전각을 짓기 위해 사찰 창고를 철거하면서 약 트럭 한 대 분량의 서적과 소지품류가 소각, 유실되었다고 하는데,[451] 이 과정에서 그의 유품들 역시 거의 사라진 것으로 추측되어 안타까울 뿐이다.[452]

---

448) 완호스님은 1920년 동안거 때 범어사 금어선원에 房付들인 기록이 남아있다. 불모가 선원에서 정진하는 일은 흔치 않은 일이다. 방함록에 법호는 완호, 법명은 낙현으로 되어 있으며 獻食 소임을 보았다고 기록되어 있다.

449) 문년순, 「금어 양완호의 예술세계와 영도 복천사」, 동국대학교, 2007.

450) 추론이지만 복천사에 남겨진 완호스님의 사진을 보면 한복을 입고 흰 고무신을 신고 정숙한 표정으로 앉아 계신데 일제시대 왜식, 혹은 양식의 복장이 유행하였음을 고려한다면 흰 고무신과 한복을 입은 완호스님의 모습은 조선인으로서의 긍지와 그 아들에게 전해진 항일정신의 근본을 알 수 있다고 하겠다.

451) 복천사 주지 경호스님의 전언에 따른다.

452) 현재 복천사에는 완호스님의 사진 한 장과 그의 작품들 일부, 그리고 완호스님이 친필로 작성한 「禮懺文」과 「日用集」이 남아있다. 스님의 체취가 담겨 있는 필사본이다. 해서체로 쓰여진 글씨는 엄정하고 단아한 느낌을 준다. 재질이 닥종이로

이런 상황에서 우리가 양정욱의 성장과정이나 일화, 그리고 그의 유년기 시절의 모습을 살펴보기란 매우 힘든 일이다. 본고에서는 이러한 사료적 한계를 절감하고 추후보다 많은 자료가 발견된다면 보다 자세한 학문적 연구 성과가 나오길 기대하면서 현재 수집되고 연구된 자료들을 종합하여 간략하게나마 그의 출생과 성장과정을 살펴보는 방식을 취하기로 하겠다. 필자는 영도구청 소장의 양완호의 제적등본[453]을 입수하여 조사를 하였는데 그 내용을 정리하여 보면 아래와 같다(보기 쉽게 재구성하였음).

〈자료 1〉 양낙현의 제적등본 내용 중(1886년 작성, 부산시 영도구청 소장)[454]

```
本籍: 慶尙南道 東萊郡 東萊面 福泉洞 貳百貳番地
  本: 南原
  父: 梁喆晧
  母: 崔○○
戶主: 梁洛現: 明治貳年 拾一月四日生(1869)~昭和八年(1933)亡
  妻: 金次順: 明治九年 拾月六日生(1876)~明治貳拾五年(1892)婚姻
長男: 梁寅穫(1896년~1923년, 27세 卒)
貳男: 正穫(1909년~1931년, 22세 卒, 19세에 일본으로 유학)
參男: 相玉(1916년~1917년, 2세 卒)
四男: 慶煥(1920년~1920년 1개월 후 卒)
長女: 德琮(1905~1982년 77세 卒)
貳女: 德盡(1907~결혼 후 卒)
參女: 德守(1912~어려서 卒)
```

위 표를 바탕으로 양정욱의 가족관계를 살펴보면 그는 1909년 10월 20일 경남 동래군 동래면 복천동 202번지에서 아버지 梁洛現, 어머니 金次順 사이의 4남 3녀 중 2남으로 출생하였다. 아버지 양낙현은 1892

된 이 책은 낱장을 넘길 때 손닿는 부분이 닳아 없어져 다시 보완한 곳이 많다.
453) 경성대학교 박헌목교수 소장.
454) 행정구역상, 현재의 부산광역시 동래구 복천동이다.

년 23세 때 16세의 김차순과 결혼하여 4년 후 장남 인욱을 얻은 뒤 4남 3녀의 7남매를 두었으나 3, 4남은 유아기 때 잃었고 장남도 27세에 병사하였다. 이남인 양정욱 또한 독립운동을 하다가 감옥에서 병을 얻어 잃었으며, 남은 누이 한 분만 성장하였음을 알 수가 있다. 이상이 우리가 얻을 수 있는 양정욱의 가족 관계에 대한 전부이다.

2) 성 장

앞서 우리는 양정욱의 가족관계를 살펴보았다. 그러나 그가 조선의 독립을 위해 항일운동을 하였던 순국선열임에는 분명하나, 이러한 사회주의 노선의 인물들은 국가차원의 확실한 위신회복이 이루어지지 않아 사료의 발굴과 연구에 큰 어려움이 있는 것이 작금의 현실이다. 양정욱의 경우도 마찬가지로 위와 같은 이유로 그의 유년기와 청년기, 그리고 혁조회회원 시기의 활동사항 등의 정확한 행적도 알기가 어렵다. 그러나 다행스럽게 양완호의 외손인 박헌목을 통하여 양정욱의 부산 제2상업학교 시절의 생활기록부 사본[455]을 입수할 수 있었다. 일단 기록부에 수록된 그의 신상명세는 등본에 수록된 기록과 대동소이하다. 그러나 필자는 기록부의 내용 중 주목할 점 2가지를 찾을 수가 있었는데, 그 중 하나는 학년별 발달사항에 적힌 그의 성격과 태도 등을 기록한 부분이다.

여기에는 그의 성격이나 태도 등을 성질, 소행, 재간, 언어복장 등의 여러 부분으로 나누어 기록한 것을 볼 수 있는데, 그의 1학년 시기 부분에는 실직하며 다변하고, 사무적인 재능이 있으며 명석했다는 기록을 확인할 수가 있다. 제3자에 의한 이러한 관찰기록은 그의 성격을 알아보는데 매우 중요한 것으로 우리는 그가 말 잘하고 성실하고 정직하며, 빈틈없는 성격의 소유자라는 것을 유추해볼 수 있다. 하지만 이러한 그에 대

---

455) 경성대학교 박헌목교수 소장.

한 평가는 혁조회 활동을 하던 1928년에 들어서면 완전히 반대로 바뀌게 된다. 실직에서 집요로, 명석에서 조야하다고 그에 대한 평가가 바뀐 것이다. 즉 정직하고 성실했던 성격은 몹시 고집스럽고 끈질긴 성격으로 바뀌었고, '깨끗하고 밝다'고 기록된 그의 언어복장기록 '역시, 거칠고 세련되지 아니하다'는 기록으로 바뀌어 있는 것을 볼 수 있다. 이는 학교측에서 혁조회 활동을 하다가 일경에게 검거되어 퇴학처리 된 양정욱의 평가를 일제의 압박 아래에서 올바르게 기록할 수 없었던 당시의 시대적 상황을 절감할 수 있는 한 안타까운 예라고 볼 수 있다.

마지막으로 한 가지 더 생활기록부에서 연구가 필요한 부분이 확인되는데, 바로 기록부에 정보증인이라고 표시된 부분의 내용이다. 여기에는 주소와 함께 그의 아버지와 숙부에 대한 기록이 보이는데, 여기서 이름은 기록되어 있지 않지만 父라고 표시된 것은 양완호를 말하는 것임이 분명하다. 허나 그의 직업란을 보면 商業이라고 기록되어 있는 것을 알 수 있는데, 양정욱이 부산2상에 입학한 1926년경 양완호는 이미 범어사에 출가한 뒤[456] 당대제일의 大佛母 琓虎洛現禪師[457]라는 이름을 떨치고 있던 때이기 때문에 상업이라고 기록된 부분은 오기이거나 이를 수정하지 못한 부분임에 분명하다. 혹은 승려라는 사실을 기록하지 못한 어떠한 다른 연유가 있는가에 관해서는 추후 연구가 더욱 필요한 부분이라 생각된다.

3. 1920년대의 항일독립운동

양정욱이 태어나고 활동했던 1910~1920년대의 조선은 일제의 강압

---

456) 『근대선원방함록』, 범어사 금어선원편, 대한불교 조계종 교육원 간행, 2006, 309쪽.
457) 「金魚 月洲 元德文의 佛畵世界」, 동국대학교 석사학위 청구논문, 2001, 3쪽.

적인 무단통치 정책으로 인해 조선민중들의 반발이 터져 나오던 그야말로 항일민족운동의 전성기라고 표현할 수 있는 시기였다. 당시의 민족운동은 지방의 식자층과 농민, 그리고 학생들이 결합하여 전개되었는데, 이러한 연합이 가능하였던 이유는 일제가 시행하였던 '토지조사사업'과 '회사령' 때문이었다.

일제는 '토지조사사업'과 '회사령'을 통해 국가재정의 기반이 되는 농촌에서의 모든 관제를 식민지 통치에 맞게 재편하고, 농민층에 대한 조세 수탈을 강화했다. 또한 '회사령'은 일본인 기업의 안정적인 조선내의 침투를 보장하고 독립운동자금의 원천이 될 민족산업에 대한 가혹한 통제를 위한 것이었다.[458] 경제적 약탈과 사회적·정치적 억압 속에서 소수의 매판자본가·매판지주들은 일제가 이식한 근대적 생산관계를 매개로 자본축적의 확산을 도모함으로써 자신의 민족성을 변질시켜 나갔으며, 이러한 노선에서 소외된 식자층과 영세농민들은 학생들과 연합하여 일제의 정책에 반기를 들 수밖에 없었다.

3·1운동은 이러한 일제와 조선민족 간의 중첩된 모순의 결과였지만, 1910년대 세계정세의 변화는 운동의 뇌관을 여실히 자극했다. 이는 제1차 세계대전과 러시아혁명이라는 결과물로 나타났고 이러한 세계정세의 혼란 속에 윌슨 미국대통령이 발표한 이른바 '민족자결주의'는 러시아의 레닌이 주장한 민족자결 주장과 함께 당시 약소민족들의 사상적 원천이 되었다. 이러한 민족자결주의는 구체적인 내용의 차이에도 불구하고 약소민족을 크게 고무했고, 민족문제에 대한 자각과 민족해방운동을 고양시켰다.

1919년 2월 8일 400여 명의 학생들은 동경 유학생 학우회 임시총회라는 명목으로 조선 기독교 청년회관에 모여 '조선청년독립단 대회'를

---

458) 김인호, 「일제초기 조선공업에서의 '과도기 자본주의적'특징(1911~1919)」, 『한국근현대사연구』 10, 1999, 289쪽.

개최하고, 독립선언식을 거행했다. '민족대회소집청원서'와 '독립선언서'의 발표가 끝났을 때 일경의 강제 해산으로 시위는 성사되지 못했다. 이날 대회로 학생대표 10명과 주모학생 20여 명이 검거되어 17명이 기소되었다. 2·8독립선언에서 학생들은 일제의 무단통치를 종식시키고 조국의 자주독립을 쟁취하기 위해서는 일제에 대한 '영원한 혈전의 선포'가 불가피하다는 점을 분명히 했다. 이것은 학생들이 러시아의 볼셰비키혁명 성공과 그에 따른 중국의 정세변화 등 세계질서의 대전환을 통해혁명적 역량에 깊은 신뢰를 가졌기 때문이었다.[459]

이렇듯 1910~1920년대는 사회주의 사상이 조선에 유입되고 전 세계적으로 다양한 사상적 활동이 활발해졌던 중요한 시기였다. 이에 본 장에서는 양정욱의 항일활동을 살펴보기에 앞서, 그가 활동했던 시기보다약간 앞선 1910년대 말부터 1920년대까지의 부산지역에서 일어난 여러항일운동과 학생운동의 전개과정과 의의를 살펴봄으로써 그의 사상적기반과 조선학생들의 항일사상에 대해 한번 고찰해 보고자 한다.

1) 3·1운동의 발발과 전개

3·1운동은 처음 '민족대표'로 불리는 종교계의 지도급 인사들을 중심으로 진행되었다. 이들은 수차례 회합을 거듭하면서 운동의 3원칙으로대중화·일원화·비폭력 노선을 정하고, 독립선언과 일본정부에 대한독립청원을 병행하기로 했다. 학생대표들은 1월 6일과 26일 두 차례에걸쳐 대관원에서 비밀모임을 갖고 대규모적인 반일 민족해방운동을 벌일 것과 '독립선언서'의 작성, 운동자금의 모금, 대중선전사업 등에 대한대책들을 논의했다. 그리하여 2월 20일에는 정동예배당에서 '제1회 학생지도자 회의'가 개최되었으며, 학생대표들은 각 학교 학생 참여에 관

---

459) 鄭世鉉, 「抗日學生民族運動史研究」, 一志社, 1978, 56~68쪽.

한 일체의 임무를 담당했고, 그 실천·수행을 맹세했다.

그러나 약속한 3월 1일 민족대표 33인이 나타나지 않자 학생대표가 중심이 되어 독립선언식을 주도했다. 이날의 독립운동은 서울 이외에도 평양·진남포·안주·의주·선천·원산 등지에서 동시에 일어났고, 계속해서 평안도·함경도·함경도·황해도의 주요도시로 확대되었다. 그리고 3월 10일을 전후해서는 경상도·전라도·강원도·충청도로 확대되어 운동은 전국적 규모로 확산되었다. 그리고 3월 6일에는 만주의 서간도에서, 13일에는 북간도에서 시베리아 연해주, 나아가 미주지역까지 파급되었다.

이러한 운동이 중앙지도부 없이 조직적으로 확산되는 데 결정적인 역할을 한 것은 교사, 학생, 하급 종교지도자, 비밀결사 단원 등 이른바 지방사회의 식자층이었다. 지방의 운동조직화에도 학생들의 역할이 매우 컸다. 이들은 주위의 사람들을 포섭하여 일시적인 시위·봉기를 조직하기도 했고, 그 과정에서 각종 비밀결사·결사대를 조직하여 시위를 준비하고 이끌어 갔다. 3월 중순 이후에는 운동이 중남부 일대로 확대되어 전국적 규모로 확산되었고, 도시뿐만 아니라 농촌에서도 만세시위가 일상화 되었다.

서울에서는 3월 20일경부터 선진적 학생과 노동자들에 의해 노동자들의 궐기를 호소하는 『노동화보』가 배포되었고, 3월 22일 '노동자대회'의 개최를 알리는 선전 작업이 행해졌다. 학생들은 3월 이후 시위, 선전활동, 졸업장 거부, 입학시험 거부, 동맹휴학 등의 반일활동을 계속했다. 일제는 학생들의 수업불참이 계속되자 아무 때든지 졸업시험만 보면 졸업장을 주기로 했으나 학생들은 이에 응하지 않는 건실함을 보여주었다. 3·1운동 당시 학생들의 이러한 정신과 활약은 <표 1>을 통하여 알 수 있다.

〈표 1〉 3·1운동기 학생처분상황

도별	경기도	충북	충남	전북	전남	경북	경남	황해도	평남	평북	강원도	함남	함북	합계
검거학생수	454	47	60	121	222	229	270	156	197	87	30	112	52	2,037
처분학생수	417	43	60	121	222	219	242	145	197	87	27	110	28	1,918

* 출전: 鄭世鉉, 『抗日學生民族運動史硏究』, 一志社, 1978, 143쪽

위의 표를 통하여 약 200개교 1만 2,880여 명의 중등·전문학교 학생이 운동에 참가했고, 2,037명의 학생들이 검거되고, 이중 1,918명이 처벌되었음을 알 수 있다. 이러한 수치는 당시 검거된 학생들의 반일감정이 무척이나 강했음을 알 수 있게 해준다.

2) 부산지역의 3·1운동

경남지방에서는 3월 3일 부산과 마산에서 독립선언서가 배포되고 서울의 시위소식이 전해지면서 시위의 열기가 강해지기 시작하였다. 부산에서는 3월 11일 일신여학교 학생들과 기독교도들이 중심이 되어 경남지방 최초로 3·1운동이 시작되었고, 이후 3월 13일에는 동래·창녕·밀양, 3월 14일에는 의령, 17일에는 함안, 18일에는 합천·친주·통영·하동 등지로 확산되었고, 창원·양산·김해에서는 3월 하순, 울산·남해에서는 4월 상순에 가서야 비로소 시위가 일어났다.

1919년 고종이 서거하고 3월 3일로 인산일이 확정되자 지방의 많은 인사들은 高宗 因山날을 기해 무언가 시위가 일어날 것을 감지하고 서울로 상경했다. 이때에 부산 동래사립고등보통학교의 전신인 동명학교 4회 출신 백광흠과 2회 출신 김진원 등과 같은 동래사립보통학교 출신들도 있었다. 3월 1일을 기해 서울에서 만세시위가 발생하자 여기에 참

가했던 지방 인사들이 독립선언서를 가슴에 품고 귀향하여 지방에 만세
운동의 발단을 알렸다. 동래에 3·1운동 선언문과 격문을 전한 이는 동고
1회생인 곽상훈이었다. 곽상훈은 동고 1학년생인 최익수에게 선언문을
넘겨주고 이 선언문은 다시 일반인 박성해를 거쳐 부산상업학교 전해졌
고, 선언문은 또 다시 일신학교(동래여고전신)에서 인쇄되어 이곳에서
태극기와 함께 인쇄되어 일반인들에게 유포되었다.[460]

그 밖에 부산진보통학교(현 부산진 초등학교의 전신) 교사 홍재문과
연락을 하여 부산진 보통학교 학생들을 의거에 참가하게 했다. 그리고
일반인 유유진, 백용수 두 사람을 시켜 부산 지역 청년단체 및 유지들의
참가를 독려했다. 이리하여 부산의 3·1운동은 3월 8일 기해 표면화되고
마침내 영주동, 초량동, 좌천동에 태극기와 벽보가 붙었다. 이튿날 3월
12일 오후 2시경에는 부산진 보통학교의 최고 학년이었던 4학년생들이
홍재문 교사의 인솔 아래 시위를 전개했다.

부산지역의 다른 3·1학생 운동 사례를 보면 다음과 같다.

첫째, 부산진 일신여학교 의거이다. 동래여고의 전신인 일신여학교는
1895년 10월 15일 호주선교단에 의해 좌천동 수정산 기슭에 설립되었
다. 3월 2, 3일경 동고를 비롯한 서울로부터 3·1운동의 소식을 듣고, 준
비를 서둘렀다. 3월 11일 오후 9시경 고등과 학생 김응수, 송명진, 김반
수 등 11명과 주경애, 박시연 교사는 준비한 태극기를 손에 들고 독립만
세를 부르며 기숙사를 나와 좌천동에서 시위를 전개했다.

둘째, 동래 범어사 학생의거이다. 동래 범어사 학생의거는 일신여학
교와 동래고보 학생의거가 일어난 후, 불교계 지도층이 배후에서 시위를
주도했다. 1919년 2월 하순경 불교계를 대표하는 한용운은 범어사로 내

---

460) 동래여고 3·1만세시위에 대해서는 부산직할시사편찬위원회, 『부산시사』, 제1권,
　　　1989, 1002~1004쪽 ; 보훈처, 『광복 50주년 포상(독립유공자 공적서)』 제4권,
　　　401~402쪽.

려와 그 당시 주지 오성월을 비롯하여 이담해, 오이산을 만나 3·1운동에 대해 의논하고 서울로 올라갔다. 곧 이어 범어사 주지 오성월, 이담해 등은 곧 범어사에 관련된 김법린, 김영규, 차상명과 지방학림 대표로 김상기, 그리고 명정학교 대표 김한기 등 7명의 대표자를 범어사 대표로서 서울의 3·1운동에 참가하고자 상경했다. 동래 범어사 연락책인 김법린과 김상헌은 한용운의 지시에 따라 3월 4일 독립선언서를 가지고 범어사로 내려왔다. 그러나 18일 밤 이근우, 김해관, 김재호, 윤상은 등 40여 명의 명정학교와 지방학림 학생들은 동래읍 서문 부근에서 동래 시장을 거처 남문까지 운동을 전개했다. 계속되는 부산지역민의 시위를 진압하기 위해 일경은 주동인물 검거에 착수했다. 그리고 일제는 본 의거가 있은 후 범어사 명정학교와 지방학림을 해체시켰다.

셋째, 구포 장터 의거이다. 부산진과 동래지역의 학생층과 부르주아 계급의 의거는 곧 부산인근지역으로 알려졌고, 여기서 고무된 부산 인근 지역의 민중들도 시위 대열에 참가했다. 특히 구포와 기장지역의 시위는 청년학생들의 주도와 노동자, 농민들의 참여로 인해 시위가 훨씬 적극성을 띠었고, 일경의 탄압은 더욱 폭력적으로 변했다. 구포 의거는 경성의 학 전문학교에 다니던 양봉근의 당부와 구포면 서기 임봉래, 윤경등에 의해 도모되었다.[461] 3월 29일 주동자들은 준비된 독립선언서와 태극기를 비밀리에 박덕홍, 손진태, 김장학 등 청년동지들에게 나누어 주고 정오를 기해서 구포장터에서 장꾼 1,000여 명과 더불어 '독립만세'를 외쳤다. 박덕홍은 큰 태극기를 흔들고 안화중은 시위를 위해 장터의 철시를 호소하면서 장꾼을 지휘했다. 이 날 구포장터의거는 구포 주민은 물론 장을 보러 왔던 김해·양산·동래 등지의 사람들도 처음에는 한낱 장꾼

---

461) 구포장터 의거에 대해서는 다음을 참조. 김정명, 『조선독립운동』 제1권, 435쪽 ; 『독립운동사』 제3권, 190~193쪽 ; 이용락, 『3·1운동실록』, 612~614쪽 ; 『부산시사』 제1권, 1010~1011쪽 ; 삼일동지회, 『부산 경남 3·1운동사』, 54~57쪽 ; 『북구향토지』, 289~295쪽 ; 최해군, 『부산의 맥』, 45~47쪽.

으로 만세를 따라 부른 것이었으나 일경이 주동자를 체포하고 시위를 방해하는 등 탄압으로 나오자 본격적으로 시위에 참가했다. 본 의거에서 검거되어 갖은 고문과 문초를 받은 주동인물은 대부분 20~30대의 청년들로 농민, 상인, 노동자들이었다.

넷째, 기장의거이다. 기장지역은 사회주의 전통이 강한 지역으로, 청년운동이 활발하게 전개되던 지역이다.[462] 기장의거의 주도자는 김도엽, 권철암 등 7명이다. 이들은 4월 5일 독립선언서와 큰 기를 휴대하고 기장읍 장터에서 대한독립만세를 외쳤다. 이들의 이러한 행동으로 시위대에 끼어든 군중이 삽시간에 늘어나자, 일경은 시위대를 포위하고 공포를 쏘면서 탄압하자 해산하였다. 4월 5일부터 기장에서 전개된 운동은 8일, 10일, 11일에도 계속되었다. 이와 같이 기장에서 전개된 운동은 끈기 있게 지속되었다. 이곳 기장의거는 인근 일광, 장안, 정관지역의 3·1운동에 큰 영향을 끼쳤다.

다섯째, 정관좌천시장 의거이다. 정관좌천시장운동은 기장군 교리에 거주하는 김수룡에게서 오해환이 독립선언서를 입수하면서 시작되었다. 그들은 4월 8일 좌천장날을 기해 시장에서 거사를 도모하기로 결의했다. 4월 8일 장날이 되자 이른 아침부터 5~6백 명의 농민들이 장꾼을 가장하여 시장 통으로 모여들었고 오전 7시경 각처에서 운집한 장꾼들이 붐빌 때 오진환을 비롯한 5명의 동지들과 그들을 따르는 많은 사람들이 태극기를 높이 들고 독립만세를 외치니 수많은 군중들이 이에 호응하여 마을 전역을 누비면서 시위행진에 들어갔다. 이에 놀란 일경과 수비대들은 총검으로 무장하고 야만적인 방법으로 무차별 발포하여 많은 부상자가 발생했고 오진환 등 50여 명이 좌천주재소로 연행되자 시위 군중들

---

462) 기장의거에 대해서는 김정명, 『조선독립운동』 제1권, 518, 591, 594, 597쪽 ; 이용락, 『3·1운동실록』, 600~602쪽 ; 광복회, 『3·1운동』, 86~87쪽 ; 『양산군지』, 670~673쪽 참조.

은 주재소를 2중, 3중으로 포위하여 투석전을 벌이며, 석방을 요구하여 연행자 전원을 구출했다.[463]

부산 제2상업학교 학생들 역시 부산이나 그들의 고향에서 3·1운동에 적극 참가했다. 그리하여 부상은 3월 10일 임시 휴교령이 내려지고 학생들은 전원 귀향 조치되었다. 그 결과 3월 22일 제8회 졸업생 37명은 졸업식을 하지 못하고 개별적으로 졸업장을 받아가는 상황이었으며, 입시는 3월 27일에, 수업은 5월 5일에 비로소 개시했다. 6월 30일 당시 부상 학생 132명 중 18명만 등교하고 나머지는 맹휴 중이었다. 특히 부상 재학생 이남식은 영도 옥성학교 교사 정인찬의 지도를 받아 영도에서 운동에 나섰다.[464]

이상에서 살펴본 바와 같이 부산지역의 3·1운동은 학생층 주도하에 기독교계, 불교계 인사 등 수많은 민중들이 동참하여 전개되었다. 부산은 일제 침략의 전초기지로서, 전조선 어느 지역보다도 일제 침략은 계획적이고 적극적이었다. 따라서 개항 이후 계속되어 온 일본 자본가 위주의 도시계획에 의해 많은 타격을 받은 상인, 노동자, 농민, 학생들의 투쟁은 치열할 수밖에 없었다.

3) 3·1운동의 한계와 역사적 의의

3·1운동은 우리 민족해방운동사에서 거대한 분수령을 이루는 전 민족적 항일투쟁이었다. 그럼에도 불구하고 실패한 것은 일제의 유혈적인 탄압이 주원인이었지만, 주체역량의 한계 또한 그에 못지않은 요인이었다.

첫째, 전 민족을 조직하고 역량을 충분히 발휘할 조직체가 없었다는

463) 좌천시장 의거에 대해서는 김정명,『조선독립운동』, 59쪽 ;『독립운동사』제3권, 202~203쪽 ; 삼일동지회,『부산경남 3·1운동사』, 165~167쪽 참조.
464) 釜山商業學校同窓會,『釜商百年史』, 1995, 40쪽.

것이다. 부르주아민족주의자들은 계급적 기반이 취약하고, 민중 역량에 대한 불신으로 인해, 그리고 민중들은 아직 운동을 지도할 만큼 성숙하지 못했기에 실패했던 것이다.

둘째, 당초 운동의 준비단계에서 지도적 위치에 있던 민족대표가 구체적인 투쟁계획과 전술을 수립하지 못하면서 운동이 효과적으로 지속될 수 없었다는 점이다. 이들은 당시 국제정세와 해외의 독립운동에 고무되어 '독립'이라는 비타협적 슬로건을 내세우고 운동을 계획했으나, '독립선언'과 일본에 대한 '독립청원' 방식에 주력하여 운동의 비폭력적 전개를 강조했다. 그러나 이러한 운동방식은 일제의 총칼에 맞서 만세시위를 벌이던 투쟁의 현장에서는 한낱 허구에 지나지 않았다.

셋째, 제국주의 국제질서에 대한 낙관 아래 청원주의적 방식을 채택했다는 점이다. 당시 제1차 세계대전의 승전국인 영·미·일 3국은 자신의 식민지문제는 '내정'으로 취급했다. 그러나 부르주아 민족주의자들은 이러한 세계정세를 '세계 개조의 신시대'로 인식하고, 나아가 일본제국주의에 대한 정면비판을 회피했다.

3·1운동은 일제에 대한 전 민족적 항거였다는 점에서 우리 민족의 잠재력을 보여주었으나 비조직적이고 자연발생적인 차원에 한정되면서 결국 실패했다. 그러나 3·1운동의 실패 속에서 운동세력들은 종래와 같은 비조직적이고 자연발생적인 운동만으로는 결코 해방을 이룰 수 없음을 깨닫게 되었다. 이후 3·1운동에 참여했던 학생뿐만 아니라 노동자·농민 등 모든 사회계층들은 자신들의 이해관계를 대변하는 독자적인 조직을 결성했다.

3·1운동의 의의로 또 하나 들 수 있는 것은 합법공간의 확대이다. 즉, 3·1운동으로 거센 반발에 부딪히자 일제는 집회·결사의 자유를 일정하게 용인하는 정책을 취했다. 비록 제한적이었지만 3·1운동의 성과를 바탕으로 대중운동을 할 수 있는 최소한의 합법공간이 창출된 것이다.

3·1운동은 세계 도처에서 고양되던 식민지 민족해방운동에도 영향을 주었다. 제1차 세계대전 후 사회주의 국가의 탄생, 자본주의 국가의 노동운동과 같이 전 세계적으로 혁명적 분위기가 높아지는 가운데 새로이 식민지의 민족해방운동이 세계혁명의 일부로 이해되었고 3·1운동은 그 선구를 이루는 사건이었다.

4. 양정욱의 항일과 革朝會

1) 혁조회의 결성(1928년 6월 맹휴)

3·1운동이 기폭제가 되어 일제의 식민지정책이 바뀌면서 조선 내에 집회나 결사 등이 가능할 수 있는 합법적공간이 창출하게 되었다는 사실은 앞서 설명한 바 있다. 이러한 움직임은 학원 내에서도 활발히 진행되어 표면적으로는 맹휴로서 항거하는 것과 함께 내면적으로는 민족혼을 깨우쳐주는 독서회의 활동이 각 학교에서 왕성하게 전개되었다. 즉 독서회는 민족정신을 학생 간의 연합을 통해 널리 알리는 것을 그 목적으로 조직되었다고 할 수 있는데, 이러한 독서회의 유형에는 두 가지 형식이 존재하였다. 그 중 하나는 당시 풍미하던 사회주의 사상을 중심으로 형성된 독서회 조직이었고 다른 하나는 국사나 한글 보급을 목적으로 한 독서회의 형태가 있었다. 전자의 대표적 조직이 혁조회[465]이고 후자의 대

---

465) 革朝會. 원래 흑조회란 이름으로 알려져 있으나 이 흑조회라는 명칭이 사용된 예는 원호처에서 발간된 『독립운동사』에서 발견될 뿐이고 흑조회라는 명칭은 당시 발간되었던 신문자료(『동아일보』 1929년 2월 15일 기사, 『서울신문』 1949년 3월 30일 기사)에서 모두 혁조회라는 명칭으로 기사를 게재하고 있기에 본고에서도 혁조회라는 명칭을 사용한다. 필자는 『부산지역학생운동사』(2003)에서 충분한 검토 없이 혁조회를 흑조회로 표현해 버렸다. 혁조회가 흑조회로 그 명칭이 바뀐 채 기록된 것은 관련자의 증언과정에서 착오가 생긴 것 같다. 차후 수정하려고 하기에 기록해둔다.

표적 조직이 1937년 결성된 동래고보 조선어 연구회였다. 그 중 본고에
서는 양정욱이 활동했던 혁조회의 상황을 중심으로 살펴보기로 하겠다.

혁조회는 1925년 가을 동래보통학교를 졸업하고 동고에 진학한 4학
년 박인호, 최두해, 최정배, 송경희 등과 부산 제2상에 다니던 김규직,
양정욱, 윤태윤, 윤호관 등이 주축이 되어 동래독서회를 조직했다. 이들
은 정기적으로 회합하고 월간지를 만들어 비밀리에 학우들에게 보급하
고 동지를 규합했다. 회원은 대략 40여 명으로 사무실은 최두해 자택이
었다고 전해진다. 기존의 『부상백년사』 등에는 동회의 회원이 40여 명
으로 기술되어 있으나 앞의 노덕술 공소문에는 약 150여 명이라 지적하
고 있다. 참여했던 세력에 대한 분석이 필요한 부분이다.

이들은 학생 중심 독서회 활동만으로는 제한적이라고 판단하여 1927
년 가을 김규직의 자택에서 모임을 갖고 여러 명의 사회인사와 학생들을
규합했는데, 이러한 방법은 조직 강화와 동지 규합 및 투쟁을 보다 활발
하게 하는 촉매가 되었다. 그런 와중에 동래서 형사들이 본 조직 상황을
파악했다는 사실을 알게 되었다. 그리하여 독서회 회원들은 전체 모임을
가지고 개별적으로 보유한 수필집 및 문건을 불사르고 자진 해산했다.
동래경찰서는 곧바로 독서회에 대한 수사를 시작했고, 결국 특별한 물증
이 없었기에 유야무야되었다.

2) 혁조회의 활동과 한계

겉으로는 해산한 듯 보여도 독서회는 실제 활동을 중단한 것은 아니
었다. 하지만 회원이 증가함에 따라 지도부는 장차 독서회가 발각될 것
을 우려하여 핵심 회원만을 선별하여 동고는 동고, 부2상은 부2상 독자
의 조직을 각기 만들기로 했다. 그리하여 양 학교는 1927년 가을 무렵
독서회의 명칭을 혁조회라고 했는데 양 교의 독서회 조직 명칭이 같은

것으로 보아 리더들의 유대가 긴밀했다는 사실을 보여준다. 그 뒤 부2상의 혁조회는 1928년 6월 전 조선에 걸친 맹휴에 즈음하여 적극적으로 가담했다. 당시 많은 학생들이 퇴학을 당했는데 그 중 혁조회 회원인 양정욱 또한 퇴학 명단에 들어 있었다. 그 후 양정욱은 진학을 위해 일본에 갔으나 여의치 못하여 부득이 귀국했다. 그런데 일본으로 진학하려 했다면 일본으로 유학한 셈인데 유학동기, 유학학교, 귀국동기 등이 밝혀진다면 양정욱의 항일사상을 이해하는 데 큰 도움이 될 것인데 지금까지는 관련된 자료를 전혀 입수할 수 없고 이 부분에 대해 증언도 없어 매우 안타깝다. 전해지는 바에 따르면 양정욱은 귀국하던 관부연락선에서 고등계 형사의 검문을 받고, 소지한 수첩에서 혁조회 관계 메모가 발각, 이것이 단서가 되어 부산 제2상업학교 혁조회 소속 9명의 간부들이 구속되면서 이 학교의 혁조회 조직은 붕괴되었다.[466)

그러나 동래고 혁조회는 계속 그 명맥을 유지하여 14회 이봉호, 15회 장세무, 이상기, 장지완, 정예영, 이동우, 구자옥, 손연순 등에게 이어져 그 후 10여 년 동안 계속되었다. 양 교의 이러한 혁조회는 아래에서 살펴볼 1928년 함흥고보 맹휴에 대한 연대 맹휴로써 양 교가 그 해 6월에 맹휴를 단행할 때 견인차 역할을 했다. 한편 1928년 6월 동고 맹휴는 1928년 5월 함흥고보에서 발생한 맹휴에 연대한다는 차원에서 발생했다. 함흥고보 학생들은 맹휴를 하면서 격문을 작성하여 조선 내 각급 중등학교와 재일조선인 단체에 발송하면서 맹휴에 동참할 것을 호소했다. 식민지 차별교육과 군사교육의 폐지 및 학내 학우회의 자치를 들고 시작된 함흥고보의 맹휴는 전조선의 각급 중등학교에 영향을 미쳤다. 그 결과 부산지역에서는 부산제2상 외 동고생들이 연대 동맹휴업을 했다. 부산제2상 학생들은 6월 17~18일에 ① 조일학생공학제 반대 ② 일본인

---

466) 부산상업고등학교, 『釜商八十年史』, 1975, 90쪽 ; 釜山商業學校同窓會, 『釜商百年史』, 1995, 55~57쪽.

교장 사퇴 ③ 조선어 교수 ④ 조선어 신문잡지를 도서실에 비치할 것 등을 요구조건으로 맹휴에 들어갔다.[467] 그 결과 총 188명의 퇴학생과 198명이 무기정학 처분을 받음으로써 부산2상은 폐교 직전에 놓이기도 했다.

이들 가운데 총책 김규직은 옥사하고, 양정욱과 사회인 유진홍은 병보석으로 가출옥했으나, 얼마 지나지 않아 병사했다.[468] 윤병수는 혁조회 사건 이외에 일제에 대한 불경죄를 범했다고 해서 3년 6월의 실형, 윤태윤, 윤호관과 사회인 최장학, 어소운, 최명인은 2년 징역에서 3년 집행유예의 판결을 받고 출옥했다.[469]

동 고에서도 6월 18일 ① 교장 및 일본인 교사 2명의 배척 ② 조선어시간의 증가 ③ 교내 강연회에서 조선어 사용 등을 요구하고 맹휴에 참가하여 6월 21일경 맹휴를 마쳤다. 동고와 부산 제2상업학교의 맹휴에 대해 경상남도 학무당국자는 다음과 같이 주장하였다.

> 학생의 요구조건을 보면 학생의 학교당국에 대한 요구조건이 아니고 이것은 정치운동으로 볼 수 있으니 도저히 학교로서는 들어 줄 수 없는 조건이며 사회사상 단체에 속할 문제를 학생의 신분으로 제출함은 매우 유감스럽다. 학부형 여러분의 노력으로 속히 원만한 해결을 바라지만 만일 반성이 없고 이 소요가 계속된다면 폐교도 사양하지 않겠다.

일제당국은 학생들의 정당한 요구에 대해 위와 같이 강경한 방침으로 대처했다. 이에 대응하여 양정욱이 재학 중이던 부2상이 가장 심하게 반발을 하였으며 그 결과로 가장 많은 희생자가 발생했다. 1928년 6월 맹휴는 전말을 볼 때 동고와 부2상이 1927년에 결성된 각 학교의 혁조회

---

467) 『중외일보』 1928. 6. 29.
468) 『동아일보』 1928. 6. 19, 6. 21, 6. 24, 6. 27, 6. 29, 7. 3, 9. 15 ; 1929. 9. 16, 9. 26.
469) 釜山商業學校同窓會, 『釜商百年史』, 1995, 57쪽.

조직 간의 연대를 기반으로 하여 함흥고보의 맹휴에 호응하여 벌인 맹휴였다.

이상의 활동이 양정욱이 활동한 시기의 혁조회의 활동내역이다. 우리는 위의 내용 중 부산 제2상과 동고가 휴맹시기 내세운 요구조건에 주목할 필요가 있을 것이다. 즉 양 교는 공통으로 일본인 교장 및 교사의 사퇴를 주장하고 조선어 사용시간과 강습시설의 확충을 주장한 것을 확인 할 수 있다. 특히 부산 제2상은 특별히 조일학생공학제의 철폐를 주장하고 있어 당시 조선인 학생들은 일본인 교장 및 교사 그리고 일본어 교육에 상당한 반발감을 가지고 있었으며, 일본인 학생과의 관계도 매우 거리가 있었다는 것을 확인할 수 있다. 이러한 요구조건들은 철저한 민족문화 수호의 사상으로 확대하여 인식하여도 별 무리는 없을 것이며, 이러한 사상들은 역시 앞서 말한 3·1운동 당시 싹을 틔운 민족주의 정신이 여전히 사라지지 않고 지속되고 있었음을 보여준다고 할 수 있겠다.

그러나 이러한 학생운동의 한계는 학생들이 끌어들일 수 있는 항일세력의 한계가 역시 그 학교나 이웃의 학교에만 국한된다는 점을 들 수가 있다. 부산 제2상과 동고역시 양 교가 긴밀한 관계를 유지하며 혁조회를 이끌어갔지만, 일반인이 조직한 사회주의 계열의 청년운동단체[470]와 공조하지 못한 채 그 맥이 끊어졌다는 점에서 다소 아쉬운 점을 드러내고 있는 것이 사실이다. 그러나 이러한 사실들도 그들이 학생의 신분으로 보일 수 있는 거의 모든 성과를 이루어냈다는 점은 절대 간과할 수 없다.

---

470) 1920년대 후반 당시 부산, 경남지역에는 동래청년동맹(1928) ; 양산청년동맹(1927) ; 신흥청년동맹(1927) ; 울산청년동맹(1929) 등의 청년단체가 존재하였다. 김승, 『1920년대 경남 동부지역 청년운동』, 부산대학교 사학과 박사학위논문, 2003.

5. 맺으며

이상에서 우리는 양정욱의 생애와 혁조회 활동, 그리고 3·1운동시기부터 일어난 다양한 항일의거와 학생운동의 전개와 그 한계를 고찰해 보았다. 또한 기존의 훈공자 선정에서 다소는 외면당하고 있는 사회주의계열의 인물인 양정욱 개인의 생애와 활동을 재복원함으로써 추후 같은 상황의 인물들이 더욱 더 발굴되고 연구되어 보다 많은 성과를 얻을 수 있길 기대할 수 있게 되었다. 소정의 과정을 통해 양정욱과 혁조회, 그리고 영도지역의 복천사 중심의 항일운동에 대해 우리는 다음과 같은 평가를 내릴 수 있다.

양정욱은 부산이 낳은 자랑스러운 독립 운동가이며, 그의 아버지 양완호 역시 불교계에서 일정한 위치를 유지하며 독자의 불화세계를 구축하는 동시에 이러한 기반을 바탕으로 아들과 함께 독립운동에 뛰어들었음은 확실하다. 이러한 점은 현재 남아있는 완호의 유품이나 작품 중 어느 한 곳에서도 일본의 연호가 쓰여 있지 않다는 점과 함께 앞서 제시한 생활기록부 상의 양완호의 직업이 승려가 아닌 상업이라고 적혀있는 점에서 그 증거를 유추해 볼 수 있다.[471] 다소 비약일 수도 있겠으나, 지금도 영도 복천사의 고령의 신도들 사이에서는 복천사 뒷산에 암굴이 여러 개 있었고 일제시기, 독립투사들이 은신처로 사용했다는 전승이 남아있

---

471) 또한 완호의 올바른 인품을 알수 있는 글로 「운봉선사 법어집」에 실린 '弔 玩虎 和尙(조 완호화상)'이란 글을 들 수 있는데 이 글의 한글 풀이는 다음과 같다. "완호화상의 부고를 받고 아이고, 아이고. 완호스님이여! 애닮고 애닮도다. 칠십여년을 사바세계에 노니시며 불모가 되시어 무량공덕을 이룩하셨고, 본색을 감추고 세속과 함께 하되 어느곳에서나 걸림이 없었도다. 애닮고 애닮도다! 화상의 최후여 피부가 탈락하니 眞體가 눈 앞에 나타남이라. 돌호랑이가 불 속에서 잠을 자고 진흙소가 바다 위를 달리는구나. 화상은 어디로 돌아가셨나요! 애달프다! 해지는 바닷가의 노을은 곱고 푸른 파도 물결 위의 돛단배 외롭구나."

다.472) 또한 복천암 스님들이 대각사로 내려와 태극기 그리는 법을 몰래 가르쳐주었다는 전승도 전해진다.473) 이러한 전승들을 살펴보면, 완호 역시 아들의 항일운동을 영도 복천사를 중심으로 도우며 자신의 신분을 감추며 활동을 했다는 추론이 가능하다.474) 즉 일경에 쫓기는 항일투사가 은둔하거나, 사찰의 스님들이 불화소라는 특징을 살려 태극기를 그려서 유포하였다는 기록은 복천사가 부산지역 항일운동의 전초기지라는 전제가 당시 대중에게 깔려있지 않았다면 전해질 수 없는 것이기 때문이다. 사찰이라는 공간적 특성, 그리고 부산시내와는 다소 떨어진 영도라는 지리적 특성을 고려해본다면 당시 혁조회 회원들의 집회나 연락의 장소로 이용되었을 가능성도 전혀 배제할 수 없다.

---

472) 복천사 주지 경호스님 외, 다수의 신도들의 전언에 따른다.

473) 최근 복천사에서 造像經과 結手集, 密敎集이 발견되었다. 조상경은 불상제작의 교과서와도 같은 책으로 화승들은 꼭 소지하였는데 복천사의 조상경은 지금으로부터 약 450년 전 만들어진 아주 귀중한 자료이다. 결수집 역시 불상의 여러 수인과 그 명칭을 설명해 놓은 책으로써 불상의 조성이나 불화의 제작에 꼭 필요한 책이다. 이러한 서책들이 복천사에서 발견되었다는 것은 당시 복천사가 양완호를 중심으로 영남지방의 중심 불화소였다는 사실을 다시 한번 정립시켜주는 귀중한 자료라고 할 수 있다.

474) 완호스님의 손제자 진종만은 일제시기 당시 범어사에서 개최하던 이른바 '시국회의'를 일제의 감시를 피해 복천사로 옮겨 개최하였다고 월주스님께 전해 들었다고 증언하였다. 본 연구를 진행하면서 문서자료가 많이 소실되어 연구에 큰 난관이 있었다. 그렇기에 이러한 증언을 통한 연구가 시급한데 증언을 해주실 복천사 전 주지 월주스님은 이미 입적하셨고, 복천사신도회 회장을 오랜 기간 역임한 전 부산시교육감 이윤근씨 역시 지병으로 인해 증언들을 수가 없었다. 추후 연구가 더욱 필요한 부분이기에 기록하여 둔다.

제4장

더 넓은 수평선에 서다

제1절 한말 일본 유학생의 계몽사상

1. 들어가며

한말 개화선각자들은 메이지유신 이후 급속히 발전한 일본에 유학생을 파견하여 사관교육 및 기술연수를 행하는 것이 짧은 기간 내에 본국이 부국강병할 수 있는 첩경이라 판단하고 이를 추진하였다. 그 결과 1882년 이후부터 다수의 관비유학생이 일본에 파견되었고, 을사조약을 전후해서는 많은 사비유학생들이 국권회복을 달성하는 데는 신지식의 체득이 무엇보다도 중요함을 인식하고 일본에 유학의 길을 택하고 있다.

이들은 비록 일본에서 유학하고 있지만 이들이 배우고자 한 것은 일본문화가 아니고 일본어로 번역된 서양학술임을 명백히 하여 문화민족으로서의 긍지는 버리지 않고 있었다. 여기서 이들은 단체를 조직하여 친목을 도모하였고, 기관지를 발간하여 애국계몽활동을 전개하였다. 이의 과정을 이들은 대개 創始時代, 分居時代, 團合時代 등 3기로 나누어 설명하고 있다.[1]

첫째, 창시시대는 1896년 '대조선인일본유학생친목회'가 조직되고, 곧 '제국청년회'로 계승되어진 시기이다. 이 단체의 조직목적은 유학생 상호 간에 '친목의 義'를 확장하는 데 있었다. 그런데 이 단체는 관비유학생들이 국내사정에 의해 소환당함으로써 뚜렷한 활동도 없이 곧 폐지되었다. 그러나 유학생단체의 맹아가 되었는데 이 의의가 있다고 보여진다.

둘째, 분거시대는 1904년에 관비생으로 '한국황실특별유학생' 50여

---

1) 『大韓興學報』 13호, 2쪽. KN生 「本會今昔之感」.

명이 파견되고, 상당한 사비학생이 유학함으로써 관사비 혹은 지역 간으로 분리되어 다양한 학회가 조직되었던 시기이다. 즉 관서지방출신의 '태극학회', 호남지방출신의 '호남학회', 기호지방출신의 '漢錦靑年會', 영남지방출신의 '洛東親睦會', 관비생들의 모임인 '共修會', 유학생들의 예비교육을 목적으로 조직된 '光武學會', '東進學會'[2] 등이다. 이 단체들은 유학생 상호 간의 친목도모뿐만 아니라 본국국민의 지식계발을 위해 각자 기관지를 발간하여 계몽활동을 전개하였다.

그런데 러일전쟁 이후 본국이 일본에 의해 강제적인 을사조약이 체결되자 유학생 간에 위기의식이 고조되었다. 이에 유학생들은 유학생단체의 통일에 의한 보다 조직적인 계몽 및 정치활동의 필요성과 유학생 자신들의 자위를 위해 보다 강력한 자치적인 단체의 필요성을 절감하고 '대한유학생회', '대한학회' 등을 차례로 조직하여 기존 단체들의 통합을 시도하였다. 그러나 유학생 간의 지역성과 선민의식이 완전히 해소되지 않아 유학생 전 단체가 통폐합되지는 않았다. 그렇지만 이 단체들은 단체조직의 목적이 전 단체와 같이 친목도모나 지식교환에 있지 않고 애국계몽에 있음을 분명히 하고 있다.

셋째, 단합시대는 일부 유학생들의 적극적인 유학생단체의 통합운동과 본국국민의 서간을 통한 격려와 금전적인 지원 등의 성원으로 지금까지 상존했던 '대한학회', '태극학회', '공수회', '연학회'를 완전히 통합한 '대한흥학회'가 창립된 시기이다. 이 학회는 이미 국권이 피탈된 상황에 있었고, 또 이들의 활동무대가 일본 지역인지라 경제적 정치적 활동을 통한 정치적 성격의 계몽활동은 전개할 수 없었다. 그렇지만 유학생들은 본국국민을 위한 계몽활동을 포기하지 않고 그들이 체득한 신지식을 바탕으로 학보의 논설을 통해 본국 국민의 가치변화 및 의식성장을 기대할 수 있는 교육적인 계몽활동을 전개하였다.

---

2) 拙稿, 「大韓學會에 관한 一考察」 『釜山産業大學校論文集』 제6호, 1985.

이들은 이와 같은 계몽활동의 전개가 본국의 국권회복에 기여할 수 있다는 인식의 근거를 러일전쟁 이후 본국 국민이 받은 영향에서 구하고 있다.[3] 그러면 본고에서는 새로운 세계사조에 접해 신지식을 함양함으로써 구한국 시대 새로운 지식층이 된 유학생들이 선진사조와 지식을 어떻게 수용하여 본국 국민을 위한 계몽활동에 이용하였는가를 살펴보고자 한다. 이를 위한 자료로는 각 단체가 발간한 기관지를 이용하고자 한다. 현재로서는 다른 자료를 필자가 구득하지 못했기 때문이다. 이와 같은 작업이 한말유학생의 연구와 한말계몽운동의 단면을 밝히는 데 일익이 되었으면 한다.

2. 정치사상

주지하다시피 한말 계몽사상은 실학사상, 개화사상, 독립협회사상의 맥락을 잇고 있다. 실학사상에서는 군주는 민중의 지지를 얻지 못하면 민중에 의하여 교체된다고 하여 군주의 절대권을 일부 부인하는 데까지 이른다. 개화사상에서는 나라의 정체는 군민이 共治하는 것이 가장 좋은 것이라 하여 입헌군주제까지 이르러 근대적인 면을 보여주고 있다. 독립협회사상에서는 국민의 참정에 의한 입헌대의군주제까지 성장하고 있다. 이와 같은 국내사상의 흐름을 인식한 유학생들의 정치사상은 어느 단계에까지 와 있는가를 애국론과 국민국가론으로 나누어 검토해 보고

---

3) 『대한흥학보』 10호, 14쪽. 소묘생 「갑진이후열국대세의 변동을 논함」.
   '일월이라도 낙망치 말지어다. 일월이라도 실심치 말고 나아갈 지어라. 일노전쟁 이후 한국은 정치상의 치욕을 수하였으나 사상계에 대하야는 특수한 영향을 피하였시니 일왈 국민의 자각즉교육의 진보오 이왈 인권회복의 풍조즉종교의 파급이오 삼왈 청년학생의 애국식이 향학식으로 병행하는 경향이오 사왈 유학생이 증가 일시라' 하여, 이는 본국국민이 자진자립하고자 하는 국민성에서 기인된다고 판단하고 있었다.

자 한다.

1) 애국론

을사조약을 계기로 일본의 식민지정책이 종래의 고문정치에서 보호정치로 급전하자 국내정세의 변화에 민감한 유학생들은 국내 상황의 위기감을 절감하고 있었다. 이들은 자력에 의한 국권회복의 길은 우선적으로 국민들로 하여금 애국심을 고취시키는 데 있다고 주장하고 있다. 이들이 제시하고 있는 애국론이란 어떤 것인가를 살펴보고자 한다. 이들은 국가존망이 위기에 직면케 된 원인을 국민의 애국심 결핍에 있다고 보고 애국심의 중요성을 논하고 있다.

> 여(余)는 언(言)하되 국가의 최대재액(最大災厄)은 정치법률의 부진이 아니오. 농공상업의 위(萎)폐가 아니오. 군제(軍制)의 미비가 아니오. 인족(人族)의 과약(寡弱)이 아니오. 단기민족(但其民族)의 애국심이 결핍함에 재(在)한다 하노라.[4]

이들은 애국은 국가존망의 관건이 됨을 지적하고 애국하는 마음의 자세는 애가하는[5] 것과 같이 하여야 한다고 강조하면서 애국심을 고취시키는 방법을 제시하고 있다. 즉 국민들로 하여금 조선혼을 불러일으켜야 한다는 것이다.

이들이 설명하고 있는 조선 혼을 살펴보면 다음과 같다. 사람에게는 '인혼'이 있듯 국가에도 '혼'이 있는데 '국혼'이라는 것이며, 국가 단체를 조성유지해 가는 민족은 그 국가고유의 국혼을 가지고 있다는 것이다. 따라서 우리 민족의 국혼은 조선혼이며, 지금이라도 국민들이 조선혼을 발기한다면 이미 잃어 버렸던 정치권, 재정권, 외교권을 회복하고

---

4) 『太極學報』 5호, 17쪽 ; 李潤柱, 「愛國의 義務」.
5) 『대한유학생회학보』 2호 ; 윤대진, 「애국당여가」.

독립국가로서의 주권을 공고히 할 수 있다는 것이다.[6] 이들은 애국심이
일어나게 되는 원인에 대해서도 언급하고 있다.

> 억자기(抑自己)의 군주를 애(愛)함인가. 외국의 침모(侵侮)를 인(因)함인
> 가. 비양자(比兩者)는 애국심을 고발(鼓發)하는 원인이 아니든 아니로되 가지
> 요(其至要)된 원소(元素)는 종족을 애(愛)함이오. 주권을 애(愛)함이오. 강토
> 를 애(愛)함이오. 자유를 애(愛)함이라.[7]

즉 애국은 종족, 주권, 강토, 자유를 사랑하기 때문이라는 것이다. 한
편 군주나 국민 모두가 애국하는 책임을 다할 것을 강조하고 있다. 만약
그렇게 하지 않으면 토지와 주권도 지키지 못하며, 생활도 보장되지 못
할뿐더러 이름조차 잃게 된다는 것이다.[8] 결국 군주나 국민이 그 지위는
다르지만 존망과 이해와 우락은 대동하기 때문에 자기자신의 보존을 위
해서도 애국심은 필히 가져야 함을 지적한 것이다.

이는 이들이 국민이 국가의 주체이자 주인이라는 의식에서 출발한 것
이다. 여기서 유학생들의 애국관은 바로 충신을 의미한다는 전통적인 것
에서 탈피하고 있음을 엿볼 수 있다. 나아가 이들은 애국심을 고취할 수
있는 제도적 방법으로 국민들에게 參政權을 줄 것을 제시하고 있다.

> 국가가 약발휘기애국심(若發揮其愛國心)하여 자양애국심(滋養愛國心)
> 이 된 필유상당조직이후(必有相當組織而後)에 가지(可地)로다. 통찰세계만
> 국지정체(統察世界萬國之政體)컨대 개불외호(皆不外乎) 전제입헌지이자
> (專制立憲之二者) 이립지인민(而立之人民)은 유참의국사지권(有參議國事
> 之權)하야 인인(人人)이 각지기여국지관계이대기국사(各知己與國之關係而
> 對其國事)하야. 조사지(調查之)하며 토론지(討論之)하야 성공호유불공불리

6) 『태극학보』 4호, 19~22쪽 ; 최석하 「조선혼」.
   「조선혼」의 원류는 '단군'이라고 제시하고 있다.
7) 『大韓學會月報』 1호, 38쪽 ; 吳政善, 「團合은 富强을 産하는 母」.
8) 『大韓留學生會學報』 2호, 40쪽 ; 金寬植, 「愛國하는 誠心」.

지사(性恐毫有不公不利之事) 고로 물론소거하지(勿論所居何地)와 소업하
사(所業何事)하고 막불유애국사상(莫不有愛國思想)하며 막불유정치재능(莫
不有政治才能)이고 전제국지인(專制國之人)은 무공정국권(無恭政國權) 고
(故)로 신비당국자(身非當局者)면 불긍주의어국사(不肯注意於國事)하니 인
민소이애국지심(人民所以愛國之心)하며 소정치지재야(小政治之才也).[9]

즉 '입헌국의 민은 국사에 참의'할 수 있는 권한을 가졌기 때문에 국
사를 조사하고 토론할 수 있다는 것이며, 이로 인해 애국사상과 정치에
대한 재능이 생기게 된다는 것이다. 이런 반면 전제정치 하에서는 당국
자가 아니면 국사에 관심을 기울이지 않아 국민의 애국심이 적어진다는
것이다. 여기서도 이들은 국민에게 참정권을 주어야 한다고 주장함으로
써 종래 군주에게 절대적인 충성을 바치는 것이 애국이라는 근왕주의적
인 사고에서 벗어나고 있음을 엿볼 수 있다. 이상에서 살펴본 바와 같이
유학생의 애국론은 국민이 국가의 주인이라는 인식을 바탕으로 국가와
국민과 민족을 동일선상에 놓고 파악하고 있는 것으로, 당시 국내 애국
계몽 사상가들이 제창하고 있었던 '국가유기체'[10] 설과 궤를 같이하고
있는 것이다.

2) 국민국가론

유학생들은 국가의 개념에 대해 일정한 구역내 국민이 단체를 이루어
자작자뢰하는 것이며, 일단의 국민으로 일폭의 토지를 점유하고 일정한
권리를 능행하는 것이라고 정의하고 있다.[11] 그렇기 때문에 국가는 일
인의 능력으로 능히 유지치 못한다는 것이다. 이는 국민의 주인의식을
강조한 것이다.

---

9) 『大韓留學生會學報』 1호, 7쪽 ; 崔麟, 「愛國心與政權爲政此例」.
10) 『西友』 1호, 28쪽 ; 朴聖欽, 「愛國論」.
11) 『한유학생회학보』 2호, 40쪽 ; 변희준, 「애국하는 성심」.

기가(其家)가 무(無)하면 기민(其民)이 서식(棲息)할 처(處)가 무(無)하야
전견(顚堅)의 화(化)가 입지(立至)하리니 연칙국가사(然則國家事)는 즉만인
자기(卽萬人自己)의 사(事)라.[12]

결국 우리 국민은 국가의 모든 일이 자기의 것임을 인지하여 자치자
립할 것을 강조한 것이다. 이는 이들이 국가의 주인은 일인의 전제군주
가 아니고 국민각자임을 지적한 것으로 국민국가의 형태를 제시한 것이
다. 이와 같은 국가형태에 있어서 국권이란 어떤 것인가에 대해서도 언
급하고 있다.

그런데 이들은 특히 국권이 상실되었던 원인에 대해 깊은 관심을 가
지고 있었다. 이는 이들 활동의 궁극적인 목표가 국권회복에 있었다는
것을 염두에 두고 생각해 본다면 지극히 당연한 귀결일 것이다. 이들은
우선 국권을 국과 국이 상교할 때 그 능력을 표시하는 것이라고 정의하
고, 그 당시 국내외선각자들에게 널리 인식되어져 계몽운동에 이용되어
졌던 사회진화론을 차용하여 국권이 상실된 원인을 분석하고 있다.[13]

근세에 지(至)하야 교통이 발달되야 동서상통함에 국제가 밀접(密接)하고
쟁웅(爭雄)을 시상(是尙)하야 강소약축(强嘯弱縮)하여 경제가 발달되야 호리
(毫里)를 상쟁(相爭)함에 우승열패(優勝劣敗)하는 시대에 처하엿시니 기국(其
國)을 보전(保全)코져하는 자일여사(者一如斯)한 시기를 찰안수감(擦眼垂鑑)
할 지여다.[14]

즉 현세계는 교통, 경제가 발달하여 우승열패하는 시대에 와 있음을
인식해야 한다고 강조하고 있다.

---

12) 『大韓留學生會學報』 1호, 26쪽 ; 邊熙駿, 「歲暮所感」.
13) 拙稿, 「大韓留學生學報에 關한 考察」 『釜山産業大學校論文集』 제5집, 184,
　　373쪽.
14) 『大韓學會月報』 1호, 20쪽 ; 李漢卿, 「團合은 國의 要素」.

19세기말부터 금세기에 지(至)하기까지 각국은 인구의 증가하는 동시에 기령상(其領上)의 협애(狹隘)함을 자각하야 제반기회(諸般機會)를 이용하야 세계상에 다대한 토지를 할취(割取)한 기도가 국제적 경쟁상(國際的 競爭上)에 표현된 고(故)로 낭자(曩者)의 국민주의는 일변(一變)하야 식민주의가 되얏도다.[15]

즉, 국제적 경쟁이 야기된 원인은 인구의 증가에 비해 영토가 협소함에 있고, 강자는 자국의 이익을 취하기 위해 제국주의로 변했음을 지적하고 있다. 위와 같이 우자는 승하고 열자는 패했다는 논리의 전개는 유학생들이 제국주의에 대해 충분한 인식을 가지고 본국은 열자였기 때문에 국권이 피탈될 수밖에 없었음을 나타내고자 한 것이다. 그렇다면 국권이 피탈된 현 상황에서 국권을 회복할 방법은 어떤 것인가?

이들은 인권의 신장을 제시하고 있다.

왈(曰) 남녀의 존비가 균(均)함과 혼가(婚嫁)의 자유를 허(許)함이며 인민의 언론권과 입회권(入會權)과 신교권(信敎權), 선거권 등의 천리인정(天理人情)에 적합한 바 시(是)를 지(指)하야 인권이라 운(云)함이라.[16]

즉, 자유평등을 근간으로 한 남녀평등, 결혼의 자유, 언론권, 입회권, 신교권, 선거권 등을 제시하고 이를 당시 사회진화론과 더불어 크게 유행했던 천부인권론과 결부시켜 설명하고 있음을 엿볼 수 있다. 또 이와 같은 인권의 신장을 군권과의 상관관계로서 설명하고 있다. 또 이와 같은 인권의 신장을 군권과의 상관관계로서 설명하고 있다.

현시에 인(人)의 국운(國運)을 선첨(善战)하는 자는 심(必)히 기국(其國)의 민권과 정부권(政府權)의 하여(何如)함을 선찰(先察)하나니 민권이 정부권(政府權)보다 승(勝)할 시에는 기국(其國)이 수쇠(雖衰)하나 성운(盛運)이

---

15) 『大韓學會月報』 5호, 17쪽 ; 蔡基斗, 「平和的戰爭」.
16) 『大韓學會月報』 4호, 17쪽 ; 警世生, 「人權은 國權의 基礎」.

라 칭(稱)하고 민권이 정부권(政府權)보다 열(劣)할 시(時)에는 수(遂)히 기국(其國)을 비관(悲觀)에 속지(屬之)하는지라.[17]

즉 정부권(君權)보다 인권(民權)이 신장되어야 함을 강조하고 있다. 이와 같은 이들의 견해는 그 당시 국내수구파인사들이 국권과 군권의 개념을 동일시하여 인권이 성장하면 국권이 약화될 것이므로 국권을 강화하려면 인권을 억압해야 한다고 주장한 것[18]과 상충되는 것이다. 이들은 국권의 개념을 군권과 분리하여 대내적으로 통치에 필요한 권리로 파악한 것이 아니고, 대외적으로 국권의 주권과 부국의 상징으로 파악하고 있는 독립협회의 사상을 계승하고 있다.[19]

결국 이들은 국권강화는 인권의 신장에 바탕을 두어야 한다는 것으로 국권과 인권은 서로 상충되는 것이 아니고 양립하여 보완적인 것으로 파악하고 있는 것이다. 여기에서 이들의 사상이 근대국민국가의 국가관에 바탕을 두고 있음을 엿볼 수 있는 것이다. 그런데 이들이 인권신장을 토대로 한 근대국민국가의 건설이 국권회복의 첩경임을 역설하면서도 이에 상응하는 구체적인 정부형태를 제시한다거나 본국의 황제권을 부정하지도 않고 오히려 황제권의 실추에 대해 강한 저항의식을 표하고 있다.[20] 위와 같은 유학생들의 주장은 현상황하에서 국권회복의 길은 친일내각에게는 전혀 기대할 수 없기 때문에 황제권만이라도 지켜 이를 구심점으로 삼을 수밖에 없다는 인식에 근거를 두고 있었던 것 같다.

피탈된 국권을 회복하기 위한 급선무는 본국의 내적인 혁명보다는 친일내각을 붕괴시키는 것이라는 시대인식에 바탕을 두고 있었다고 볼 수 있다.

---

17) 『大韓學會月報』 7호, 20쪽 ; 柳承欽, 「敎育方針에 對한 意見」.
18) 『承政院日記』 光武 2年 9月 21日 條 참조.
19) 『獨立新聞』 제3권 제173호, 1898년 10월 25일자 참조.
20) 各 學報마다 散見된다.

3. 사회사상

실학사상에서는 양반중심의 신분질서를 사농합일의 새 신분질서로 재편성하고자 함이 엿보이고 개화사상에서는 사람된 이치는 천자로부터 필부에 이르기까지 조금도 차이가 없다는 천부인권론으로 발전되었고, 독립협회 사상에 이르면 신분제폐지론, 사회관습개혁론으로 사회사상이 성장하고 있다. 이와 같은 맥락을 이은 유학생들의 계몽사상의 사회사상은 어떠하였는가를 신국민론과 사회개혁론으로 나누어 검토해 보고자 한다.

1) 신국민론

유학생들은 국민국가를 건설하기 위해서는 국민들이 봉건적인 인습을 청산하고 근대적인 국민의식을 가진 신국민이 되어야 한다고 강조하고 있다. 이들이 강조한 국민의식이란 구시대의 신민의식에서 탈피하여 자유 시민으로서 가져야 할 시민의식을 말하고 있는 것이다. 이들은 시민의식의 체득을 위해서는 우선 사회진화론적 역사의식이 함양되어야 한다고 강조하고 있다.

> 시이(是以)로 생존경쟁에 우승열패(優勝劣敗)하는 시대를 당(當)하야 동서열강이 각각 국력을 배양(培養)함은 국민의 지식을 보급함에 재(在)함을 지득(知得)하야 각종 과학과 전문지식(專門知識)을 강구하야 금일문명의 성(城)에 달(達)하였도다.[21]

즉 생존경쟁에서 승자가 되기 위해서는 신지식 ─ 각종과학, 전문지식

---

21) 『大韓興學報』 3호, 9쪽 ; 朴海遠, 「國民의 知識普及說」.

을 널리 보급해야 한다는 것이다. 이들은 사회진화론적 역사법칙을 먼저 수용하고 이를 국민들에게 보급하기 위한 방법으로 연설회의 개최, 학교의 설립, 신문의 활용 등을 제시하고 있다.22) 한편 이들은 사회의 발전을 위한 방책으로 모방을 강조하고 있다. 즉 모방의 모범은 사리에 맞아야 하고 마음에 들어야 한다는 것이다. 이렇게 되면—특히 정신상, 사회상의 모방—국민들로 하여금 사상의 일치를 이루게 되고 나아가 필연적으로 감정의 일치를 낳게 되므로 마침내 의사의 일치를 이루고, 이는 목적을 하나로 하여 지를 같게 하는 결과를 낳게 된다는 것이다.23) 아울러 국민의 협력을 위해서도 모방은 꼭 필요하다는 것이다.

> 의사(意思)를 동(同)히하여 행위상의 호상일치(互相一致)하야 동일(同一)의 행위를 작(作)함에 지(至)하여는 모방(模倣)은 즉 협력이 되나니 위재(偉哉)라.24)

유학생들은 각자 위에서 지적한 것들을 실천하는 신국민의 좋은 모범이 될 것을 서로 다짐하고 있다. 한편 이들은 근대적 주권국가를 건설하고 이를 통해 자주독립국가를 이룰 신국민의 자세에 대해서도 언급하고 있다.

> 금일세계상에 생존하기에 필요한 성질은 즉 국민이 사회도덕을 실행하고 금일정도(今日程度)에 적당한 인생생활에 필요(必要)한 범백사위즉정치법률도덕군사교육농공상(凡百事爲卽政治法律道德軍事教育農工商) 등 일절(一切)을 연구발달(研究發達)하야 타국가(他國家)와 상대경쟁(相對競爭)할 실력(實力)이 유(有)한 연후(然後)에야 생존자립(生存自立)하리니 ….25)

---

22) 위의 글.
23) 『大韓興學報』 1호, 26쪽 ; 羅弘錫, 「論社會進化之原則하야 以慰我志士同胞」.
24) 위의 글, 28쪽. 원래 人間은 模倣的 動物이기 때문에 模倣의 原理를 당연한 것으로 받아들여야 한다고 주장하고 있다.
25) 『太極學報』 4호, 10쪽 ; 張O震, 「進化學上生存競爭의 法則」.

즉 국민들이 사회도덕을 실행하고 정치, 법률, 도덕, 군사, 교육, 農工商 등의 百事를 전반적으로 연구해서 국력을 배양해야 한다는 것이다. 또 특히 정신적 자세에 대해서도 강조하고 있는데,

> 국민이 자유의 정신을 자각하야서 자주의 권리를 타인이 압탈(壓奪)함을 통궤(痛慣)히 여겨[26]라 하여 자유정신을 잉실자조품행(仍失自助品行)이면 기능복천부자주지권(豈能復天賦自主之權)이며 기능득독립자유지생활호(豈能得獨立自由之生活乎)아[27]라 하여 자조정신(自助精神)을 아국금일(我國今日) 불인지원인(不忍之原因)이 역무별(亦無別)이라. 내민족(乃民族)의 실기자치지정신야(失其自治之精神也)이라. 연칙기자치정신(然則其自治精神)을 선환기취청(先喚起吹聽)하야 사전기능력(使全其能力)이 차시일금일지급무(此是爲今日之急務)줄 명인(明認)호라.[28]

라 하여 자치정신을 국민들이 인지하고 자각해야 한다는 것이다. 이렇게 해야만 피탈된 국권을 회복할 수 있고 자주독립국가도 건설할 수 있다는 것이다. 이들은 위와 같은 진보적 정신을 소유한 신민국을 양성하기 위한 구체적인 방법을 요구하고 있다.

> 선차 일반국민의 양심공덕(良心公德)과 정의대도(定義大道)를 표준하야 국민의 계발 및 통일을 목적한 사회를 조직하고 한반도(韓半島)에 이산(離散)한 조선혼(朝鮮魂)을 환기하며 자국사상을 발휘케 하야서 국민의 향배(向背)할 바를 시(示)함이 필요하도다.[29]

---

26) 『大韓學會月報』 2호, 13쪽 ; 金普庸, 「合衆國獨立所感」.
27) 『大韓學會月報』 3호, 15쪽 ; 洪聖淵, 「國家程度는 必自個人之自助品行」.
28) 『大韓學會月報』 7호, 4쪽 ; 金永基, 「馬港의 新聲」.
29) 『大韓興學報』 6호, 12쪽 ; 李得季, 「我韓社會觀」.
   社會自治制라는 것은 기존의 사회공공단체가 自治制를 행하는 것이 아니고 위로는 都市부터 아래로는 面洞까지 自體制度를 실행할 수 있는 새로운 공공단체를 조직하여 殖産興業의 利를 취하고 한편으로는 政府行政을 도와주는 自治制를 말하고 있다.

이에 대해 이들은 지방자치제와는 다른 정신적 단합의 표본을 국민에게 보일 수 있는 사회적 자치제를 강조하고 이를 실행하기 위한 사회적 교육학제[30]를 설치할 것을 제시하고 있다. 이상에서 살펴본 바와 같이 유학생들은 근대적인 국민국가의 건설에 필요한 신국민상을 사회진화론의 원리를 차용하여 서명하고 신국민상의 정립에 필요한 정신적 자세와 이의 함양을 위한 구체적인 방법을 제시하고 있음을 엿볼 수 있다.

2) 사회개혁론

유학생들은 사회제도의 변천 및 습관의 추이도 진화의 원리로 설명하고 있다.

> 유래아국(由來我國)의 제도문물과 습관풍기(習慣風氣)가 석시(昔時)에 재(在)아야는 시대에 적당(適當)하였을지라도 금일에는 결코 인습(因襲)치 못할 동시에 일반국민의 관래(慣來)한 이상을 근본적으로 타파개량(打破改良)하고 자국에 고유한 정신과 시대에 적절한 사상으로써 국민을 개발치 아니치 못할새 ⋯.[31]

즉 구시대의 문물제도 및 풍속습관을 타파하여 현시대에 적합한 고유의 정신과 사상을 계발해야 함을 강조하고 있는 것이다. 그런데 이들은 주로 제도적인 면보다 구습에 젖어 있는 국민의 정신적·사상적인 면의 혁신에 치중하여 논하고 있다.

> 부아한사(夫我韓士)는 일대혁명의 시기를 당하였도다. 차 소위 혁명은 국가적 정치적 혁명이 아니오 인물사상계에 일대 혁명이 시야(是也) ⋯ 수구완고(守舊頑固)의 사상을 변하야 진취의 사상을 취하리 함이니 ⋯.[32]

---

30) 社會的 敎育學制라는 것은 현재 한국의 상황으로는 初等, 中等敎育 등의 順序的 敎育은 어려우므로 全國民을 대상으로 한 교육기관을 설치하는 것을 말한다.
31) 『大韓興學報』 12호, 2쪽 ; 岳裔, 「三要論」.

그러면 守舊頑固한 폐습이란 무엇인가.

> 오백여년지간에 골육상쟁이 선기피폐사혁의(宣其疲弊思革矣)과 소위 변
> 색지알력야(便色之軋轢也)여. 경향지기모(京鄕之欺侮)며 반상지분간야(班
> 常之分間也)며 승유지허저야일고하소위이하소성호(僧儒之許詆也一顧何所
> 謂而何所成乎)아. 종증장기경하지풍(從增長其傾夏之風)과 부패지속(腐敗
> 之俗)하야 일취쇠망이불지야(日就衰亡而不知也)라.[33]

조선왕조 오백년 이래 보수되어진 당파 간 다툼, 경향 간의 속이고
경멸함, 양반과 상인의 분간, 승려와 유학자 간의 헐뜯음 등 붕당적이고
계급적인 인습이라는 것이다.

> 왈 반상분간(班常分間) 왈 경향구별(京鄕區別)이오. … 차외(此外)에 타
> 국이 유(有)함을 해념(奚念)하얏시리오 차일금일지세(此一今日之勢)를 순치
> (馴致)한 소유(所由라) 기폐유(其弊類)가 만천(萬千)이기 매거(枚擧)키도 불
> 가(不暇)할 뿐만 아니라 세인(世人)이 공화(共和)하는 바니 ….[34]

조선의 국운이 쇠퇴한 원인을 바로 樹黨鬪私하는 당파성에 놓고 있
다. 이와 같은 폐단은 현재의 우리 사회에도 널리 온존해 있기 때문에
국권회복에 지대한 장애 요인이 되고 있다는 것이다. 한편 이들은 국민
들의 다른 폐습으로 依賴之習을 들고 있다.

> 금에 아국인의 전진(前進)한 관계에 대하야 최선 개량(改良)할 바 결점처
> (缺點處)는 하(何)에 재(在)하냐하면 즉 기백년(幾百年) 유래한 의뢰습관(依
> 賴習慣)에 재(在)한지라. … 차의뢰적습관(此依賴的習慣)이 고악을 성(成)하
> 야 인권을 미신(未伸)에 자유활동하는 사상이 무(無)한 소치로 당위할 사(事)
> 를 능히 위(爲)치 못하야 ….[35]

---

32) 『大韓興學報』 10호, 4쪽 ; 「告我韓士」.
33) 『大韓留學生會學報』 3호, 2쪽 ; 李亨雨, 「國之强弱은 在乎 國民之 團結與否」.
34) 『大韓留學生會學報』 1호, 18쪽 ; 柳承歆, 「公共主意說」.

즉 수백년 이래로 국민들이 의뢰의 관습에 깊이 젖어 있어 인권의 신
장을 통한 자유활동 이상이 결핍되어 있음을 지적한 것이다.

> 유아 단군민족은 독립심보다 의뢰심이 당(當)하고 실행력보다 방기력(放
> 棄力)이 강하야 국가적 독립경쟁심은 고사(姑捨)하고 개인적 생활독립심도
> 전무하니 형제자매 이천만 중에 능히 완전한 개인독립한 자(者) 기인(幾人)이
> 재호(在乎)아.36)

또한 우리 국민은 독립심이 약하여 국가적 독립경쟁심은 물론 개인적
인 생활독립심도 전무하다고 보았다. 이와 같은 의뢰심은 사대하는 인습
에서 유래하였고, 이는 국민에게 부여된 자유자존의 원리를 포기하는 것
이라고 아울러 지적하고 있다. 그러므로 우리 국민은 속히 고질화된 의
뢰의 폐습에서 깨어나 자유사상을 함양하여 국가의 의지를 군건히 해야
만 하고, 이것이 피탈된 국권을 회복할 수 있는 첩경임을 유학생들은 역
설한 셈이다.

한편 이들은 위에서 지적한 사회적 폐습을 타파하기 위한 방책에 대
해 다음과 같이 제시하고 있다.

> 아국의 악풍퇴습을 배지척지(排之斥之)하며 외(外)로는 우내(宇內)의 호
> 풍미조(好風美潮)를 봉지영지(奉之迎之) 하야 사회에 대사(對社)하얀 회적
> 교육(會的敎育)을 시도하고 청년에 대하얀 정신적 교육을 실행하야 전국인민
> 으로 하여금 보국적 정신과 헌신적 정신을 고취케하야 ….37)

즉 사회적 교육이란 국민으로 하여금 좋은 풍속은 장려하고 좋지 않
은 풍속은 버리도록 권장하는 것이며, 청소년에 대해서는 정신적 교육을

---

35) 『太極學報』 8호, 11쪽 ; 李奎濚, 「人의 强弱과 國의 盛衰가 爲興不位에 在함」.
36) 『大韓興學報』 1호, 10쪽 ; 李承瑾, 「個人獨立 四字로 大告我韓同胞」.
37) 『大韓興學報』 10호, 23쪽 ; 郭漢倬, 「時勢와 韓國」.

실시하여 보국적, 헌신적 정신을 고취시키는 것이라고 설명하고 있다. 아울러 사회교육의 방침으로는 역사적 정신, 상무적 기상, 경제적 사상38) 등을 제시하고 있다.

이상에서 살펴본 바와 같이 유학생들은 현재까지 우리 사회에 온존해 있는 사회적 폐습으로 제도적인 면보다 국민계층 간의 계급의식, 국민각자의 의뢰의 인습 등 정신적·사상적인 구습을 들고 있음을 엿볼 수 있었다. 이러한 폐습을 혁파하고 진취적인 사상을 취할 수 있는 사회교육을 실시해야만 국권회복도 달성할 수 있고, 국민국가의 건설도 이룰 수 있음을 유학생들은 강조하였다.

4. 경제사상

실학자들의 경제사상에는 정덕 중심의 도덕사회를 이용과 후생 중심의 경제사회로의 이행과 이의 바탕이 되는 선진 기술문화의 수용을 제창하는 단계까지 이르고 있다. 개화사상에 있어서는 근대적 사회 설립을 요구하는 단계까지 발전하고 이의 영향을 받은 독립협회 사상에 이르면 회사설립을 촉진하는 산업개발론까지 성장하고 있다. 이와 같은 경제사상의 맥락을 이은 유학생들의 경제사상은 어떠하였으며 어떤 발전을 하고 있는가를 민족경제론과 경제정책론으로 나누어 검토해 보고자 한다.

---

38) 『大韓興學報』 12호, 6쪽 ; 岳裔, 「三要論」. 종래의 우리나라의 制度文物과 習慣風氣가 옛적에는 적합할지 몰라도 금일에는 결코 因習치 못할 뿐 더러 一般國民의 慣來한 思想을 근본적으로 타파개량하고 우리나라에 固有한 精神과 時代에 적절한 사상으로써 국민을 계발하기 위해서는 3가지의 교육방침이 필요하다는 것이다.

1) 민족경제론

19세기말부터 각국은 인구는 증가하는 데 비해 영토가 협소함을 자각하여 각종 기회를 이용하여 토지를 할취하는 기도가 경쟁적으로 나타나고 있다는 국제적 현실을 유학생들은 직시하고 있었다.

> 차 식민주의와 제국주의는 표면으로 관찰하여 각칭(各稱)의 차이가 유(有)하나 기실은 동일한 수단 즉 평화적 전쟁에 불과하도다.[39]

즉, 제국주의와 식민주의는 평화적 전쟁이란 동일한 수단을 가지고 있다고 지적하면서 평화적 전쟁에 대해선 다음과 같이 구체적으로 보고 있다.

> 차 세계가 진보하고 국제관계가 발달되는 동시에 전쟁의 론(論)이 시식(澌息)하고 평화의 성(聲)이 만고(漫高)하나 평화라는 자는 전쟁보다 우심격열(尤甚激熱)한 참상을 연(演)하는지라. 평화의 수단으로서 인국(人國)을 멸하며 인류를 참살하니 즉 소위 경제정책을 이용하야 외면(外面)으로는 유지액지무지마지(誘之掖之撫之摩之)하면서 내적으로는 인국의 이권과 지혈을 흡수하야 생활을 곤란케 하며 이익을 암탈(暗奪)하니 기 독해(其毒害)가 전쟁에 비할 바 아니라.[40]

즉 지금 세계열강이 전쟁에 대한 논의보다 평화의 소리를 높이고 있는 것은 평화를 과장하여 경제적인 착취를 행하겠다는 저의가 숨어 있는 것이라 지적한 것이다. 또 이들은 경제적 침략의 행위를 부각시키기 위해 영국의 예를 들고 있다.

---

39) 『大韓學會月報』 6호, 16쪽 ; 蔡基斗, 「平和的 戰爭」.
40) 『大韓興學報』 12호, 8쪽 ; 岳裔, 「3要論」.

　　근일 영국의 인구는 세계상에 최히 조밀한지라. 여차히 증가한 인구는 도
저히 본국내에 거주하야 상당한 직업으로 상당한 생활을 계속키 불능한 고로
현(玄)에 국민경제의 곤란이 생하도다. 차 국민경제의 곤란은 영국 정치가로
하여금 제국적(帝國的) 정책을 취케 하는데 지(至)한지라.[41]

　　즉 영국이 제국주의적 경제정책을 취하게 된 동기는 인구의 증가에
상응하는 직업을 마련해줄 수 없게 되어 국민경제가 곤경에 처하게 되자
이를 구제하기 위한 필연적인 것이라고 지적하고 있다. 한편 이들은 우
리의 현실에 대해 눈을 돌려 본국의 지위는 국권유무를 토론하는 시대는
경과하고 민족존망을 연구할 시대를 당하였다고 논급하면서 민족적 경
제정책을 논하고 있다.

　　여(余)가 국가경제라 칭치 아니하고 민족경제라 칭함은 비타(非他)라. 금
일아한(今日我韓)은 국가적 조직은 실(失)하고 민족사회에 귀착한 고로 국가
적 보호로는 도저히 민족경제를 발전케 할 수 무(無)하니 불가불 민족의 단합
력으로써 생활을 유지하고 산업을 발전하야 만일의 목적을 달하겠다는 고야
(故也)라.[42]

　　즉 현재의 본국은 국가조직이 유명무실하므로 국가의 보호를 기대할
수 없게 되었기 때문에 국민이 단합하여 민족의 생활을 유지할 수밖에
없다는 것이다. 그러므로 국민각자는 국가에 의존치 말고 스스로의 힘으
로 농공상업을 확장 개량하여 부원을 개발하고 외국에 대해서는 무역을
계획적으로 경영하여 실력을 쌓아 민족경제를 부흥시키는 것이 국권을
회복할 수 있는 길이라고 주장하고 있는 것이다. 또 이들은 지금까지 본
국국민들이 가지고 있었던 경제사상에 대해서도 언급하고 있는데 이를
살펴보면 다음과 같다.

---

41) 『大韓學會月報』 5호, 17쪽 ; 蔡基斗, 「平和的 戰爭」.
42) 『大韓學會月報』 4호, 7쪽 ; 崔錫夏, 「韓國民族의 經濟方策」.

　　종래로 허위적 문화(文華)만 시상(是尙)하고 실질적 사물(事物)에 대하야
　　는 등한불구(等閒不究)하야 비록 재화를 추중(推重)하나 소비적 재화만 지
　　(知)하고 생산적 재화는 불지(不知)하는 고로 상공(商工)을 천(賤)히 하고 노
　　동에 태타(怠惰)하야 유식유의(遊息遊衣)로써 취미를 삼고 방일나산(放逸懶
　　散)함으로써 쾌락(快樂)을 삼으니 저축근검의 관념도 무(無)하고 이용후생의
　　도리를 불지(不知)하거던 이황호식산흥업(而況乎殖産興業)과 생산제조등
　　(生産製造等) 사업에 관한 자(者)리오.[43]

　　즉 虛文만 숭상하여 실질적 사물을 등한시함으로써 상공을 천히 여기
게 되었고, 나태하여 저축근검의 관념, 이용후생의 도리, 식산흥업과 생
산제조 등의 사업을 갖추지 못했다고 지적하고 있다. 이로 인해 나라의
부는 날로 축소되고 민의 힘은 날로 약하게 되어 금일과 같이 국권이
피탈되는 비운을 맞게 되었음을 아울러 지적하고 있다.

　　위와 같은 처지에 있는 우리 경제의 부흥을 위한 방책으로 허문만 귀
중히 여기는 관념을 버리고 민간에 실익이 있는 것을 귀중히 여길 수
있도록 민을 깨우칠 것과 근검저축의 생활습관을 길러 민간자본의 축적
을 권유해야 한다고 제시하고 있다.[44] 결국 유학생들은 현 상황에서 이
렇게 하는 것이 민족경제를 부흥하는 길이며 일본의 제국주의적 침략행
위에 대항할 수 있는 길임을 역설하고 있는 것이다.

2) 경제정책론

　　유학생들은 현재 본국의 경제현상은 실업상, 산업상의 실권이 일본에
넘어가 있기 때문에 재정상의 공황이 극도로 심하여 민의 생명을 보전키
어려울 지경에 이르렀다고 전제하고 민족경제의 부흥을 위한 경제정책
을 적극적인 방법과 소극적인 방법으로 나누어 논하고 있다.[45]

---

43) 『大韓興學報』 12호, 8쪽 ; 岳裔, 「三要所」.
44) 『大韓學會月報』 5호, 8쪽 ; 李東初, 「社會的人心趨向」.
45) 『대한학회월보』 4호, 8쪽 ; 최석하, 「한국민족의 경제방책」.

적극적인 방법부터 살펴보면 첫째, 민족적으로 식산회사를 설립하고 각도회처에 지점을 설치하여 민족의 재산을 보전하며 민족의 농상공업을 개량 확장하여 대외경제에 일치협력할 것을 제시하고 있다. 둘째, 실업학교를 설립하여 간이한 실업을 실지로 연습하며 일면으로는 고등실업을 연구케 할 것을 제시하고 있다.

이와 같이 식산회사와 실업학교설립의 주장은 이 당시 국내 계몽 운동가들이 제국주의 침략에 대응하기 위해서는 실업의 진흥에 힘써야 한다고 역설하고 있는 것에 대한 구체적인 방법의 제시라고 볼 수 있는 것이다.

소극적인 방법을 살펴보면 첫째, 질소근검한 덕성을 함양하고 치사부화한 풍습을 일체 타파할 것과 둘째, 국민이 각자 자각심을 발휘하여 자기의 재산 즉 동산·부동산을 자기가 보중하여 위험한 계약과 행위를 일체 금단할 것을 제시하고 있다. 이는 사치의 근절과 자조심의 배양으로 민의 재산을 유지할 것을 주장한 것이며 아울러 민족경제의 확립을 위한 국민의 생활방식을 제시한 것이다. 또 이와는 다른 측면에서 민족경제를 윤택하게 하는 구체적인 방법을 제시하고 있다.

> 제일 구미물화를 경쟁수입함이니 하야(何也)오하면 우리 국민(國民)이 자래(自來)로 일본물품만 염차적(廉且適)하라하야 일년에 총수입이 삼천만환(三千萬圜)의 고액에 달하고 … 제이(第二) 우리 반도 구 방방곡곡이 구미인 사를 초래배치(招來排置)할사(事)이니 ….46)

즉 첫째는 지금은 상업상 각국이 경쟁하고 있으나 지금까지 일본물품만 주로 수입한 것에서 탈피하여 공동무역을 통해 상업상의 실리를 추구하자는 것이며, 둘째는 비록 용이치는 않을 것이나 불가능한 것은 아니라고 판단하여 본국의 명승지에 교통을 편리케 하면 구미의 호상부가가

---

46) 『大韓興學報』 9호, 7쪽 ; 金淇鶴, 「元日曠感」.

거류할 것이며 관광객이 내왕할 것이므로 이를 통한 금전상의 이익은 물론이거니와 일본이 본국을 식민지로 간주하여 자행하고 있는 불법적인 행위를 막을 수 있다는 판단에 근거를 둔 것이다.

이와 같은 주장은 이들이 일본에서 유학하는 동안 일본의 대한정책을 목도하고 위기감을 느껴 일본의 경제적인 독점과 수탈에 대한 방비책으로 제시한 것이라 보여진다. 한편 이들은 본국의 또 다른 위기상황은 금융의 핍박이라 보고 이를 해결치 못하면 국가적 활동은 고사하고 개인적 활동도 불가능하다고 판단하여 금전융통의 방법으로 검약과 저축을 제시하고 있다.[47)

검약은 자기의 이익과 사회의 공익을 위해서도 필요한 것이며 저축은 장래의 자본이 되어 입신출세의 선구가 되고 성공의 기초가 될 것이라고 주장하면서 검약과 저축이 민족경제에 끼치는 영향에 대해서 논하고 있다. 즉 어제의 검약은 금일의 저축이 되며, 이는 명일의 자본이 되어서 민족경제의 발전력을 증진케 하며, 이는 개인의 독립생활을 보장하며, 민족을 점차 화합케 하여 실업의 발달과 교육의 정근과 단체의 공고를 이룰 수 있다는 것이다.

또 이들은 저축의 효율적인 활용을 위해서는 신실·확고한 국민은행이 필요함을 역설하고 국민은행의 설립을 통해 민족경제의 영원한 기초를 마련한 구미각국의 예를 들고 있다.[48) 이상에서 살펴본 바와 같이 유학생들은 국가독립을 논하기 위해서는 민족의 생존문제가 先決되어야 한다는 전제하에 국제경쟁시대에 부국을 위한 구체적인 사업내용을 제시했다기보다 그들이 체득한 신지식을 바탕으로 민족경제의 부흥과 방법을 정책적인 측면에서 논했다고 볼 수 있다.

---

47) 『大韓興學報』 7호, 17쪽 ; 鄭敬潤, 「我韓現象의 最大急務」.

48) 『대한유학생회학보』 2호, 3쪽 ; 이한경, 「은행과 경제발달 관계」. 영국의 잉글랜드은행, 법국(프랑스)의 부린스은행, 덕식(독일)의 제국은행, 화란(네덜란드)의 중앙은행 등을 들고 있다.

5. 교육사상

실학의 교육사상에는 주체적인 민족역사의 교육과 실업교육의 강화를 내포하고 있다. 개화사상에 이르면 실학사상에서 내포하고 있었던 것을 표면에 내세워 적극적인 장려책까지 논하고 있다. 독립협회의 사상에 이르면 신교육의 학제를 도입하여 실시하자는 단계에까지 이르고 있다. 이와 같은 맥락을 이은 유학생들의 교육사상은 어떠했으며, 어떤 구체적인 내용을 제시하고 있는가를 국민교육론과 교육구국론으로 나누어 검토해 보고자 한다.

1) 국민교육론

유학생들은 지금은 세계가 학문경쟁의 시대라고 규정하고 이를 진화론의 이론으로 설명하면서 본국의 교육실정에 대해 논하고 있다.

> 금일 아 한국세지지차(韓國勢之至此)는 불재타고(不在他故)오. 즉 인국민 불학지일대질(卽因國民不學之一大疾)이라 위(謂)할지라.[49] 유독아한(惟獨我韓)은 수백년래로 그 부형된 자가 능이(凌夷)한 교도와 퇴패한 풍속에 미몰(迷沒)되야 그 자제를 교양하되 한갓 허문(虛文)만 숭상케 하고 실학은 기척(棄斥)하다가 … 전일 쇄국시대에는 무괴(無怪)하거니와 외국 교통 이후로도 여차한 폐습이 상존(尙存)하니 엇디 통탄 아니 하리오.[50]

국민의 '無學'으로 인해 국세가 기울어졌고 지금도 기성세대가 현시대의 변화에 맞게 자제를 교육시키지 않고 구습만 고수하고 있다는 것이다. 이들은 이와 같은 문제점의 처방으로 국민들이 군사, 정치, 농상공 등 신학문을 습득할 것과 이를 가르칠 수 있는 신지식을 소유한 교육자

---

49) 『大韓留學生會學報』 1호, 16쪽 ; 尹定夏, 「父母惟其疾之憂」.
50) 『大韓留學生會學報』 3호, 8쪽 ; 韓興教, 「治家治國이 竝存乎教子」.

가 많이 배출되어야 한다고 제시하고, 아울러 그들도 졸업 후 환국 시에
는 교육에 전념할 것을 다짐하고 있다. 한편 이들은 무교육과 악교육의
문제점에 대해서도 언급하고 있다.

> 교육은 과시국가(果是國家)를 조(造)하고 대재(大才)를 출함은 불능하나
> 무교육 혹 악교육의 결과란 국가를 멸망에 빈(瀕)케 하고 대재의 발현을 박멸
> 하난 폐가 유한지라.[51]

즉 무교육, 악교육은 국가의 존망과 인재의 출멸에 관계되는 중요한
문제라고 지적하면서 구미열국의 예를 들고 있다. 그러면 이들이 제시하
고 있는 선교육이란 어떤 것인가를 살펴보면 다음과 같다.

> 대저 국민교육의 요점은 삼(三)이 유(有)하니 일은 청년의 애국심을 양성
> 함이오. 이난 개인적 덕성을 도야함이오. 삼은 실제적 생활에 적응케한난 사
> (事)이 즉 시야(是也)라.[52]

즉, 청년의 애국심 양성과 국민의 개인적 덕성의 도야와 실제적 생활
에 적응케 하는 교육이라고 제시하고 있다. 또 국민교육에 성공한 예로
청과 러와의 두 번에 걸친 전쟁에서 승리한 일본을 들고 있다. 이와 같
은 유학생들의 선 교육을 통한 국민교육의 제창은 본국국민들의 절대적
인 호응과 지지를 받고 있었다. 이렇게 볼 때 결국 교육 분야의 계몽활
동이 다른 분야보다 다소 성과를 거둘 수 있었다고 볼 수 있을 것이다.

2) 교육구국론

을사조약 이후 통감부는 1906년에 학제를 개정하여 관공립학교를 확

---

51) 『大韓興學報』 6호 ; 李承瑾, 「列國靑年과 밋韓國靑談」.
52) 위의 글, 1쪽.

충하고, 1908년에는 사립학교령을 공포하여 사립학교에 제재를 가함으로써 교육을 통한 국권회복운동을 제지하려 하였고 나아가 점진적으로 일본에 동화시키려는 정책을 다각도로 강행하였다. 그러나 이러한 일본의 정책에도 불구하고 본국 국민의 애국열과 교육열은 식지 않았다. 이러한 본국국민의 분위기에 부응하기 위해 유학생들은 그들이 체득한 신지식을 바탕으로 교육을 통한 구국의 방법으로 다음의 여섯 가지를 제시하고 있다.

첫째는 정신 교육이다.

> 교육지중에도 우유본령자(又有本領者)하니 정신교육이 시야라 인(人)이 다못 학문만 상(尙)하야 제반백사를 능지능행하야도 본령이 무하면 여원성지 모상인사(與猿猩之模象人事)오 하이(何異)리오.[53]

즉, 인간이 아무리 학문에 뛰어났다 해도 정신교육이 되어 있지 않으면 원숭이와 별다름이 없다는 것이다.

둘째는 역사교육이다.

> 한국의 교육은 역사적 교육으로 선무(先務)를 삼을진져 일 한국의 역사는 진실로 문명적 역사를 유(有)한지라.[54]

즉, 한국은 문명적 역사를 가지고 있다는 문화적 자부심을 가지도록 역사교육을 실시해야 한다는 것이다. 아울러 민족의 역사를 알지 못하는 것은 자기를 알지 못하는 것과 같으므로 지금까지 국민이 가지고 있는 우리 역사에 대한 고정관념을 파괴하고 신한국을 건설하기 위해서는 역사교육이 필요불가결하다는 것이다. 역사교육의 목적은 이산된 민족정

---

53) 『大韓留學生會學報』 2호, 36쪽 ; 楊致中, 「精神教育의 必要」.
54) 『大韓興學會』 12호, 4쪽 ; 岳裔, 「三要素」.

신을 환기시켜 국민으로 하여금 자립사상을 발휘케 하는 데 있다는 것이며, 역사정신, 국수, 조선혼이라고도 표현될 수 있는 이 민족정신이야말로 국권회복의 支柱가 되어야 한다는 것이다.[55]

셋째는 정치 교육이다.

> 일반국민으로 하여금 기 정신 훈도할 시에 비국지칙무인민(非國之則無人民)이오 비인민칙무국가(非人民則無國家)니 인민자는 당 애국이오 국가자는 선 보민(保民)하야 국가와 인민은 불가분체(不可分體)의 관계되는 사상을 기뇌수상(其腦膸上)에 인상심착(印象沈着)하는 교육방법을 언(言)함이오.[56]

즉, 국가의 주인은 국민이라는 주인의식을 고취시킬 수 있는 정치교육을 강조하고 있다. 이러한 교육을 통해 국민이 권리를 능행하고 의무를 수행할 수 있는 정치의식이 성숙된다면 우리의 구속자도 보호자도 있을 수 없다는 것을 지적하고 이를 부각시키기 위해 라마 인도를 예로 들고 있다.

넷째, 가정교육으로서 여성교육이다.

> 욕도완전교육(欲圖完全敎育)인데 불선무기본(不先務其本)이 가호(可乎)아 가일층언지(加一層言之)하면 필유현명지모연후(必有賢明之母然後)에 급유총민지자(及有聰敏之子)할리니 연칙교양여자(然則敎養女子)가 우본지본자야(又本之本者也)로다.[57]

즉, 총민한 자식을 기르기 위해서도 여자교육이 중요하다는 것이다. 이를 위해 다음과 같은 교육방법을 강조했다.

---

55) 『大韓興學會』 6호, 20쪽 ; 李得季, 「我韓社會觀」.
56) 『大韓留學生學報』 2호, 36쪽 ; 楊致中, 「精神敎育의 必要」.
57) 『大韓學會月報』 3호, 20쪽 ; 金正佑, 「敎育의 本末」.

　　　　향방산곡(鄕坊山曲)에는 오히려 수구염신(守舊厭新)하는 습관하고 여학
　　　교는 설립할 사상이 전무하고 또 남녀동학은 풍화퇴패(風化頹敗)할 조징(兆
　　　徵)이라야 엄절(嚴截)히 금지하니 … 여학교를 각 지방에 다수설립(多數設
　　　立)하고 과정(科程)을 준비하여 일반 부인의 지식을 개발하야 가정교육의 기
　　　초를 공고케 함이 후부(後部)를 점(占)할지라.58)

　　즉, 여학교를 각 지방에 다수 설립하여 부인들의 지식을 계발시켜 가
정교육의 기초를 공고히 해야 된다고 주장하고 있다. 이와 같이 이들이
여성교육의 장려를 제창하고 있는 것은 일본유학을 통해 유교적 전통의
제약에서 벗어난 신식생활의 방식과 남녀평등관에 입각한 민주주의 사
상을 체득했기 때문에 가능했을 것이다. 그런데 이들의 여성교육관은 하
나의 독립된 인격체로서의 여성교육과는 다소 거리가 있는 남녀대인을
길러내는 데 필요한 현모양처를 목적으로 하고 있는 것에서 가정교육의
범주를 벗어나고 있지 못함을 엿볼 수 있다. 단지 전통적인 유교주의적
여성교육관에서 벗어나 근대적인 여성교육관에 다소 접근하고 있다는
데 그 의의를 부여해주어야 할 것이다.

　　다섯째, 사범교육이다. 국가의 성쇠는 국민지식에, 국민지식은 교육
에, 교육은 교사현우에, 교사현우는 사범교육에 달려 있다고 하여 사법
교육의 중요성을 강조하고 있다.

　　　　자제의 교육이 초지(稍遲)함을 과려(過慮)치 말고 학교영립(學校營立)코
　　　자하는 자본을 은행에 임치(任置)하고 기 이자로 2~3인의 총준(聰俊)을 선
　　　택하야 5~6년 사범교육을 수(受)한 후 완전히 학교를 설립하야 미래 신국민
　　　의 뇌수를 온건 확실(穩乾確實)히 함양하야 신무대 활동할 자격을 양성할지
　　　며 …59)

라 하여 교육을 실시 하고자 하는 유지는 교사자질을 갖추었다고 인정되

─────────────

58)『大韓學會月報』3호, 18쪽 ; 金甲淳,「大聲疾呼我國民的 精神」.
59)『大韓興學報』7호, 28쪽 ; 具滋鶴,「敎師와 敎育社會의 關係」.

는 인물을 먼저 선정하여 사범교육을 받게 한 후 학교를 설립하고 그로 하여금 교육을 담당케 해야 교육의 실을 거둘 수 있다는 것이다. 이들이 말하는 교사의 자질이란, 지식, 도덕, 품행, 이상을 구비한 자[60]라고 지적하고 아울러 이러한 자질의 함양책도 제시하고 있다.[61]

여섯째, 영어교육이다.

> 금일 동양은 즉 영어시대라. 인방 일본의 40년(年) 문명진보는 기 원인이 … 여(余)는 왈재교육(曰在敎育)이라 하며 교육지요는 재영어라 하노라. 일본의 제국대학은 영어로 제과를 교수하고 기타 고등학교 및 백과전문학교(百科專門學校)에도, 영어로 기 필요한 학과를 교수하니 연(然)즉 일본의 학교는 총칭 왈 영어 학교라 하여도 대오착(大誤錯)은 아니며 ….[62]

즉, 일본의 문명진보는 영어교육에 있었음과 일본의 각 학교에는 영어과목이 필수임을 지적하고 있다. 이들은 영어교육의 목적을 두 가지로 들고 있다. 하나는 현재는 문명유입시대이기 때문에 구미어를 일시라도 소완히 할 수 없다는 문화적인 것이다. 이를 통해 볼 때 유학생들은 비록 일본에서 유학하고 있지만 이들이 원하는 것은 일본문화의 습득이 아니라 일본어로 번역된 서양문물임을 내세워 문화민족의 자부심을 견지하고 있었음을 짐작할 수 있다.

또 다른 목적은 국권이 피탈된 현재의 본국상황에서 만국에게 독립의 인허를 위한 교제상 필요하다는 정치적인 것이다. 이는 당시 통감부가

---

60) 『太極學報』 19호, 7쪽 ; 活然子, 「敎育界의 思潮」.
61) 『太極學報』 13호, 2~3쪽 ; 鄭錫裕, 「敎育行政」. 敎師資質의 개선책으로 官公立學校의 敎員을 국가의 관리와 같이 국가기관에 속하게 하여 일일이 그 자격을 심사한 후에 任免하고 下級의 中·小學校라도 법이 일정한 자격으로써 敎員免許狀制度를 규정하여야 하며, 私立에 있어서는 任免權은 국가에 있지 않으나 그 자격에 있어서는 일정한 제한을 갖도록 하여야 점차적인 교사의 자질개선이 이루어질 수 있다는 것이다.
62) 『大韓學會月報』 4호, 14쪽. 碧人에 驥 「敎育界諸公에게 獻하노라」.

보통학교와 고등학교 일어를 편성하고자 하는 어학정책에 간접적으로
대항한 것으로 국내적 국제적 상황을 先覺한 卓見이라 보여진다.

한편 이들은 위에서 살펴본 교육내용뿐만 아니라 본국교육계의 문제
점에 대해서도 언급하고[63] 나아가 교육방침에 대해서도 구체적인 대안
을 제시하고[64] 있다. 이상과 같이 유학생들이 제창한 교육구국론은 그
당시 국내의 애국계몽단체들이 교육을 통해 민중을 깨우쳐 실력을 양성
하는 것이 국권회복의 첩경이라고 주장한 것과 크게는 궤를 같이 한다고
볼 수 있다. 그런데 이들은 국내 인사들보다 교육의 문제점의 소재를 정
확하게 파악하여[65] 그 해결책까지 제시하고 있다. 이는 그들이 몸소 선
진문물을 체험하고 소화하였기 때문에 가능했으리라 보여진다.

6. 맺으며

한말 일본유학생들은 유학생이란 자부심과 문화민족이라는 긍지를
가지고 국권회복이라는 민족적인 과제를 해결하고자 계몽운동을 전개하

---

63) 『大韓學會日報』7호, 15쪽 ; 高元勳, 「我韓敎育界에 對한 余의 愚見」. 問題點
은 교육을 주장하는 有志人이 동일한 討議와 일정한 方針이 없어 의견의 차이로
인해 국가에 대한 手段方法이 도저히 일치하지 않는 것이라 지적하고 그 차이점
으로 姑息主意의 敎導, 平和主義의 勸諭, 鐵血主意의 灌注 등 3가지로 분류하
고 있다.
64) 『大韓學會月報』9호, 18쪽 ; 柳承欽, 「敎育方針에 對한 意見」. '一曰敎育의 骨
子되는 機關助成에 대한 意見이오. 二曰敎育의 精神되는 敎科書 編述에 대한
意見이오. 三曰敎育의 順序를 要하는 地點先後에 대한 意見이라'라 하여 民權
伸張를 위한 學會의 育成 및 學校의 地方移設, 時代狀況과 學歷水準에 맞는
敎科書의 編述, 이런 문제를 총괄할 수 있는 敎育中央摠部의 設立 등 구체적으
로 설명하고 있다.
65) 『太極學報』19호, 6쪽 ; 活然子, 「敎育界의 思潮」. 우리나라 敎育의 疾源을 敎
師의 非賢, 財政의 窘絀, 敎科書 不完, 假有志者의 主將 등 4종으로 분석하고
있는 것 외에도 다수의 학생들이 교육의 문제점을 논하고 있다.

였다. 그런데 이를 구현하기 위한 방법으로 이들은 즉각적인 국권회복을 기대하고 용이주도하게 전개한 정치적 계몽형태를 취하지 않고 조직된 학회에서 발간한 기관지를 통해 본국국민의 가치변화와 의식의 성장을 기대하면서 장기적인 안목을 가지고 전개한 교육적 계몽형태를 취했다고 볼 수 있다.

지금까지 이들이 발간했던 『태극학보』, 『대한유학생회학보』, 『대한학회월보』, 『대한흥학보』 등에 실린 글을 토대로 사상적인 구조를 살펴보았다. 사실 다수의 학생들이 주장하고 있는 내용들을 일일이 분석하여 그들의 사상체계를 도식화한다는 것이 어려운 일이므로, 각자의 다양한 견해들을 체계적인 것으로 수렴시킴으로써 다소의 무리가 따르게 되었음을 인정한다.

그러나 이들은 현시대를 보는 인식의 차이에서 기인된 약간의 相異한 견해들을 제시하고 있었지만 서로가 국권회복이란 궁극적인 목표에 대해 의견의 일치를 보고 있었기 때문에 큰 문제가 되지는 않을 것으로 생각된다. 이들은 주로 그 당시 국내외적으로 선각자들에게 널리 이용되었던 사회진화론 이론을 차용하여, 각자의 논리를 전개하고 있었다.

이들이 제창했던 계몽사상의 논리적 구조를 정치, 사회, 경제, 교육 등으로 나누어 분석한 결과 다음과 같은 결론을 얻을 수 있었다. 첫째, 정치사상으로 종래의 군주에게 절대적인 충성을 의미한다는 전제군주적인 것에서 완전히 탈피하여 인권신장과 주권재민사상을 바탕으로 한 근대적 국민국가를 제시하고 있었다. 그러나 이에 상응하는 구체적인 정부형태도 제시하지 않았고, 황제권에 대해 부정도 하지 않고 있는 한계성을 드러내고 있다.

둘째, 사회사상으로 구시대의 사회적 폐습인 붕당적이고 계급적인 인습과, 의뢰적인 습관을 타파해야만 근대적인 국민국가의 건설이 가능하다고 강조하고 있다. 이를 위해서는 자유, 자조, 자치정신을 국민이 함양해야 한다고 제창한 것으로 보아 이들은 신국민사상을 기반으로 하고 있음을 엿볼 수 있었다. 나아가 이를 구현하는 방법으로 사회적 자치제와 사회적 교육제를 실시할 것을 제시하고 있었다.

셋째, 경제사상으로 평화를 가장하여 경제적 침략행위를 자행하고 있는 제국주의적 식민주의적 침략형태를 제지하기 위한 방법으로 국가조직보다 국민 각자의 힘의 동원을 강조하고 있는 것으로 볼 때 민족적 정신을 이론적 바탕으로 하고 있음을 엿볼 수 있었다. 구체적인 방법으로는 식산학교의 설립을 제시한 적극적인 것과 국민들의 근검절약의 생활에 의한 민간자본의 축적을 제시한 소극적인 것이 있었고, 아울러 일본의 경제적인 독점적 수탈에 대항하기 위해 구미와 공동무역할 것과 관광사업의 장려를 제시하고 있었다.

넷째, 교육사상으로 지금까지의 무교육, 악교육을 제거할 것과 애국심 함양과 개인적 덕성과 실제 생활에 적용케 할 수 있는 선교육을 제창하여 국민교육의 유무가 국가의 존망에 직결된다고 강조하고 있는 것으로 보아 국민교육론의 입장을 견지하고 있었음을 엿볼 수 있었다. 국민교육의 내용으로는 정신교육, 역사교육, 정치적교육, 가정교육(특히 여성교육), 사범교육, 영어교육 등이었다. 이중에서 여성교육관은 독립된 인격체로서가 아니고 가정교육의 범주를 크게 벗어나지 못하고 있었고, 한편 영어교육은 統監府의 어학정책에 도전한 것이며, 문명수입이라는 문화적 목적과 서구 열강과의 교제라는 정치적 목적의 양면적인 효과를 거둘 수 있는 것이었다. 특히 교육사상은 가장 넓게 실제적인 면을 수용하고 있었기 때문에 가장 많은 국민의 지지를 받았다고 보여진다.

결국 유학생들은 지금 세계는 인권이 발달한 결과 종래의 전제정치는 완전히 변해 입헌 혹은 공화정치가 수립되어 있고 과학의 진보로 교육을 비롯한 제반분야가 신면목과 신이상을 발휘하고 있음을 유학을 통해 체득하고 있었다. 이와 같은 시대인식을 바탕으로 유학생들은 우리도 민족

을 보존하고 타국과 대립하여 경쟁공존－국권회복키 위해서는 위에서
지적한 신사상과 신사조를 국민들에 적극적으로 수용해야 함을 강조하
고 있었다. 이들의 사상은 크게는 본국의 계몽선동을 주도한 사상과 궤
를 같이 하는 것이지만 일본 유학생으로서 실제 견하고 각한 바를 토대
로 전개한 논리이기 때문에 보다 설득력이 있어 본국의 계몽사상을 전국
적으로 확산시키는 데 일조를 담당했다는 데 그 역사적 의의가 있다고
보여진다.

제2절 8·15 해방의 역사적 의의

1. 들어가며

해방 60주년을 맞는 2005년은 일제로부터 광복된 지 60년이 되는 해
임과 동시에 분단 60년을 맞는 해이기도 하다. 또한 을사늑약 100년, 명
성황후 시해와 을미의병 항쟁 110주년이기도 하다. 게다가 한일 국교 정
상화 40주년, '한일 우정의 해'이기도 하다. 따라서 정부뿐만 아니라 독
립기념관 등을 위시하여 각계각층에서 다채로운 행사가 진행되어 올해
의 의미를 되새기고 있다.

정부에서는 경축분위기 조성과 역사의식 함양을 위하여 '광복 60, 새
로운 시작'이란 주제로 26개의 관련행사와 229개의 지방 행사를 계획하
여 진행하고 있다. 이곳 부산에서는 8월 15일 부산민주공원 민주항쟁기
념관 앞마당에서 '8·15 평화콘서트'가 열렸다. 이 행사에서는 광복 60주
년을 맞아 민간 평화사절단인 '피스보트'를 통해 방문하는 일본 문화 활
동가들의 공연 등 한일 문화교류의 장도 마련되었다. 이 행사의 정점은
11월 1일부터 10일까지 러시아~일본~중국에 평화사절단 382명을 보

내 동북아 평화와 희망의 뱃길 항해를 벌인 것이다. 해양문화재단 주강
현 이사는 이 행사에 대해 "시민, 대학생, 초등학생, NGO회원 등 무려
400여 명을 태운 평화사절단의 10일간의 대항해가 부산~블라디보스토
크~후쿠오카~상하이로 이어졌다. 당초 광복 60주년 기념사업의 하나
로 이루어지는 이 행사는 예기치 않게 단시일 내에 한반도의 동서남북의
극점을 돌파하는 기념비적 대항해가 됐다"고 평가하고 있다. 이보다 앞
서 부산에서는 '화해와 평화·친선교류'란 취지하에 조선통신사 행렬이
재현되기도 하였다.

　이와 유사한 행사는 해마다 진행되었지만 광복 60주년을 맞은 올해는
행사의 규모면에서나 주체와 내용의 다양성면 등에서 볼 때, 그 어떤 해
의 행사보다도 성대하게 치러지고 있다. 이렇게 된 데에는 8·15 광복
직후 우리 민족에게 주어졌던 주요한 과제 ― 친일잔재의 청산, 민주개혁,
자주적 통일 민족국가의 건설 ― 가 비록 해결도정에 있지만, 그간 우리
국민들이 지속적으로 전개한 민주화운동으로 어느 정도 성과를 거두었
기 때문일 것이다. 물론 항일독립운동의 온전한 복원과 과거사 청산을
둘러싼 국내의 갈등이 여전히 노정되고 있다는 점과 대외적으로 동북아
지역에서의 미국의 패권전략 강화, 북한의 핵문제, '동북공정 프로젝트'
로 대표되는 중국의 야심, 독도 영유권 문제와 교과서 왜곡 등으로 나타
나는 일본의 군국주의화 등 여러 가지 난제가 산적해 있는 것 또한 현실
이다. 광복 60주년의 역사적 의의는 다양하게 정리할 수 있겠지만, 무엇
보다도 먼저 지난 9월 베이징에서 채택된 '6자공동성명'을 통하여, 한반
도에서의 '평화와 안정, 비핵화'에 합의함으로써 다자간 안보체제의 기
틀이 마련되었다는 점을 들 수 있다.

　다음으로 한미 간의 불평등관계의 상징으로 얘기되는 주둔군지위에
관한 협정(SOFA) 등의 개정과 국가권력을 유지 지탱시키는 핵심 물리력
인 군대의 작전지휘권, 특히 전시 작전지휘권을 환수하기위한 정부차원

에서의 본격적인 언급과 노력의 경주이다.

 마지막으로 과거사 청산을 통하여 역사의 진실을 복원하는 신기원을 여는 해가 된다는 점이다. 이미 출범해서 활동을 종료한 의문사진상규명위원회, 활동 중에 있는 강제동원위원회와 일제하친일반민족행위진상규명위원회 그리고 진실·화해를 위한 과거사정리위원회가 그것이다.

 이 글에서는 광복 60주년의 역사적 의의를 항일독립운동에 대한 인식의 전환과 온전한 복원을 시도하게 되었다는 점과 친일잔재와 과거사 청산의 신기원을 열게 되었다는 점에 주목해서 정리해 볼 것이다.

2. 항일독립운동에 대한 인식의 전환

1) 독립유공자에 대한 정부의 인식전환

 광복 60주년을 맞아 독립운동유공자 포상에서 가장 눈에 띄는 것은 무엇보다도 먼저 사회주의 사상에 입각해서 항일독립운동을 전개한 인사들이 대거 포함되었다는 점이다. 즉 국가보훈처는 지난 2월 3·1운동 86돌을 맞아 이 운동을 전개한 김진영·배희두 등 108명과 국내외에서 항일독립운동을 벌인 여운형·권오설·조동호 등 57명의 독립유공자를 포함한 순국선열 및 애국지사 165명을 포상하였다.

 특히 이번 포상자 가운데는 부산·경남지역 출신이거나 이 지역에서 독립운동을 벌인 강병창(진주대곡, 일본공산당, 제3차공산당징역 3년 6월 미결 600일), 권대형(하동, 재일본동경조선노동조합, 조선공산주의자협의회 징역 6년 미결 180일), 박태홍(진주, 신간회 부산지회, 조선공산당 제2차 징역 1년 6월), 박병두(진주 광주학생운동 탄압항의), 신명준(거창, 공립보통학교 학생운동), 안창대(창원, 반전운동, 점원노동조합조직, 징역 2년 미결 150일), 최봉기(남해, 비밀결사 징역 2년), 황수룡(고성, 조선공산당 관련 징역 1년), 배덕수(김해, 김해3·1운동, 조선공산당 제2차 징역 1년), 성낙용(남해, 국내항일독립운동) 등 8명을 비롯, 권오설(건국훈장 독립장)·조동호(건국훈장 독립장) 등 그동안 좌파 또는 사회주의 계열이란 이유로 독립유공자 서훈 대상에서 제외됐던 인사 54명이 포함되었다.

결국 몽양 여운형에게 건국훈장 대통령장이 수여되는 등 좌파 또는 사회주의 계열이라는 이유로 독립유공자 서훈 대상에서 제외됐던 항일독립운동가들이 광복 60년 만에 빛을 보게 된 것이다. 또한 광복절에도 미국 여류작가 님 웨일스의 소설 '아리랑'의 실제 주인공 김산(본명 장지락, 1905~1938)과 조선공산당 책임비서를 지낸 김철수(1893~1986)를 포함해 47명이 서훈을 받았다.

이와 같은 정부의 전향적인 포상에 대해, 한편에서는 더 많은 사회주의 계열 운동가의 서훈을 요구하고 다른 한편에서는 이들에 대한 서훈이 대한민국의 정통성을 위해한다고 반박하고 있다. 전자에 대한 실례로 의열단장과 조선의용대장을 지낸 약산 김원봉(1898~1958, 경남 밀양 출생)을 들 수 있다. 그는 1944년 임시정부의 군무부장을 역임한 뒤 1948년 월북, 최고인민회의 상임위 부위원장을 지내다 숙청됐다. 광복 후 북한 고위 관리를 지낸 전력 때문에 서훈을 받지 못한 경우이다.

다음으로 독립유공자에 대한 관계부처 등의 시혜적인 의식이 '독립유공자에 대한 예우개선 대책'으로 변화를 시도하고 있다는 점이다. 즉 정부는 자라나는 세대에게 독립정신을 고취시키고, 독립유공자에 대한 존경심과 예우하는 풍토 조성을 위해 '독립정신 선양사업 강화', '독립유공자 본인의 특별예우 확대', '독립유공자유족 지원강화' 등 3대 개선 대책을 마련하여 범정부적으로 추진한다고 발표했다.

8월 10일 안주섭 국가보훈처장이 국무회의에 보고한 '독립유공자 예우 개선 대책'에 따르면 독립유공자와 유족의 명예로운 삶을 유지하고

자라나는 세대의 나라사랑하는 정신함양을 위해 ① 광복 60주년을 맞는 '05년 독립유공자 대대적 발굴·포상을 위한 '사료발굴단' 운영과 국사편찬위원회 및 독립기념관과 연계한 '역사정보시스템'을 구축 ② 미군 용산기지 부지를 활용한 상해임시정부청사 등 독립기념시설물 설치·전시, 신행정수도에 독립정신 선양 상징 시설 건립 ③ 청소년을 위한 독립운동 교과서 수록 확대 및 현장 교육 강화 ④ 생존 독립유공자 본인에게 지급하는 특별예우금 인상 ⑤ 가정간호서비스 등 상시 건강관리체계 구축 ⑥ 생존 독립유공자 국외 독립운동 활동지역 탐방 ⑦ 가계비 지급대상 유족 확대 등을 추진해 나가겠다는 내용을 담고 있다.

이들 내용 가운데 가장 주목해야 할 내용은 '사료 발굴단 운영을 통한 독립유공자 적극 발굴·포상'이다. 이 점은 그간의 독립유공자 포상 대부분이 직계 가족 등의 신청 등으로 이뤄진 데 비해, 앞으로는 독립운동 사료 발굴체계 대폭 강화하여 '정부에서 독립유공자를 찾아 포상하는 체계를 정착시키겠다'는 의지를 천명한 것으로 때늦은 감이 있지만 적극 환영할 만한 일이다.

2) 항일독립운동의 온전한 복원과 전통의 계승에 대하여

이와 같은 정부의 항일독립운동에 대한 인식과 독립유공자 포상에 대한 인식전환은 '독립유공자 예우개선 대책'에서 뿐만 아니라, 지난 5월 31일 통과된 '진실·화해를 위한 과거사 정리 기본법'의 목적에도 명시되어 있다. 이와 같은 정책과 방침이 실질적으로 효과를 거두려면 항일독립운동을 온전하게 복원하고, 그 전통을 제대로 계승해야 한다. 이를 위해서는 다음과 같은 몇 가지가 병행되어야 할 것으로 본다.

첫째, 학술연구의 심화로 미진한 항일독립운동사를 최대한 빠른 시일 안에 연구 복원해야 할 것이다. 이를 위해서는 한편으로는 부산 경남지역에서 전개된 항일독립운동을 연구자들이 그들의 연구대상으로 삼는 것이 중요하다. 다른 한편으로는 연구자들이 항일독립운동에 더욱 천착할 수 있도록 언론사를 포함한 민, 관에서 광범위한 유인을 만들어주는 것이 필요하다. 물론 해마다 8·15를 전후한 시기 경향 각지에서 언론사를 포함한 유관 기관에서 독립운동과 관련된 학술심포지엄이 개최되기도 한다. 하지만 이같은 학술심포지엄이 단순히 일회성의 행사가 아니라 새로운 연구 성과를 내어오는 자리로 거듭나야 할 것이다.

둘째, 독립운동정신계승을 위해서는 사적지의 조사 및 복원뿐만 아니라 여러 가지 형태의 사업과 시설들이 더 필요하다고 생각한다. 물론 부산에는 이와 같은 시설들이 곳곳에 산재해 있다. 예컨대 민주공원, 광복기념관, 백산기념관, 부산시립박물관의 제2전시실, 부산근대역사관 등이 그것이다. 하지만 시민들의 접근성이 좋은 시내 곳곳에 항일독립운동의 역사를 한눈에 볼 수 있는 시설들이 더 필요한 것이다. 나아가 항일독립운동가들에 대한 구체적인 내용을 8차 교과서 개정 이전이라 하더라도 지자체가 적극 나서서 초등학교 교재에 반영되도록 해야 할 것이다. 이같은 사업은 지방자치단체의 전향적인 자세와 유관 기관뿐만 아니라 시민사회단체의 적극적인 동참이 필요할 것이다.

셋째, 특히 여론을 향도하는 언론매체의 적극적인 관심이 좀 더 필요하다 할 것이다. 부산지역에서 독립운동정신 계승사업에 대한 대 시민적 여론을 환기시키고, 지방자치단체로 하여금 전향적인 자세를 가지게 한데에는 언론매체가 결정적으로 작용했다고 보여진다. 얼마 전 『경남신문』에서 전개한 '독립운동 유공자 찾기'는 좋은 본보기가 될 것이다. 또한 부산지역에서 항일독립운동 정신 계승사업에 대한 대시민적 여론을 환기시키고, 지방자치단체로 하여금 전향적인 자세를 가지게 한 데에는 언론매체가 결정적으로 작용했다. 『부산일보』에서 연재한 「백산의 동지들」, 부산MBC에서 안희재, 박재혁, 박차정의사에 대한 다큐멘터리를 제작하여 방영한 것 등이 좋은 사례이다.

넷째, 항일독립운동을 평가할 때 그 어떤 주의나 이념이 아니라 얼마나 치열하게 일제에 투쟁했는가를 첫 번째 기준으로 삼는 것은 그간 몇 가지 사례로 보아 국민적 합의가 이루어질 가능성을 보여주었다고 생각한다. 따라서 국가유공자 심사 기준 가운데 국가정보원, 행정자치부, 경찰청 등에서 행해지는 신원이상자에 대한 심사는 상당히 탄력적으로 운영되어야 한다고 본다.

마지막으로 항일독립운동정신 계승사업은 '역사기념의 생활화'를 통한 시민사회운동차원으로 승화시켜야 한다. 즉 항일독립운동 정신 계승사업을 한 단계 끌어올리기 위해서는 시민사회운동으로 거듭나야 될 것이다. 이를 위해서는 여러 가지 형태의 시설들이 필요하며, 보훈청뿐만 아니라 독립운동정신 계승에 대한 지방자치단체의 적극적이면서도 전향적인 자세가 필요하다고 본다. 최근 부산지역에서는 사단법인 백산기념사업회와 박재혁의사추모사업회, 사단법인박차정의사숭모사업회, 부산항일학생의거기념사업회 등이 시민들의 적극적인 참여 속에 결성되어 출범하였다. 그런데 어떤 기념사업회는 동상의 건립이라는 소기의 목적을 달성하자 지금은 그 활동이 휴면상태에 들어간 것 같다. 결국 항일독립운동의 기념·추모 사업이 시민 속에서 생활력을 지니는 계승사업으로 한 단계 더 높아지기 위해서는 시민들과 함께하는 구체적인 기념사업을 기획·추진해야 할 것이다.

3. 과거사 청산과 진실규명

1) 식민잔재의 청산

식민잔재란 신사나 황국신민서사탑 등 건축조형물 형태로 남아있는 경우도 있지만 대부분 무형의 형태로 존재하며 의식하지 못하는 사이에 우리의 정신과 의식을 지배하면서 사회에 해독을 끼치고 있는 요소들이다. 일제 강점기 구축되고 뿌리내린 식민잔재는 크게 문화적인 유형과 인적유형으로 분류할 수 있다. 일제문화잔재를 세분하면 <표 1>과 같다.

물론 이들 인적문화잔재유형에는 '왜색문화'와 구별하기 힘들어 보이는 것도 다소 보인다. 어쨌든 이같은 일제문화잔재에 대한 청산은 "광복 60주년을 맞아 우리 민족의 삶을 변질시키고 우리 문화의 역사를 왜곡했던 일제 식민정책의 잔재를 일상에서부터 찾아내어, 그릇된 문화상식을 바로잡아가는 범국민 문화독립운동을 전개한다"는 취지하에 문화관광부·광복60주년문화사업추진위원회·국립국어원 등의 주최로 추진되고 있다.

이 사업은 바로알고 바로잡아야 할 일제 문화잔재를 온라인과 오프라인으로 공모하여 엄격한 심의와 고증을 거친 다음, 일제문화잔재 총괄지도 제작·용어자료집 발간·일제문화잔재바로알고바로잡기실천홍보활동을 위한 범국민적 캠페인 전개 등의 지속사업이 이어질 전망이다.

〈표 1〉 일제문화잔재 유형

유　형	대구분	소구분
유형문화잔재	건축	관청, 수탈기구, 관변단체, 금융기관, 창고, 가옥, 비행장, 격납고, 철도역사 등
	기념물	공덕비, 송덕비등, 기념탑, 종교 및 사상 관련 조형물(황국신민서사탑, 내선일체탑)등
	토목	도시토목, 도시계획, 설계 등
	문화재	문화재 훼손, 문화재 수난, 발굴용어, 안내문 등
	기타	민족정기말살정책 유형잔재물, 쇠말뚝 등
생활문화잔재	언어	생활언어, 일상대화, 의식주 언어 등
	전문용어	신문, 출판, 방송 학술, 법률, 조직, 행정 및 건축 등 산업 용어
	토종	향나무, 벚꽃, 아카시아, 삽사리, 장미계 등
	놀이문화	화투, 묵찌빠, 무궁화 꽃이 피었습니다 등
	풍속	반상회, 동창회 등

제도와 의식잔재	지명	행정지명, 도로명, 백두대간 등 창지개명
	의례	애국조회, 국민교육헌장 등
	서식	공문서, 행정서식, 세무서식 등
	여성	호주제 등
교육잔재	학교의례	'차려'와 '경례', 앞으로 나란히, 교단, 교복 등
	교과서	교과명, 교과내용 등
문화예술잔재	음악	가요, 동요, 전래동요, 가곡 등
	미술	상징, 타이포디자인, 건축 디자인 등 상업 미술 영정, 동상 등 순수 미술, 오얏꽃 기관 문장 등
	무용	춤사위 등
	연극	무대용어 등
	만화	
	기타	종묘제례악 등 전통문화 외
문화산업잔재	게임	
	영화	애니메이션 포함
	미디어	신문, 방송
기타잔재	관광	여행사, 호텔 등
	체육	당구, 낚시, 축구 등 스포츠 문화 제반

그런데 지난 60년 동안 학계에서와는 달리 식민잔재의 인적청산이 미뤄지고 방치되었기 때문에 친일인맥은 오히려 각계에서 과거청산을 저지·방해하고 식민잔재를 존속시키는 주요인으로 기능해온 것은 주지의 사실이다. 그러나 8·15광복 후 지속적으로 전개된 민주화운동에 힘입어 마침내 지난 2004년 3월 22일 일제강점하친일반민족행위진상규명특별법(개정 2005년 1월 27일)이 제정되었다. 이 법에 따라 2005년 5월 31일 일제강점하친일반민족행위진상규명위원회가 출범하여 활동 중에 있다.

이 법의 제1조에서는 "일본제국주의의 국권침탈 전후로부터 1945년 8월 15일까지 일본제국주의를 위하여 행한 친일반민족행위의 진상을 규명하여 역사의 진실과 민족의 정통성을 확인하고 사회정의 구현에 이바지함을 목적으로 한다"고 규정하고 있다. 또한 이 법의 제2조에서 "친일반민족행위"라 함은 일본제국주의의 국권침탈 전후로부터 1945년 8월

15일까지 행한 <표 2>의 어느 하나에 해당하는 행위를 말한다고 규정하고 있다.

이와 같은 국회 내의 움직임 이전에도 친일파와 그들의 행위에 대한 진상에 대한 연구는 8·15광복 이후 지속적으로 진행되어 왔다. 이같은 연구의 축적과 민주화운동의 진전에 힘입어 '민족문제연구소'가 탄생되었던 것이다. 이 연구소는 1949년 친일파에 의해 해체된 반민족행위특별조사위원회(반민특위)의 정신을 계승하고 친일문제 연구에 평생을 바친 재야사학자 고 임종국 선생의 유지를 이어받아 1991년 설립되어 친일문제 관련 학술행사와 친일파기념사업 저지 등의 활동을 해 왔다. 연구소는 특히 한국 근현대사 쟁점에 대한 연구, 한일 과거사 청산을 통한 역사 바로 세우기 등을 주요 설립 목적으로 명시, 관련 활동을 벌여왔으며 2001년 12월 출범한 친일인명사전편찬위원회와 함께 친일인명사전 편찬 작업을 주도하고 있다.

<표 2> 특별법에서 규정한 친일반민족행위

1	국권을 지키기 위하여 일본제국주의와 싸우는 부대를 공격하거나 공격을 명령한 행위
2	국권을 회복하기 위하여 투쟁하는 단체 또는 개인을 강제해산시키거나 감금, 폭행하는 등의 방법으로 그 단체 또는 개인의 활동을 방해한 행위
3	독립운동 또는 항일독립운동에 참여한 자 및 그 가족을 살상, 처형, 학대 또는 체포하거나 이를 지시 또는 명령한 행위
4	독립운동을 방해할 목적으로 조직된 단체의 장 또는 간부로서 그 단체의 의사결정을 중심적으로 수행하거나 그 활동을 주도한 행위
5	밀정행위로 독립운동이나 항일독립운동을 저해한 행위
6	을사조약, 한일합병조약 등 국권을 침해한 조약을 체결 또는 조인하거나 이를 모의한 행위
7	한일합병의 공으로 작위를 받거나 이를 계승한 행위
8	일본제국의회의 귀족원의원 또는 중의원으로 활동한 행위
9	조선총독부 중추원 부의장, 고문 또는 참의로 활동한 행위
10	일본제국주의 군대의 少尉 이상의 장교로서 침략전쟁에 적극 협력한 행위
11	학병, 지원병, 징병 또는 징용을 전국적 차원에서 주도적으로 宣傳 또는 선동하거나 강요한 행위

12	일본군을 위안할 목적으로 주도적으로 부녀자를 강제동원한 행위
13	사회, 문화 기관이나 단체를 통하여 일본제국주의의 내선융화 또는 황민화운동을 적극 주도함으로써 일본제국주의의 식민통치 및 침략전쟁에 적극 협력한 행위
14	일본제국주의의 전쟁수행을 돕기 위하여 군수품 제조업체를 운영하거나 대통령령이 정하는 규모이상의 금품을 헌납한 행위
15	사법부내의 판사, 검사 또는 사법 관리로서 주로 무고한 우리 민족 구성원의 감금, 고문, 학대 등 탄압에 앞장선 행위
16	고등문관 이상의 관리 또는 헌병 또는 경찰로서 주로 무고한 우리 민족 구성원의 감금, 고문, 학대 등 탄압에 앞장선 행위
17	일본제국주의의 통치기구의 중요 외곽단체의 장 또는 간부로서 일본제국주의의 식민통치 및 침략전쟁에 적극 협력한 행위
18	동양척식회사 또는 식산은행 등의 중앙 및 지방조직 간부로서 우리 민족의 재산을 수탈하기 위한 의사결정을 중심적으로 수행하거나 그 집행을 주도한 행위
19	일본제국주의의 식민통치와 침략전쟁에 협력하여 포상 또는 훈공을 받은 자로서 일본제국주의에 현저히 협력한 행위
20	일본제국주의와 일본에 의한 민족문화의 파괴, 말살과 문화유산의 훼손, 반출에 적극 협력한 행위

　　민족문제연구소와 친일인명사전편찬위원회는 8월 29일 기자회견을 열고 박정희, 김성수, 방응모, 홍진기, 김활란 등을 포함한 '친일인명사전 수록 예정자' 1차 명단 3,090명을 발표했다. 편찬위원회에서는 '을사늑약' 전후부터 1945년 8월 15일 광복에 이르기까지 일제의 국권침탈·식민통치 침략전쟁에 협력해 우리 민족 또는 타민족에게 직·간접적 피해를 끼친 자를 수록대상으로 했다고 선정기준을 설명했다.

　　이날 발표된 '친일친사' 명단은 광복 후 처음으로 시도된 대규모 친일인사 선정 작업을 거쳐 매국·중추원·관료·경찰·판검사·종교·언론·문화예술 등 모두 13개 분야 인사들을 선정한 것이었다. 발표된 명단은 분야별로 매국인사 133명, 중추원 326명, 일본제국의회 의원 11명, 고등문관 이상 관료 1,166명, 경찰 512명, 위관 이상 군장교 216명, 판검사 210명, 친일단체 간부 467명, 종교·문화예술·교육학술계 393명, 언론출판계 59명, 전쟁협력자 207명 등 총 3,700명이며 중복인사를 빼면 3,090명이다.

2) 진실의 규명과 화해

일제의 식민잔재를 청산하는 것 못지않게 중요한 과제로 나서는 것이
8·15광복 이후의 과거사 진상규명이다. 이에 대해서는 5·18광주민주화
운동을 필두로 제주도 4·3민주화운동과정에서 발생한 각종 의문사 등에
대해서는 이미 그 작업이 어느 정도 진척되었다. 과거사 규명에 대한 진
실규명이 거스를 수 없는 시대적 흐름이 되자 국방부, 국정원, 경찰청
등에서는 독자적인 과거사 진상규명에 착수하기 시작하였다.

그럼에도 불구하고 정작 한국전쟁 전후 민간인 학살에 대한 진상규명
등은 요원한 듯 해보였다. 그러나 2005년 5월 31일 '진실·화해를 위한
과거사 정리 기본법'이 국회에서 통과되었으며, 이를 위한 위원회가 12
월에 출범하여 활동하고 있다. 이법의 제1조에서는 항일독립운동, 반민
주적 또는 반인권적 행위에 의한 인권유린과 폭력·학살·의문사 사건
등을 조사하여 왜곡되거나 은폐된 진실을 밝혀냄으로써 민족의 정통성
을 확립하고 과거와의 화해를 통해 미래로 나아가기 위한 국민통합에 기
여함을 목적으로 한다고 규정하고 있다.

또한 제2조에서 진실규명의 범위를 ① 일제 강점기 또는 그 직전에
행한 항일독립운동 ② 일제 강점기 이후 이 법 시행일까지 우리나라의
주권을 지키고 국력을 신장시키는 등의 해외동포사 ③ 1945년 8월 15일
부터 한국전쟁 전후의 시기에 불법적으로 이루어진 민간인 집단 희생사
건 ④ 1945년 8월 15일부터 권위주의 통치시까지 헌정질서 파괴행위 등
위법 또는 현저히 부당한 공권력의 행사로 인하여 발생한 사망·상해·
실종사건, 그 밖에 중대한 인권침해사건과 조작의혹사건 ⑤ 1945년 8월
15일부터 권위주의 통치시까지 대한민국의 정통성을 부정하거나 대한민
국을 적대시하는 세력에 의한 테러·인권유린과 폭력·학살·의문사
⑥ 역사적으로 중요한 사건으로서 제3조에 규정에 의한 진실·화해를

위한 과거사정리위원회가 이 법의 목적 달성을 위하여 진실규명이 필요하다고 인정한 사건으로 정하였다.

다만 진실규명 범위에 해당하는 사건이라도 법원의 확정판결을 받은 사건은 제외한다. 다만, 제3조의 규정에 의한 진실·화해를 위한과거사정리위원회의 의결로 『민사소송법』 및 『형사소송법』에 의한 재심사유에 해당하여 진실규명이 필요하다고 인정하는 경우에는 예외로 한다는 것을 단서조항으로 달고 있다.

이렇게 된 데에는 기본적으로 민주화의 진전에 힘입은 바 크지만 2000년 9월 한국전쟁 전후 민간인학살 진상규명 범국민위원회의 역할 또한 지대하다. 이와 같은 노력의 결실이 1,000여 개 인권·시민·사회 단체로 구성된 올바른 과거청산을 위한 범국민 위원회가 탄생되었던 것이다.

2005년 11월 11일 한국제노사이드연구회·한국전쟁전후민간인학살 진상규명범국민위원회·서울대학교민주화교수협의회·과거사청산을 위한 국회의원모임 공동주최로 "올바른 과거사 진상규명을 위해서 무엇을 할 것인가"란 심포지엄과 『한국전쟁 전후 민간인 학살 실태보고서』 출판기념회를 개최하였다.

심포지엄에서 스페인과 아르헨티나, 대만, 러시아 등 해외에서 일어난 민간인 학살사건과 진실규명 노력을 소개하는 한편 제주4·3사건, 5·18광주항쟁 등에 대한 국내 진상규명 활동의 의의와 한계점을 검토하고 과거사위원회의 나아갈 방향에 대해 토론했다.

학살규명위원회 이춘열 사무처장은 '민간인학살 진상규명의 방향' 발표에서 "진상조사의 원칙은 피해·가해나 좌·우익 구분 없이 모두 조사하고, 마을단위에서 국가까지, 말단에서 최고책임자까지 모든 책임을 밝혀내는 것"이라며 "법이 허용하는 한도에서 모든 진실을 최대한 밝혀내는 것이 중요하다"고 말했다. 그는 "국가권력에 의한 집단학살은 가장 큰 인권유린이고 이를 반세기 이상 방치한 것은 국가와 사외의 심각한 직무유기"라며 "민간인학살 진상규명의 목적은 인간 생명의 소중함을 다시 한번 성찰하자는 것"이라고 강조했다.

700여 쪽에 달하는 방대한 분량의 보고서에 따르면 지금까지 확인된 학살은 모두 669건으로 6·25 이전의 학살 90건과 보도연맹원·예비검속 학살 145건 등이 포함됐으며 특히 미군에 의한 학살도 120건에 달했다. 학살규명위는 그러나 "사건마다 증언도 다양하고 기록조차 엇갈려 피해자수를 정확히 계산하기는 어렵지만 대략 25만에서 30만명이 학살된 것으로 파악된다"며 "아직 보고되지 않은 사건을 고려할 때 피해자는 100만명에 이를 것"이라고 밝혔다.

4. 맺으며

올해는 광복 60주년임과 동시에 부산항일학생의거 65주년을 맞이하는 해이다. 이와 같은 '광복'과 '의거'를 기념에 그친다면 그 의미는 퇴색하고 말 것이다. 결국 우리는 기념할 것은 기념하되, 그 정신을 어떻게 계승할 것인가를 구체적으로 고민해야 될 시점에 온 듯하다. 시대적 변화는 우리의 생각보다 훨씬 더 빠르게 다가서기 때문이다.

이상에서 광복 60주년의 역사적 의의를 항일독립운동에 대한 인식전환과 독립유공자 포상에 대한 정책변화와, 그리고 과거사 청산과 진실규명의 신기원이라는 점에 맞추어 정리해 보았다. 먼저, 독립운동가를 평가하는 기준과 유공자 포상에서 인식과 발상의 전환이 이루어지고 있다. 즉 항일독립운동을 평가할 때 그 어떤 '주의'나 '색깔'이 아니라 일제에 얼마나 치열하게 투쟁해 왔는가가 그 첫 번째 기준이 된 것은 분명하게 진일보한 것이다. 물론 독립운동가와 독립유공자를 엄격하게 구분한다는 전제하에서이다. 또한 그간 시혜적 관점에서 시행된 보훈정책 및 사업에 대해 '정부에서 독립유공자를 찾아 포상하는 체계를 정착 시키겠다'는 의지를 천명한 것은 때늦은 감이 있지만 환영할 만한 일이다.

다음, 일제강점하친일반민족행위진상규명위원회가 출범하여 활동을 벌인다는 사실자체도 커다란 의미가 있지만, 이 위원회의 명칭에서도 확인할 수 있듯이 '친일반민족행위'를 진상규명하는 것이기 때문에 그 자체로 한계를 가질 수 있다. 게다가 이 위원외의 친일반민족행위와 친일인명사전편찬위원회에서 발간될 『친일인명사전』 수록자 명단 사이에서는 차이가 발생할 수 있으며, 이와 같은 점은 또 다른 갈등을 노정시킬 수 있다.

또한 2005년 12월 출범한 진실·화해를 위한 과거사정리위원회는 일부 전문가의 지적처럼 과거사 기본법 자체가 가진 한계 때문에 제대로 정리되기가 쉽지 않을 것이라고 지적하고 있다. 하지만 60년 만에 이와 같은 작업을 범국가적인 사업으로 착수할 수 있다는 점만 해도 그 의미가 적지 않다. 특히 과거사를 규명하여 진실을 밝히려면 당사자나 가해자의 '사실고백'이나 '양심선언' 등이 반드시 요구된다. 이를 적극적으로 유도하기 위해서는 대승적 관점에서의 각종 조치와 가슴에서 우러나오는 '관용'이 필요할 것으로 생각된다. 그래야만이 진실과 화해라는 과거사 기본법의 취지가 달성될 수 있지 않을까.

결국 항일독립운동을 보다 온전하게 복원하고 그 정신을 계승하는 문제와 진실과 화해를 위한 과거사 규명작업은 완료된 것이 아니라, 이제 그 출발선상에 놓여 있다고 보아야 한다. 전민족적이고 범국가적인 이 사업이 온전하게 진행되려면 각종 '위원회' 등 사업 주체들의 적극적인 노력과 국민들의 쉼 없는 감시와 질책, 그리고 격려를 아끼지 말아야 한다. 그럴 때야만이 '모든 진실을 최대한' 밝혀낼 수 있을 것이며, 하루빨리 오욕의 과거사를 정리하고 청산함과 동시에 21세기 인류가 추구하는 보편적인 가치지향에 동참할 수 있을 것이다.

찾아보기

강 대 민

경남 산청 출생으로 부산대학교 사학과에서 문학박사학위를 취득하고 경성대학
교 사학과 교수로 재임 중이다. 경성대학교 인문학부장, 박물관장, 학생처장 등을
역임했으며, 현재 한국보훈학회 부산지회장, 조선통신사학회 부회장, 박차정의사
기념사업회 부회장, 부산시 시사편찬위원, 부산항일학생운동기념사업회 이사장
등으로 활동하고 있다. 저서로는『대학생을 위한 한국사 산책』(신서원),『부산지
역 학생운동사』(국학자료원) 등 다수가 있다.

근대 부산의 민족운동

값 22,000원

2008년 10월 13일 초판 인쇄
2008년 10월 20일 초판 발행

저　　자 : 강 대 민
발 행 인 : 한 정 희
발 행 처 : 경인문화사
편　　집 : 한 정 주
　　　　　서울특별시 마포구 마포동 324-3
　　　　　전화 : 718-4831～2, 팩스 : 703-9711
　　　　　이메일 : kyunginp@chol.com
　　　　　홈페이지 : 한국학서적.kr / http://www.kyunginp.co.kr
등록번호 : 제10-18호(1973. 11. 8)

ISBN : 978-89-499-0591-4　94910
ⓒ 2008, Kyung-in Publishing Co, Printed in Korea